3

Goldstadt-Reiseführer Band 69

W0054346

Lago Maggiore
Comer See

**Landeskunde und Geschichte
15 Routen im Gebiet der Seen
mit Abstechern in das Veltlin
und zum Monte Rosa
Beschreibung der Orte und Städte
Praktische Tips von A bis Z**

Dietrich Höllhuber
Wolfgang Kaul

153 Farbfotos
1 Übersichtskarte
111 Fotos schwarzweiß
3 Routenkarten
10 Stadtplanskizzen
7 Grundrisse
2 Lagepläne

Goldstadtverlag

4

Der Inhalt

Die Villa Carlotta in Tremezzo-Cadenabbia ist eine der schönsten in Oberitalien

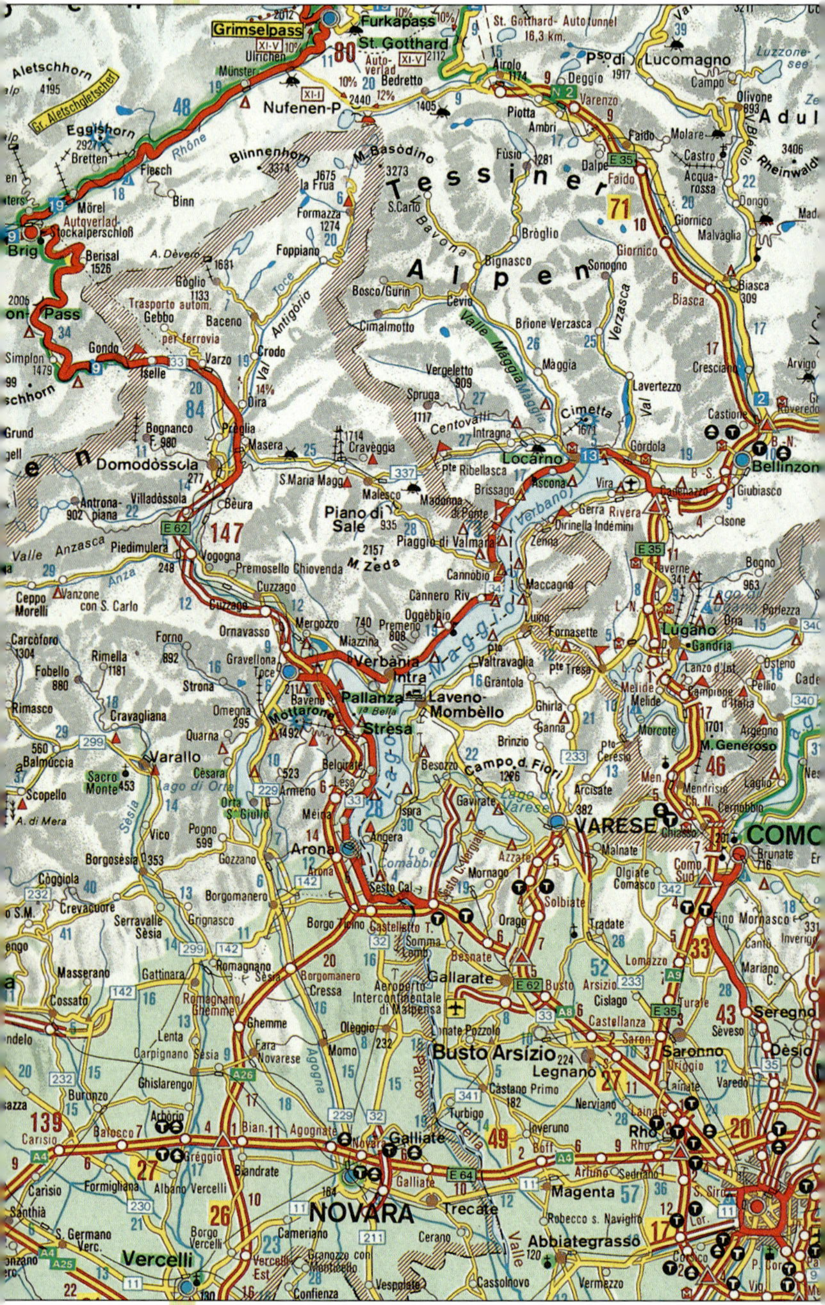

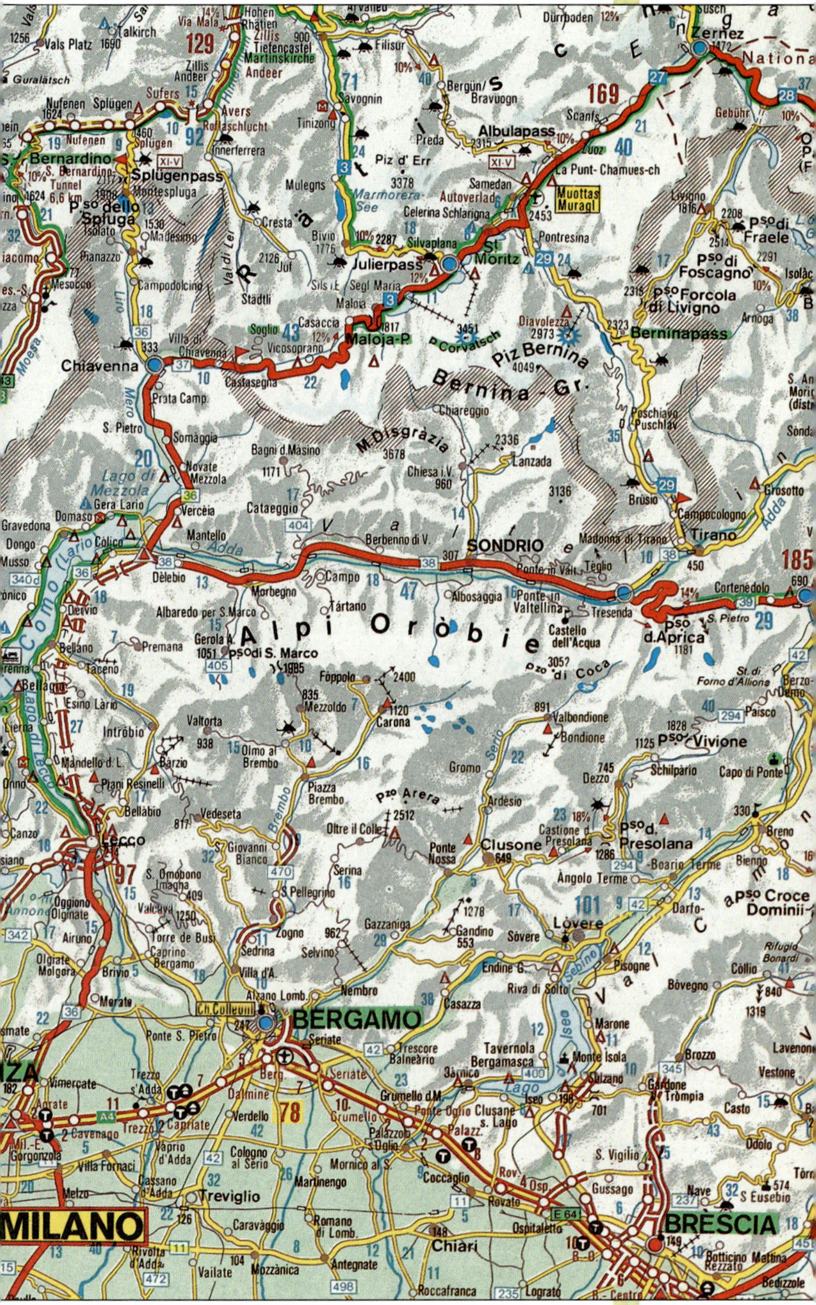

Zur Einleitung

*Palmen,
Zypressen
und Palmettos am
Luganer See
(bei Porlezza)*

Comer See und Lago Maggiore – milde Luft und südliches Licht

Lago Maggiore und Comer See, das ist der Traum vom Süden

Die „Italienreise" war für die großen Reisenden des 18. Jahrhunderts ganz selbstverständlich mit dem Besuch von Lago Maggiore und Comer See verbunden. Mit diesen herrlichen alpinen Seen, die an ihren Ufern von fast mediterraner Vegetation umstanden sind, die in ihrem von weichen Hügeln umspielten Süden der Ebene angehören und in ihrem von schroffen Flanken umstellten Norden dem Hochgebirge, verband sich und verbindet sich immer noch der Traum des Nordländers vom milden Süden. Wer von Norden kommt, vielleicht aus den trostlosen Matschtagen des Februar, findet an den Ufern von Lario und Verbano, wie Comer See und Lago Maggiore gerne genannt werden, milde Luft und südliches Licht, die ersten Blüten des Frühlings, Ölbäume und Zypressen, Lorbeer und die immergrüne Steineiche. Verklärt wird diese an einen viel tieferen Süden gemahnende Mildheit des Kimas um die Seen durch die Nähe zur nebelgrauen Poebene, wo man oft wochenlang nicht weiter sieht als bis zum ebenfalls mit dreißig Stundenkilometern auf der Autobahn kriechenden Vordermann. Im Sommer ist es an den Seen milder und angenehmer als draußen in der Ebene, immer wieder wird die Luft von einer leichten Brise abgekühlt. Wann immer man an diese Seen kommt, sind sie atemberaubend schön, verzaubert, wahrhaftig gewordener romantischer Traum.

Die Orte am See sind trotz aller oft negativen Entwicklungen, die Folge des starken Andrangs an die Seen sind, noch immer von einer ästhetischen Faszination, die sogar für die Großstadt Como gilt. Seit dem 16. Jahrhundert hat man hier Villen gebaut und Gärten angelegt, einige von ihnen sind Prototypen geworden, Meilensteine der Entwicklung und der künstlerischen Reifung, wie die Villa dell'Olmo in Como, die Villa della Porta-Bozzolo in Zuigno, Palast und Garten der Borromäer auf der Isola Bella im Lago Maggiore. Romanische Kirchen und Kapellen hat fast jedes Dorf aufzuweisen, in Como, Civate, Gravedòna stehen unerreichte Meisterwerke ihrer Zeit.

In den Tälern gibt es noch intakte bäuerliche Kultur

Das Hinterland der Seen, die Alpentäler des Piemont und der Lombardei, die oft direkt in die Seen münden, haben heute noch eine bäuerliche Kultur erhalten, die auf Steinbauweise, Eßkastanienwäldern und Almwirtschaft basiert. Während an den Seen jede Form des Wassersports, an den Ufern Golf, Tennis, Reiten, Drachenfliegen und jedes andere Freizeitvergnügen ausgeübt werden kann, locken die hohen Berge nahe den Seen mit Wandern, Bergsteigen, Klettern, Freeclimbing und an mehreren Stellen mit gut ausgebauten Wintersportzentren.

In den einleitenden Kapiteln stellen wir Landeskunde und Geschichte der Region vor, die Kunstgeschichte haben wir

Drei Farben von Oleander auf der Isola Pescatore

kurz gefaßt, sie ist im Regionalteil an den Orten und einzelnen Objekten nachzulesen, wir wollen keine Kunstgeschichte vorlegen, sondern einen Reiseführer. Ein Glossar der von uns verwendeten Fachausdrücke (wer weiß schon auf Anhieb, was eine „Lisene" ist oder ein „deutsches Band"?) hilft bei der Lektüre. Den Traditionen folgt ein Kapitel zu Speisen und Wein, dessen Recherchen uns besonders viel Spaß gemacht haben. Im Hauptteil stellen wir fünfzehn Reiserouten vor, die nicht nur die Seen und die Verbindungen zwischen ihnen umfassen, sondern auch in zwei Bereichen etwas weiter führen, nämlich vom Lago Maggiore zum Monte Rosa und vom Comer See in das Veltlin. Dem folgt der Teil der Ortsbeschreibungen, wo sich alle größeren Orte und jene kleineren Orte mit bedeutenden Kunstwerken finden, deren Beschreibung im Routentext sonst deren Rahmen völlig sprengen würde. Die Ortsbeschreibungen sind nach Gebieten geordnet, Orte am Lago Maggiore und im Varcootto, Orte am Comer See und in der Brianza sowie drei Kurzbeschreibungen für Tessiner Städte (das Tessin haben wir ansonsten ausgeklammert, es ist im Goldstadt-Reiseführer „Tessin" bereits beschrieben) sind nacheinander aufgeführt. Im Anhang finden sich wichtige praktische Hinweise zu Ihrer Reise, dazu eine Liste der Museen der Region und eine kurze Literaturliste. Die besonders sehenswerten Orte und Kunstdenkmäler haben wir im Text durch Fettdruck gekennzeichnet. Eine Zusammenstellung dieser Orte, die somit das „sine qua non" einer Reise an die Oberitalienischen Seen zwischen Lago Maggiore und Comer See darstellen, finden Sie auf Seite 64.

15 Routen führen zu allen Sehenswürdigkeiten, 28 Ortsbeschreibungen in alle wichtigen Orte

Landschaft zwischen Lago Maggiore und Comer See – eine kleine Landeskunde

Das Seengebiet ist räumlich klein aber voll von Sehenswürdigkeiten

Das Gebiet, das wir in diesem Buch beschreiben, ist recht klein, es umfaßt nur ein Rechteck von achtzig mal sechzig Kilometer Seitenlänge, verringert durch den Schweizer Anteil der Seen, einem Keil von vierzig Kilometer Basislänge und Höhe. Also ein recht kleines Gebiet, wie man meinen könnte, kaum ausreichend für ein ganzes Buch. In diesem kleinen Gebiet befinden sich Lago Maggiore und Lago di Como, der italienische Anteil des Luganer Sees, Lago di Varese und Lago di Annone, ein Dutzend weitere Seen, die Städte Como, Lecco, Varese, Stresa, Tiefebene (Adda bei Lecco 208 m ü.M.) und vergletschertes Hochgebirge (Dufourspitze Monte Rosa 4634 m). Der beschriebene Bereich gehört zu zwei Staaten, Italien und Schweiz, wobei wir den Schweizer Anteil nur kurz streifen, denn im Goldstadt-Reiseführer „Tessin" liegt ja schon ein Werk für dieses Gebiet vor. Zwei italienische Regionen, Piemont und Lombardei haben Anteil an den Seen. Die Grenze verläuft durch Lago Maggiore und Ticinofluß ab seinem Austritt aus dem See bei Sesto Calende. Die Provinzen Novara, Verbania (in Piemont), Varese, Como, Lecco und Sondrio teilen die Verwaltung unter sich auf. Genügend Inhalt also für einen dicken Reiseführer.

Borromäischer Golf und Berge zwischen Lago Maggiore und Ossolatal, gesehen von Veddasco oberhalb Stresa

Selbst eine einfache, kleinmaßstäbige Autokarte zeigt, daß Lago Maggiore und Comer See Anteil an ganz unterschiedlichen Landschaften haben. Ihr nördlichster Ast steckt in den Hochalpen drinnen, dann winden sie sich im Mittelteil durch niedrigere Berggebiete, um schließlich am äußersten Südende in hügeligen Zonen Flußarme in die Poebene aus-

zustrecken, der Lago Maggiore oder Verbano den Ticino, als Deutschsprachiger kennt man ihn als Tessin, der Comer See oder Lario die Adda. Auch diese Flußtäler haben ihre Reize, aber sie gehören nicht mehr in dieses Buch, das die Seen beschreibt, ihre Ufer, die nähere Umgebung, allerdings auch das eine oder andere Mal in die Nebentäler hineinführt, bis hinauf zum Monte Rosa und in die Berninagruppe. Eine ganz kleine Ausnahme haben wir auch im Süden gemacht, als wir von Varese ein Stückchen das saftig-grüne Tal der Olona hinunterfuhren, lesen Sie nach, warum!

Die Alpengipfel im extremen Westen und Nordosten des Bereiches, den dieses Buch beschreibt, sind die Monte Rosa-Gruppe (Dufourspitze 4634 m), sie gehört zu den Walliser Alpen, und die Bernina-Gruppe (Piz Bernina 4049 m) in den Rhätischen Alpen. Die Gesteine, die für sie repräsentativ sind, umfassen Granit, Gneise, kristalline Schiefer, Glimmerschiefer, im Osten auch Serpentin (Val Malenco, → Route 15). Quer durch unser Gebiet zieht sich eine wichtige tektonische Linie, die Zentralalpen und Südalpen trennt, die sogenannte Insubrische Linie. Sie zieht vom Fuß des Monte Rosa im Ossolatal hinüber in Richtung Locarno nördlich des Lago Maggiore, streift dann bei Sòrico den Comer See und verläuft weiter entlang der Talfurche des Veltlin, um ab Tirano in Richtung Tonalepaß nach Osten zu ziehen. Südlich dieser Linie haben die Südalpen ebenfalls kristalline Gesteine, wir begegnen ihnen am Lago Maggiore, wo sie mit Ausnahme des südlichen Ostufers den ganzen See begleiten, und am Comer See, wo sie nördlich einer Linie Menaggio-Varenna dominieren. Südlich davon, also am südöstlichen Lago Maggiore, im italienischen Anteil des Lago di Lugano und am südlichen Comer See dominieren Kalke aus Trias, Jura

Seen zwischen Monte Rosa und Ortler

Der Monte Rosa, gesehen vom Ostufer des Comer Sees

und Kreide, den nördlichen Kalkalpen und den Jurazonen Deutschlands und der Schweiz vergleichbar. Einige Dolomite sind eingestreut, richtige Riffe wie die Denti della Vecchia (Zähne der Alten), die bei Gàndria den Grenzkamm oberhalb des Luganer Sees bilden, und östlich des Lago di Lecco, das ist der Südostarm des Comer Sees, die Grigne und der Resegone. Die Zackengrate dieser Dolomitriffe sind besonders auffallend, und wenn man sie dann auch noch, wie bei den letzteren, von der Autobahn in der Tiefebene sieht, kann man sich leicht vorstellen, daß sie besonders beliebte Wander- und Klettergebiete sind. Ob die Gesteine des Untergrundes Kristallin oder Kalk sind, wirkt sich an der Oberfläche mannigfach aus. Die Oberflächenformen bestimmen sich danach, die kristallinen Gesteine lassen das Wasser oberflächlich ablaufen, Kalk ist wasserdurchlässig, es gibt kaum Bäche, wenige, aber dafür sehr starke Quellen, wie jene des Fiumelatte am Comer See (→ Route 12). Die kristallinen Gesteine sind sauer, die Kalkgesteine basisch, die dort wachsenden Pflanzen sind diesem für sie gravierenden Unterschied angepaßt. Manche Pflanzen wie die Edelkastanie bevorzugen saure Böden und kommen fast nur dort vor, wie eine Fahrt durch die Valsàssina (→ Route 13) lehrt, wo beide Gesteinstypen anstehen und die Kastanienwälder ganz klar segregieren. Andere bevorzugen Kalkuntergrund oder sind ausschließlich auf Kalk angewiesen, wie viele Orchideen, die in den warmen Strauchwäldern am Südfuß der Alpen vorkommen.

Die beiden großen Seen waren schon vor Millionen Jahren durch Flußläufe vorgeformt worden, ihre heutige Form erhielten sie aber erst durch die Gletscher der vier großen Eiszeiten der letzten Million Jahre. Zwei Gletscher waren es vor allem, die das heutige Aussehen der Seen bestimmten, der Tessingletscher und der Addagletscher. Der Tessingletscher speiste sich aus den hohen Berggebieten der Walliser Alpen und des Monte Rosa sowie der Tessiner Alpen, seine Schürftätigkeit schuf nicht nur das heutige Bett des Lago Maggiore und der Seen des Varesotto, wie die Landschaft um Varese heißt, sondern auch den westlichen Arm des Luganer Sees, jenen von Porto Ceresio. Der Addagletscher speiste sich aus den Bergen um Chiavenna, der Berninagruppe und dem Ortler und zog über das gesamte Gebiet des heutige Comersees in die Tiefebene, wo er in seinem Moränengebiet auch noch die Becken der Seelein der Brianza schuf. Zwei Zungen zogen von seinem Hauptstrom nach Westen, die eine endete im heutige Valle d'Intelvi, die andere schuf den Luganer See.

Die Gletscher schürften wesentlich tiefer, als die heutigen Seetiefen erahnen lassen. Die Wasserfläche des Lago Maggiore liegt zwischen 193 und 194 Meter über dem Meeresspiegel (so genau kann das keiner messen), sein tiefster Punkt wurde mit 372 m bestimmt, er reicht also bis maximal

Kalke, Dolomite, kristalline Gesteine schaffen ganz verschiedene Landschaften

In den Eiszeiten war das Seengebiet völlig vergletschert

Bananenstauden in Cànnero Riviera am Lago Maggiore

179 m unter den Meeresspiegel. Wie Bohrungen gezeigt haben, reichen Schotterfüllungen aber bis nahezu 700 m unter das Meeresniveau! Ähnliches trifft für den Comer See zu, 199 m über dem Meer gelegen, wo etwa bei Argegno Sedimente bis 650 m unter den Meeresspiegel reichen. Die oftmals äußerst steilen Ufer der Seen setzen sich demnach unter Wasser ebenso steil fort. Nur gut, daß die Gletscher an ihren Oberkanten Verflachungen ausgeschürft haben, diese liegen heute einige hundert Meter über den Seen, manche höher, manche niedriger, oftmals mehrere übereinander, es gab ja mehrere Eiszeiten mit jeweils mehreren Stadien. Auf den Terrassen dort oben sind die bevorzugten Siedlungsstandorte für die Dörfer, an den Ufern der Seen waren früher meist nur kleine Hafenörtchen, Ausnahmen an den großen Schwemmkegeln der in den See mündenden Bäche und Flüsse bestätigen die Regel, Locarno, Cannòbio, Gravedòna, Dongo, Bellano gehören dazu.

Die äußersten Zungen der eiszeitlichen Gletscher schoben riesige Endmoränen auf. Das ganze Gebiet zwischen Sesto Calende, Varesotto, Como, Brianza und Lecco liegt in diesem Endmoränenbereich. Wegen des oftmaligen Vorrückens und Zurückziehens der Gletscher entstanden mehrere parallele Endmoränenkämme, in den Senken dazwischen entwickelten sich Seen, eben jene des Varesotto und der Brianza. Hier sind die Böden besonders fruchtbar, der Untergrund besteht ja aus lockerem Material, gemischt aus ganz unterschiedlichen Gesteinen, in den nicht vom Wasser überfluteten Senken sind die Böden besonders tiefgründig und ausgezeichnete Kulturstandorte für Mais und Gemüse.

Im Süden liegen die Endmoränen eiszeitlicher Gletscher

**Südliche
Vegetation mit
Sukkulenten
auf der
Isola Madre**

*Das Seenklima
ist mild*

Das Klima dieser Region ist sehr unterschiedlich, je nachdem, ob man sich nahe der Poebene oder im Inneren der Alpen befindet, auf der Höhe des Seespiegels oder hoch oben in den Bergen. Stark unterschiedlich sind die Niederschläge. Mailand draußen in der Poebene erhält jährlich 910 mm, Como schon 1275 mm und Magreglio in den Bergen zwischen Como und Bellagio in über 700 m Höhe gelegen, überaus stattliche 2380 mm Niederschläge! Die inneralpinen Täler, besonders das Veltlin, haben wieder weniger Niederschläge, die Wolken regnen schon in den flankierenden Hochgebirgen ab, Sondrio bringt es nur auf 1088 mm. Die Niederschläge sind keineswegs regelmäßig über das Jahr verteilt, der Sommer ist, besonders wenn man in die nördlichen Zonen der Seen geht, oft recht feucht und die Tage sind über Wochen hinweg von diesiger Luft gekennzeichnet. Erst im Herbst wird die Luft durchsichtig, wird die Witterung normalerweise trockener, bis Mitte oder Ende November die Winterregen kommen. Am Rand der Poebene gibt es Nebelprobleme, die anderswo ziemlich unbekannt sind. Die

Temperaturen sind am Alpenrand und an den Seen besonders ausgeglichen, die Jahresunterschiede sind lange nicht so extrem, wie in der Ebene. Nicht etwa hohe Sommertemperaturen bewirken, daß die Vegetation der Seen in vielem an jene des Mittelmeeres erinnert, sonst wäre die Poebene von mediterraner Vegetation bedeckt, dort sind die Sommer nämlich viel heißer als an den Seen. Es ist vielmehr der geringere Jahresunterschied, der die Seen mild und angenehm sein läßt, der diese Vegetation hervorbringt. Nicht nur sind die Sommer milder, nämlich weniger heiß und trocken, es sind auch die Winter milder, weniger kalt. Das Klima und die Vegetation an den Seen stechen aus den übrigen Landschaften des Alpenfußes heraus als echte mediterrane Inseln, sind sie doch allseitig von anderen Klima- und Vegetationszonen umgeben.

Die Seen sind mediterrane Inseln

Die natürliche Vegetation dieser „mediterranen Inseln" an den Ufern der großen Seen reicht nicht sehr hoch hinauf. Ölbaum und Feige, Steineiche und Zypresse, Wacholder und Lorbeer findet man vor allem in unmittelbarer Nähe der

Der Ölbaum ist der typische Baum des Mittelmeerklimas

Die Edelkastanie bietet Nahrung für die Bergdörfer

Seeufer, wo die große Wasserfläche die klimatischen Gegensätze abmildert. Genau in dieser Vegetationszone hat der Mensch in seinen Parks und Gärten wahre Wunder von Kunstvegetation angelegt, zum Teil mit Pflanzen, die nur in besonders geschützter Lage überleben, aber eben doch den Winter überstehen können, Araukie, Kamelie, Rhododendron, Oleander, Judasbaum, Zeder, Pittosporum, Orange, Zitrone, verschiedene Palmenarten bis hin zur Dattelpalme gehören dazu. Die berühmten Gärten der Villa Taranto, des Gartens der Borromäer auf der Isola Madre im Lago Maggiore, der Garten der Villa Melzi und jener der Villa Serbelloni in Bellagio am Comer See, der Garten der Villa Carlotta in Tremezzo, ebenfalls am Comer See, sind die schönsten Beispiele, wie Gartenkunst aufgrund der hiesigen pseudo-mediterranen Bedingungen wahre Wunderwerke der Vegetation hervorbringt.

Geht man vom Seeufer in die Berge hinauf, verändert sich die Pflanzenwelt, schon nach hundert, zweihundert Höhenmetern kommt kaum noch eine der ufernahen Pflanzen vor. Die Flaumeiche dominiert hier, und häufig ist die Robinie, die sich überall durchsetzt, sie ist ein sehr anpassungsfähiger Baum. In den Höhen um die 600 m bis 800 m findet man sehr häufig die Eßkastanie. Sie kommt hier zwar natürlich vor, ihre Verbreitung wurde aber durch den Menschen stark gefördert. Man hat sie überall angepflanzt, weil sie für die Dörfer in dieser Höhe ein wichtiger Nahrungsspender war. Die gemahlene Marone wurde früher als Brotmehl und für Kuchen und Brei verwendet, das ist heute fast vergessen. Noch höher setzt sich dann die Rotbuche durch, die Waldgrenze wird von diesem Baum gebildet. Auch höher gibt es noch Bäume, Lärchen, Vogelbeerbäume etwa, aber sie kommen nur noch als einzelne verkrüppelte Exemplare vor. Das ist die Zone der Zwergsträucher und der alpinen Matten, die nur noch von lebensfeindlichen Schutt-, Fels- und Gletscherzonen überragt wird.

Die Seen

Um etwas Statistik kommen wir nicht herum, also lieber gleich: Der **Lago Maggiore,** auch **Verbano** genannt, auf deutsch **Langensee,** ist mit 212 qkm der größte der hier beschriebenen Seen, von den Seen Oberitaliens ist nur der Gardasee flächenmäßig größer (370 qkm). Er liegt 193 (oder 194) m über dem Meeresspiegel und ist bis zu 372 m tief. An seiner breitesten Stelle, im Borromäischen Golf, ist er zwischen der Mündung des Toce und Laveno etwa 12 km breit. Zwischen der Mündung des Ticinoflusses und dessen Ausfluß erstreckt er sich, gemessen auf der Mittellinie, über mehr als 65 km. Ganz im Süden bei Arona ist er nur 2 km breit, bei Cannòbio ganz im Norden ist er auf 4 km eingeschnürt. Der See hat drei Inselgruppen. Im Schweizer Anteil befinden sich die Isole di Brissago, gegenüber Cànnero die Isoline di Cànnero und im Borromäischen Golf die berühmten Isole Borromee, die Borromäischen Inseln, Sehnsuchtsziele nicht nur deutscher Romantiker sondern ganzer Generationen licht-, sonnen- und wasserhungriger Städter von überallher. In seinem Wasser kommen immer noch viele Fische vor, Forellen und Hechte, Barsche (Persico genannt), Felchen, Schleien, Aal und viele andere. Die Restaurants an seinen Ufern haben sie auf der Speisekarte. An der Ticino-, Maggia- und Tocemündung sind größere Schwemmfächer mit flachen Uferzonen, ansonsten sind die Ufer des Sees hügelig bis bergig. Die Küstenstrecke im Norden ist beidseits des Sees von Bergen eingefaßt, im Westen dominiert der Monte Zeda (2156 m), im Osten der Monte Tàmaro (1967 m). Je weiter man nach Süden kommt, desto niedriger werden die Berge, bis bei Laveno auf der Ostseite und Meina auf der Westseite das Hügelland der Moränenzone erreicht ist, wo der See bei Sesto Calende am Ausfluß des Ticino ausklingt.

Der Lago Maggiore ist der zweitgrößte See Oberitaliens

Die Borromäischen Inseln (Isola Pescatori) im Lago Maggiore

**Bellagio
(im Vordergrund)
und der obere Teil
des Comer Sees**

*Der Comer See
ist der tiefste See
Oberitaliens*

Der **Lago di Como,** auch **Lario** genannt, auf deutsch
Comer See, liegt mit 198 (oder 199) m über dem Meeresspiegel fast auf gleicher Höhe wie der Verbano, mit 146 qkm
ist seine Oberfläche allerdings wesentlich kleiner. Das macht
er mit seiner größeren Tiefe wieder teilweise wett, er ist bis zu
410 m tief. Entlang seiner Erstreckung von der Addamün-
dung aus dem Veltlin bis zum Ausfluß der Adda aus dem
See bei Lecco ist der Lario etwa 46 km lang. Seine größte
Breite erreicht er bei Fiumelatte, dort ist er 4,2 km breit,
besonders schmal sind seine südlichen Arme, der nach
Como weisende Arm von Como und der nach Lecco weisende Lago di Lecco. Letzterer hat einen eigenen Namen,
weil er wegen seiner besonders steilen, felsigen Westufer
anders aussieht als der Rest des Sees. Das Dreieck zwischen den beiden Armen, an dessen Spitze sich der Ort Bellagio befindet, nennt man Larianisches Dreieck. Die Berge,
die den See umgeben, reichen im Südosten bis 2409 m
(Grigna Settentrionale), im Nordosten bis 2609 m
(Monte Legnone), im „Dreieck" zwischen Lecco, Bellagio
und Como bis 1685 m (Monte San Primo), im Nordwesten

bis 2521 m (Monte Cardi-nello), im Südwesten immerhin noch bis 1701 m (Monte Generoso). Woraus man entnehmen kann, daß der Comer See in einer wesentlich alpine-ren Landschaft liegt, als der Verbano – und das ist auch so. Der Comer See macht insgesamt, auch weil er nicht so breit wird wie der Ver-bano, einen alpineren, dunkleren Eindruck, während der Lago Maggiore mediterraner, heller, südlicher wirkt, was nichts mit der Vegetation der Ufer zu tun hat! Der Comer See ist allemal ein See mit mildem Klima, man muß sich nur die Parks der Villen in Como, Cadenàbbia oder Bellagio anse-hen. Auch dieser See ist fischreich, die gleichen Fische wie im Verbano kommen vor, beliebt in der Küche sind aber auch die winzigen Agoni, die man in ganzen Schwärmen fängt und dann trocknet und einsalzt.

Monte Legnone (2609 m), auf den Landzungen zu seinen Füßen Bellano und Dervio. Hinten die Mündung der Adda

Nur ein Drittel des Luganer Sees ist italienisch

Die anderen Seen können mit den beiden Großen nicht mithalten. Der **Lago di Lugano,** auch *Ceresio* genannt, deutsch **Luganer See,** liegt wesentlich höher, auf 271 m, ist bis zu 288 m tief und hat eine Oberfläche von nur 48,9 qkm. Von seinen Ufern gehört etwa ein Drittel zu Italien, der Rest zur Schweiz. Diese Zerstückelung entstand 1511/12 mit der Eroberung ehemals Mailänder Territoriums durch die Eidgenossen – aber davon im nächsten Kapitel. Warum der Luganer See einen so seltsamen Umriß hat, er besteht ja eigentlich aus zwei Seen, dem westlichen Arm von Agno nach Porto Ceresio und dem östlichen Arm von Porlezza bis Capolago, haben wir schon erwähnt: nicht ein einziger sondern zwei Gletscher haben sich hier zusammengetan, um das Seebecken auszuschürfen.

Alle anderen Seen sind entweder kleine Bergseen, wie der **Lago di Ghirla** nördlich Varese oder der **Lago di Segrino** bei Erba in der Brianza, oder sie sind Endmoränenseen. Dazu gehören im Varesotto der **Lago di Varese** selbst, der **Lago di Biandronno,** der **Lago di Monate** und der **Lago di Comàbbio,** in der Brianza der **Lago di Montòrfano,** der **Lago di Annone,** der **Lago di Alserio** und der **Lago di Pusiano.** Sie sind allesamt nicht sonderlich tief, der Lago di Varese 26 m, der Lago di Pusiano 24 m, der Lago di Annone schwache 11 m. Der Lago di Varese, der größte von ihnen, hat immerhin 15 qkm Oberfläche, das schaffen die beiden nächstgroßen, Pusiano und Annone nicht einmal zusammen (5,3 qkm, 5,7 qkm). Südlich Lecco bildet die Adda noch einmal zwei kleine Seen, den **Lago di Garlate,** 198 m hoch gelegen und 34 m tief, sowie den **Lago di Olginate,** ebenfalls auf 198 m und bis 18 m tief. Übrigens sind eine ganze Reihe von ehemaligen Seen heute ausgetrocknet oder Sumpfgebiet, der Lago di Biandronno ist gerade auf dem besten Wege zum reinen Sumpfland.

Varesotto und Brianza sind seenreich

Weniger bekannt ist der Ortasee

Bisher haben wir einen der größeren Seen mit Schweigen übergangen, dabei verdient er, vorrangig genannt zu werden. Es ist der **Lago d'Orta,** auch **Cusio** genannt, der **Ortasee.** Dieser See liegt für uns Mitteleuropäer etwas abseits, um zu ihm zu gelangen, muß man erst den Lago Maggiore passieren, da bleiben die meisten hängen. Er enstand in einer vom Ossola-Arm des Ticinogletschers ausgeschürften Mulde, die vom Lago Maggiore durch den Mottarone (1491m) getrennt ist. Der Berg war an dieser Stelle des alpenrandnahen Gletschers schon zu hoch, um noch überflossen zu werden. Die Stirnmoräne dieser Gletscherzunge liegt erst zwischen Gozzano und Borgomanero, der Ortasee ist also ein echter inneralpiner Gletscher wie die drei Großen, kein Endmoränengletscher wie die meisten kleinen. Das merkt man auch an seiner Tiefe, er wird bis zu 143 m tief. Seine Oberfläche liegt bei 293 m, seine Fläche beträgt 17,6 qkm. Daß er ein inneralpiner See ist, erkennt man, wenn man sein Westufer betrachtet. Die Ufer dort sind aus hartem

Lago di Alserio, einer der Seen der Brianza

Gestein aufgebaut und fallen besonders im Norden oft senkrecht zum Ufer hinab, es gibt auch keine Uferstraßenverbindung zwischen Omegna am Nordende des Sees und Ronco im Westen, man muß über die Berge, um dorthin zu gelangen. Im übrigen hat der See mit einer ganz hochrangigen Attraktion aufzuwarten, die mindestens so interessant ist, wie die Isola Bella im Lago Maggiore: die Klosterinsel San Giulio. Einen besonders schönen Blick auf diesen See, der seinen ganzen Verlauf zeigt, hat man vom nordwestlich in über 800 m Höhe gelegenen Bergort Quarna. Im Museo del Paesaggio in Pallanza-Verbania hängt ein Bild von Carlo Casanova (1871 bis 1950) das genau diesen Anblick wiedergibt.

Noch ein paar Landschaftsnamen, die wir verwenden (in etwa von Westen nach Osten gegliedert). Ossolatal ist der Name des Tales, das der bei Fondotoce in den Lago Maggiore mündende Toceßfluß durchfließt. Vergante ist der Name der Landschaft zwischen Ortasee und Lago Maggiore. Der südliche Teil der Provinz Varese mit den Seen (manchmal auch die ganze Provinz, wir haben das jedoch vermieden) ist das Varesotto. Brianza heißt die Hügel- und Seenlandschaft zwischen Como und Lecco. Das Larianische Dreieck ist die Landschaft zwischen der Brianza im Süden und den beiden südlichen Armen des Comer Sees. Die Valàssina, die dieses Gebiet im Osten durchzieht, ist nicht mit der Valsàssina zu verwechseln, einer Talschaft, die Lecco östlich der Grigne mit Bellano am Ostufer des Comer Sees verbindet! Valtellina, Val Tellina, Veltlin ist der Name für das Tal der Adda zwischen Bormio und dem Comer See. Die Berge zwischen Comer See und Veltlin sind die Bergamasker oder Orobischen Alpen.

Ein paar Landschaftsnamen

Ein Kapitel Geschichte

Steinzeitliche Funde sind zwischen Lago Maggiore und
Comer See sehr selten, das Gebiet war bis vor 12000 Jahren unter Eis. Ganz wenige Ausnahmen, wie der Buco del
Piombo, die Bleihöhle in der Brianza, wo man neben Höhlen-
bärenknochen steinzeitliche Funde gemacht hat, fallen aus
dem Rahmen, es handelt sich zumeist um Streufunde der
letzten Zwischeneiszeit, in der es mindestens so warm gewesen sein soll, wie heute.

Länger als nur vorübergehend hat sich der Mensch hier
erst während der **Bronzezeit** niedergelassen. Damals waren
die Seen der Brianza und des Varesotto noch ausgedehnter
als heute, viele der flachen Becken dieser beiden Zonen, die
heute Maisfelder tragen, waren damals noch Seen. An und
in den Seen entstanden Pfahlbaudörfer, die vielerorts ausgegraben wurden, so auf der Isola Virginia im Lago di
Varese. Mit dem Eindringen der Kelten nach Oberitalien entwickelt sich die eisenzeitliche Golasecca-Kultur, wie die mit
ihr verwandte Hallstattkultur eine **Pfahlbaukultur**. Mit den
Kelten, den Leponzen, Insubriern und Aronen, wie sie später
von den Römern genannt wurden, kamen aber auch erstmals Bergorte und Bergheiligtümer, Hangterrassierung und
Rodung im Hügelland von Brianza und Varesotto. Die Funde
von La Morta bei Como sind typisch für diese Zeit.

Seit der Bronzezeit lebt er Mensch an den Seen

Die **Römer** standen mittlerweile vor der Tür und machten
222 v.Chr. einen ersten Einfall, eroberten dann 196 v.Chr.
das ganze Land, wobei sie einigen Widerstand fanden, der
noch lange andauern sollte. Erst 49 v.Chr. bekamen die Gallier, wie die Römer ihre keltischen Untertanen nannten, das
römische Bürgerrecht, erst 42 v.Chr. wurde das Gebiet endgültig als Gallia Cisalpina römische Provinz (mit Mediolanum-
Mailand als Hauptstadt) und erst 14 v.Chr. wurde der letzte
keltische Stamm südlich der Alpen unterworfen, die Leponzen. Zu diesem Zeitpunkt hatte sich das keltische Örtchen
Comum als Novum Comum bereits einige Bedeutung
erworben, und als unter Augustus die Straßen über die
Alpen geschaffen und auch anderswo Straßen und Brücken
errichtet wurden, gewann Novum Comum, das heutige
Como, bald an Einfluß. Die **Via Regia** von Mailand über
Como zum Splügen und nach Augusta Vindelicorum (Augsburg) im Rhätien wurde die Hauptverbindung der Lombardei nach Süddeutschland bis in das 19. Jahrhundert! Die
andere Verbindung, jene über das ebenfalls in römischer
Zeit angelegte Bilitio (Bellinzona) im Tessin über den Gotthard und in die heutige Schweiz sowie zur Rheingrenze des
Imperium Romanum, hatte nicht diese Bedeutung, sie war
überschattet von einer Straße die entlang des Vergante und
des Ortasees in das Ossolatal und hinüber in das Wallis zog,
wo sie mit Lausanne und den von dort ausstrahlenden
Straßen verbunden war.

Die Kelten wurden während der Römer-zeit romanisiert

Die Römer brachten der Region eine Nutzpflanze, die früher sehr bedeutend war, heute aber wegen der übergroßen Konkurrenz günstigerer Standorte gänzlich an Boden verloren hat, den Ölbaum. Ebenfalls in römischer Zeit eingeführt wurde der heute noch bedeutende Weinbau. Ziegelbauweise, Hausteinbauweise, Bogen, Gewölbe, Öl- und Weinpresse wurden in römischer Zeit in die Region gebracht. Zahlreiche heutige Orte gehen auf römische Vorgänger zurück, einige auf Zivilstädte (Como), andere auf Lager (Angera) oder kleine Befestigungen (Bellagio) oder einfache Wachtürme entlang der wichtigen Straßen (Maccagno am Lago Maggiore, Musso am Lago di Como). Erstmals wurden die Seen Oberitaliens unter ästhetischen Gesichtspunkten betrachtet, entstanden Villen nicht nur als landwirtschaftliche Wohn- und Erwerbseinheiten, sondern als Orte der Kontemplation einer besonders reizvollen Umwelt, die Villen der aus Como gebürtigen Plinii am Comer See (Bellagio, Tremezzo?) sollten hier erwähnt werden, aber auch die Villa, die (wohl fälschlich) Catull zugeschrieben wird, in Sirmione am Lago di Garda (dazu → Goldstadt-Reiseführer Gardasee).

Ölbaum und Wein sind Nutzpflanzen seit der Römerzeit

Während der Regierungszeit Diokletians (247 bis 313) erscheinen in Oberitalien als Vorboten weiterer germanischer Stämme die **Alemannen**. Diokletian antwortet mit der Verstärkung und dem Neubau von Befestigungen, so in Angera, Arona, Sibrium (Castel Seprio), Comum, Bellagio. Die Reichsteilung bringt Mailand eine neue Würde, die Stadt wird Hauptstadt des Westreiches. Keine Freude in Como, das sich überflügelt sieht. Mit dem Christentum entscheidet sich Como dann nicht für den Erzbischof, der in Mailand residiert, sondern für den Patriarchen des fernen Aquileia. Man muß seine Feindschaften kultivieren. Zu Beginn des 5. Jahrhunderts ist der gesamte Seenbereich christianisiert, die Missionstätigkeit der heiligen Julius und Julianus, deren Kloster auf der Isola San Giulio im Ortasee steht, vollendet das Werk.

Völkerwanderungszeit war auch Missionszeit

Nach 568 und der Eroberung der Lombardei durch die **Langobarden** beginnt eine entbehrungsreiche Phase für seine Bewohner. Zunächst einmal wird, wie das der Brauch ist, gemetzelt, dann wird die Oberschicht des besetzten Gebietes (soweit sie überlebt hat) in Teile ihrer Rechte wieder eingesetzt, und schließlich kommt es durch Heiraten und kulturelle Übernahmen zur Vermischung. Tatsächlich sprachen die Langobarden zwei Generationen nach ihrem Einfall in Oberitalien bereits das damalige Spätlatein und waren voll der antiken Kulturtradition zugehörig. Seinen Namen bekommt das Land erst allmählich: Langobardenland, Lombardenland, Lombardei. Die Langobarden teilten das Land neu auf, Grafschaften in Novara, Stazzona (heute Angera) und Seprio (Castel Seprio, heute wüst) waren die Hauptgrafschaften. Allmählich normalisierten die Langobarden ihre

Die Langobarden eroberten 568 Oberitalien

Beziehung zur Kirche, zunächst hatten sie Kirchengut konfisziert, später gaben sie es wieder zurück. Zuerst arianisch, konvertierten sie allmählich zum Katholizismus, der Königin Theodelinde, einer aus Bayern gebürtigen und natürlich katholischen Königin, gebührt dabei das Hauptverdienst. Unter König Kunibert ließ sich Como überreden, wieder aus der Kirchendiözese des Patriarchats von Aquileia zurückzukehren, was Como auch tat, aber nicht in jene des heiligen Ambrosius, also Mailands, sondern in jene der Nachfolger Petri, also Roms. Man muß konsequent sein.

Die **Franken** setzten nach 774 den letzten Langobardenkönig ab und steckten ihn ins Kloster. Karl der Große behielt aber die alte Grafschaftsgliederung bei, nur waren es nun fränkische Familien, die das Sagen hatten, nicht mehr langobardische. Die Städte wurden davon wenig berührt, genausowenig wie die geistlichen Territorien, der Ortasee etwa, der dem Bischof von Novara gehörte, einige Täler des Tessin, die dem Mailänder Erzbischof gehörten, Campione am Luganer See, Besitz des Klosters des heiligen Ambrosius in Mailand. Unter den **Ottonen** war die Region der Seen immer wieder Schauplatz von Kämpfen, die wir hier nicht im Detail darstellen wollen. Die italienischen Nationalkönige in der Nachfolge karolingischer Reichsteilungen und die auf ihre Oberherrschaft bedachten Ottonen lieferten sich immer wieder Scharmützel, Belagerungen, Eroberungen. So fand auf der Isola San Giulio im Lago d'Orta die letzte Phase der Auseinandersetzung zwischen Otto I. und Berengar II. statt, fünf Jahre später eine neuerliche Auseinandersetzung, diesmal zwischen Otto I. und Berengars Witwe Willa. Oder die *Isola Comacina* im Lago di Como. Dort war schon in spätantiker Zeit eine bedeutende Stadt entstanden, Chrysopolis, Goldene Stadt genannt, die als Rivalin Comos auftrat. Die Söhne Berengars, Grafen von Lecco bzw. Seprio, zogen sich hierher zurück, um neue Strategien gegen die deutschen Könige auszutüfteln. Arduin von Ivrea eroberte vorübergehend Ortasee und unteres Ossolatal, mußte sich dann aber Heinrich II. unterwerfen. Das obere Ossolatal war in dieser Zeit Teil der fränkischen Verwaltung vom Wallis her. Die damals sich entwickelnde politische Einheit „Lombardei‚ dehnte sich von dort (Piemont als Einheit war noch unbekannt) bis zur Grenze mit der Mark Verona am Gardasee aus. Die Adelsgeschlechter, aus denen sich die Grafen und die italienischen „Nationalkönige" rekrutierten, waren Franken, wir müssen dies wegen der heute anderen Bedeutung des Begriffs „Nation" präzisieren. Diesen Geschlechtern ging es um ihren persönlichen Besitz und sonst gar nichts, das Konzept der Nation kam erst tausend Jahre später auf. Auch die Äbte der meisten Klöster, die Bischöfe und natürlich der Mailänder Erzbischof, waren Franken, zumindest bis in die Mitte des 11. Jahrhunderts, dann sollte sich die Situation in Oberitalien aber gewaltig gewandelt haben.

774 wurde Oberitalien Teil des Frankenreiches

Der Name Lombardei kommt von den Langobarden

Das Hochmittelalter brachte eine kräftige räumliche und politische Entwicklung der Städte. In der Auseinandersetzung zwischen Kaiser und Papst nahmen die Städte nach machtpolitischen Aspekten Stellung, Mailand gegen den Kaiser, weil er die Macht der Stadt zu beschneiden trachtete, Como für den Kaiser, weil er gegen die Rivalin Mailand war, die Stadt auf der Isola Comacina für Mailand, weil die nahe Konkurrentin Como für den Kaiser war, Angera für den Papst, weil es in geistlichem Besitz war, Seprio für den Kaiser, weil es Sitz einer Grafschaft war, auf deren Besetzung der Kaiser Einfluß hatte und so weiter. In Mailand entwickelte sich im Gefolge der aus Frankreich eindringenden cluniacensischen Reformen (Erneuerung des benediktinischen Mönchswesens, Rückkehr zu den urchristlichen Wurzeln der Kirche, Kirchenreform, Abschaffung der sogenannten Simonie, also Ausschluß der Laien – auch des Kaisers! – von der Bischofswahl) eine Volksbewegung, die persönliche Armut, Tugend, Zölibat, somit evangelische Tugenden der Erneuerung der Kirche, und persönliche Freiheit und Gleichheit, also soziale Ideale vertrat. Abschätzig von ihren Gegnern „Pataria" (nach dem Mailänder Flohmarkt) genannt, breitete sich diese Richtung um die Mitte des 11. Jahrhunderts in der Lombardei stark aus. Gegner waren die weltlichen Machthaber wie die **Mailänder Erzbischöfe,** die sich beide gefährdet sahen. Unter Arialdo di Cuggiago wagten sich die Patarier sogar an eine Belagerung (Grafen auf Seprio), wurden aber nach der Ermordung ihres Führers (1066) durch Leute des Mailänder Erzbischofs Guido da Velde, der seine Einsetzung ganz persönlich dem deutschen Kaiser Heinrich III. verdankte, bezwungen. Der auf dem Inselchen Partegora im Golf von Angera des Lago Maggiore ermordete Arialdus wurde sofort heiligmäßig verehrt und (erst) 1904 heiliggesprochen. Die Pataria-Erhebung hatte Folgen, ein Anhänger der Reform, Anselmo da Baggio, wurde als Alexander II. Papst, sein erklärtes Ziel war der Ausschluß der Kaiser bei der Einsetzung von Bischöfen.

In das 12. Jahrhundert fällt der Krieg zwischen Mailand und Como. Die beiden Städte hatten aus den Auseinandersetzungen zwischen Kaiser und Papst nur profitiert und sich zu fast völlig unabhängigen Kommunen entwickelt, die auch mit den Bischöfen in ihren Mauern nichts zu tun haben wollten. Um die Grafschaft Seprio, die zur Diskussion stand, kam es 1117 zum Krieg. 1121 wurde das kleine Städtchen Varese von den Comaskern gebrandschatzt, Comos bedrohte Nachbarn Lecco, Mandello und Varenna, Chysopolis, Menaggio, Bellagio und die „Tre Pievi" im Norden des Sees, die „Drei Pfarren" Dongo, Gravedòna und Sorico taten sich daraufhin mit Mailand zusammen und überfielen, eroberten, brandschatzten die Stadt Como. **Friedrich Barbarossa,** dem es um seine Positionen in Oberitalien ging – Como war immer kaisertreu gewesen – ließ nach 1154 Befestigung

Kirche, Städte und Kaiser bekriegten sich im Hochmittelalter

Como und Mailand waren sich schon im Mittelalter nicht grün

und Stadt wieder aufbauen, dabei entstand die Festung Baradello. Das mißfiel den Mailändern natürlich gründlich, genauso den Leuten von der Isola Comacina (die Stadt auf der Insel wird im Ortsteil unter Ossuccio-Isola Comacina* vorgestellt). Also wieder Bündnis Mailand und der Städte um Como gegen Como und den Kaiser. Zunächst einmal wandten sich die Mailänder nach Norden und zerstörten 1156 das mit Como alliierte Locarno, 1160 belagerte der Mailänder Erzbischof Varese, damals waren Erzbischöfe noch schwertgewandt, man betrachte dazu die Fresken in der Burg von Angera! Nun griff Barbarossa ein, 1162 wurde Mailand von seinen Truppen zerstört. Gute Nachricht für Como, nun konnte man sich endlich an seinen Nachbarn rächen und 1169 konnte man auf der Isola Comacina zeigen, wie so etwas gemacht wird, nur noch ein paar unbedeutende Ruinen zeugen heute noch von der Stadt, die dort einmal existierte. Die Mailänder gaben nicht auf und bildeten nach dem Wiederaufbau mit mehreren Dutzend anderer Städte der Poebene einen **Lombardischen Bund**, dem sich nun notgedrungen (allein konnte man wenig machen) auch Como anschloß. Der Kaiser wollte die aufmüpfigen Lombarden eben mal erledigen, als ihn 1176 die Niederlage von Legnano (südlich Como) ziemlich unvorbereitet traf. Im **Frieden von Venedig** und dann in jenem von Konstanz blieb Barbarossa nichts anderes übrig, als den Lombardischen Bund anzuerkennen und den Städten die Wahl ihrer Beamten zu überlassen, nur noch die endgültige Anerkennung sollte in Zukunft durch den Kaiser erfolgen.

Barbarossa griff in die Streitigkeiten zwischen Mailand und Como ein

Bei seinem fünften, mit der Niederlage von Legnano unglücklich endenden Italienfeldzug, hatte sich Friedrich in Arles zum König von Burgund krönen lassen (1178). Dieses Burgund, auch Arelat genannt, hatte mit dem alten Burgunderreich nichts zu tun, sondern ging auf das Lotharingien der ersten karolingischen Reichsteilung zurück. Im Ossolatal reichte es bis in unser Seengebiet herunter, wo es an die Besitztümer der Bischöfe von Novara, die Friedrich ausdrücklich diesbezüglich bestätigt hatte, grenzte. Verschiedene Adelige des Arelat hatten Besitz hüben und drüben , in Oberitalien und im Wallis und in Savoyen, es war ja ein einziges Reich. Die Alpengrenze entstand erst in der zweiten Hälfte des 19. Jahrhunderts. Die um diese Zeit aus dem Wallis nach Oberitalien einwandernden **Walser** (→ Route 4) blieben innerhalb einer einzigen politischen Einheit, sie gingen nicht „nach Italien", wie man retrospektiv vielleicht glauben könnte. In diesem Königreich Arelat, formal ein Teil des Deutschen Reiches, aber tatsächlich in mehrere Grafschaften zerfallen, die recht eigenständig waren, hatte im 11. Jahrhundert ein fränkischer Graf, Humbert Weißhand genannt, zwei ihm zufallende Grafschaften zu einem einzigen Herrschaftsgebiet vereinigt, die (heute französische) Grafschaft Savoyen und die Grafschaft Aosta. 1050 erweiterte sein

Die Alpen waren im Mittelalter eher verbindend als trennend

Sohn Oddo I. den Familienbesitz, als er durch die Vermählung mit der Erbtochter des Markgrafen von Turin auch diese Markgrafschaft dem Familienbesitz einverleibte. Man hatte gute Beziehungen zum Kaiser, den Freiheitsbestrebungen der lombardischen Städte konnten die Nachfahren Weißhands, die sich nach ihrem Stammland Grafen von Savoyen nannten, nichts abgewinnen. Während des Mittelalters konnten sie ihren Besitz immer weiter ausdehnen, das heute schweizerische Waadt, Chieri und Vercelli, Stadt und Grafschaft Nizza konnten sie bis 1391 erwerben, 1416 bekamen sie dann unter Kaiser Sigismund den Herzogstitel. In den alten Hauptstädten Chambery und Annecy, in der neuen Hauptstadt Turin regierten Mitglieder der Familie als Herzöge von Savoyen, in Genf und Lausanne durften jüngere Söhne Bischofswürden ausüben, man muß sich nach der Decke strecken.

Inzwischen waren die lombardischen Stadtstaatträume fast überall ausgeträumt. In Mailand hatte die Familie der **Visconti** unter anderem durch häufige Übernahme der lukrativen und politisch bedeutenden Erzbischofswürde die Macht ergriffen. Mailand eroberte unter ihnen den Lago Maggiore, das heutige Tessin und ging über die Alpenpässe bis zum Nufenen und weiter. Der Vergante wurde den Bischöfen von Novara streitiggemacht und großenteils Mailand einverleibt, die Hauptstadt der Grafschaft Seprio, Stadt und Burg Seprio (→ **Castel Seprio***) wurden nach Belagerung und Eroberung 1286 im Jahre 1287 ausradiert, die Grafschaft von den Visconti okkupiert. Mit den Comaskern kam es ab dem Anfang des 14. Jahrhunderts wieder zu Reibereien. Dort schlugen sich nämlich die Torriani und die Vitani auf der Seite der Welfen und die Rusca auf der Seite der Ghibellinen, und die Visconti konnten daraus mit ihren sich um den Lago Maggiore Besitz schaffenden Lehensnehmern, den Borromäern, Kapital schlagen. 1281 schlug das Ende der Eigenständigkeit Comos, Mailands Truppen zogen in der Stadt ein, Como und der Lario wurden ein Teil der Lombardei.

Mailands Machtbereich erweiterte sich unter den Visconti

Mit dem Verfall der Herrschaft der Visconti konnten sich Regionalherren durchsetzen. 1439 kauften die **Borromei** dem Filippo Maria Visconti Stadt und Herrschaft Arona ab, 1441 erwarben sie zusätzlich Cannòbio, Lesa, den Vergante, Meina und wurden so zur wichtigsten Macht am Lago Maggiore. Schon vorher hatten die Rusca und ihre Alliierten Teile des nördlichen lombardischen Besitzes unter ihre Herrschaft gebracht. 1439 wurde der Wiederaufstieg der **Rusca** von den Visconti bestätigt, die Locarno ganz offiziell an Franchino Rusca übergaben, dazu kamen in rascher Folge noch Lugano, Mendrisio und Brissago. Im nördlichsten Teil des Verbano begann der dortige Adel mit den Eidgenossen zu verhandeln, von denen man sich Autonomie gegenüber den Visconti versprach. Am 30. Juni 1422 kam es bei Arbedo zur Schlacht zwischen Mailand und den Eidgenossen, die von

Die Rusca setzten sich in Como fest

den lokalen mit Como föderierten Adeligen und den dortigen Rusca verstärkt wurden. Die Eidgenossen wurden besiegt, was aber insgesamt ohne Folgen blieb. Erst die Schlacht von Gornico 1478 und der Sieg der Eidgenossen veränderte die politische Situation, und bis 1511/12 konnte die Schweiz den Mailändern den gesamten Bereich des heutigen Ticino/Tessin abjagen.

Wie man sieht, erscheinen die **Comasker,** die Rusca vor allem, wieder auf der Bildfläche. In Mailand war nach dem kurzen Zwischenspiel der Ambrosianischen Republik 1450 die Familie der **Sforza** an die Macht gekommen, die nun versuchen mußte, die Territorialverluste während der späten Viscontiherrschaft wieder wettzumachen. Zu diesem Zweck mußten die Rusca bekämpft werden, mit wechselndem Glück, dann wurde ein Feldzug ins Ossolatal gemacht, gegen die dortigen Novareser Besitzer, Locarno wurde angegriffen, Festungen entstanden in vielen Orten der Lombardei. Einige davon wurden von den Borromäern errichtet, die sich offensichtlich gut arrangieren konnten. Angera, Arona, Brissago, Vogogna sind Festungen, die in diese Zeit fallen. Der neue Feind kam von außen, **Ludwig XII.** von Frankreich fiel in der Lombardei ein, seine Frau war eine Visconti und er beanspruchte die Lombardei für sie, also für sich. Zwanzig Jahre lang war das ganze Land in der Hand der Franzosen, den Eidgenossen-Herrschaftsbereich im Tessin und das ebenfalls 1511 eroberte Veltlin ausgenommen. Die Eidgenossen setzten sich in beiden Gebieten permanent mit neuen Festungen (Bellinzona, Sondrio) fest, wobei sie keinesfalls die Autonomie sondern Fremdherrschaft brachten. Der Kanton Tessin entstand erst im 19. Jahrhundert, das Veltlin wurde immer als Untertanenland betrachtet und so verwaltet. Como wurde durch Ludwig XII. wie durch seinen Nachfolger Franz I. kräftig gefördert, man kannte den alten Gegensatz zu Mailand offensichtlich recht gut und regierte nach dem Motto „divide et impera". In diese Zeit fällt die Geschichte des Gian Giacomo **Medici,** genannt „il Medeghino", der von Musso (→ Route 10) ausgehend einen Großteil des Lario unterwarf und selbst die Eidgenossen bis Morbegno hin aus dem Veltlin vertrieb. Erst 1532 wurde er endgültig von einer Phalanx seiner Feinde besiegt. 1524 wurde Francesco II. Sforza nach einem kurzen Zwischenspiel ein zweites Mal als Mailänder Herrscher eingesetzt, von Gnaden des Habsburgers **Karls V.,** mit der Auflage, sein Land an die Habsburger zu vererben. Was 1535 geschah.

Franz I. hatte inzwischen die Gelegenheit beim Schopf gepackt, auch in Savoyen einzufallen, was er über einen Thronanspruch seiner Mutter Louise von Savoyen ableitete. 1532 nahm er seinem Onkel Herzog Karl III. von Savoyen den größten Teil von dessen Besitz weg. Erst unter Herzog Emanuel Philibert, einem Neffen Kaiser Karls V. räumten die

Nach den Visconti regierten in Mailand die Sforza

Um 1500 war Oberitalien zwanzig Jahre lang französisch

Franzosen 1562 Turin (es geht doch nichts über gute Familienbeziehungen).

Dabei ging es den Piemontesern selbst unter französischer Herrschaft, vor allem aber dann wieder unter ihren eigenen (in der Öffentlichkeit italienisch, sonst französisch sprechenden) Herzögen von Savoyen noch gut, verglichen mit dem, was nun auf die Lombardei zukam. Die Habsburger überließen das Land bei der Teilung in eine österreichische und eine spanische Linie den **Spaniern** und die brachten Mißwirtschaft, Ausbeutung, Unterdrückung. Depression herrschte in der Wirtschaft und in den Menschen. Landsknechte plünderten und brandschatzten während des **Dreißigjährigen Krieges** besonders das Comasker Gebiet und das Veltlin. Alessandro Manzonis großer Roman „I Promessi Sposi", der in Lecco und Mailand spielt, gibt ein bewegendes Bild dieser Zeit. Wer sich arrangierte, konnte dennoch arrivieren. Die Borromäer, schon immer besonders gut in dieser Hinsicht, wurden nun vor allem Kirchenfürsten und dienten den Spaniern in einem besonders wichtigen Bereich der Unterdrückung der Bevölkerung, der mit Folter und Verbrennungen arbeitenden Gegenreformation. Der in Arona geborene heilige **Carlo Borromeo** ist ein Kind dieser Zeit und hat sie maßgeblich mitbestimmt.

Den Franzosen folgten die spanischen Habsburger

Nach dem **Frieden von Utrecht** (1713), der den Spanischen Erbfolgekrieg beendete, ging das Herzogtum Mailand an Österreich, der Besitz der Lombardei wurde 1736 bestätigt. Im gleichen Frieden erlangten die Herzöge von Savoyen die Königswürde, als Könige von Sizilien, das sie von den Spanischen Habsburgern erbten und als Dank für die Mitwirkung bei der Niederwerfung des französischen Königs Ludwigs XI. (ein savoyischer Prinz namens Eugen sollte in österreichischen Diensten Karriere machen). Die Lombardei erhielt unter den Österreichern, insbesondere unter **Kaiserin Maria Theresia** und ihrem Sohn Joseph I. eine effiziente Verwaltung (von der italienische Geschichtsbücher nur Gutes zu sagen haben), einen modernen Kataster, persönliche Freiheit, wirtschaftliche Möglichkeiten im Sinne des Merkantilismus, Förderung lombardischer Wirtschaftszweige, insbesondere der Seidenindustrie. Im **Frieden von Aachen** (1748), der in der Folge der Schlesischen Kriege die Auseinandersetzungen zwischen Frankreich und Großbritannien beendete, bekam **Savoyen** eine Grenzkorrektur. Sämtliches lombardisches Territorium westlich des Lago Maggore und des Tessinflusses wurde an Savoyen abgetreten. Das Königreich Sardinien (die Savoyer hatten 1720 Sizilien gegen Sardinien getauscht) konnte so eine bedeutende Erweiterung seines Ansehens verbuchen. Zu diesem Zeitpunkt waren sie neben den Dogen in Venedig und dem Kirchenstaat die einzigen „italienischen" Herrscher Italiens, überall sonst regierten „Ausländer", wie in der Toskana, die 1737 an die Lothringer und damit an die

Nach 1713 wurde die Lombardei österreichisch

Die heutige Grenze zwischen Piemont und der Lombardei entstand 1748

Habsburger kam, wie in Sizilien und Süditalien, wo die Bourbon-Parma regierten, deren Parma samt Piacenza nun ebenfalls von den Österreichern regiert wurde.

1796 eroberte Napoleon Savoyen

1796 eroberte der französische General **Napoleon** Savoyen und die Lombardei und ließ die Cisalpinische Republik proklamieren. Im **Frieden von Campoformio** tauschten Franzosen und Österreicher Territorien, den Österreichern fiel nun statt der Lombardei das ebenfalls von Napoleon eroberte Venedig zu, das damals wie seit der Mitte des 15. Jahrhunderts, bis fast zum Comer See reichte, Calolziocorte südöstlich Lecco war schon venetianisch. Das sollte nicht lange währen, 1805 verlor Österreich Venedig an die neue Republik Italien von Napoleons Gnaden.

Nach Napoleons Fall und dem **Wiener Kongreß** kamen sowohl die Lombardei als auch Venetien an Österreich, die Grenze zum Königreich Piemont-Sardinien, wie es jetzt hieß, verlief in der Grenziehung von 1748, alles Territorium westlich Lago Maggiore und Ticino verblieb also bei Piemont. Laveno wurde österreichischer Kriegshafen (!). Die Bestimmungen des Wiener Kongresses und die vormärzlichen Polizeimaßnahmen der Österreicher, die zunächst als Befreier willkommen waren, konnten aber nicht eine Bewegung aufhalten, die allmählich immer stärker wurde und schließlich zum Sturm werden sollte, das **„Risorgimento"**. Die „Wiedergeburt" Italiens, Bewegung für ein freies Italien, wurde im nationalistischen **19. Jahrhundert** von Mailand und Turin aus getragen, wobei sich die kämpferischsten Vertreter der Bewegung im neutralen Lugano trafen. Mazzini, Cattaneo und Garibaldi gehörten zum Beispiel dazu. Von Capolago am Südende des Luganer Sees wurden durch die Tipografia Elvetica patriotische Texte produziert, die in die österreichisch verwalteten Gebiete geschmuggelt wurden.

Im Wiener Kongreß wurde die Lombardei wieder Österreich zugesprochen

Die Spannungen entluden sich erstmals 1848, dann 1859, als **Garibaldi** von Arona über Sesto Calende die Österreicher bei Varese und dann bei Como stellte, schließlich 1860, und führten zum Rückzug Österreichs aus Oberitalien. In Italien wurde das Königreich ausgerufen (1861), seine Träger waren die Könige von Piemont-Sardinien, die erste Hauptstadt war Turin. 1866 kam im **Frieden von Wien** Venedig an Italien, das sich nun fast am Ziel seiner Wünsche sah. Die Herrscher Savoyens waren nur zu ihrem Ziel gelangt, weil sie dem französischen Kaiser ihre Stammlande und Nizza für die Waffenhilfe gegen Österreich verpfändeten. Im **Vertrag von Turin** (1860) fielen Savoyen und Nizza an Frankreich, die Waffenhilfe war nur sehr spärlich gewesen.

1866 schlug für die Lombardei die Stunde der Befreiung mit dem Anschluß an Italien

Die Hauptentwicklung der vergangenen hundert Jahre geht in Richtung **Industrialisierung** und Verstädterung. Keine Region Italiens hat sich in dieser Hinsicht stärker verändert als die Poebene und die zu den Seen führenden Talbereiche. In den letzten dreißig Jahren ist eine ausufernde Zweithausversiedelung dazugekommen, die heute auch in entlegenere Bereiche der Seen überschwappt, zumal immer wieder neue Schnellstraßen, die „Superstrade" gebaut werden, um die Mailänder und Turiner noch schneller zu ihren geliebten „Laghi" zu bringen. Nur in den nördlichen Bereichen von Lago Maggiore und Lago di Como hat diese Entwicklung noch keinen Halt gefunden. Wenn es nach den vielen mahnenden Stimmen, die im Piemont und der Lombardei laut geworden sind, geht, dann bleibt das auch so.

Plastik der Frührenaissance: Ädikula mit dem Jüngeren Plnius an der Fassade des Doms in Como

Romanischer Innenraum von San Abbondio in Como

Kunst und Architektur
an den Oberitalienischen Seen

Was sich zwischen Lago Maggiore und Comer See an vorrö-
mischen und römischen Altertümern erhalten hat, ist nicht
viel, man findet es in den Museen der Region (→ Liste der
Museen im Anhang). Erst viel später, mit der langobardischen Besetzung, beginnt das Kunstschaffen der Menschen an den Seen für uns Reisende faßbar zu werden.
Auch dann nur in Andeutungen, zu viel ist seither zerstört
worden. Das herausragende Denkmal stammt bereits vom
Ende dieser Zeit, es ist der byzantinisierende Freskenzyklus
in der **Kirche Santa Maria foris portas** in *Castel Seprio,* letzter Rest einer im Hochmittelalter zerstörten Stadt.

   Bevor wir fortfahren, müssen wir noch etwas klarstellen.
Wir konzentrieren uns in diesem Führer immer wieder auf
die bedeutenden Kunstwerke, die wichtigen Veränderungen
in der Kunstentwicklung, die großen Objekte. Das ist einerseits notwendig, denn nur so kann man die Möglichkeiten
einer Kunstlandschaft in einem notgedrungen begrenzten
Zeitraum ausloten. Für den Reisenden ist aber andererseits
der Besuch einer Kunstlandschaft auch und gerade Wahrnehmung der Fülle, der Verbreitung und regionalen Alltäg-
lichkeit der künstlerischen Erzeugnisse des Menschen. Die
drei, vier auf internationalem Niveau bedeutungsvollen Bauten der Romanik, die sich im Beschreibungsbereich des
Buches befinden, sind sicher ein sine qua non des Besu-
chers der Region. Über die Romanik an den Seen erfährt er
aber erst wirklich etwas, wenn er die kleinen Kapellen in den
Dörfern, die romanischen Apsiden an barocken Kirchen, die
unzähligen romanischen Campanili wahrgenommen und
mit jenen großartigen Bauten verglichen hat. Die romanischen Ortskirchen wie die romanischen Feldkapellen
machen erst das vollständige Bild dieser Kunstphase aus,
wir können sie aus guten Gründen nicht alle erwähnen,
geschweigedenn beschreiben. Die Romanik an den Seen,
um es ganz deutlich zu sagen, ist nicht nur San Abbondio in
Como, San Pietro al Monte über Civate und Santa Maria del
Tiglio in Gravedòna.

*Aus der Romanik
hat sich eine
Fülle von Baudenk-
mälern erhalten*

**Romanische
Malerei: Christus
als Pantokrator
in Torba
(Castel Seprio)**

Romanische Architektur: Westapsis von San Bartolomeo in Villadòssola

Romanische Plastik: Taufbecken in Sant'Agata in Ossuccio

Die Romanik

Die Bauten der Romanik sind der Stolz der Seen und ihres Umlandes. Kaum ein Ort, der nicht einen romanischen Bau oder zumindest romanische Bauteile in Kirchen, Stadtpalästen, Häusern aufzuweisen hat. Der Kolossalbau von **San Abbondio** in Como mit seinen fünf Schiffen wurde in der zweiten Hälfte des 11. Jahrhunderts errichtet, er ist der bedeutendste, gänzlich erhaltene frühromanische Bau der Lombardei. Die Region umfing diesen Stil mit Begeisterung, von Orta, wo die reich skulptierte **Kanzel** der Kirche auf der Insel San Giulio diesen Stil trägt, bis hinauf in den Norden des Comer Sees, wo in Gravedòna im 12. Jahrhundert gleich zwei bemerkenswerte Kirchen entstanden, **Santa Maria del Tiglio** und **San Vincenzo**. Etwa aus der gleichen Zeit stammen Kirchen und Baptisterien von Sesto Calende **(San Donato)** und Arsago Seprio **(San Vittore)**, San Fedele in Como mit seinem interessanten Grundriß, das Kloster in Torba (Castel Seprio) und Kommunalbauten wie die **Stadttürme** in Como nach der Zerstörung durch die Mailänder am Ende des Jahrhunderts. In Civate hat sich die vollständige Ausmalung einer romanischen Kirche erhalten **(San Pietro)**, der abseits gelegene Bau wurde im 11. Jahrhundert wahrscheinlich von Mailänder Künstlern ausgeschmückt. Von anderen Ausmalungen ist wenig erhalten, Torba gehört dazu.

Seit dieser Zeit beginnt die Bedeutung lombardischer Künstler über die Grenzen ihrer Region hinauszuwachsen. Steinmetzen aus dem Comasker Raum, aus Como selbst, aus Campione drüben am Luganer See, aus dem Intelvital zwischen den beiden Seen, wurden aufgrund ihrer technischen Kenntnisse, die sie von Generation zu Generation weitervermittelten und vervollkommneten, gesuchte Handwerker im ganzen südmitteleuropäischen Raum. Man nannte sie „Maestri Comacini", eine vulgärlateinische

Zusammenziehung von „magristri cum machinis", also Werkmeister (die Übersetzung „Meister aus Como" ist Phantasie, wenn überhaupt, dann müßten sie „Maestri Comaschi" heißen. Die kürzlich in einem Lombardei-Kunstführer aufgestellte Behauptung, das französische Wort „macon" für Steinmetz sei eine Verballhornung von maitre comacin, Meister aus Como, ist völlig aus der Luft gegriffen. Tatsächlich stammt das Wort aus dem Fränkischen und ist mit dem Neuhochdeutschen „machen" verwandt, es bedeutet das anrühren, das anmachen von Mörtel für den Bau). Ein Steinmetz war im Mittelalter nicht einfach Steinmetz, er mußte auch die Pläne machen und möglichst den Bau ausschmücken, mußte also Architekt, Bauleiter, Steinmetz, Maurer, Freskierer und Stuckierer besonders bei kleinen Bauten in einer Person sein. Im Valle d'Intelvi hat sich diese mittelalterliche Gewohnheit bis in das 19. Jh. erhalten (→ Route 10).

Romanische Architektur: San Giovanni in Galliano-Cantú (Como)

Romanische Bauplastik: Außenfassade von San Antonio in Locarno

*Gotische Malerei:
Außenfresken
der Marienkirche
von Luzzara bei
S. Maurizio d'Opa-
glio (Ortasee)*

Die Gotik

Die Romanik hatte sich so festgesetzt, daß sich die Gotik zunächst etwas hart tat. Dabei hatte sich *Como* 1215 nach Art aller lombardischen Städte ein schönes neues Rathaus im gotischen Stil hingestellt, den **Broletto**. In *Piona* am nord-östlichen Comer See folgte dann ein **Klosterkreuzgang** (Mitte 13. Jh.) aber die meisten gotischen Kunstwerke der Region – und es sind nicht viele – entstanden erst im 14. Jahrhundert, die Kirche **SS.Nazaro und Celso** in *Bellano* mit ihrer schönen hell-dunkel inkrustierten Fassade, der **Borromäertrakt** der *Rocca di Angera* mit den Fresken (nach 1314), der **Kreuzgang von San Gemolo** in *Ganna* gehören dazu. Der Neubau des **Domes** in Como wurde gerade noch in diesem Jahrhundert begonnen (1396) aber er ist ein Werk bereits des 15. Jahrhunderts und später, begonnen in der Phase des Überganges von der Gotik zur Renaissance.

*Die Gotik hat nur
wenige Denkmäler
hinterlassen*

*Gotische
Architektur:
Kreuzgang von
San Gemolo in
Ganna (Varese)*

Gotische Architektur: Fassade der Kirche SS.Nazaro e Celso in Bellano

Die Renaissance

Die Renaissancefassade des **Domes** zu *Como,* begonnen 1457, ist eines der bekanntesten Beispiele für diesen Kunststil an den Seen. Dabei hat die Renaissance schon viel früher hier ihre Spuren hinterlassen, in einem kleinen Ort, wo man es gar nicht erwarten sollte und gleichzeitig mit der Florentiner Renaissance, ja sogar von deren Hauptmeistern getragen: in der Mini-Residenz des Kardinals Branda in *Castiglione Olona* südlich Varese. Dort steht eine kleine Renaissancestadt der ersten Hälfte des 15. Jahrhunderts, ein absoluter Fremdkörper in der spätgotischen Welt seiner Umgebung – der Mailänder Dom in vollendeten gotischen Formen war erst 1385 begonnen worden, nur eine Generation vor den Bauten von Castiglione Olona. Während in Bran-

Bauplastik der Frührenaissance: Fassadendetail des Palazzo Branda Castiglioni in Castiglione Olona

das Residenz in den Formen der Renaissance gebaut und gemalt wurde, entstand bei Varese im *Castello Masnago* ein spätgotischer **Freskenzyklus** im internationalen Stil, dekorativ und verspielt. Zu Ende des 15. Jahrhunderts entstand eine der ersten Villen der gesamten Seenregion (sieht man von den antiken Villen ab!), die **Villa Serbelloni** in *Bellagio,* die erst fast ein Jahrhundert später von zwei Villen Pellegrino Tibaldis gefolgt wurde, dem **Palazzo Gallio** in *Gravedòna* und der **Villa d'Este** in *Cernòbbio.*

Renaissancemalerei: Fresken in der Vierung von Madonna di Campagna in Verbania-Pallanza

Das Barockzeitalter

Das Barock an den Oberitalienischen Seen ist weniger durch eigenständige Kirchenbauten charakterisiert, als in anderen Regionen Italiens. Hier standen so viele romanische Kirchen in der Landschaft, daß man sich meistens damit begnügt hat, sie umzumodeln und auszuschmücken, also zu barockisieren. Der Neubau einer größeren Barockkirche ist ausgesprochen selten, fast immer waren es Wallfahrtskirchen die nach irgendwelchen Wundern, die von der Gegenreformation für ihre Zwecke benötigt wurden, errichtet wurden. Dazu gehören auch die **Sacri Monti,** die Heiligen Berge, die von Varallo in Piemont ausgehend in *Orta San Giulio, Varese, Locarno* und *Ghiffa* am westlichen Lago Maggiore errichtet wurden. Die kirchengroßen Kapellen dieser Sacri Monti entstanden durchwegs bereits im Übergangsstil von der Renaissance zum Barock und haben den Villenbauten der Zeit, beeinflußt von Palladio, viel zu verdanken. Es

Barock und Klassizismus zeigen sich vor allem in den Villen

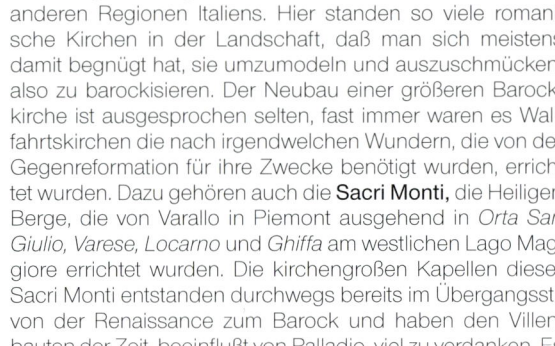

sind aber nicht die Kirchen oder auch die Sacri Monti, die den wesentlichen Beitrag der Seen zur Kunst- und Kulturgeschichte dieser Zeit liefern, sondern die Villen, die nun überall an den südlichen Ufern von Comer See und Lago Maggiore, am Luganer See und an den kleineren Seen von Varesotto und Brianza entstehen. Die Entwicklung der Villenkultur, die wegen der überragenden Persönlichkeit Palladios immer mit Venetien verbunden wird, hat mindestens soviel Anregungen aus der Entwicklung an den lombardischen Seen erhalten. Typisch dafür ist eine Villa im Varesotto zwischen Lago Maggiore und Luganer See, nicht an einem See gelegen, die **Villa Porta-Bozzolo** in *Zuigno.* Dort haben sich Villa, Garten und Wirtschaftsgebäude erhalten, der Garten gilt als klassisches Beispiel eines barocken Terrassengartens. Die Entwicklung der italienischen Gärten, wie sie

Bauplastik des Manierismus: Säulendetails von Madonna di Tirano im Veltlin

auf der *Isola Bella* im **Garten** der Borromäer bereits als Renaissancegarten geplant und ausgeführt wurde, erlebte in der Villa Porta-Bozzolo, der **Villa Carlotta** in *Tremezzo,* der **Villa Melzi** in *Bellagio* den Höhepunkt der Entwicklung. Von großer Breitenwirkung war die Arbeit unzähliger lombardischer Künstler, die im Ausland wirkten, besonders in Süddeutschland und Österreich. Künstlerfamilien, die in vielen Fällen aus dem Valle d'Intelvi stammten, brachten über Generationen hinweg immer wieder neue starke Persönlichkeiten hervor, die in den kleinen und großen Residenzen nördlich der Alpen, zum Teil auch in Oberitalien als Architekten, Bauleiter, Stuckierer und Freskierer tätig waren. Bruchsal, Würzburg, Passau und Wien waren Hauptwirkungsorte der Meister aus dem Intelvital, das süddeutsch-österreichische Barock ist ganz wesentlich auf ihren Einfluß zurückzuführen.

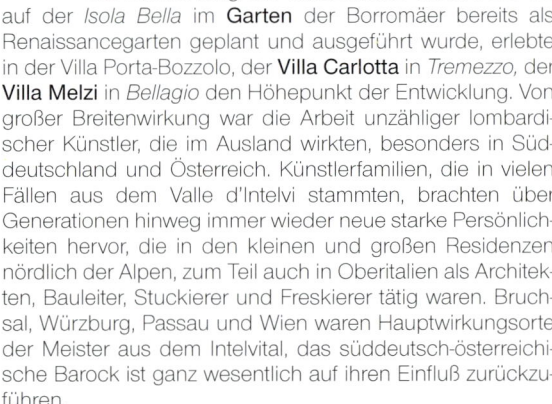

und Architektur

Barocke Architektur: San Giuseppe in Luino

Barocke Innendekoration: Stuck und Fresken in Santa Croce in Riva San Vitale am Luganer See (Schweiz, Nähe Como)

Barocke Großplastik: San Giuseppe in Luino (u. r.)

**Barocke Malerei:
Wallfahrtskirche
Santa Maria
Maggiore im
gleichnamigen Ort**

Klassizismus und Gründerzeit

Einige der oben erwähnten Villen sind zumindest teilweise vom Stil des Klassizismus beeinflußt worden, so ist die **Villa Carlotta** zumindest innen ganz eindeutig klassizistisch. Mit der stärkeren Hinwendung der Mailänder an die Seen gerade in dieser Zeit ist es kein Wunder, daß der Stil immer wieder in Villen anzutreffen ist. Wer mit dem Boot die großen Seen befährt, wird in vielen Orten die durch Säulen-Kolossalordnungen gegliederten Fassaden dieser Villen sehen, am schönsten wohl jene der **Villa dell'Olmo** in *Como*. Viele gründerzeitliche Villen schmücken sich mit klassizistischen Fassaden, erst der Blick in die weniger klaren Raumstrukturen, die überladenen und eklektizistischen Ausstattungen zeigt den Unterschied. Mit dem Sieg des Eklektizismus kommen Mix-Stile auf wie jene der **Villa Ponti** in *Biumo Superiore* ob Varese oder des **Hôtel des Iles Borromées** in *Stresa* aus der Zeit des Deuxième Empire.

Unübertrefflich: die Villa Carlotta in Cadenabbia

Fassade der Villa Carlotta in Tremezzo-Cadenabbia mit drei Terrassen der Gartenanlage

Innenarchitektur des Klassizismus: Marmorsaal der Villa Carlotta

*Jugendstil:
Villa in Loveno
bei Menaggio*

Das 20. Jahrhundert

Von den wenigen Jugendstilbauten sticht nur eine ins Auge, der Bau der **Brauerei Tuborg** (früher Poretti-Splügen) auf dem Weg von Varese nach Valganna, der 1901 im reinsten Sezessionsstil errichtet wurde. Für den Funktionalismus steht die **Casa Terragni** in *Como,* für die Entwicklung nach dem Zweiten Weltkrieg leider ein immer weiter ausufernder Schwall von Gebäuden jedes Stiles und jedes Häßlichkeitsgrades, der nur ganz selten den Blick auf sich zieht, wie im kleinen Bergdorf *Arcumeggia* im Varesotto, wo italienische Maler der sechziger Jahre neue **Außenfresken** gestaltet haben.

*Jugendstil:
Schiffsanlege-
stelle in Baveno*

*Architektur
der Moderne:
Casa Terragni
(1936) in Como*

Traditionen, Folklore und Feste

Während an den deutschen, nordschweizerischen und österreichischen Alpen- und Voralpenseen starke Traditionen erhalten blieben, ist das in Oberitalien nicht der Fall. Niemand trägt heute **Tracht,** auch nicht an Sonntagen, auch nicht an hohen Festtagen, es gibt sie nicht mehr. Die Trachten der sommerlichen Feste sind Kostüme für die Touristen, häufig phantasievoll und selten authentisch. Auch die Bauern ganz oben in den Bergen haben sich der alles durchdringenden gemein-italienischen Kultur gebeugt, wie sie ein eineinhalb Jahrhunderte von oben herab verordnet wurde, aber auch dem allgemeinen Konsens entsprach. Die kulturelle Gleichschaltung und Italianisierung des zentralisierten Staates hat hier ihr irridentistisches Ziel erfüllt. Taufen, Hochzeiten, Begräbnisse, anderswo auch in Italien und generell in den Alpen traditionelle Ereignisse, bei denen man für einen Tag oder ein paar Stunden in die alten Formen schlüpft, verlaufen heute an den Seen Oberitaliens auf eine Art, die sie in nichts von Mailand oder Turin unterscheidet. Ganz wenige alte **Feste** haben überlebt, ohne völlig italianisiert, also verfälscht zu werden, wie das mit den meisten Marienfesten, so dem Hauptfesttag, dem 15. August geschehen ist. Die häufig für diesen Verfall traditioneller Kultur zitierte „Nähe zu den Großstädten der Tiefebene" kann uns nicht überzeugen, nördlich der Alpen ist in einer ganz ähnlichen Situation keineswegs ein vergleichbarer Kulturverfall eingetreten.

Zu diesen alten Festen gehört der **Karneval,** wie er wohl in Schignano im Valle d'Intelvi am authentischsten überlebt hat. Die Masken dort entsprechen anderen alpenländischen Typen, den Guten und den Bösen, den Dunklen und den Hellen, den „be'i" und „brutt'". Am Samstag vor Aschermittwoch um am Faschingsdienstag selbst herrscht Maskentreiben, zum Teil als Umzug, vor allem aber als Maskentrubel, an dem der ganze Ort teilnimmt. Wahrscheinlich ebenfalls Überreste älterer Feste sind jene Veranstaltungen, zu denen ein bestimmtes Gericht gekocht und vom ganzen Ort mit viel Wein verzehrt wird, das Spargelfest in Tremezzo etwa, das Fest des „masigott", einer Süßspeise, in Erba, die Kastanienfeste wie in Alzo am Lago d'Orta, die Risottate, die Risottofeste am Faschingsdienstag, etwa in Ascona im Tessin.

Das wichtigste Fest ist der Karneval

Das soll nicht heißen, daß die heutigen Feste ohne Tradition sind, die Blumen- und Weinfeste, die Azaleen-, Erdbeer- und Kamelienfeste, die Gästefeste und Musikwochen, Sportfeste, Feuerwerksveranstaltungen und sogar das eine oder andere Bierfest. Aber sie sind Feste, die auch anders und genauso gefeiert werden, die sich nicht aus einer lokalen Tradition herleiten lassen.

Wer **Tradition** sucht, die noch lebendig ist, muß in die Berge. Nur fern vom See hat in den höchsten Dörfern und

vor allem in den Weilern der Mähwiesen oberhalb davon die alte bäuerliche Kultur zumindest teilweise überlebt. Die Häuser aus Hausteinen oder Schieferplatten mit Brunnen oder Zisterne und in vielen Fällen einer „nevera" oder „ghiacciaia" werden weiterhin gepflegt und heutzutage gerne als Sommerwohnsitz verwendet. Die „nevera" und „ghiacciaia" sind ausgemauerte Gruben, die man im Spätwinter mit gestampftem Schnee oder mit Eisplatten füllte, damit dort im Sommer gekühlt werden konnte. Heute hat man einen Kühlschrank, selbst auf der Alm. Nebengebäude sind Stall und Heuhütte, beide aus Stein errichtet, im unteren Stockwerk befindet sich die Cantina, wo nicht nur der Wein sondern generell Lebensmittel aufbewahrt werden. Besonders günstig sind jene Cantine, die in den lebenden Fels gegraben wurden und in einigen Fällen durch einen kalten Luftzug aus dem Berg gekühlt werden, die Crotti. Die alten Terrassenfelder für Buchweizen und Kartoffeln sind heute alle abgekommen, man nutzt sie nur noch als Weide oder allenfalls für Wiesenheu.

Wie wir uns auf Wanderungen in den alpinen Zonen über den Seen überzeugt haben, lebt hier die Tradition tatsächlich noch, werden immer noch die alten Gerichte gekocht, wird die Alm genutzt, oft von Ziegenherden aber auch von Kühen, leben Menschen immer noch einen Teil des Jahres auf einigen Hütten im Mähwiesenbereich der „maggenghi" und auf den Almen. Für uns ist der Kontrast zwischen der südlichen, „italienischen" Hektik der Seeufer und der alpinbäuerlichen Welt der hochgelegenen Dörfer und Almen einer der ganz großen Reize dieser Region.

Der Karneval im Valle d'Intelvi, hier in Schignagno, gehört zu den wenigen authentischen Festen, die an den lombardischen Seen gefeiert werden

Bergdörfer bestehen noch aus traditionellen Bauten

Essen und Weine an den Seen

Die Küche der Oberitalienischen Seen ist, wie nicht anders zu erwarten, stark von den Fischen abhängig, die in den Seen früher in großer Arten-. und Individuenzahl vorkamen und auch heute zum Teil noch recht häufig sind. Nehmen wir ein klassisches Gericht dieser Seen, es nennt sich am Comer See

Missoltitt oder Missoltini

Alsen, die kleinen, sardellenähnlichen Fischlein der Seen, die in großen Schwärmen vorkommen, werden gesalzen, getrocknet und dann in Holzfässer eingelegt, wie Hering (das deutsche Wort Alse bedeutet ja eigentlich Hering, der in eine Flußmündung zum laichen geht). Die Alsen werden im Frühjahr gefangen (Mai und Juni), man ißt sie vorzugsweise im Winter, entweder gleich aus dem Fäßchen, oder man wärmt sie trocken auf und gibt Essig und Öl dazu, oder man bereitet sie nach der Art des Comer Sees zu:

Missoltit Lariane

1 kg Missoltitt und 500 g Salattomaten, vier große Zwiebeln, Salz, Pfeffer und Lorbeer werden geschmort, anschließend gibt man ein wenig Essig zur Geschmacksverstärkung dazu.

Anders zubereitet heißen die etwas größere Alsen Agoni, wie bei den Agoni nach Art von Como

Agoni alla Comasca

Alsen werden in Zitrone und Olivenöl mariniert, dann bäckt man sie in Öl und gibt eine Sauce dazu, die aus einem Teil der Marinade, Butter, Essig und fein zerdrückten Sardellenfilets zubereitet wird.

Wie sehr die Bevölkerung früher von den Alsen und anderen kleinen Fischen abhängig war, zeigt ein Gericht, das aus den Alsenmägen zubereitet wird, die beim reinigen der Alsen für die Trocknung abfallen. Es nennt sich

Curadura

(harte Kur). Die frischen Alsenmägen werden mit Gewürzen und Kräutern langsam gar geköchelt, zum fertigen Gericht reicht man Polenta. Besonders ausgefuchste Gourmets aus der Stadt haben dieses Gericht in letzter Zeit wieder entdeckt und fahren extra an den Comer See, wo es ihnen serviert wird.

Aber es gibt natürlich nicht nur die kleinen Fischchen an den Seen, ganz im Gegenteil. Seebarsch (pesce persico), Hecht (luccio), Aal (anguilla), Schleie (tinca), Plötze (lasca), Blaufelchen (coregone; lavarello) sind die Fische, die man vor allem in den Restaurants angeboten bekommt. Daneben sind natürlich die Forellen auf der Speisekarte, insbesondere die Lachsforelle, bei der man schon bisweilen das

Die Alsen für das Fischgericht Missoltitt werden am Comer See an der frischen Luft getrocknet

Sehr beliebt ist ein Ragout aus Alsenmägen

„Forelle" vergißt, so daß auf der Speisekarte nur „Lachs" steht, „Salmone" (besonders beliebt ist dieser Fehler bei Risotti, die mit der Lachsforelle zubereitet werden, die dann als Lachsrisotto auf die Karte kommen). Die Risotti sind zwar eigentlich nicht typisch für die Seen, sondern für die Poebene, wo der Reis ja, zum Beispiel südlich des Lago Maggiore, angebaut wird, aber sie haben sich in mannigfaltiger Form durchgesetzt. Köstlich ist etwa der

Risotto al pesce persico

Dafür nimmt man möglichst einen Seebarsch aus dem Lago di Pusiano, der die besten haben (gehabt haben. . .) soll. Dazu läßt man Reis auf die klassische Art mit Butter, Zwiebel und Suppe zu Risotto aufquellen und gibt ihn dann über die in Mehl gewendeten und in Salbeibutter gebratenen Filets vom „pesce persico".

Seebarschrisotto läßt sich bei uns auch mit Felchen oder Reinanken zubereiten

Fisch ist eine Fastenspeise wie **Froschschenkel** und **Schnecken**, die man unter derselben Rubrik auf der Speisekarte findet. Die Froschschenkel sind eine Spezialität der Brianza und des Varesotto, wo sich diese Tierchen in den Sümpfen der Niederungen und rund um die sumpfigen Seelein in großen Zahlen aufhalten. Man macht aus den Froschschenkeln einen Risotto, Ragouts oder frittiert sie, um sie dann mit einem Spritzer Zitrone und einem Stückchen Brot genüßlich zu verzehren. Die damit verbundene Tierquälerei wird wie der unsägliche Singvogelmord, der allherbstlich stattfindet, von der italienischen Vereinigung für den Vogelschutz und dem WWF bisher noch vergeblich bekämpft.

Von der piemontesischen Seite des Lago Maggiore kommt ein ausgezeichnetes Rezept für Schnecken,

Lumache al Barbera,

da werden Schnecken sehr lange in einer Brühe aus Zwiebeln, Sellerie, Karotten, Walnüssen und Barbera-Wein gedämpft.

Aber weder ißt man an den Seen nur Fisch, noch besteht Oberitaliens Norden nur aus Seengebiet. Die Leute auf dem Lande, die nicht an den frischen Seefisch kamen, mußten und müssen sich anders ernähren. Dabei steht im Vordergrund die Polenta. Polenta bedeutet zunächst einmal nur Brei, die Gleichsetzung mit Maisbrei kommt aus der Poebene. In den Bergen ist es oft Polenta saracena, also Buchweizenbrei oder, besonders gerne im Norden des Comer Sees und im Veltlin, die

Zu den meisten Fleischgerichten ißt man Polenta

Polenta unica,

die zur Hälfte aus Mais- und zur anderen aus Buchweizenmehl besteht. Man kocht sie mit Käse und Knoblauch.

Während man südlich der Alpen den täglichen Brei auf Mais umstellte, blieb in den Bergregionen der weniger schmackhafte Buchweizen, der niedrigere Temperaturen und kürzere Vegetationszeiten verträgt, das Hauptgetreide.

Insbesondere im Veltlin ist das heute noch so. Von dort kommen auch jene Nudeln, die heute für das Essen der Bergbevölkerung typisch sind, aber auch in guten Restaurants und vor allem in den „Crotti" zu haben sind, die

Pizzòccheri

Dies sind dicke Bandnudeln aus Weizen- und Buchweizenmehl, die man etwas weniger „al dente" kocht, als die üblichen Nudeln aus Hartweizengrieß. Weizenmehl und „fràina"-Mehl (so der Name des Buchweizens im Veltlin) werden mit etwas Wasser und Eiern zu einem Nudelteig verarbeitet (je 500 g Mehl verlangt drei Eier), der zu dicken Tagliatelle geformt und in Salzwasser gekocht wird. Die Sauce dazu besteht aus gekochten Kartoffeln, Wirsing, etwas Knoblauch, Butter und einer Mischung aus Hartkäse und Frischkäse. Etwas Salbei wird mit der Butter gebräunt und darübergegossen. Wie man auch an den Kartoffeln und am Wirsing erkennt, ein echtes Bauernessen. Der Wirsing wird auch abseits der Hochalpen gegessen, im Veronese schätzt man ihn zum Beispiel im winterlichen Risotto, am Lago Maggiore und in den dortigen piemontesischen Nebentälern ist er der wichtigste Bestandteil der

Pizzòccheri verbinden Buchweizennudeln mit Wirsing und Käse

Burlanda,

einer Gemüsesuppe mit Fleischeinlage. Die Früchte der Eßkastanien, die Maronen, ißt man nicht nur geröstet, wie das auch nördlich der Alpen bekannt ist, sondern als

Macc,

das ist (im Piemontesischen) eine Gemüsesuppe auf der Basis von Kastanienmehl. Dieses Mehl wurde früher in den Dörfern, die von ihren Kastanienkulturen abhängig waren, also insbesondere im Höhengürtel zwischen 600 m und

Pizzòccheri sind eine Spezialität des Veltlin, werden aber überall im Comerseegebiet geschätzt

900 m, auch als Brei bzw. Polenta gegessen. Auch Kuchen wurden damit gebacken, wir haben aber noch nie einen zu probieren bekommen.

Die **Crotti**, die wir eben erwähnt haben, sind die schönste Möglichkeit, zu essen, die es am Comer See und im Tessin gibt, am Lago Maggiore sind sie weniger bekannt. Sie sind alte Weinkellerwirtschaften, wo der Besitzer, der Bauer selbst, ausschenkt und ein wenig dazu zu essen serviert, damit einem der Wein (immer Rotwein) nicht zu Kopf steigt. Am oberen Comer See sitzt man dann zum Beispiel über Dongo oder Consiglio di Rumo vor dem Haus auf einer Terrasse oder unter Bäumen an langen Tischen und bekommt serviert, was halt fertig ist oder normalerweise serviert wird. Pizzòccheri gehören natürlich dazu und vorher gibt es selbstgemachte Wurst, einen selbstgeräucherten Schinken vielleicht, oder die feinen Scheiben der Bresàola, die mit Essig und Öl angemachten Rindsfilets.

Die Crotti sind die Kellerwirtschaften des Comersee-gebiets

Edelkastanien werden in vielen Gerichten verwendet

Edelkastanien gedeihen vor allem in Höhen zwischen 600 und 900m (hier oberhalb Còlico am oberen Comer See)

Zum Hauptgang, der so ziemlich alles umfassen kann, was die Küche an den Seen bietet, aber in der die deftigen Fleischspeisen dominieren, wird gerne Polenta gereicht, es soll ja rustikal sein, deshalb kommt man hierher. Im südlichen Teil des Comer Sees kommt auch einmal eine nach der Art der Brianza gekochte Mortadella di Fegato dazu, eine sehr feine, zunächst etas ungewohnt schmeckende Lebermortadella. Nachtisch ist weniger die Sache der Crotti, eine frische Birne mit Schälnüssen im Herbst, und natürlich Käse, am liebsten hätte man überall selbstgemachten Frischkäse, aber ein wirklich guter Käse aus der Region, ein Taleggio vielleicht, tut es ebenfalls. Leider schmücken sich alle möglichen Restaurants mit der Bezeichnung „Grotto" oder „Crotto", sie hat eben Zugkraft. Im Tessin gibt es Führer zu den Crotti (im Buchhandel, Informationsbroschüren mit einigen Namen von Grottos auch in den Fremdenverkehrsämtern, zum Beispiel in Lugano), am Comer See muß man schon genau hinsehen, bevor man sich für das Lokal entscheidet. Die Grotti sind übrigens am Comer See praktisch die einzige Möglichkeit geworden, den dortigen Wein zu kosten, da er nicht in Flaschen abgefüllt wird, geschweigedenn in den Handel kommt. Dasselbe gilt in noch größerem Maße für das Olivenöl, das nur noch ganz wenige Bauern produzieren und auch nur für den Hausgebrauch.

Zum eigenen Wein gibt es in den Crotti bodenständige Küche

Weil wir nun schon bei den Deftigkeiten des Hauptganges sind, und hier wird generell deftig gegessen – die feinen Speisen sind etwas für die Mailänder, nicht wahr – wollen wir die

Fagiolata

erwähnen. Das ist ein Bohneneintopf mit Schweinefleisch und Cotechino (fette Schweinswurst), insbesondere gerne mit dem Schweinskopf. Das Gericht darf stundenlang vor sich hinschmurgeln, bis man es, vor allem im Winter, genüßlich mit Polenta ißt. Ein Gedicht für Leute, die eine Figur haben, die ihnen nicht jeden fetten Bissen heimzahlt.

Ohne Bohnen kein Schweinegericht!

Beliebte Hauptgerichte sind Geflügel, Kaninchen und Wild, wenn man es bekommen kann (die Wälder sind leergeschossen). Der

Costin de cion a la piota,

das Schweinekotelett, das auf einer Serpentinplatte gegrillt wird, ist eine Spezialität von Chiavenna. Die Platte wird mit Knoblauch eingerieben und über der Flamme erhitzt, das Fleischstück wird direkt darauf gegrillt, wobei man es immer wieder mit etwas Wein begießt, wenn man es wendet. Chiavenna hat zwar eigenen Weißwein, hierfür nimmt man aber einen roten Veltliner.

Besonders gut schmeckt das Festtagsgericht des

Manzo in stovin,

also Rindfleisch, das man in der Gegend von Como in einer Terrakotta-Terrine (stovin, das Wort ist verwandt mit unserem Stövchen) ganz langsam schmort, wobei man Bauchspeck, Butter, Knoblauch, Suppengrün, Lorbeer und Salbei nicht vergißt. Man rechnet bei diesem Gericht mit vier Stunden Garzeit.

Die Küche der Lombardischen Seen ist also – unsere Rezepthinweise illustrieren das recht deutlich – eine deftige, rustikale, bäuerliche und Fischer-Küche, die von der Küche der feinen Restaurants, die es natürlich auch am See gibt, meilenweit entfernt ist. Sie arbeitet mit den beschränkten Angebot der Natur an den Seen, niemand fiele es ein, etwas einzuführen, heute noch ist die Provinz die Grenze der Herkunft von Lebensmitteln im Laden. Das gilt auch für die Käse, wie den **Taleggio** aus der Valsàssina (dazu → Route 14), den *Robiola* aus dem Vorland und der Brianza, dem *Tomme* und *Reblochon* aus dem Piemont, die man am westlichen Ufer des Lago Maggiore ißt. Im Alpenvorland von Piemont und Lombardei werden die weltbekannten Gorgonzola-Käse produziert. Die Produktion von Ziegenkäse *(formaggio di capra)* hat wieder zugenommen, das französische Beispiel zeigt, daß man diesen Käse nicht nur bei armen Bauern ißt, sondern auch an der reichsten Tafel. Die Ziegenherden laufen auf den Almen sommers praktisch frei herum, ihre Milch wird durch die würzigen Almkräuter besonders schmackhaft. Wie bei den Kuhkäsen *(formaggio di mucca)* auch, ist die Valsàssina das Hauptherstellungsgebiet.

Ob Taleggio, Robiola oder Gorgonzola, die Käse sind Spitzenprodukte

Der echte Taleggio kommt aus dem Valsàssina, derjenige auf dem Bild kommt von einem kleinen Produzenten und ist besonders reif und schmackhaft

Zum Abschluß noch ein Dessert, damit das gerade gelesene nicht zu abrupt beendet wird. Es stammt aus dem Varesotto und ist eine traditionelle Methode, den Walnußsegen des Herbstes zu nutzen:

Torta con le noci

Dieser flache, runde Walnußkuchen (Torten in deutschem Sinne gibt es in Italien kaum) besteht aus 500 g Walnüssen, sechs Eiern und 150 g Zucker. Die Eigelb werden mit dem Zucker cremig gerührt, dann vorsichtig mit dem steifgeschlagenen Eiweiß vermengt. Die Nüsse werden fein gehackt oder (besser) gestampft und mit der Eimasse vermengt, die Masse wird in eine gebutterte Form gefüllt und im Ofen bei mittlerer Hitze eine halbe Stunde gebacken. In anderen Rezeptvarianten wird ein Teil des Zuckes durch Honig ersetzt, dazu nimmt man am besten den köstlichen lokalen Robinien- oder Edelkastanienhonig.

Torta con le noci, diese stammt aus der vorzüglichen Konditorei Belli in Como

Die Weine

In Bezug auf den Wein ist das Gebiet der Seen überraschenderweise keine Offenbarung. Zwar sieht man überall Wein, wird auch überall Wein produziert und getrunken, aber wenige Weine kann man auch kaufen. Im Lokal bekommt man fast ausschließlich Wein aus dem südlichen Piemont (Barolo, Barbera, Grignolino d'Asti und andere), der südöstlichen Lombardei (Franciacorta) oder Venetien (Weißweine) serviert. Wer den lokalen Wein kennenlernen will, muß die oben erwähnten Crotti besuchen, die es aber auch nicht in der gesamten Region gibt, so daß man insbesondere am Lago Maggiore wenig Chancen hat, einen Eindruck des lokalen Weines zu bekommen. Dabei sind diese Weine gut und können, wenn sie reifen dürfen und auf Flasche abgezogen werden, was sehr selten der Fall ist, ausgezeichnet werden. Wenn wir uns da an einen Rotwein vom Crottone Riella über Consiglio di Rumo erinnern. . .!

Barbera, Nebbiolo, Dolcetto kommen von westlich des Lago Maggiore

Generell ist der regionale Wein, der nirgendwo das staatliche Qualitätssiegel DOC trägt, Rotwein. Am westlichen (piemontesischen) Ufer des Lago Maggiore überwiegen die klassischen Rotweintrauben wie Barbera, Nebbiolo, Dolcetto, Grignolino, die Hauptproduktion liegt im Vergante, während die Seeufer heute so stark versiedelt sind, daß der Wein kaum noch zwischen den Villengärten zu erkennen ist. Eine Chance, diesen Wein kennenzulernen, hat man in den Bauernhöfen, die dem Agriturismo angeschlossen sind. Unter Agriturismo sind in Italien Bauern zusammengefaßt, die auf ihren Höfen und, zum Beispiel im Ossolatal und Valle Anzasca auch auf den Almen, Nächtigung und/oder Pension anbieten und die auch ihre Produkte vom Hof verkaufen, manchmal nur das letztere. Viele dieser Bauern sind in den letzten Jahren auf ökologische Produktion übergegangen, da sie entdeckt haben, daß die Städter das schätzen und auch gerne höhere Preise dafür zahlen. Die Namen und Adressen und die hauptsächlichen Produkte dieser Bauern werden jedes Jahr im Handbuch „Turismo Verde-Agriturismo in Italia" veröffentlicht, das in den Buchhandlungen aufliegt.

Im Süden des Lago Maggiore wächst im Varesotto der Rosso di Angera ein guter, wenn auch recht leichter Roter (11°Alk.), er wird aus Barbera-, Nebbiolo- und Bonardatrauben erzeugt. Die Rebgärten der Borromei unter ihrer Festung Angera haben diesem Wein den Namen gegeben.

Aus dem Larianischen Dreieck kommt der Rosso di Bellagio, ein ungleich edlerer Wein, den es aber kaum zu kosten, geschweigedenn zu kaufen gibt. Er wird aus Cabernet Sauvignon, Cabernet Franc, Merlot, Malbec und Pinot gekeltert, entspricht also in seiner Rebenzusammensetzung eher französischen (Bordeaux) und venetischen Vorbildern. Der rubinrote, im Alter typisch granatrote, vollmundige und trockene Wein, läßt sich nicht gut lagern, man trinkt ihn lieber frisch. Aus diesen Reben wird auch ein Rosè-Wein, ein Chiaretto di Bellagio produziert.

Die wenigen Weißweine der Gegend sind der *Bianco di Domaso,* der aus den „Tre Pievi" kommt, der *Bianco di Montevecchia* aus der Brianza und der überraschend fruchtige *Chiavennasco* (nicht mit der roten Chiavennasca-Rebe zu verwechseln) aus dem Bereich von Chiavenna.

Die einzigen Weine mit überregionaler Bedeutung kommen aus den Alpen, aus den trockenen, sonnigen Südlagen des Veltlin bei Sondrio. Der Valtellina hat schon seit 1968 das DOC-Zeichen und ist damit geschützt. Er kommt als normaler *Valtellina* DOC, als Valtellina Superiore oder als Riserva in den Handel. Seine Reben sind Pinot noir, Merlot, Rossol, Brugnola, Pignola valtellinese. Die Superiore-Weine haben vier Herkunftsbezeichnungen, die ihre Lagen kennzeichnen, *Sassella, Grumello, Inferno* und *Valgella.* Es gibt auch einen den Recioti des Veneto verwandten Sforzato (oder Sfursat), eine Art Trockenbeerenauslese von oft mehr als 15°Alk., die sich länger als ein Dutzend Jahre hält.

Wir haben kürzlich einen reifen, sechs Jahre alten Sassella getrunken, einen kräftigen, trockenen, tanninreichen aber keineswegs harten, deutlich nussigen, harmonischen Wein von granatroter Farbe.

Aus dem Veltlin kommen kräftige Weine

Die Veltliner Weine sind die besten des gesamten Gebietes

Italiener oder Lumbard?
Versuch eines politischen Psychogramms

Zugehörigkeiten sind nichts Stabiles. Die Südtiroler können Italiener sein und Deutsche und Tiroler, Alt-Österreicher und natürlich Südtiroler, wie es ihnen gerade am sinnvollsten scheint. Gerade wird wieder einmal die deutsche Nation beschworen, die es sich hart tut, wenn sie die Gemeinsamkeiten zwischen Rheinländern und Bayern, Berlinern und Württembergern (oder auch nur den Bürgern von Karlsruhe und Stuttgart) definieren soll. Oder die Unterschiede zu Österreich und zur Deutschschweiz. Zugehörigkeiten sind vor allem auch eine Sache des Konsens. Wenn die Österreicher 1938 für Deutschland stimmten, dann taten sie es, weil es historischer Konsens schien, daß Österreich ein Teil Deutschlands sei, schließlich hatten die Österreicher schon 1919 für den Anschluß gestimmt, der ihnen vom Völkerbund verweigert wurde. Heute würde so eine Anschlußfrage ein etwas anderes Ergebnis bringen, der Konsens im Kulturraum Österreich ist ein anderer. Zugehörigkeiten sind schließlich auch, und manchmal ausschließlich, Sache der Opportunität. Slowenien hat lange genug um seine Unabhängigkeit von Österreich gekämpft, wenn es sich jetzt wieder an den größeren Nachbarn anschmiegt, dann hat das wenig mit neu erwachter Sympathie zu tun, sondern vor allem mit der Gelegenheit, auf diese Art und Weise vielleicht mit hinein in die EU zu rutschen.

Und was hat das mit einem Reiseführer „Lago Maggiore – Comer See" zu tun? Vieles. Italiens im vorigen Jahrhundert gewonnene nationale Identität hat in den achtziger Jahren eine Krise durchgemacht, von der sie sich bisher nicht erholt hat. In der Lombardei grassiert das Partikularismus-Fieber der „Lega", der Mailänder Bürgermeister ist nicht mehr wie eh und je ein Sozialist, sondern ein Mitglied der Lega Lombarda. Man ist nicht mehr Italiener sondern Lumbard, Lombarde. Die Wurzeln der Lombardei werden plötzlich und zum ersten Mal seit der italienischen Unabhängigkeitsbewegung des letzten Jahrhunderts nicht mehr in einer difusen „Italianità" gesucht, deren selbsternannte oder professionelle Einpeitscher derzeit schlechte Zeiten haben, sondern anderswo, zum Beispiel in einem mythischen Mittelalter. Die „Lega" hat ihren Namen nicht zufällig identisch mit jenem des lombardischen Städtebundes gewählt, der städtische Rechte der Lombardei gegen den Fremdherrscher durchsetzte. Nur daß der Feind diesmal kein Fremdherrscher ist, sondern in Rom sitzt oder im Süden, im Mezzogiorno, dort wo man „unsere Steuern verschleudert". „L'Italia s'è persa" (berichtet der Espresso am 6. Dezember 1987, Italien ist verlorengegangen) vom „Mal di Patria" (Vaterlandskrankheit) weiß Panorama am 23. September 1990 zu berichten, „Federalismo – Stati Uniti d'Italia" (Föderalismus-Vereinigte Staaten von Italien) schreibt der Europeo am 10. Mai 1991, nachdem er schon am 7. Dezember 1990 die große Titelstory „L'Italia si spezza" (Italien zerfällt) gebracht hat.

Die Lombarden, die Piemonteser, die Venetianer, die Friauler, die Südtiroler, die Aostaner wollen wieder anders sein, nicht nur Italiener. Zumal sie keineswegs dieselbe Sprache sprechen. In diesen Regionen wird gesprochen: Italienisch in mindestens vier sehr unterschiedlichen Dialekten (Piemontesisch, Lombardisch, Venetianisch und der Dialekt des Cadore), Okzitanisch im südwestlichen Grenzbereich des Piemont, eine mit dem Altprovenzalischen verwandte Sprache, Friaulisch und Ladinisch, beide mit den romanischen Sprachen Graubündens zum Alpenromanischen zusamen-

In der Lombardei hat die partikularistische „Lega lombarda" große Wahlerfolge gehabt

An den Seen spricht man Lombardisch, nicht Italienisch

gefaßt, Slowenisch im Osten und Nordosten der Provinz Venezia-Giulia, Deutsch in Südtirol, Teilen des Trentino und am nord-piemontesischen Alpenhauptkamm (Walserdeutsch), Französisch im Aostatal. Im Schweizer Tessin wird Italienisch gesprochen, mit lombardischer Färbung, der aber als eigener Dialekt gewertet wird. Sind die Tessiner deshalb „Italiener"? Sind die Aostaner Franzosen, weil sie französisch sprechen? Sind die Mitglieder des savoyischen Grafen- und dann Herzogshauses, des jetzigen (verbannten) Königshauses, Franzosen weil sie aus Frankreich stammen und unter sich jahrhundertelang in einer italienischsprachigen Umgebung französisch sprachen (war Friedrich der Große Franzose?)?

Manche Kritiker des italienischen Nationalgedankens gehen recht weit. Der Artikel im Espresso spricht gar in Bezug auf „Italianità" von „Folklore". Die Wahrnehmung der Unterschiedlichkeit der Regionen hat in einem bisher so extrem zentralistisch gelenkten Staat wie Italien kein anderes Ventil gefunden, als den Separatismus. Motto: wenn wir anders sind als die anderen, dann wollen wir auch mit den anderen nichts mehr zu tun haben. Die große Lösung eines föderalistischen Staates nach deutschem Muster, die gerade jetzt heftigst diskutiert wird, bietet die Möglichkeit, weiter in einem italienischen Staat zusammenzubleiben, aber mehr auf eigene Verantwortung und eigene Rechnung zu entscheiden als bisher. Zu denken, daß ein Dauerüberweisungsauftrag der Bank für die Bezahlung der Telephongebühren bis 1993 in Rom approbiert werden mußte!

Jeder in seiner eigenen Burg also? Und der Mezzogiorno, der im Norden ungeliebte Süden? Der müßte dann für sich selbst sorgen, meint man im Norden. Die „Lega Lombarda" und die anderen regionalen Legen haben unterschwellig immer mit dieser Ablehnung der Süditalianer durch die Norditaliener geliebäugelt und den Nord-Süd-Gegensatz zwischen Reichtum und Armut für ihre politischen Zwecke angeheizt. Wenn der Europeo von einem Italien spricht, daß „si spezza", also zerfällt, dann macht er den Schnitt durch den Stiefel bei Rom. Jeder Italiener weiß was gemeint ist. Die da unten, die „Terroni" wie sie äußerst abschätzig genannt werden, braucht man nicht. Sicher, man hat sie jahrzehntelang als Gastarbeiter in oberitalienischen Städten benötigt, damit sie das Wirtschaftswunder bei Fiat und Olivetti ankurbelten. Jetzt in der Rezession sollen sie wieder zurückgehen, die Arbeitsplätze braucht man wieder für sich selbst. Ist das die Lösung für Italien?

Und warum eigentlich in Italien bleiben, warum nicht aus der Autonomie (Aostatal, Südtirol) in die Eigenstaatlichkeit? Was Liechtenstein kann, können wir schon lange. Als man im August 1991 die Vald'aostaner fragte, wie sie es denn mit Italien hielten, war die Mehrheit für die Loslösung von Italien (Artikel in *La Stampa* vom 2. September 1991). Und „Sud Tirolo con l'Austria?" fragte ein Artikel auf der selben Seite, Südtirol zu Österreich?, und brachte gleich ein Dementi der Südtiroler Volkspartei (den Südtirolern geht es gar nicht schlecht. Sie können es sich leisten, zu bleiben, wo sie sind).

Die Lega Lombarda hat in den letzten Jahren immer wieder gute Wahlergebnisse erzielt, in ganz Oberitalien haben die Legen von dieser Stimmung des wiedererstarkenden Regionsbewußtseins profitiert. Dabei ist dieses Regionsbewußtsein gar nichts neues. Viel endet in Italien an der Grenze der Region, manchmal sogar an der Grenze der Provinz, was in Deutschland selbstverständlich landes- oder bundesweit funktioniert. Die Wurst und der Käse, der Wein

Vom Nationalstaat zum Staat der Regionen? Die Spaltungstendenzen Italiens kommen aus der Lombardei

Orrido Sant'Anna
im Val Cannobina

Italiener kaufen
mehr regionale
Produkte als
Deutsche oder
Österreicher

natürlich und das Gemüse, in Italien kommt es grundsätzlich aus derselben Provinz. Wer im Veronese wohnt, trinkt Wein aus dem Veronese, ißt Wurst aus dem Veronese, kauft Käse aus dem Veronese. In einer Käsehandlung in Lecco findet man zwar die mittlerweile internationalisierten Käse Italiens, den Grana und den Gorgonzola, aber sonst dominieren Taleggio und die weißen Käse aus der Valsàssina. Können Sie sich das in Deutschland oder Österreich vorstellen? Schwerlich. Nachrichten? Nationales (was in Rom geschieht, wie die wieder unsere Steuern erhöhen, wie Inter gespielt hat) und dann aus der Provinz. Was geht in der nächsten Provinz vor, ist keine Frage, die man sich in Italien stellt. Provinzübergreifende oder gar regionsübergreifende Einrichtungen sind so gut wie unbekannt. Das schafft Probleme. Der Lago Maggiore wird im Westen von Piemont, im Osten von der Lombardei verwaltet, die gemeinsame Arbeit hat sich bisher auf ein paar Prospekte für die Fremdenverkehrswerbung beschränkt.

Vielleicht meinen auch deshalb viele Italiener, das Tessin sei eine italienische Provinz der Schweiz (und nicht ein italienischsprachiger Kanton). Im Gegensatz zur Deutschschweiz, wo Schweizerdeutsch die Umgangssprache ist, wird im Tessin Hoch-Italienisch (also Toskanisch) gesprochen, der Dialekt beschränkt sich auf das zu Hause. Macht das die Tessiner zu Italienern, zu besseren als die Italiener selbst (und die Schweizerdeutschen zu Schweizern)?

Nach hundertfünfzig
Jahren Einheitsstaat
kann sich Italien
heute etwas
Regionalismus
leisten

Italiens Irridentismo hatte sich im vorigen Jahrhundert das Ziel gesetzt, alle Italienischsprachigen in einem Staat zu vereinigen, da der Nationalismus allgemein von der Überzeugung ausging, daß die gemeinsame Sprache nur ein Element weiterer, stark verbindender Gemeinsamkeiten war. Für diesen Staat, den Italien zu Anfang der sechziger Jahre des 19. Jahrhunderts erkämpft hatte, mußte das italienischsprachige Nizza geopfert werden. 1919 nahm man das deutschsprachige Südtirol gegen dessen Willen in den Staat auf, von den Kroaten und Slowenen der adriatischen Küste ganz zu schweigen. Der gemeinsame Staat fegte über alle Unterschiede der Regionen und kulturellen Hintergründe hinweg und die zentralisierte Kultur verordnete ein ganz klar definiertes Italienertum. Die faschistische Phase trieb den Nationalstolz auf pathetische Höhen. Wenn sich heute die Regionen auf ihre eigenen Traditionen besinnen, von denen sie noch das eine oder andere in unsere Zeit gerettet haben, ist das eine verständliche Gegenreaktion. Man denke an das Trentino. Die Irridentisten des Trentino gehörten zu den feurigsten Feinden Österreichs, für sie gab es in Österreich nichts, gar nichts, das sie dazu bewogen hätte, diesen Staat für ihre Heimat zu akzeptieren. Die heutigen Trentiner kommentieren wie die Einwohner Friauls, die Triestiner und andere durch die Österreichisch-Ungarische Monarchie geformte „Italiener" etwas anders. Für sie ist die Erinnerung an die Zeit vor 1918/19 recht verklärt, der Haß hat Patina angesetzt. Jetzt sind die Tugenden der damaligen Zeit wieder dran, in Mezzocorona fand 1993 das erste Trentiner Landesschützenfest statt (auch auf Italienisch nennt es sich so) und zum Abschluß singt man den Inno al Tirolo, die Tirolerhymne. Wieso können Italiener Tiroler sein? Ein Jahrhundert lang konnten sie es nicht, jetzt scheint es wieder möglich zu werden.

Die Frage der regionalen Sonderentwicklungen stellt sich nicht, wenn ein staatliches System diese erlaubt, wie in Deutschland, oder fördert, wie in der Schweiz. Dazu muß die Idee des Vaterlandes, die in Italien alle anderen Zugehörigkeiten überwuchert, zuerst ein wenig gestutzt werden. Auf die Frage „Ist für Sie die Idee des Vaterlandes bedeutungsvoll?" antworteten im Herbst 1990 73,6% der befragten Italiener mit „bedeutungsvoll und aktuell", nur 22,2% antworteten mit „überholt", „wertlos" oder „Bremse der Entwicklung". Die Idee eines Bundesstaates mit drei Staaten (Nord, Mitte, Süd) wurde von 57,4% der Befragten abgelehnt, 10,5% hatten keine Meinung und nur der Rest war einigermaßen bis sehr damit einverstanden. Die Regionalentwicklungen haben demnach noch aufzuholen. Die Lega Lombarda allerdings hat in den folgenden zwei Jahren bei Wahlen so enorm zugelegt, daß zu erwarten ist, daß die Einstellungen sich ebenfalls verändert haben. Wie wir schon oben schrieben: Zugehörigkeiten sind nichts Stabiles. Andererseits fielen in diese Zeit die großen Bestechungsskandale italienischer Politiker und Wirtschaftsbosse, die den Glauben an die Republik, so wie sie seit 1945 bestand, ins Wanken brachte. Dies erweiterte vielleicht die Wählerschaft der Legen, ohne daß man direkt auf die regionalistische Einstellung dieser Neuwähler schließen könnte, man sollte sie eher als Protestwähler einordnen, denen vielleicht eine Zentralregierung genauso recht wäre, wie ein Bundesstaat, vorausgesetzt, die Leute dort lassen sich nicht bestechen und liefern was für die Steuergelder. Aber, wie wir auch schon oben geschrieben haben, Zugehörigkeiten sind auch eine Sache des Konsens. Wer heute Lega wählt, ganz egal aus welcher politischen Ecke er kommt, wird sich dem allgemeinen Konsens der Lega-Wähler über kurz oder lang nicht verweigern. Die partikularistische Entwicklung Italiens ist, scheint es, derzeit nicht aufzuhalten, sie hat bereits zu starke Eigendynamik.

Wer heute in Oberitalien, besonders in der Lombardei reist, und die vielen Zeichen des erwachenden Regionalismus betrachtet und daneben die ebenso regen Zeichen unverhüllten Nationalismus (der in Deutschland bereits in der rechten Ecke angesiedelt werden würde), wie er zum Beispiel bei Alpini-Veranstaltungen herrscht, sollte sich vergegenwärtigen, daß diese Parallele in der italienischen Geschichte bereits vor eineinhalb Jahrhunderten angelegt war. Während der „Fünf Tage", vom 18. bis 22. März 1848, als im europäischen Revolutionsjahr auch die Mailänder kurzfristig ihre österreichischen Beherrscher loswerden konnten, kulminierte der Dialog über die Richtung, in der sich die Geschichte der Lombardei weiterentwickeln sollte. Die einen waren ganz für die Truppen der Piemonteser, denen man zutraute, die Österreicher zu schlagen, und der Lombardei die Freiheit unter einem savoyischen König und einer zentralen Regierung zu bringen. Die anderen, Giuseppe Cattaneo war ihr Wortführer, plädierten gegen ein Königreich, für individuelle Freiheit (Cattaneo hatte sich schon 1836 vehement gegen die Beschränkung bürgerlicher Freiheiten für Juden in der Lombardei ausgesprochen), für ein föderiertes Italien nach dem Muster der USA. Cattaneo mußte nach der Niederschlagung des Aufstandes durch die Österreicher das Land verlassen und ging nach Lugano. Einen Ministerposten im späteren Königreich Italien lehnte er ab, er wollte keinem König dienen. Cattaneo ist heute wieder in aller Munde, was, wenn Italien damals den anderen Weg gegangen wäre? Viele Lombarden trauten damals 1848 und später den Piemontesen nicht über den Weg und waren keineswegs glücklich, daß sie von den lieben Nachbarn von jenseits des Ticino befreit wurden. Heute ist wieder die Stunde da, sich auf die eigenen Beine zu stellen.

Was wäre gewesen, wenn Cattaneo 1848 mit seinem Plädoyer für einen italienischen Staat nach dem Muster der USA gesiegt hätte?

Die Reiserouten

Für die Ortsnamen, die mit einem Stern* gekennzeichnet sind, findet sich die ausführliche Beschreibung im Ortsteil. Das + kennzeichnet eine Kurzbeschreibung im Ortsteil (nur für drei Orte im Tessin).

**„Coffee-House"
der Villa Melzi
in Bellagio**

Zwischen Lago Maggiore und Comer See

Bellagio	Villen, Ortsbild, Lage und Umgebung
Borromäische Inseln	Villa und Park der Isola Bella, Park der Isola Madre, Gesamtbild der Inseln
Castel Seprio	Ruinen der Stadt, Kirche Santa Maria foris portas, Kloster Torba, Olonatal
Castiglione Olona	Renaissanceresidenz
Civate	Romanische Kirche San Pietro al Monte
Como	Ort, Lage, Dom, Kirche San Abbondio, Villen
Gravedòna	Ort, Lage, Kirche Santa Maria del Tiglio, Täler und Bergdörfer der Umgebung
Orta San Giulio und Isola San Giulio	Ortsbild und Sacro Monte in Orta, Kircheninsel San Giulio, dort Kirche mit romanischer Kanzel
Santa Caterina del Sasso	Kloster, Lage über dem See
Stresa	Ortsbild, Lage am See, Villen, Umgebung
Tremezzo-Cadenabbia	Villa Carlotta mit Garten, Ortsbild
Varese	Sacro Monte, Umgebung
Zuigno	Villa della Porta-Bozzolo mit Garten

Kirche SS.Gervasio e Protasio und Baptisterium in Baveno

In der Schweiz:

Ascona	Ortsbild, Lage am See, Monte Verità
Locarno	Piazza Grande, Madonna del Sasso, Ortsbild, Umgebung
Lugano	Kirche Santa Maria degli Angioli, Villen, Ortsbild, Umgebung

Route 1

Das Westufer des Lago Maggiore

Locarno (CH +) – **Ascona** (CH +) – Cannòbio – Cànnero – Intra/Verbania * – Pallanza/Verbania * – Fondotoce – **Stresa*/Borromäische Inseln*** – Arona * – Sesto Calende (81,5 km)

Die Straßenverbindung zwischen Locarno und Sesto Calende entlang dem Westufer des Lago Maggiore gehört zu den schönsten Strecken, die Oberitaliens Seen zu bieten haben. Am obersten Langensee, wie ihn die Deutschschweizer nennen (den Schweizer Anteil besprechen wir nicht im Detail, ausführlicher ist der Goldstadt-Reiseführer „Tessin") fasziniert die quasi-mediterrane Vegetation der bei Locarno und Ascona breiten Ufer, das polyglotte Ambiente dieser Städte, die bizarre Szenerie der von einsamen Tälern scharf zerschnittenen, hohen Berge. Das italienische Ufer beginnt als steiler Berghang, an dem die Dörfer hoch über dem See kleben, am Ufer haben sich nur wenige größere Orte auf Schwemmkegeln entwickelt, der See wird schmal und fjordartig. Inselchen bei Brissago im Schweizer Teil und bei Cànnero mit den Ruinen von Kloster und Burg ziehen den Blick auf sich, Zeugen heftiger politischer und glaubensbezogener Auseinandersetzungen, die sich hier im Mittelalter und der frühen Neuzeit abgespielt haben. Dann öffnet sich der Blick, der Borromäische Golf mit seinen sanften Ufern und begleitenden grünen Hügeln öffnet sich, hier wird das milde Klima des Sees am deutlichsten, hier meint man sich in eine Bucht des Mittelmeeres versetzt. Seit Jahrhunderten haben sonnen- und seehungrige Städter hier ihre Villen gebaut, an den Ufern des Sees und auf den Inseln im Golf, den Borromäischen, finden sich einige der schönsten ganz Italiens. Dann das allmählich flachere, die Nähe der Ebene ankündigende Ufer weiter im Süden, der See verschmälert sich wieder, in den Weilern, Dörfern Städten künden Burgen, Ruinen und unzählige romanische und barocke Kapellen und Kirchen von langen Phasen der Blüte. Eine dieser Blütephasen herrscht auch heute, durch eine Zersiedelung charakterisiert, die ganze Berghänge überzieht und das Ufer häufig völlig unzugänglich macht.

Bei all dem muß man aufpassen, daß man nicht die Straße vergißt. Sie ist alles andere als dem Panorama adäquat, das man von ihr aus genießt, windet sich und wird schmal und unübersichtlich bei jedem kleinen Kap des Sees, Parkplätze sind handverlesen und, man macht diese Erfahrung, bereits vergeben. Die italienischen Überholtechniken und Wahnsinnsgeschwindigkeiten auf unübersichtlichen Strecken tragen auch nicht gerade dazu bei, die Sicherheit zu erhöhen. Fußgängerwege oder Radwege entlang der Straße sind unbekannt. So hangelt man sich von Bar zu Bar, vor einer Bar findet man immer eine Haltemöglichkeit (und keiner der Carabinieri würde sie uns, normalerweise auch im Halteverbot, mißgönnen), trinkt Cafè um Cafè (die Italiener tun das auch), erkundet die Ortschaften und das Ufer von dort aus und entdeckt, wie viele stille und unberührte Winkel es ein paar Meter abseits der Uferstraße gibt.

Der Straßenverlauf besteht aus zwei unterschiedlichen Teilen. Im südlichen Teil entspricht die Uferstraße zwischen Feriolo (km 48) und der Gabelung südlich Arona (km 75,8) der 1801 bis 1807 unter Napoleon gebauten Simplonstraße. Diese über den 2010 m hohen Simplon verlaufende Verbindung der Oberitalienischen Tiefebene mit

Kein Zweifel: die Westuferstraße des Lago Maggiore gehört zu den schönsten Straßen der Alpen

der (damals französisch besetzten) Schweiz war nächst der Straße über den Mont Cenis (1802 bis 1805, Scheitelpunkt 2118 m), ebenfalls von Napoleon in Auftrag gegeben, die erste für Fuhrwerke geeignete Kunststraße über die Alpen. Beim Bau der Straße wurden zeitweise bis zu 30000 Menschen gleichzeitig eingesetzt! Die Bahn unter dem Simplon hindurch (Brig-Domodossola) wurde erst nach 1897 gebaut.

Der Teil Locarno bis Fondotoce (km 0 bis km 45,5) wurde hingegen erst in den späten sechziger Jahren des letzten Jahrhunderts gebaut, vorher gab es zwar einige Maultierstraßen, aber keinen zusammenhängenden Straßenzug, der Verkehr erfolgte mit dem Boot. Der Bau der Bahn von Mailand nach Zürich auf dem anderen Ufer hatte das Westufer noch weiter abgelegen gemacht, als das vorher ohnehin schon der Fall gewesen war. Bis in diese Zeit, man darf es nicht vergessen, war das Westufer piemontesisch-savoyisch, das lombardische Gegenufer war österreichisch. Nach der Abtretung der Lombardei an das Haus Savoyen und der Ausrufung des Königreiches Italien (1861) war die Konstellation aber völlig verändert, und viele neue Straßen wurden gebaut, so auch jene am oberen Westufer des Lago Maggiore.

Und wo bleibt das Stück Fondotoce-Feriolo? fragt der aufmerksame Leser. Dieses Stückchen Straße ist ein Werk der letzten Jahrzehnte. Die Tocemündung lag zur Jahrhundertwende noch bei Fondotoce (Fondotoce bedeutet Mündung des Toce) und man mußte umständlich über die Brücke bei Gravellona Toce zur Simplonstraße und nach Süden weiterfahren. Erst die starken Aufschüttungen des Toce seither haben dieses Straßenstück möglich gemacht.

Wer es sehr eilig hat, kann heute im Südteil des Sees die von Mailand kommende Autobahn benützen, die den See westlich Arona erreicht, und ihn bei Gravellona Toce wieder verläßt (eine Schnellstraße führt weiter nach Domodòssola). Vom See sieht man auf dieser Brücken- und Tunnelkonstruktion fast nichts.

Locarno: Blick von der Wallfahrtskirche Madonna del Sasso auf Ort und Schweizer Anteil des Lago Maggiore

Man verläßt

Locarno+ (Detailbeschreibung → Goldstadt-Reiseführer „Tessin") in Richtung Südwesten (Straßenschilder „Ascona Brissago"). Locarno liegt wie Ascona auf dem riesigen Schwemmkegel des Maggiaflusses, die Grenze bildet der Fluß selbst. Man quert die Maggia an der höchsten Stelle des Schwemmkegels und ist in

`km 3` **Ascona+** (Detailbeschreibung → Goldstadt-Reiseführer „Tessin"). Noch vor der Brücke zweigt nach rechts die Straße in das Val Maggia ab, in die Centovalli und ins italienische Val Vigezzo (Beschreibung → Route 4). Ascona umfährt man durch einen neuen Tunnel unter dem Monte Verità, um direkt am Westufer des Lago Maggiore im Villenviertel *Moscia* wieder ans Tageslicht zu kommen.

Von der schmalen Uferstraße, die für den starken Verkehr längst nicht mehr ausreicht, sieht man nun den Nordteil des Sees, der sich zur italienischen Grenze hin so verschmälert, daß man meint, er müsse dort enden. Die

Isole di Brissago, kleine bewaldete Inseln kommen ins Bild. Die größere der beiden Inseln, die Grande Isola, trug seit 1214 ein Kloster, das im späten 16. Jahrhundert aufgelöst wurde. Erst 1885 wurde die Insel wieder bewohnt, als eine russische Fürstin dort einen Park anlegen ließ. Die heutigen Bauten und Parkanlagen wurden erst nach 1930 durch einen deutschen Kaufmann errichtet.

Zwischen Ascona und Brissago sieht man die grünen Isole di Brissago

Der nächste Punkt für die Überfahrt zu den Isole di Brissago, die auch von Ascona und Brissago möglich ist, liegt in Porto Ronco, dem kleinen Hafen des höher gelegenen Örtchens Ronco. Kurz darauf erreicht man

`km 10` **Brissago** (196 m, 2000 Ew.), ET 6614 Brissago, Tel. 093-651170, den letzten Ort auf Schweizer Gebiet, der durch seine vielfotografierte Kirche Madonna di Ponte recht bekannt ist. Die 1526 bis 1545 errichtete Renaissancekirche mit ihrem zentralen Oktogon im bramantesken Stil liegt in besonders pittoresker Lage wenig über dem See.

Kirche Madonna di Ponte in Brissago

13 km Nach der Grenze ist

`km 18,5` **Cannòbio** (214 m, 5000 Ew.), UT Cannòbio, Viale V.Veneto 4, Tel. 0323-71212, der erste Ort auf italienischem Gebiet. Der Ort liegt malerisch auf einem Schwemmkegel am Ausgang des Val Cannobina. Im oberen Ortsteil dominiert die direkt an der Durchgangsstraße gelegene Pfarrkirche San Vittore, ein Bau des 18. Jahrhunderts mit Kuppeloktogon und Querarmen. In den rechten Seitenkapellen befinden sich als Leihgaben

umgebender Sekundarkirchen einige spätgotische Tafelbilder, darunter ein Triptychon „Madonna mit Kind und Heiligen" von Galdino da Varese (ca. 1490). Das Kruzifix in der ersten Kapelle nach dem Eingang rechts ist heute noch Ziel frommer Verehrung. Bemerkenswert auch die vergoldete Kanzel aus der Erbauungszeit. Unweit liegt der Palazzo della Ragione, ein frühgotischer Quaderbau nach dem Schema oberitalienischer Rathäuser, im letzten Jahrzehnt des 13. Jahrhunderts errichtet. Das Erdgeschoß ist eine offene zweischiffige Pfeilerhalle (vergl. Orta San Giulio*!) mit Gratgewölbe, heute verglast. Der daneben errichtete Wehrturm ist heute Glockenturm der Pfarrkirche.

Den unteren Ortsteil und den Hafen erreicht man über Stiegen und Treppen, unter Bogen und durch schmale Gässchen. Auf dem breiten Kai laden mehrere Kaffeehäuser zum verweilen ein. Die Renaissancekirche SS.Pietà unterbricht mit ihrem massigen Bau und dem kräftigen Oktogon im Stile Bramantes die strenge Flucht der Häuser. Der Bau wurde in der zweiten Hälfte des 16. und der ersten Hälfte des 17. Jahrhunderts nach einem Entwurf der Tessiner Architekten Beretta erbaut. Es handelt sich um eine Wallfahrtskirche mit gleich zwei Wallfahrtszielen. Als Gnadenbild wird ein abgenommenes Fresko aufbewahrt, eine spätgotische Pietà, die 1522 Blut und Tränen vergossen haben soll, der Vorgang ist amtlich bestätigt, Tücher, in denen man das Blut aufsaugen ließ, haben sich erhalten und werden in einer Glasvitrine unter dem Hauptaltar aufbewahrt. Darüber hängt die große Kostbarkeit der Kirche, das große Gemälde „Gang nach Golgatha" des Gaudenzio Ferrari (→ rechts). Das leider recht dunkel gehängte, farbenprächtige Bild ist eines

Cannòbios schmale Gassen sind ein Gesamtkunstwerk

Brunnen in der Altstadt von Cannòbio (unten links)

Fassade der Wallfahrtskirche SS.Pietà in Cannòbio)

der großen Werke des Meisters, ausdrucksvoll in den Gesichtern, bewegt in der Komposition, äußerst gedrängt aber nicht überladen, farblich besonders in den Rottönen von unnachahmlicher Meisterschaft. In der vordersten linken Seitenkapelle befindet sich ein Kunstwerk ganz anderen Stils, ein Gnadenbild der Gottesmutter im Rosenkranz in einer marmorinkrustierten Nische, auf Goldgrund montiert, von Putten umgeben. Die ganze Wand der Kapelle ist mit Marmor und Stuck inkrustiert, zwei Gemälde („Assunzione" und „Maria mit Kind, Heiligen und Stiftern") sowie vierzehn Medaillons mit Malereien auf Holz im vergoldeten Rahmen ergeben ein hochbarockes Gesamtkunstwerk. Das zweite Wallfahrtsziel befindet sich in der von der Hafenstraße aus zugänglichen Krypta, das Grab des Don Silvio Gallotti. Der 1927 verstorbene Sohn der Stadt wird wie ein Heiliger verehrt, seine Seligsprechung wird, wie man erkennt, von der Kirchengemeinde massiv betrieben.

Gaudenzio Ferrari (1471/78 bis 1546)

Der indirekte Schüler Leonardos war in den neunziger Jahren des 15. Jahrhunderts vielleicht Schüler Peruginos, von dem er stark beeinflußt wurde. Sein frühes (1511), von Peruginos „Geburt Christi" in der Kartause von Parma beeinflußtes Altarbild in Arona (→ Arona weiter unten) ist gleichzeitig eines seiner Meisterwerke. Seine Hauptarbeiten schuf Gaudenzio Ferrari auf dem Sacro Monte in Varallo (östlich des Lago d'Orta). In den Kapellen dieses ersten großen Sacro Monte stammen die Fresken, die von 1517 bis 1523/28 entstanden sind, zum Großteil von ihm. Deutlich sind dabei die für den Meister charakteristischen Bezüge zur Kunst jenseits der Alpen, insbesondere zu den auch in Oberitalien sehr verbreiteten Holzschnitten Albrecht Dürers und anderer deutscher Künstler der Zeit. Dieser Bezug wird auch in Cannòbio deutlich, wo die berittenen Landsknechte hinter der Gestalt des Kreuztragenden direkt aus Süddeutschland gekommen sein könnten. Daß Ferrari hier Landsknechte darstellt, die als römische Soldaten den Gang nach Golgatha bewachen, hängt mit der Zeit zusammen, Landsknechte eroberten und plünderten 1527 Rom („Sacco di Roma") während Schweizer Landsknechte schon 1511/12 das Tessin unter die Herrschaft der Eidgenossenschaft gebracht hatten. Die Italiener haben das Wort in ihre Sprache übernommen: lanzichenecco.

Spätere Werke wurden für Vercelli (Fresken in San Cristoforo 1530 bis 1532), Saronno (Wallfahrtskirche 1534 bis 1536) und den Dom zu Como (→ **Como***) geschaffen, wobei diese Spätwerke besonders die Maler il Cerano und il Morazzone beeinflußten, deren Werke wir an einigen Orten finden werden. Weitere wichtige Werke Gaudenzio Ferraris hängen in der Turiner Galleria Sabauda (die dortige Kreuzigung ist ein Höhepunkt seines Schaffens) und der Mailänder Brera („Martyrium der heiligen Katharina" und andere).

In der Kunst Gaudenzio Ferraris bestechen immer wieder die kräftigen Farben, das intensive rot, blau, grün, lila, rosa in verschiedensten Schattierungen. Die Kompositionen sind bewegt, dicht, figurenreich, stehen vor oft an die Donauschule erinnernden Himmelsstimmungen (Kreuzigung in der Galleria Sabauda!). Während die Gesamtkomposition oft eher konventionell ist, liegt seine Stärke im Detail. Oberflächen, Faltenwürfe, Farbschattierungen, Lichteffekte sind Gaudenzio Ferrari wichtiger als die Individualisierung der Gesichter oder die Gesamtkomposition eines Bildes.

**Orrido Sant'Anna
im Val Cannobina**

Von Cannòbio macht man den landschaftlich äußerst reizvollen **Ausflug ins Val Cannobina.** Der Torrente Cannobina hat sich streckenweise klammartig eingeschnitten, zum Beispiel unter der frühbarocken Kirche Sant'Anna, wo der Orrido Sant'Anna beginnt. Die weiter in das Tal führende Straße wechselt hier die Talseite. Vom beliebten Ausflugsrestaurant hinter der Kirche hat man einen eindrucksvollen Blick in den schmalen Teil der Klamm mit stürzenden Wasserfällen. Die fünf Minuten, die man zum Ausgang des Orrido hinuntergeht, lohnen sich, man erreicht eine seeartige Verbreiterung des Baches, die Klamm endet als schmaler schwarzer Strich an einer Felswand über der sich, gerade noch sichtbar, die Kirche erhebt. Schöne Stelle zum sonnenbaden! Weiter oben im Tal erreicht man einige hübsche alte Bergorte, darunter Falmento (669 m), Gurro (1000 m), das von sich behauptet, auf schottische Siedler zurückzugehen, und Finero (896 m).

Von Cannòbio aus erreicht man zunächst die Landzunge Punta Creda und dann eine weitere Landzunge mit schönem Blick auf das jenseits des Sees gelegene Luino. Eine Gruppe von drei Inselchen kommt ins Blickfeld, zwei davon tragen Mauern einer verfalllenen Burg, die **Isoline di Cànnero** mit dem Castello Vitaliano (auch die Bezeichnung „Castelli di Malpaga" wird verwendet).

*Auf den
Isoline di Cànnero
stehen Reste
einer Festung
der Borromei*

Die Inselchen sind nur einen Steinwurf vom Ufer entfernt. Leider ist es an dieser Uferstraßenstrecke kaum möglich zu halten (nur bei einem Hotel kann man – als Hotelgast – parken), so daß es sinnvoll ist, bis Cànnero weiterzufahren, sich dort ein Boot zu nehmen und auf diese Weise den Blick auf die Inselchen zu bekommen, ungestört vom Verkehr. Die Mauern, die man heute sieht, sind Reste einer „La Vitaliana" genannten Befestigung, die 1519 unter Ludovico Borromeo errichtet wurde. Ein hoher Mauerkranz, kräftige Schalentürme, der isolierte Südturm sind heute noch zu besichtigen. Der Vorgängerbau war 1414 von den Sforza zerstört worden, es handele sich um eine Raubritterburg der Familie Mazzardi, der mit der Vernichtung ihres Räubernestes das Handwerk gelegt werden konnte.

**Isoline di Cànnero
mit Castello
Vitaliano**

In
km 25 **Cànnero Riviera** (225 m, 1200 Ew)
Pro Loco Cànnero, Via Rome 63, erreicht man wieder einen Ort, der sich auf dem Schwemmkegel einer Torrente (Rio di Cànnero) angesiedelt hat, diese Schwemmkegel sind im nördlichen Bereich des Lago Maggiore praktisch die einzigen Uferbereiche mit einigermaßen flachen Stellen. Cànnero liegt genau nach Süden, der Ort hat dadurch ein auffällig mildes Klima, was man schon an den frei wachsenden Bananenstauden ablesen kann. Dieses milde Klima brachte Cànnero den Beinamen „Riviera", den es sich mit hübschen Villen, einem reizvollen Lungolago im Baumschatten und üppigen Parks auch wirklich verdient hat. Ende März bringt die jährlich stattfindende internationale Kamelienschau Blumenfreunde aus aller Welt in den Ort.

Über dem Ort liegen in den Eßkastanienwäldern des Südhanges des Monte Pian Bello **drei aussichtsreiche Dörfer,** die man auf guter, wenn auch nicht sehr breiter Straße erreicht, Trarego (771 m), Cheglio (760 m) und Viggion (676 m). Die von neuerer Siedlungstätigkeit umgebenen Dörfer (der Hang hinauf ist entlang der Straße völlig versiedelt) sind in der Gemeinde Trarego-Viggiona, Sitz Trarego zusamengefaßt. In Trarego ist die Pfarrkirche SS.Martino e Maurizo gleichzeitig Wallfahrtskirche zum Gnadenbild Beata Vergine della Cintura. Das Fest der Muttergottes mit dem Gürtel (das Gnadenbild hält ihn in der linken Hand) findet am 5. September statt.

Haus in Trarego

Die Uferpartie zwischen Cànnero und Verbania wird trotz der steilen Hänge von zahlreichen Villen und kleinen Dörfchen begleitet. Wegen der kurvenreichen Strecke sieht man recht wenig, es empfiehlt sich, immer wieder Abstecher hangaufwärts zu machen, um einen besseren Blick auf die Uferpartie zu erlangen. Besonders empfiehlt sich ab

29 km **Pieggio,** eine Alternativo zur Uferstraße, die in halber Hanghöhe bis Ghiffa führt. Man fährt in Pieggio nach Gònte (270 m) rechts ab, dort angekommen wendet man sich nach links in Richtung Camogno (auch nach rechts geht ein Sträßchen, das durch Gònte in Richtung Barbè und Öggiono über Cànnero führt, es ist aber so schmal, daß ein normaler PKW nicht durchkommt). Das eingeschlagene Sträßchen führt nun in etwa gleicher Höhe am Hang entlang, man kann hier oben imer wieder stehen bleiben, um die Aussicht zu genießen, was ja auf der Uferstraße nicht möglich ist. In einem Tälchen passiert man die Fontana di Novaglio, ein reiches Quellsystem gleich neben der Straße, das in mehrere Becken gefaßt ist, die überrieselten Felsen sind mit Moos und feinen Farnen überzogen. Nach der winzigen Ortschaft Novaglio steht rechts einsam auf einer Terrasse direkt über dem Steilhang und in großartiger Aussichtsposition die romanische Kirche von Novaglio. Über Deccio (275 m) und Ronco (250 m, hier nach rechts zum Heiligtum der Dreifaltigkeit, → Ghiffa weiter unten) erreicht man Ghiffa.

Romanische Kirche in Nobaglio über Ghlffa

Mit

km 33,5 **Ghiffa** (200 m, 2500 Ew.) wird auf der Uferstraße wieder ein größerer Ort erreicht. Die Einfahrt wird durch eine ältere, offensichtlich nach wie vor florierende Hutfabrik markiert (unter der Straße links). Ghiffa setzt sich aus zwei alten Ortskernen zusammen, im höheren, Ronco, liegt die barocke Kirche des Heiligen Kreuzes (S.Croce) aus dem 18. Jahrhundert. Auf einer Panoramaterrasse über Ghiffa liegt die Wallfahrtskirche der heiligen Dreifaltigkeit, das Santuario della Trinità (350 m) mit Kapellen und Kreuzweg. Tatsächlich handelt es sich um einen echten Sacro Monte, der aber, vielleicht weil er nicht in gutem Zustand ist (Renovierungsarbeiten sind genehmigt aber noch nicht begonnen worden) kaum bekannt ist. Die großen Kapellen können sich in einigen Fällen durchaus mit jenen in Orta messen, von den auch hier plastisch ausgeführten Figurengruppen mit Freskohintergründen kann man das allerdings nicht sagen. Die Casa del Romito, der wohl älteste (romanische?) Bau des heiligen Bezirkes, soll Sitz der bereits eingerichteten Riserva Naturale werden, also des um das Heiligtum befindlichen Landschaftsschutzgebietes. Dieses Gebiet ist übrigens sehr schön, waldreich und aussichtsreich, zwei Wanderwege durchqueren es ab dem Sacro Monte, die 1 nach Manegra und die 18 nach Pollino. Auf letzterer kommen wir (ausgezeichnet markiert – die Comunità Montana Alto Verbano mit Zentrum in Ghiffa ist in dieser Hinsicht vorbildlich, die Karte 1:25000 Alto Verbano, die von der Gemeinde herausgegeben und vom Buchhandel vertrieben wird, ist eine sehr gute, verläßliche Wanderkarte) zum „Belvedere" von Premeno (→ Premeno weiter unten).

Der Sacro Monte von Ghiffa ist auch Ausgangspunkt schöner Wanderungen

Zwischen Ghiffa und Intra werden die Hänge flacher, die Villen werden opulenter, und freien Platz zwischen den Privatgärten gibt es immer weniger.

Verbania* mit den beiden großen Orten Intra und Pallanza kündigt sich an. Nach der langen Fahrt auf schmaler und kurviger Uferstraße muß man sich jetzt auf städtischen Verkehr und die obligate schlechte Beschilderung italienischer Straßen einstellen. Zuerst quert man den Torrente San Giovanni und erreicht

km 38 **Intra-Verbania*.**

Von Intra erreicht man auf einem **Abstecher** den Bergort **Premeno** und die Hochenene Pian del Cavallo. Von Intra fährt man zunächst in Richtung Trobaso, bis rechts die Abzweigung nach Premeno kommt. Es gibt drei Straßen nach Premeno hinauf, nur diese ist gut ausgebaut und leicht zu fahren. Über Arizzano (469 m) und Bee (591 m) erreicht man den Luftkurort Pian di Nava (725 m) und schließlich den großen Bergort Premeno (804 m) mit Hotels, Gasthäusern, Restaurants, Bars und vielen Zweithäusern. Das ausgewiesene „Belvedere" über dem Lago Maggiore ist bis auf einen winzigen Halte- und Aussichtspunkt völlig von Häusern verstellt. Beim Sender am Ende der Straße beginnt der hübsche und ausgezeichnet markierte Wanderweg hinunter zum Santuario della Trinità über Ronco, → dazu Ghiffa weiter oben!). Bis hier herauf ist der Südhang ein einziges Siedlungsgebiet, erst oberhalb Premeno, wenn man zum Pian di Cavallo (ca. 1300 m) weiterfährt, läßt die Zersiedelung nach. Vom Pian di Cavallo, einem Almengebiet mit Gaststätten und Schleppliften, das an schönen Sonntagen sehr gut besucht ist, erreicht man auf einer schlechten Straße Trarego-Viggiona und Cànnero.

Nach Intra fährt man über die Torrente San Bernardo (Intra liegt dazwischen, auf italienisch „intra") und ist in

km 40 **Pallanza-Verbania*.** Die gleich darauf folgende Gabelung ist falsch beschildert, die Umfahrungsstraße ist gar nicht, die Abzweigung in den Ort hinein mit „Tutte le direzioni" beschildert. Also weiter auf der Umfahrungsstraße oder hinein nach Pallanza, die Ortsdurchfahrt erreichen wir, wo die Umfahrungsstraße den See wieder berührt.

Der Golf von Verbania wirkt wie eine Bucht des Mittelmeeres

Der Golf von Verbania verengt sich hier und bald sieht man den Schilfgürtel, der den breiten Schwemmfächer der Tocemündung begleitet. Der Toce, der das Ossolatal durchquert (→ Route 4), hat hier einen breiten Flachlandbereich geschaffen, der früher versumpft war und heute landwirtschaftlich genutzt wird (die frühere Versumpfung kann man noch an der Mückenplage der hiesigen Campingplätze erkennen).

Ufer des Lago Maggiore in Verbania-Pallanza

In

km 45,5 **Fondotoce** (zur Gemeinde Verbania) mündete noch vor hundert Jahren der Toce in den Lago Maggiore, heute hat er seine Mündung durch Aufschüttungen um einen ganzen Kilometer weiter in den See hineingetrieben. Fondotoce ist ein kleiner Fischerort mit noch wenig beeinträchtigter Atmosphäre. Hier Straßengabelung.

Rechts geht es nach **San Bernardino** Verbano und nach **Cicogna** im Val Grande. Die Fahrt dorthin führt durch eine in Teilen unberührte Landschaft. In 2 km Bieno (370 m) steht an der Straßenkreuzung unter dem Ort die kleine Kirche San Antonio,

hier führt nach rechts ein Fußweg nach Cavàndone (44 m), das man auf der Straße von Verbania (Suna oder Pallanza) aus erreicht. Man fährt weiter in Richtung Trobaso, biegt aber nach weiteren 2 km links ab und erreicht Rovegro (3698 m). Die Straße nach Cossogno, die auf fast allen Karten eingezeichnet ist, existiert nicht, der Wanderweg dorthin beginnt beim Friedhof unterhalb des Ortes und ist ausgezeichnet markiert. Fährt man von Rovegro weiter taleinwärts in das Val Grande, das Tal des Torrente San Bernardino, der bei Intra als wenig eindrucksvoller Bach in den See fließt, kommt man durch eines der urwüchsigsten und einsamsten Gebiete in der Nähe der Seen Oberitaliens. Die Straße passiert kilometerlang keinen Ort, nicht einmal ein Haus, nur an einer Stelle sind oberhalb uralte Schieferhäuser zu erkennen, der verlassene Ort Bignugno (555 m). Die Terrassen im Kastanienwald zeigen, daß die Feldbearbeitung hier schon vor hundert und mehr Jahren aufgegeben wurde und die Menschen auswanderten. Umso mehr wundert es, daß nach der Casletto-Brücke mit äußerst eindrucksvollem Blick in das obere Val Grande, noch ein Ort erscheint, das in 732m Höhe am Südhang des Monte Spigo (1439 m) hingelagerte (11 km) Cicogna. Der fast nur noch sommers genutzte Ort am Ende der Fahrstraße ist Ausgangspunkt für Touren und Wanderungen im einsamen und weg- wie siedlungslosen Gebiet der Riserva Naturale della Val Grande, einem riesigen Naturschutzgebiet rund um die Felsenberge der Cima di Laurasca (2195 m).

Kirchlein
San Antonio
in Bieno
ob Fondotoce

Die Fahrt in das
Val Grande führt in
eine der einsamsten
Zonen der Region

Eine weitere Straße führt nach Mergozzo und zum Lago di Mergozzo (→ Route 4), dann kommt die eigentliche Gabelung. Rechts fährt man über Gravellona Toce in Richtung Ossolatal (vergl. Route 4) und Simplonpaß sowie zur Autobahnauffahrt, links fährt man weiter entlang des Lago Maggiore, quert die Toce-Schwemmebene und erreicht jenseits, wieder am Ufer des Lago Maggiore, das ehemalige Fischer- und heutige Touristendorf

km 48 **Feriolo** (Gemeinde Baveno) mit hübschem, abends autofreiem Lungolago und kleinem Bootshafen. Der nächste Ort ist

km 51 **Baveno** (205 m, 4500 Ew.),
Info 28831 Baveno, Piazza Dante Alighiers 14, Tel. 0323-924632, ein früher bedeutender Winterluftkurort, den auch Richard Wagner und die englische Königin Victoria besuchten. In den Jahren 1904 bis 1924 verbrachte hier Umberto Giordano seine Sommer, hier soll er auch seinen „Andrea Chenier" geschrieben haben, mit dem er seinen einzigen wirklich großen internationalen Opernerfolg erzielte (Plakette am Municipio, Villa Fedora, 1857 errichtet, mit schönem Park, öffentlich zugänglich, im nördlichen Ortsbereich). Die Wartehalle der Schiffsanlegestelle ist schönstes „Liberty", wie die Italiener sagen, also Jugendstil, heute ist dieser Pavillon Modell für viele, auch am Comer See. Die Pfarrkirche SS.Gervasio e Protasio oberhalb des heutigen Zentrums am See und über eine Treppe zu

Schiffsanlegestelle

erreichen, ist eine romanische Basilika des 12. Jahrhunderts, die im 18. Jahrhundert zur barocken Wandpfeilerkirche umgestaltet wurde. Zur gleichen Zeit entstanden die den Platz umfassenden Kolonnaden, die heute als Via Crucis verwendet werden, der geschlossene Bau gegenüber der Kirche ist das Heilige Grab. Am Triumphbogen der Kirche haben sich Fresken aus der Renaissance (frühes 16. Jh.) erhalten. In der dritten Kapelle rechts befinden sich zwei Gemälde, die Dependente Ferrari (tätig 1500 bis 1535) zugeschrieben werden, eine „Anbetung der heiligen Drei

Baptisterium von SS.Gervasio e Protasio in Baveno

Könige" und eine „Geburt Christi". Neben der Kirche steht ein Renaissance-Baptisterium mit Schirmkuppel und Portikus (11. Jh. bzw. frühes 16. Jh.) und einem Freskenzyklus zur Passionsgeschichte und zum Leben des heiligen Johannes des Täufers aus der Entstehungszeit im Inneren. Nur doch die Kreuzigungsszene ist von der ursprünglichen Bemalung übriggeblieben, der Rest ist durch Übermalungen bis zur Unkenntlichkeit entstellt. Das Oktogon geht auf Vorgängerbauten zurück, die sich seit dem 5. Jahrhundert bezeugen lassen.

Von Baveno führt ein besonders reizvoller **Ausflug** zu einem der schönsten Aussichtsberge des südlichen Lago Maggiore, **auf den Mottarone** (1491 m), alternativ kann man auch von Stresa aus die Seilbahn benutzen. Das Sträßchen ist im zweiten Teil private Mautstraße, man wird auch für den Besuch des Gebietes zur Kasse gebeten, es bezeichnet sich als „Parco dei Borromei" und hat nur für Fußgänger freien Eintritt. Bei dem, was man für den Besuch der Borromäischen Inseln als Kosten einkalkulieren muß, fällt dieser Betrag auch nicht mehr ins Gewicht, zumal die Aussicht vom Berg phantastisch ist und die Gelegenheit, vom pseudo-mediterranen Klima und Vegetationsgürtel des Sees in einem Rutsch bis in die subalpine Zone hinaufzufahren, auch nicht überall zu finden ist. Wintersportmöglichkeiten und starker Sommerbesuch, besonders im August, haben im Bereich des Straßenendes (Gasthäuser) entstellende Urbanisierungsentwicklungen, Schmutz und Lärmbelästigung mit sich gebracht, dem kann man sich aber durch viele Spaziergänge in ruhige Waldzonen entziehen.

Vom Mottarone hat man eine herrliche Aussicht

Der nächste Ort am Ufer des Sees, auf der Fahrt dorthin sieht man die Borromäischen Inseln nur wenige hundert Meter (die Isola Bella an der engsten Stelle nur 350 m) entfernt im Golf von Verbania liegen, ist

km 55,5 **Stresa ***.

Von Stresa kann man mit der Seilbahn, die eine 1964 leider eingestellte Zahnradbahn ersetzt, auf den Mottarone fahren (→ Baveno).

Kirche
S.Pietro e Paolo
in Carpugnano

Reizvoll ist auch ein **Ausflug in die Dörfer über dem See,** nach Veddasco, Brovello Carpugnano und Massino Visconti (465 m)

mit namengebender Burg der Visconti, das Castello Visconti d'Aragona, das lange Zeit als Landsitz der Familie genutzt wurde. Der Bau ist in nicht allzu gutem Zustand. Massino ist, wie auch seine Nachbarorte, für die Herstellung von Schirmen bekannt, wie das Denkmal für die Schirmmacher im Ort bezeugt. In Brovello Carpugnano, einem langgestreckten, aus mehreren Fraktionen zusammengesetzten Ort, steht die Kirche SS.Pietro e Paolo mit romanischem Campanile mit Bi- und Triforen. Links vor dem Aufgang zur Kirche mit ihrer Via Crucis rund um den ehemaligen Friedhof steht links ein kleines Denkmal, eine Katze mit Regenschirm, Hinweis auf das Schirmmuseum, das sich ebenfalls hier im Ort befindet. Beim Aufstieg in die oberen Fraktionen von Stresa hat man übrigens einen vorzüglichen Blick auf den Borromäischen Golf mit seinen Inseln, am schönsten vielleicht von oberhalb Veddasco mit seinen gründerzeitlichen Villen.

Von Baveno, Pallanza, Intra und Stresa erreicht man mit den Schiffen der staatlichen Seeschiffahrt Oberitalienische Seen zu ziemlich überzogenen Tarifen (Nach der Tageskarte für diesen Bereich fragen!) die

Borromäischen Inseln*.

Fischerhafen der Isola Pescatore (Borromäische Inseln)

Im Garten des Palazzo Borromeo auf der Isola Bella

Nach Stresa reißt die Reihe der Villen mit herrlichen privaten Gärten, leider oft hinter hohen Mauern verborgen und im Regelfall unzugänglich und nur vom Wasser aus zu bewundern, nicht mehr ab.

Ohne wirklichen Übergang erreicht man

km 61,5 **Belgirate** (200 m, 500 Ew.), einen alten Ort mit hübscher Pfarrkirche, die wegen ihrer von lokalen (oder Tessinern?) Künstlern ausgeführten Stuckarbeiten einen Besuch wert ist. Einige ältere Villen des Ortes verbinden sich mit den Namen berühmter Italiener, die hier ihren Sommeraufenthalt suchten, mit d'Annunzio, Manzoni, Garibaldi, Verga. Die Villa Cairoli war Wohnsitz Benedetto Cairolis (1825-1889), eines Zeitgenossen und Mitstreiters Garibaldis. Im schönen Park bewundert man Oleander, Palmen und Zypressen. Die Villa Carlotta, ebenfalls aus dem 19. Jahrhundert, wird von einem Park umgeben, dessen besonderes Prunkstück eine Eiche von 1670 ist, sehenswert auch die Sequoien. Die Villa ist heute Hotel, moderne Anbauten haben Proportionen und Äußeres des Baus entstellt. Im oberen Ortsteil steht die gotische Pfarrkirche Santa Marta mit Fresken des 15. Jahrhunderts in schlechtem Erhaltungszustand, daneben romanischer Campanile.

Nur wenig mehr als einen Kilometer ist

km 63 **Lesa** (198 m, 2300 Ew.) entfernt. Der alte Ort am Nordende des großen Schwemmkegels des Erno-Baches (an seinem Südende liegt Sòlcio), der früher Sitz der Gerichtsbarkeit der Mailänder Bischöfe für das Umland war, hat an Bedeutung stark verloren. Die Uferstraße, die im 19. Jahrhundert. im Zuge der Bauarbeiten für den Simplonübergang errichtete, liegt vor der alten, von Lauben überdachten Ufergasse, etwas erhöht, so daß man kaum noch zum See hinüberblicken kann, wenn man in einem der Cafès seinen Espresso mit Grappa (den „Corretto") zu sich nimmt. Enge Gassen, schmale Treppen charakterisieren auch heute noch den alten Ort, in dem oberhalb der Uferstraße nichts an den Tourismus erinnert, der sonst in fast allen Orten am Lago Maggiore das Gesicht der Siedlungen verändert hat. Am nördlichen Ortseingang flankiert der Palazzo Stampa (klassizistisch, heute Bank) die Uferstraße, vor dem Bau der neuen Straße reichte der Garten bis zum Wasser. Am Südausgang des Ortes steht die romanische Kirche San Martino, die im 18. Jahrhundert völlig barockisiert wurde. Im ersten uferparallelen Gäßchen des alten Ortes findet man ein Schild für das Museo Manzoniano. Kein Schild mit Öffnungszeiten gibt Informationen, die Klingel funktioniert gar nicht. Im Sommer „soll das Museum geöffnet sein", heißt es lokal. Hier muß man sich voranmelden, häufige Notwendigkeit bei italienischen Museen (→ Liste der Museen im Infoteil). Gegenüber weisen zwei Schilder zur „Grotta di Lourdes" Keine Chance, diese zu sehen: schon weit außer Sichtweite schirmt ein Stahlgitter das Heiligtum ab. Etwas oberhalb des Ortes liegt Villa Lesa mit einigen schönen Villen des 18. und 19. Jahrhunderts.

Lesa ist ein noch wenig verfälschter Uferort

Die Uferstraße quert die Gärten und Obstanlagen des flachen Schwemmkegels des Erno-Baches und erreicht an seinem südlichen Ende

km 65 **Sòlcio** (210 m), das administrativ noch zu Lesa gehört. Die Kirche San Rocco von 1830 mit ihrer großen Kuppel ist sehenswert, so wie die schon außerhalb und südlich des Ortes liegende Villa Cavallini. Interessanter als die im 19. Jahrhundert aus älteren Gebäudeteilen entstandene Villa ist der Park. Ein Landschaftspark des 18. Jahrhunderts wurde im 19. Jahrhundert noch einmal im englischen Stil terrassenförmig angelegt, die alten Bäume allein sind schon einen Besuch wert. Sehr englisch die Monumente für treue Hunde der Familie, die das Zufahrtssträßchen von der Straße zur Villa begleiten! Der Park ist wie das Haus Teil des Istituto Professionale Statale per l'Agricoltura und allgemein zugänglich.

Monument für einen treuen Hund im Park der Villa Cavallini in Sòlcio

Der nächste Ort am Seeufer ist

km 68,5 **Meina** (214 m, 2000 Ew.), dessen altes, verwittertes Zentrum etwa zwanzig Meter über der heutigen Uferstraße liegt. Meina ist noch deutlicher als das verstädterte und touristenüberrannte Stresa der Villenort am Lago Maggiore. Wer mit dem Schiff hier ankommt, bemerkt wahrscheinlich zunächst die imposante Villa Faraggiana, einen spätklassizistischen Bau (1855) mit Betonung des Mitteltraktes durch Dreiecksgiebel und Balkon auf vier schlanken weißen Säulen. Wie viele andere Villen am See ist sie in jenem Gelbton gestrichen, den man aus guten Gründen „Schönbrunnergelb" nennt. Die Lünetten über den acht Fenstern des Erdgeschoßes sind mit Büsten italienischer Berühmtheiten von Michelangelo bis Galilei geschmückt.

Fünf Kilometer entfernt liegt in 395m Höhe das (eingemeindete) Dörfchen **Ghèvio**. der pittoreske Ort scheint aus Bögen und Innenhöfen, schmalsten Sträßchen und alten Grobsteinbauten zu bestehen. Unter dem Vordach der Kirche Sant'Anna hat sich ein Fresko des 16. Jahrhunderts erhalten. Etwas höher liegt westlich der Ortsteil Fortezza (Nomen est omen? Von einer „fortezza", also einer Befestigung, hat sich nichts erhalten) mit der Kirche S.Marla Assunta, die einen romanischen Kirchturm mit sechs Stockwerken bewahrt hat. Im anschließenden Örtchen Silvera steht in der Kirche San Rocco ein hübscher Schnitzaltar lokaler Provenienz.

Von Meina erreicht man das hübsche Dörfchen Ghèvio

Zwischen der Villa Faraggiana und dem nächsten Ort (Arona) reißt wieder die Kette der Villen nicht ab. Bevor man Arona erreicht, zweigt direkt unter dem Felsen, auf dem sich einmal die Burg des Ortes befand, eine Straße im spitzen Winkel nach rechts ab. Sie führt (mit Schild „Carlone Ghèvio") zu einem ungewöhnlichen Den kmal, der barocken Statue des „Carlone", des heiligen Karl Borromäus (Carlo Borromeo) in 310 m Höhe, hundert Meter über dem See. Die

Statue des „Carlone", des hl. Karl Borromäus in Arona

34,5m (mit Unterbau) hohe Statue (eigentliche Statue 23,4m) wurde unter Erzbischof Federigo Borromeo (1564-1632), dem Neffen des Heiligen errichtet und geht auf Pläne des Giovanni Battista Crespi, genannt „Il Cerano" (1557-1633) zurück. Basis und Innenraum der Statue sind Stein, die Extremitäten aus Bronze, die Außenhaut aus Kupfer, 1697 war das Denkmal endgültig fertig. Der Heilige trägt in seiner linken Hand ein Buch mit den Publikationen des Konzils von Trient, mit der anderen Hand segnet er Menschen und Landschaft unter sich (zum hl. Karl Borromäus → Arona*!). Unterhalb der Statue liegen das Bischöfliche Seminar (seit 1620) und die Kirche San Carlo mit Fresken des 18. Jahrhunderts. Das Bild des Heiligen auf dem Hochaltar entstand nach 1600. Nebenan kann eine Rekonstruktion des Geburtszimmers des Heiligen (auf der Rocca di Arona) bewundert werden.

Der nächste Ort ist

km 72,5 **Arona*.**

Nach Arona ist der See bald zu Ende, bei 76 km Gabelung, links weiter in Richtung Sesto Calende, auf der Brücke quert man bereits den Ausfluß des Lago Maggiore, der so heißt wie sein Hauptzubringer: Ticino. Bei

km 81,5 erreicht man **Sesto Calende** (→ Route 2).

Route 2

Das Ostufer des Lago Maggiore

*Locarno (CH) – Vira Gambarogno (CH) –
Maccagno – Luino* – Porto Valtravaglia –
Laveno – **S.Caterina del Sasso*** – Ispra –
Angera* – Sesto Calende (82,5 km)*

*Das Ostufer des Lago Maggiore ist lange nicht so touristisch wie das
Westufer, ruhiger, dabei wegen seiner herrlichen Blicke auf das
Westufer und die hohen Berge dahinter – der Monte Rosa ist von
höheren Punkten aus zu sehen – besonders reizvoll. Besonders der
obere Teil der Strecke zwischen der Mündung des Ticino in den See
und Laveno, wird nicht stark besucht. Wir haben erlebt, daß sich die
Autos von Bellinzona nach Locarno, Ascona und dem Westufer kilo-
meterweit stauten, wir aber am Ostufer des Sees fast alleine fuhren.*

*Nicht so berühmt,
dafür die schöneren
Ausblicke:
das Ostufer des
Lago Maggiore*

*Ab Laveno wird die den See begleitende Landschaft weicher und
zypressenbestandene Hügel lösen die steilen Bergflanken mit ihren
hoch oben klebenden Dörfern ab. Dieser Teil des Ostufers gehört
zum toskanisch anmutenden Varesotto im Moränengebiet südlich
und westlich der Stadt. Kleine Dörfer und herrschaftliche Villen lösen
einander ab, hier wird etwas Wein gebaut, auch der Ölbaum gedeiht
an warmen Südhängen, aber nirgendwo wird er kommerziell genutzt.
Jenseits des Sees sieht man Verbania, Stresa, Belgirate, Arona, sie
sind nur einen Katzensprung entfernt, wenn man die Fähre von
Laveno nach Intra nimmt, oder das Boot von einer der anderen Anle-
gestellen.*

*Immer wieder quert man die Bahntrasse, die hier schon existierte
als es streckenweise noch keine Straße gab. Auch die Bahn, die Turin
über Novara mit Bellinzona und der Nordschweiz verbindet, wurde
erst in den letzten Jahrzehnten des 19. Jahrhunderts gebaut, vorher
benützte man die Verlängerung der Gotthardbahn über Mailand,
Como, Lugano und Bellinzona. Die Straße ist jünger und das ist ihr
bekommen, sie ist zügiger zu befahren als die allerdings auch
wesentlich frequentiertere Straße auf dem anderen Ufer.*

**Strand in
Magadino**

Man verläßt

Locarno+ (Detailbeschreibung → Goldstadt-Reiseführer „Tessin") in Richtung Nordosten (Straßenschilder „Bellinzona"), zweigt aber nach 11 km (8 km nach San Vittore im Stadtteil Muralto) und nach Querung des Ticino auf die N22 ab (Schilder „Gambarogno Luino"). Diese Fahrtstrecke quert den Piano di Magadino, den Unterlauf des Ticino vor seiner Mündung in den Lago Maggiore, ein heute unter Schutz stehendes Feuchtvegetattions- und Vogelparadies. In

km 13 **Magadino** (196 m, 1200 Ew.) erreicht man wieder den See, der Ort liegt an einer ehemaligen Ticinomündung, heute ist sie ein Altarm des Flusses.Der Ticino wurde 1885 bis 1913 begradigt, dadurch wurden die früher häufigen Überschwemmungen (1515!) und das Malariaproblem in den Griff bekommen. Hier ist nicht viel los, Badende genießen den Blick auf das andere Ufer (Ascona, Locarno, Val Maggia, Centoivalli) und die relative Ruhe. In der Pfarrkirche San Carlo hängen zwei Bilder aus der Schule des Bernardino Luini, die Santa Caterina und der heilige Bernardino. Im Sommer gibt es eine internationale Orgelwoche. Die Bolle di Magadino im Osten und Norden sind ein faszinierendes Feuchtbiotop mit mehr als 300 Vogelarten und zahlreichen Reptilien.

Einen Steinwurf weiter liegt

km 14 **Vira** (12 m, 600 Ew.),
ET 6574 Vira/Riviera del Gambarogno, Tel. 093-611866, das ebenfalls zur Gemeinde Gambarogno gehört. Das kleine Örtchen mit noch kleinerem Hafen besitzt einige moderne Außenfresken, die 1970 nach dem Vorbild von Arcumeggia (→ Route 7) von zeitgenössischen Malern ausgeführt wurden.

Das Alto Gambarogno bekam seine Straße erst vor einer Generation

Von hier aus kann man einen **Ausflug in den Alto Gambarogno** starten. Man durchfährt Fosano (360 m) und erreicht die Alpe di Neggia (1395 m) zwischen dem Monte Gambarogno (1730 m, Aussicht über den nördlichen Lago Maggiore, Aufstieg 1,5 Stunden) und dem Monte Tamaro (1961 m, 2,5 Stunden). Die Straße führt nun jenseits hinunter nach Indèmini (979 m), einem Bergdorf, das im Winter häufig nur von Süden aus italienischem Gebiet erreichbar ist (Straße von Maccagno durch das Val Veddasca, → unten). Der Ort hat heute vielleicht noch 60 Einwohner. Als nach den napoleonischen Kriegen das oberste Valle Veddasca gegen Campione getauscht werden sollte, widersetzten sich die Bewohner, sie wollten Schweizer bleiben. Eine wintergeeignete Straße aus Italien bekamen sie deshalb auch erst in der zweiten Hälfte unseres Jahrhunderts, Strafe muß schließlich sein – der Ort war oft wochenlang von der Welt abgeschnitten.

Nach diesem Abstecher geht es weiter auf der Küstenstraße. San Nazzaro und Gerra werden passiert, beide kleine Fraktionen der Gemeinde Gambarogno. Noch kann man auf den privaten Parkstreifen und -terrassen über den unter der Straße direkt am Strand gelegenen Villen halten und mal kurz einen Blick auf den See werfen, jenseits der nahen Grenze ist das dann nicht mehr der Fall, Ketten sperren jedes noch so kleine private Grundstückchen ab. Nach der Grenze weist die steile Uferstrecke keinen Küstenort auf.

> Die Orte liegen weiter oben am Hang, ein **Abstecher zum Lago d'Elio** macht damit vertraut. Man nimmt die Stichstraße, die drei Kilometer nach der Grenze links abbiegt (unter der Bahn hindurch), erreicht Pino (293 m) und, bereits im Kastaniengürtel, Bassano (528 m, Friedhofskirche mit romanischem Campanile). Von Bassano führt ein reizvoller alter Karrenweg hinauf zum idyllischen Lago d'Elio (930 m, Gasthof), dorthin auch Fahrweg von Musignano (vergl. Maccagno weiter unten).

Die gut ausgebaute Küstenstraße führt entlang dem Steilufer bis nach

km 33 **Maccagno** (219 m, 2400 Ew.),
Pro Loco Maccagno, Via Garibaldi 1, Tel. 0332-561200. Im oberen Ortsteil Maccagno superiore, den man zunächst erreicht, hat die barocke Kirche S.Materno eine hübsche Fassade, über dem Portal eines unweit gelegenen Hauses findet sich eine reizvolle Plastik zweier Frauen von einem lokalen Meister. Getrennt durch den Giona-Fluß und den Parco Giona mit Wäldchen und Campingplatz liegt am Wasser der Ortsteil Maccagno inferiore. der Hafen mit alter Mole wird durch den sogenannten Torre Imperiale überragt. Der Name spielt auf die Geschichte des Ortes an, in dem 962 der Kaiser Otto I. von den Feudalherren, den Grafen Mandelli willkommen geheißen wurde. Der Ort empfing damals das Münzrecht, der Ortsteil am Hafen heißt heute noch „La Zecca", also „Die Münze", sowie die unabhängige Gerichtsbarkeit, die Maccagno im übrigen bis 1718 behielt.

In Maccagno hielt sich schon der deutsche Kaiser Otto I. auf

Hausportal in Maccagno superiore

Hafen in Maccagno inferiore

Blick auf den östlichen Uferabschnitt zwischen Luino und Laveno vom westlichen Ufer des Lago Maggiore

Von Maccagno aus ist ein **Abstecher in das Val Veddasca** sehr reizvoll. Das Tal des Torrente Giona weist im Kastanienwaldgürtel der Sonnenseite mehrere alte Dörfer auf, von Campagnano (612 m) über Garabiolo (566 m), Càdero (596 m), Graglio (895 m), Armio (896 m, Verwaltungshauptort der Gemeinde Veddasca), Lozzo (880 m) bis Biegno (892 m), von dort fährt man über die Schweizer Grenze nach Indèmini und Vira (→ Alto Gambarogno weiter oben). Von Armio führt ein Abstecher zum Paß La Forcora (1179 m), dort Wintersporteinrichtungen, Rifugio und häßliche Urbanisationserscheinungen. Der Südostteil des Tales ist nur teilweise durch Straßen erschlossen, dafür aber durch den Wanderweg Via Verde Varesina (Informationen in den meisten Touristenbüros der Provinz Varese, am besten natürlich in Varese selbst). Auf dieser Talseite gibt es noch viele alte, heute verfallende Häuser in der alten Steinplattenbauweise, im Talgrund selbst besonders im Ort Piero. Im Ortsteil Ponte, den man von Biegno heruntersteigend im Talgrund erreicht, wurden Felsritzungen vom Typ der Val Camonica gefunden. Von Piero, etwas weiterflußabwärts, führt eine lange Stufentreppe hinauf nach Monteviasco (924 m), einem heute verlassenen und dadurch gut erhaltenen Ort. Monteviasco war wie viele andere Orte an der Schweizer Grenze ein Bauern- und Schmugglernest, die Grenze liegt hier noch unterhalb des Bergrückens oberhalb des Ortes.

Von Maccagna fährt man über Colmegna nach

km 38 **Luino*,** dem größten Ort am Ostufer des Lago Maggiore. Von Luino über Ponte Tresa nach Varese → Route 8.

Von Luino gibt es zwei Möglichkeiten, den weiter südlich gelegenen Teil des Lago Maggiore zu erkunden. Die Uferstraße ist flott zu fahren aber nicht sehr interessant, Hecken und Bäume verdecken häufig den Blick auf den See. Eine Route, die über die Berge führt, ist wesentlich langwieriger aber auch wesentlich schöner. Wir stellen beide vor, in den Varianten 2A und 2B.

Variante 2A – die Uferstraße Luino-Laveno

Luino-Germignana-Porto Valtravaglia-Caldè-Laveno

Die Weiterfahrt führt mit Schild „Laveno Novara" über den Tresa-Fluß nach

Germignaga, einem wenig erfreulichen, ehemals selbständigen und auf Seidenweberei spezialisierten Vorort von Luino. Nach Germignaga beginnt eine Kette von Villen, die bis zum nächsten Ort, nach

km 44 **Porto Valtravaglia** (212 m, 2400 Ew.) reicht. Der Ort mit kleinem Hafen war schon früh industrialisiert (Glasindustrie aus der ersten Hälfte des 19. Jh.). Nach Porto umgeht die Straße einen steilen Küstenabschnitt, die Rocca di Caldè (373 m, Burgruine) und steigt in einer langgezogenen Kurve etwa 60 m hoch über den See, um dann jenseits rasch nach

Caldè (220 m) am hier schmalen See hinunterzuführen. Caldè ist ein winziges Nest an einer kleinen Bucht, das Auto sollte man lieber draußen lassen. Nach Caldè wird der Küstenhang noch einmal steil, einige Tunnel werden nötig, um die Straße in Ufernähe passieren zu lassen, bis man bei

km 55 **Laveno** (→ unten) endgültig den Alpenrand erreicht und die weiche „toskanische" Hügellandschaft rund um Varese, das eigentliche Varesotto.

Flott, aber wegen des Verkehrs anstrengend zu fahren ist diese Variante

Variante 2B – Die Bergstraße Luino-Cittiglio-Laveno

Luino-Bèdero-Brezzo-Domo-Passo Sant'Antonio-Passo Cuvignone-Cittiglio-Laveno

In Luino folgt man den Schildern nach Brezzo di Bèdero, quert den Tresafluß hinüber nach Germignana und wendet sich dann nach links (Süden) nach Bèdero (352 m), einem aussichtsreich gelegenen Ort mit noch höher gelegener dreischiffiger Kirche „La Canonica" (403 m) oder San Vittore aus dem 13. Jahrhundert. Über Brezzo (317 m, alter Dorfkern) und Muceno (315 m) erreicht man Domo (310 m) mit Taufkirche aus dem 10. Jahrhundert und Ortskirche Santo Stefano mit Renaissance-Fresken. Im nächsten Ort

km 47,5 **Nasca** (275 m) kann man bei der Straßengabelung nach rechts in Richtung Caldè und Uferstraße fahren, nach links geht es weiter bergan und zum

km 52,5 **Passo Sant'Antonio** (647 m, Gasthaus mit rustikaler Küche, hier nach Arcumeggia und Valcuvia, siehe Route 7). Auf dem Pass wendet man sich bei der Straßengabelung nach rechts und erreicht den Passo Cuvignona (1036 m), nach dessen Querung die Straße hinunterführt nach Vararo (757 m) und

km 66,5 **Cittiglio** (267m, → Route 6), von dem aus man in Kürze

km 71 Laveno erreicht.

Die Bergvariante ist etwas länger und wesentlich geruhsamer

Lavena

Das schönste in Laveno sind die Ausblicke auf und über den See

Lavena (200 m, 9000 Ew., Gemeinde Lavena-Mombello) (IAT 21014 Lavena, Palazzo Municipale, Tel. 0332-666100/-666666) liegt an der breiten Mündung des Torrente Boesia, der das Valcuvia entwässert, in den Lago Maggiore. Von hier aus geht die einzige Autofähre über den See, sie verbindet Verbania (Intra) mit dem Ostufer. Laveno bietet nicht viel, **Park und Villa Frua** (Mitte 18. Jh.) im Zentrum sollte man sich allerdings (letztere von außen) ansehen, sieht man von dem herrlichen Ausblick ab, der sich bietet, wenn man die Seilbahn zum **Poggio Sant'Elsa** (950 m) hinaufgefahren und dann noch eine halbe Stunde auf den Gipfel des **Sasso del Ferro** (1052 m) gewandert ist. Der Blick streift hinüber zum Monte Rosa, der mittlere See mit den Borromäischen Inseln und dem Golf von Verbania ist zu Füßen des Betrachters ausgebreitet. Die Bucht von Laveno wird im Norden von einem kleinen Vorgebirge begrenzt, der **Punta San Michele** (207 m), die einen hübschen, öffentlich zugänglichen Park trägt. Hier stand ehemals eines der vier österreichischen Forts, welche die Lombardei in diesem Bereich gegen Piemont verteidigen sollten. Garibaldis Angriff auf Laveno im Mai 1859 setzte denn auch das Fanal für den Befreiungskrieg gegen Österreich, der noch im selben Jahr zur Abtretung der Lombardei an Piemont und bald darauf zur Abtretung auch Venetiens und zur Proklamation des Königreiches Italien unter der piemontesischen (savoyischen) Dynastie führen sollte. Die **Pfarrkirche SS.Giacomo e Filippo** wurde erst 1935 anstelle eines alten Baus errichtet, der auffallende Tambour dieser den Ort beherrschenden Kirche ist nicht jedermanns Sache.

Von Laveno folgt man der Uferstraße nach

Cerro Lago Maggiore (201 m), im Palazzo Perabò befindet sich das Museo della Terraglia (oder Ceramica), das über eine bedeutende und noch heute ausgeübte Handwerkstradition des Varesotto Auskunft gibt. In

Reno (216 m, Gemeinde Leggiuno) dominiert wie in Cerro der Tourismus, hier einmal am flachen und von Badenden intensiv genutzten Seeufer. In Reno befindet sich ene der größten und stark besuchten Sehenswürdigkeiten des Lago Maggiore (gute Beschilderung), die in den senkrechten Uferfelsen gebaute Einsiedelei

`km 60` (76 km) **Santa Caterina del Sasso*.**

Verläßt man die Uferstraße etwa 500 m nach der Abzweigung in Richtung Santa Caterina del Sasso nach links, erreicht man den Ort

Motiv in Santa Caterina del Sasso

Leggiuno (250 m) und das winzige Kirchlein SS.Primo e Feliciano mit Campanile des 11. Jahrhunderts und einem Portal, das aus römischen Säulen und plumpen Kapitellen des 9. Jahrhunderts zusammengesetzt ist, daneben römische Grabdenkmäler. Man fährt zur Uferstraße zurück und gelangt über Cellina nach Arolo. Die Straße bleibt normalerweise recht weit von Ufer entfernt, nur an zwei Stellen kommt sie vor Sesto Calende noch in Reichweite des Ufers. Eine Abzweigung nach links führt nach

Brebbia mit seiner romanischen Pfeilerbasilika SS.Pietro e Paolo im Zentrum. Die Kirche des 12. Jahrhunderts wurde barockisiert. Die Vierung hat gotische Rippengewölbe, während die Querarme noch romanisch tonnengewölbt sind. Fresken aus dem 13. bis 16. Jahrhundert. Zurück zur Hauptstraße, wo bald wieder ein Abstecher lohnt, diesmal nach rechts und nach

Kirchlein SS.Primo e Feliciano in Leggiuno: römischer Grabstein und Portal aus römischen Spolien

`km 70` (86 km) **Ispra** (220 m, 5000 Ew.). Dieser stark frequentierte Badeort hat Segelschule, Jachthafen, großen Badestrand und zahlreiche ältere und neuere Villen in zum Teil großen Parkanlagen. Oberhalb des Ortes liegt an der Straße das Mausoleum der Gräfin Antoniella Castelbarco Albani von 1865 in Form einer verkleinerten Kopie der Villa Rotonda Palladios.

Um weiter an der Küste zu bleiben, muß man die direkte Straße nach Novara verlassen und den Schildern nach Ranco folgen, das auf einer kleinen Halbinsel liegt. Auf dem Weg dorthin passiert man die Villa Fantasia mit Museum zur Geschichte des Transportwesens. Das Örtchen

Ranco (214 m, 950 Ew.) hat an den Hängen oberhalb einige reizvolle Partien, die mehr und mehr von privaten Bauten okkupiert werden. Die Weiterfahrt entlang des Ufers ist weniger aussichtsreich, als man hoffte, viele neue Bauten haben den Blick auf den See verstellt. Man erreicht als nächsten Ort

`km 75` (91 km) **Angera*.**

Die Weiterführung der Straße zur Südspitze des Lago Maggiore führt wieder uferfern bis sie vor dem nächsten Ort ein letztes Mal an den See stößt, der hier am Ausfluß des Ticino nur ganz schmal ist.

km 82,5 (98,5 km) **Sesto Calende** (198 m, 9700 Ew.) ist eine Industriestadt, die am schon früh genutzten Ticinoübergang (heute Straßen- und Bahnbrücke) liegt, aber von ihrer alten Geschichte kaum noch etwas zeigt. Die Ausnahme ist die Abtei San Donato, die im 9. Jahrhundert gegründet und bis zum 11. Jahrhundert errichtet wurde, mit der Kirche San Vincenzo aus dem 11. und frühen 12. Jahrhundert Der Bau ist innen barockisiert, aber Vorhalle, Kapitelle und Krypta zeigen noch die romanische Grundstruktur des Baues.

Ausblick von Arolo zum piemontesischen Ufer des Lago Maggiore

Blick von Arona nach Angera mit der Rocca (Bild unten)

Route 3

Der Ortasee (Lago d'Orta)

*Fondotoce – Gravellona Toce – Omegna –
Orta San Giulio und Isola San Giulio* –
Gozzano – Arona* (38,5 km)*

*Diese landschaftlich reizvolle und durch einige wenig besuchte
Gegenden führende Fahrt macht mit der Umgebung des Lago di
Orta vertraut. Dieser 12,5 km lange und bis zu 2 km breite See liegt
zwischen den Fußbergen der piemontesischen Bergriesen, die hier
immerhin im Valstrona 2414 m erreichen (Monte Ronda) und dem
Mottarone (1491 m), beliebtem Ausflugsberg der Bewohner und
Gäste des Westufers des Lago Maggiore. Das Ostufer des Ortasees
ist hügelig und sonnig, das Westufer besonders im Nordteil steil, ja
senkrecht und dunkel. Im See liegt die Insel des heiligen Julius mit
dem ältesten Kloster der ganzen Region, noch vor 400 gegründet.
Der Besuch auf den Booten, die von Orta San Giulio ausgehen, ist ein
Erlebnis, das ins Mittelalter zurückführt.*

*Der Ortasee ist
touristisch noch
relativ wenig
erschlossen*

In **Fondotoce** (vergl. Route 1) nimmt man die Straße nach
Gravellona. Bei der Querung des Tocetales hat man rechts
den Lago di Mergozzo (vergl. Route 4) und, unmittelbar nach
der Abzweigung zum Bahnhof Verbania-Pallanza das
Sträßchen nach

km 1,5 **Montòrfano** (325 m). Man erreicht den Weiler
durch Wald (die Straße von Mergozzo, die auf vielen Karten
eingezeichnet ist, existiert nicht, es handelt sich um einen
schlechten Karrenweg). Das Dorf liegt um eine feuchte
Mulde, in der überraschenderweise eine für die wenigen
Häuser viel zu große romanische Kirche steht. Die Kirche
San Giovanni hat ein einschiffiges, aus zwei Jochen beste-
hendes Langhaus mit weiten Querschiffarmen um ein Vier-

**Kirche
San Giovanni
in Montòrfano**

tungsoktogon und Apsis. Der Bau der 2. Hälfte des 12. Jahrhunderts geht auf eine Taufkapelle zurück, die neben einer dreischiffigen Basilika lag, die südlich neben der Kirche in den Grundmauern ausgegraben wurde . Das Äußere der Kirche ist durch Wechsel von hellem Granit und Ziegeln in den Dekorbändern besonders attraktiv gestaltet, so wechseln sich über den Eingängen rote und graue Bänder ab und die überkreuzten Rundbogenfriese sind ebenfalls durch wechselndes Material verziert. Die Apsis ist außen von einer Zwerchgalerie umgeben. Der Innenraum zeigt einen Rest der vermutlich urchristlichen Taufkapelle, das ausgegrabene, ehemals in den Boden eingelassene und von außen durch einen Zufluß mit Wasser gespeiste oktogonale Becken mit einem Durchmesser von etwa zwei Metern. Die Position des Taufbeckens entspricht nicht der zentralen Position der heutigen Kirche, sondern ist ihr gegenüber etwas verschoben. Die Ausgrabungen des Vorgängerbaues von San Giovanni wurden seit 1970 vom sehr rührigen Gruppo Archeologico Mergozzo vorgenommen, der auch das dortige Antiquarium verwaltet (→ Mergozzo, Route 4).

San Giovanni in Montòrfano ist ein bedeutender romanischer Bau

km 5 **Gravellona Toce** (211 m) an der Einmündung der Strona in den Toce lebt von der Industrie, bekannt ist der helle Granit der Umgebung, wie er etwa am gerade rechts den Horizont begrenzenden Montòrfano (794 m) fast weiß leuchtete, wo ihn riesige Steinbrüche aufgedeckt haben. Der Granit von Candoglio wurde und wird für die Bauhütte des Mailänder Domes verwendet, andere Standorte des Gebietes haben ihren hellen Granit in ganz Piemont und in andere Regionen Italiens verschickt.

Das hier beginnende Tal des Strona-Flusses führt nach Omegna, wo es abrupt nach Nordwesten abknickt und den Namen Valstrona annimmt. Die ursprüngliche Talrichtung nimmt nun ein kleinerer Nebenfluß der Strona ein, der Nigogliafluß, der aus dem Ortasee ausfließt. Den See erreicht man bei

Montòrfano über dem Toce mit Brüchen des berühmten hellen Granits

Der Ortasee

km 11 **Omegna** (295 m, 16000 Ew.)

IAT Omegna, Tel. 0323-62266. Die häßliche Durchfahrt sollte nicht davon abhalten, den alten Pfarrort, der seit 1221 in direkter Abhängigkeit von der Kommune Novara stand, (zu Fuß) zu besuchen, die Lauben am See sind besonders reizvolle Zeugen eines im Mittelalter bedeutenden Ortes.

Von Omegna kann man einen **Abstecher in das Valstrona** machen. Bis nach Campello (1300 m), zum höchsten Ort des Tales, sind es etwa 20 km. Von Campello aus kann man den Altemberg (2394 m) über das Rifugio A.Traglio ersteigen. Der deutsche Name stammt von der Walsersiedlung Rimella (1216 m) Grondo (Grund 961 m) auf der anderen Seite des Berges, die beide auf moderner Straße von Varallo aus zu erreichen sind (zu den Walsern vergl. Route 4!).

Ortasee von der Madonna del Sasso (Boleto) aus mit Isola San Giulio, Orta und (hinten links) Mottarone

Die in Omegna beginnende Ostuferstraße des Ortasees (auf dem Westufer gibt es keine zusammenhängende Straße) erreicht erst in Pettenasco (299 m) wieder eine flachere Zone; hier sieht man schon die bewaldete Halbinsel, auf der sich Orta San Giulio befindet. Auf dem schmalen Hals dieser Halbinsel biegt man von der Hauptstraße ab und fährt, vorbei an einem eindrucksvollen, im maurischen Stil errichteten Gebäude des Historismus, der Villa Crespi, nach

km 21,5 **Orta San Giulio** und zur **Isola San Giulio***.

Gegenüber dem nach Orta San Giulio führenden Sträßchen zweigt eine Straße ab, die über Miàsino und Vacciago nach Gozzano führt. Man passiert Legro (361 m) und erreicht dann bei einer Kreuzung Miàsino (479 m), einen von Villen und dann hohen Mauern fast vollständig umgebenen

Kirche Madonna della Bocciola bei Gozzano über dem Ortasee

Ort mit schöner barocker Villa Nigra und ebenfalls barocker Pfarrkirche San Rocco. Hier biegt man nach rechts und Süden ab, die Straße nach Gozzano führt auf halber Hanghöhe sehr aussichtsreich zunächst zur Madonna della Bocciola, einem nach 1543 entstandenen Wallfahrtsheiligtum. Vom Vorplatz der großen Kirche mit aufwendiger Front hat man einen herrlichen Blick auf den unteren Teil des Ortasees, die Halbinsel von Orta San Giulio und die Insel San Giulio. In Vacciago (500 m), dem nächsten Ort, sollte man nicht den Besuch der Casa Calderara versäumen, eines dreistöckigen Laubenhauses, wie es hier am Ortasee mehrfach vorkommt. Das Haus ist nach seinem ehemaligen Besitzer, dem Maler Antonio Calderara (1903 bis 1978)

benannt, dessen Sammlung zeitgenössischer Malerei ebenfalls zu besichtigen ist. Auf der Weiterfahrt hat man einen
ausgezeichneten Blick auf den Torre di Buccione (→ unten),
bevor man zwei Kilometer weiter wieder die Staatsstraße
erreicht (Mehraufwand gegenüber jener 2,5 km).

Von Orta San Giulio nach Gozzano bleibt man noch eine
Weile am Ortasee, wo man ihn verläßt, steht links oberhalb
der Torre di Buccione, ein langobardischer Wehrturm
(Schlüssel in der Gemeinde Orta San Giulio).

km 27,5 **Gozzano** (397 m,) liegt bereits abseits des Sees
und ist heute dank einer Umgehungsstraße vom stärksten
Verkehr befreit, sodaß man bei der kleinen Kapelle, die am
Eingang zum alten Ort mitten in der Straße steht, aussteigen
kann, um sie anzusehen. Die nur durch ein Gitter verschlos-
sene Kapelle mit ihrem pittoresken Aufsatz war bei unserem
Besuch' mit Geldscheinen, Briefchen, gefalteten Bittzetteln
und anderen Votivgaben und Hilferufen Gläubiger übersät.
Der alte Ort, dessen Marktrecht bis auf das Jahr 917 zurück-
geht, hat mehrere Kirchen, deren interessanteste wohl
S.Maria Assunta ist, die im 15. Jahrhundert ihre heutige
Gestalt erhielt.

Madonna del Sasso in Boleto

Von Gozzano nimmt man nach Arona eine der beiden
Straßen in Richtung Invorio, dessen unterer Ortsteil Invorio
inferiore (421 m) sich damit brüstet, Urheimat der Familie Visconti zu sein. Über Paruzzaro (334 m) und Oleggio Castello
(316 m) erreicht man

km 38,5 **Arona*** und den Lago Maggiore (→ Route 1).

Abstecher zum Westufer des Ortasees

Man nimmt zunächst die Straße nach Pogno, biegt nach einem Kilometer rechts
ab und erreicht S.Maurizio d'Opaglio. Rechts liegt die kleine **Kirche Madonna di
Luzzara** mit herrlichem Ausblick auf den Ortasee. Die Fassade der Kirche ist mit
Fresken des 15.Jahrhunderts geschmückt, darunter einem heiligen Christophorus. Die Straße führt weiter durch die Streugemeinde S.Maurizio d'Opaglio;
bei der nächsten Gabelung hält man sich rechts in Richtung Lagna und erreicht
dort den See. Jenseits sieht man die Isola San Giulio und Orta San Giulio, beide
nicht sehr weit entfernt. Die Straße führt nun am See entlang nach Pella (305 m,
1200 Ew.), das an der engsten Stelle des Sees liegt. Die Uferstraße endet in
Ronco inferiore. Nun zurück bis über Pella hinaus, 1 km südlich des Ortes zweigt
eine Straße nach rechts ab, die über Boleto (696 m) zur weithin sichtbaren und
weiten Blick verschaffenden **Kirche Madonna del Sasso** führt (638 m, gute
Beschilderung dorthin). Man kann das Heiligtum auch – und viel schöner – über
einen steilen Pfad von Briallo (437 m) in der Gemeinde S.Maurizio d'Opaglio aus
erreichen. Die Wallfahrtskirche entstand in der Ersten Hälfte des 18. Jahrhunderts nach Plänen des lokalen Architekten Frattini. Besondere Atraktion ist die
Aussicht der über senkrechten Felsen errichteten Kirche. Will man die Rundfahrt
um den Ortasee beenden, fährt man zunächst wieder ins Tal zurück, nimmt
dann knapp vor Pella die mit „Avola" bezeichnete Straße nach links, und erreicht,
nunmehr den Schildern „Omegna" folgend, über Cesara (499 m) und Nonio
(461 m) wieder die Nordspitze des Sees und Omegna (→ oben). Entfernung
Gozzano-Omegna auf direktem Wege 17,5 km, mit allen genannten Abstechern
35,5 km.

**Kirche Madonna
di Luzzara in
San Maurizio
d'Opaglio**

Route 4

Das Ossola-Tal und das Val Anzasca, das Val Vigezzo und die Centovalli

*Fondotoce – Mergozzo – Piedimulera –
(Val Anzasca, Monte Rosa) – Domodòssola –
S.Maria Maggiore – Locarno+ (87,5 km)*

*Wenn man sich diese Route ansieht, erkennt man, daß sie recht weit
von den Seen wegführt. Genaugenommen (über das Val Anzasca)
bis in die Region der Viertausender. Andererseits bildet sie zwischen
dem Borromäischen Golf und dem Nordende des Lago Maggiore
eine faszinierende Verbindung. Und wenn man erfährt, daß die see-
nahen Orte Ornavasso und Migiàndone Walserorte sind, wenn sie
auch nicht mehr Walserdeutsch sprechen, möchte man da nicht
wenigstens ein bißchen Walserluft schnuppern, so wie wir das vor-
schlagen, vielleicht in Maccugnaga? Also haben wir Gnade vor Recht
ergehen lassen und diese Route aufgenommen. Viel Spaß damit. Im
übrigen ist sie landschaftlich wie kultur- und kunsthistorisch ein Knül-
ler. Monte Rosa einerseits, Lago Maggiore andererseits macht sie
schon äußerst erlebnisreich (man kann die ganze Rundfahrt bequem
an einem Tag machen, hat aber natürlich mehr davon, wenn man
sich Zeit läßt). Breite Talböden mit fast noch mediterraner Vegetation
im unteren Valle d'Ossola, das vom Borromäischen Golf in die Berge
hinaufzieht, und der zerrunste, in scharfe V-Form zerschnittene Tal-
bereich der Centovalli mit seinen fast ausgesiedelten Dörfern auf der
herben, kalten Schattenseite kontrastieren miteinander. Dasselbe gilt
für Bergdörfer wie Maccugnaga und Weltkurorte wie Locarno, Italienisch und Walserdeutsch. Wir könnten noch eine ganze Reihe Argu-
mente für diese Tour aufzählen. Vielleicht machen Sie sie einfach und
finden Sie einige davon selbst heraus!*

*Das Ossolatal führt
ins Walsergebiet
und zum
Monte Rosa*

In **Fondotoce** (→ Route 1) nimmt man die Straße in Richtung Lago di Mergozzo und Mergozzo. Sie führt entlang des
idyllischen Mergozzo-Sees bis zum gleichnamigen Ort. Der
ruhige, dunkle See in bewaldeter Landschaft macht einen
fast nordalpinen Eindruck.

km 4 **Mergozzo** (204 m),
Pro Loco Mergozzo, Tel. 0323-80112, ist ein hübscher alter
Ort, dessen Kern aus einer schmalen Durchgangsstraße mit
querenden Fußgängergäßchen (Vicoli, durchnummeriert)
besteht. Läßt man den Wagen beim Parkplatz am See, passiert man zunächst die kleine romanische Kirche Santa
Marta mit kleiner Apsis, Rundbogenfries und frontal auf den
Dachstuhl gesetztem Glockentürmchen. Bemerkenswert ist
die technisch hochwertige Bearbeitung der unregelmäßig
großen Granitblöcke, die für den Bau verwendet wurden. Die
Pfarrkirche di Maria Vergine Assunta steht erhöht über der
Straße. Die dreischiffige Basilika des 17./18. Jahrhunderts
mit quadratischem Chor und Seitenkapellen geht auf einen
älteren (romanischen) Bau zurück, wie der Campanile zeigt.
Rechts vor der Chorbegrenzung befindet sich ein besonders schönes Jerusalemkreuz aus Holz mit Perlmuttintar-

sien. Die Via Crucis um die Kirche, ehemals Friedhofsmauer,
wird im Norden von einem
Laubenhaus von 1729 be-
grenzt, hier befindet sich die
Antikensammlung, das
Antiquarium von Mergozzo.

Von Mergozzo führt die
Straße in das Ossola-Tal am
linken (östlichen) Ufer des
Toce entlang. Jenseits verläuft
die Simplon-Schnellstraße, die
derzeit (Ende 1993) 3 km
nördlich Gravellona Toce

**Mergozzo
mit dem
Lago di Mergozzo**

beginnt, die Zubringer-Autobahn von Novara endet im
Süden des Sees, ist nur über die Tocemündung hinweg ausgebaut und noch nicht befahrbar. Nach 3 km erreicht man
den kleinen Ort

`km 7` **Candoglio,** in dem ein Haus der Mitte des
19. Jahrhunderts mit historistischem Turm auffällt. Die Ortskirche liegt oberhalb der Straße außerhalb des Ortes. Von
hier kann man unter der Bahn und unter der Schnellstraße
hinweg auf einer Brücke den Toce queren und den jenseits
gelegenen Ort Ornavasso erreichen. Allerdings nur, wenn
man zu Fuß oder mit dem Fahrrad unterwegs ist. Denn die
Verbindung erfolgt über eine Hängebrücke, deren Holzbrett-
steg in einer Verfassung ist, die ihm anderswo schon längst
die völlige Sperrung gebracht hätte.

Wer also mit dem Auto nach Ornavasso will (und der Abstecher lohnt sich) fährt noch ein paar Kilometer weiter, bis er
vor *Cuzzago* die Schilder nach Migiàndone und zur Staatsstraße 33 findet, auf der man 4 km weiter Ornavasso erreicht.

Ornavasso (215 m) ist, wie das soeben durchfahrene
Migiàndone, ein Walserdorf („Urnawasch"), das gegen alle
Regeln mitten im italienischen Siedlungsgebiet und vor
allem unten auf der Talsohle errichtet wurde. Über dem Dorf
liegt in 475 m Höhe die **Kirche Madonna del Boden,** die
schon durch ihren Namen verrät, daß sie von Deutschsprachigen gegründet wurde (Ornavasso spricht schon lange
nur noch italienisch, die Walserbezeichnungen für Ort und
Flur haben sich gehalten). Die Kirche, die man auch über die
alte Via Crucis in etwa 40 Minuten erreichen kann (sie
beginnt bei der Pfarrkirche), wurde nach 1528 gegründet,
als ein Hirtenmädchen dort oben von einem fallenden Felsbrocken dank eines Hilferufes zur Madonna nicht getroffen
wurde. Das Wasser aus dem Brunnen vor der Kirche, der
man ihr Gnadenbild gestohlen hat, gilt als heilkräftig. Auf der
Straße hinauf kommt man in das alte Zentrum, neue Schilder
mit den walserdeutschen Bezeichnungen weisen überall auf
Ortsteile hin. Hier steht über dem Friedhof die Pfarrkirche

*Im Walserdorf
Ornavasso
(„Urnawasch")
spricht heute
niemand mehr
deutsch*

Kirche Madonna del Boden in Ornavasso/ Urnawasch

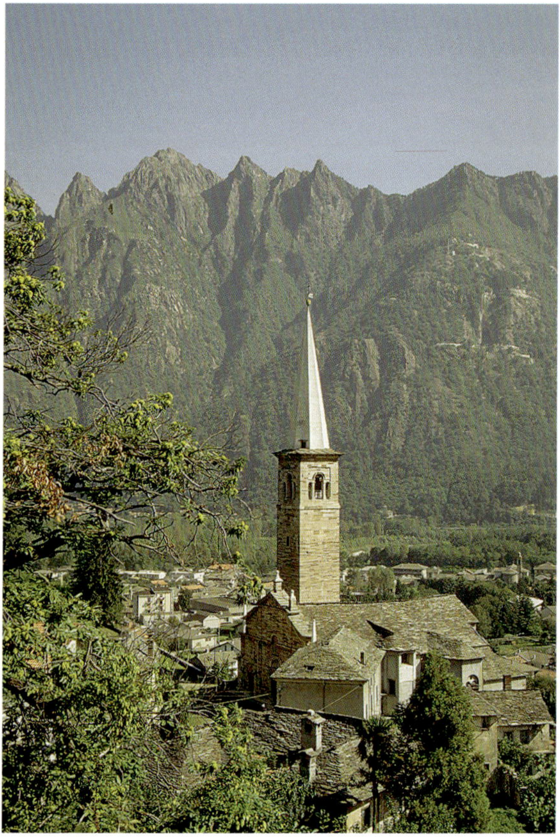

Blick auf Ornavasso/ Urnawasch und das Ossolatal

und darüber ein großer Bau, der von unten zunächst wie eine Burg aussieht, sich dann aber als große oktogonale Kirche mit Westapsis und drei Kapellen in den anderen Himmelsrichtungen entpuppt, als Santuario della Beata Vergine della Guardia.

Zurück zur Straße auf dem anderen Ufer und nach

km 22,5 Vogogna (220 m),
APT 28037 Domodossola, Tel. 0324-481308, das von zwei Burgruinen überragt wird. Die untere ist das Castello Visconteo aus dem Spätmittelalter, 1446 von den Borromeo

Kirche San Rocco in Vanzone

übernommen und 1513, wie die untere Burg, von den Schweizern zerstört. Im Palas haben sich Holzkonstruktionen aus der letzten Bauphase (um 1500) erhalten. Die Ruine oberhalb stellt die Reste einer mittelalterlichen Fluchtburg der Bischöfe von Novara dar (11. Jh.?), die nach 1446 das Schicksal der Unterburg erlitt. Im Ort ist die profanierte Kapelle SS.Giacomo e Cristoforo neben der Pfarrkirche wegen ihrer derb-rustikalen Portalreliefs sehenswert (16. Jh.). Weiter nach

km 25,5 Piedimulera (247 m). Einige ältere Bürgerhäuser haben reizvolle Fassaden, interessant ein Haus mit dreistöckigen Lauben am Ausgang in Richtung Villadòssola (in der Via Pallanzeno). Von Piedimulera zweigt die Straße in das *Val Anzasca* nach Macugnaga und zum Monte Rosa ab. Auf der streckenweise ausgebauten, oft aber noch schmalen und kurvenreichen Straße erreicht man den Verwaltungshauptort der Gemeinde,

Castiglione d'Ossola (520 m). Bis hierher geht der Weinbau, wie ein Blick auf die Terrassen oberhalb des Ortes lehrt. Nach 12 km erreicht man Pontegrande, dann

Vanzone (677 m) mit **Kirche San Rocco** (18. Jh., alter Sakristeischrank) und dem **Kirchenkomplex SS.Annunciata** nebst Resten von Wehrbauten. In

Borca, das man nach Überwindung einer Geländesteilstufe erreicht (typisch für die Lage von Walserdörfern) beginnt heute das noch deutschsprachige Gebiet der Walsergemeinde Makanà/ Macugnaga. Nach links weisen Schilder zum **Gold-Schaubergwerk Guia** mit **Bergwerksmuseum** (dem einzigen Italiens). Die Mine war erst in unserem Jahrhundert angelegt worden, brachte zunächst hohe Gewinne und viele Leute ins Tal, wurde aber 1961 mangels Rentabilität stillgelegt. Rechts der Straße liegt das „**Alts Walserhüüs ban zer Burguggu",** ein Heimatmuseum der Gemeinde Macugnaga, das man einem alten Bauernhaus eingerichtet hat.

Bürgerhäuser in Piedimulera

Das Museum ist im Sommer, zu Weihnachten und zu Ostern an Samstagen und Sonntagen von 16 bis 19 Uhr geöffnet.

Maccugnaga/ Makanà und der Monte Rosa

Noch zwei Kilometer und man ist im eigentlichen **Macugnaga/ Makanà** (1327 m)

APT 28030 Macugnaga, Tel. 0324-65119. Die wahrscheinlich älteste Walsersiedlung südlich der Alpen ist schon 999 als Alpe der Bewohner des Saas-Tales erwähnt. Die Walserhäuser aus Holz und Stein mit ihrem niedrigen Trauf, die immer noch auf überall im Alpenbogen verbreitete Art angelegten kleinen Bauerngärten, die alte gotische Kirche des Ortes, vor allem aber der atemberaubende Blick auf die Ostwand des Monte Rosa geben dem Ort eine unverwechselbare, fast nordalpine Atmosphäre. Das Walsertum ist heute in den letzten Verteidigungspositionen, wahrscheinlich sprechen nicht einmal mehr 10% der Einwohner des Ortes die alte Sprache – die meisten von ihnen sind über vierzig Jahre alt. Macugnaga ist ein Touristenort, frequentiert im Winter und im Sommer, die Umgangssprache der Touristen wie der Einheimischen ist Italienisch und wird es bleiben.

Die Walser

Von Savoyen im heutigen Frankreich (Vallorcine) bis an die bayerische Grenze (Kleine Walsertal) und von der Berner Gegend (Oberbalm) bis fast an den Lago Maggiore (Ornavasso) lebte und lebt auf Standorten bis zur Grenze der Ökumene der Hochalpen ein Volk, das auf Grund seiner Herkunft aus dem Wallis „Walser" genannt wird. Dieser deutschsprachige (alemannische) Volksstamm breitete sich im Früh- und Hochmittelalter in mehreren Wellen von seiner Urheimat in alle Richtungen aus. Die ersten bisher noch unbesiedelte alpinen Bereiche nahmen Siedler aus dem Saastal nach der Jahrtausendwende in Besitz und errichteten in der kargen Landschaft von Makanà, italienisch Macugnaga, Häuser und Scheunen, Ställe und Wege, schufen Terrassen für Feldanbau gebirgsresistenter Getreide (Roggen, Gerste, Hafer), rodeten Almen für das Vieh, und begannen sich, wie in ihrer Urheimat, von den Früchten ihrer Wirtschaft völlig autark zu ernähren. Gesponnen und gewebt wurde genauso, wie gedrechselt und geschmiedet, nur wenige Artikel mußte man von auswärts einführen, wie das Eisen für die Pferdehufe und das Salz für die Suppe. Nicht nur in Macugnaga überschritten sie die eisigen Grate der Zentralalpen, auch in anderen piemontesischen Orten gründeten sie Siedlungen, in Rima, Rimella, Alagna und im Val Formazza oberhalb Domodòssola. Von dort überschritten sie die Hochgebirgskämme in Richtung Tessin, wo sie Gurin gründeten, das heute noch sein Walsertum erfolgreich verteidigt (dank einer zweisprachigen Schule). Im Val d'Aosta gründeten und besiedelten sie Gressoney und St.Jaques im obersten Val d'Ayas. Bis zum Lago Maggiore drangen sie vor, Ornavasso und das benachbarte, kleinere Miggiàndone sind Walsergründungen.

Warum diese letzte große Völkerwanderung der Alpen erfolgt ist, wurde bis heute noch nicht völlig überzeugend geklärt. Die derzeit von den meisten Walser-Spezialisten gehandelte Version ist, daß die Walser gerufen wurden. So wie in den deutschen Siedlungsgebieten des Ostens nur kam, wer gerufen wurde, weil Feudalherren Grund und Boden zu besonderen Bedingungen für Siedler zur Verfügung stellten, so kamen auch die Walser, weil die Herren eines bis dahin unbesiedelten Gebietes sich von der Urbarmachung Profit versprachen. Für diese Arbeit bekamen sie Sonderrechte, die sie, wie in Piemont, vor den Talbewohnern auszeichneten. Sie waren persönlich frei, hatten eine Gemeindeselbstverwaltung und, am wichtigsten, hatten auf ihrem Boden und in ihrem Haus das Erbrecht, wobei die Steuern nicht von Erbfall zu Erbfall erhöht werden durften. Die Mär vom Niemandsland, das bodenhungrige Bergbauern erschlossen, die frei waren, weil es keinen Feudalherren gab, ist damit völlig aus dem Rennen.

Durch die Täler

**Walserhaus
in Borca**

Im Ossolatal und Val Anzasca waren es zwei Grundherren, die Walser als Siedler riefen. Zum einen hatte die Familie der Grafen von Biandrate (bei Novara) Besitzungen nicht nur im Sesiatal und Ossolatal, sondern auch jenseits der Alpen im Wallis bei Sitten. Was lag näher, als Bewohner der nördlichen Bergbauernzonen nach Süden zu bringen, um ihnen Berg- bauerngebiete zur Urbarmachung zur Verfügung zu stellen – gegen die persönliche Frei- heit, versteht sich. Der andere Grundherr war das Kloster des heiligen Julius auf der Insel San Giulio, das ebenfalls einer Aufbesserung seiner Einnahmen durch regelmäßige, wenn auch niemals hohe Steuern durch die neuen Siedler nicht abgeneigt war. Ähnliches ist auch anderswo geschehen. Die Bischöfe von Vicenza riefen deutsche (Tiroler und bayerische) Bauern, um ein Waldgebiet in ihrer Voralpenzone urbar zu machen, man gab diesen Leuten die Selbstverwaltung, die in sieben Gemeinden erfolgte: die „zimbrischen" Sette Comuni sind genauso ein Beispiel für diesen Typ von Besiedelung wie die Tredici Comuni über Verona. Andererseits erklärt dies nicht, warum gerade die Walser so besonders aktiv waren, so besonders weite Strecken überwanden und Gebiete ganz unterschiedlicher Grundher- en aufsiedelten, wobei nur in wenigen Fällen auch bekannt ist, daß sie tatsächlich gerufen wurden.

Die Walsersiedlungen haben in den letzten Generationen einen rasanten kulturellen Verfall erlebt, der mit dem Verlust der Muttersprache Hand in Hand ging. Die Gründe dafür sind vielfältig. Der Straßenbau öffnete die Talböden für die Walser, man konnte nun bequem in die italienischsprachigen Dörfer und Städte fahren und bewundern und kaufen, was es dort gab. Gleichzeitig verfielen die Verbindungen zu den bisher so nahen Walsersiedlungen jenseits der Berge, wer geht heute schon zu Fuß von Macugnaga ins Saastal? Wer aber mit dem Auto fahren will, muß erst ins Ossolatal und über den Simplon fahren – 150 km weit. Daß die Beziehungen zwischen den einzelnen Dörfern aufhörten und damit der kulturelle Zusammenhalt abriß, ist klar. Mit der Straße kamen die neuen Arbeitsplätze im Tal. Kam das Italienische auch in die Dörfer hinauf, mit Radio und Fernsehen schob es sich bis in die Stuben der Menschen auch in den obersten Höfen. Die junge Generation hat – wie überall – keine Lust, den Älpler zu spielen. Und spricht und denkt italienisch. Die alte Kultur lebt heute gerade noch, die alte Sprache wird heute gerade noch gesprochen. In einer einzigen Generation kann alles vorbei sein, Geschichte von 800 Jahren ausgelöscht bis auf ein paar tote Objekte in heimatkundlichen Museen.

Nach Piedimulera zurückgekehrt, nimmt man die bereits im alten Ort nach Norden hinausführende Straße nach Villadòssola. Am Nordrand von

km 30,5 **Villadòssola** (252 m, Gem. Domodòssola) steht unmittelbar unter der Straße in Richtung Val di Antrona die romanische **Kirche San Bartolomeo** mit Westapsis, die wohl bereits aus dem späten 10. Jahrhundert stammt. Die Grundmauern des Baues sind aus grobem Bruchstein gefügt. Besonders hoch ist der siebengeschossige Campanile des späten 11. Jahrhunderts; man beachte die archaischen Skulpturen des Tympanons über dem nördlichen Eingang. Die Weiterfahrt führt in das nahe

km 36,5 **Domodòssola** (270 m, 20000 Ew.), APT Domodòssola, Tel. 0324-481308. Das keltische Oscela und römische Domus Oxulae war seit dem Mittelalter Streitobjekt zwischen Feudalherren südlich und nördlich der Alpen, die den wichtigen Handelsort am Fuß des Simplon-

Renaissance-graffiti am Palazzo Silva in Domodòssola

passes in ihrer Hand haben wollten. Erst 1743 kam Domodòssola endgültig zu Savoyen, das oberste Ossolatal unter dem Simplon, ab der Schlucht von Gondo, war ja bereits im Mittelalter fest in Schweizer Hand gekommen, von Walsern besiedelt und, wo Voreinwohner lebten, germanisiert worden. Die meisten über den Simplon nach Italien reisenden Besucher halten sich mit Domodòssola nicht auf, zumal der Ort heute durch die Schnellstraße umgangen wird. Dabei lohnt der Ort jeden Umweg, vielleicht „macht" man ihn vom Lago Maggiore aus als Tagesausflug. Die **Piazza del Mercato** ist umgeben von Laubenhäusern aus dem 15. und 16. Jahrhundert, einige der Häuser haben dekorative Fassaden. In der Via Briona steht der gotische Geschlechterturm **Torre Briona** (15. Jh.),

Piazza del Mercato in Domodòssola

in seiner Schlichtheit und Schmucklosigkeit möchte man ihn in einen früheren Kunstzeitraum stellen. An die Via del Museo grenzt der mit Graffiti geschmückte **Palazzo Silva** (1519, 1640), der heute das Archäologische Museum beherbergt. Die gotische **Kirche San Francesco,** oder was davon übrig ist, im nördlichen Randbereich der Altstadt, verbirgt sich hinter einer schäbigen Fassade.

> Das **Ossolatal** war im Jahre 1943 eine freie Partisanenrepublik. Dieser Partisanenstaat konnte dank der Nähe zur Schweiz vom 10. September bis zum 23. Oktober überleben, kein anderer der etwa 18 weiteren Partisanenstaaten hat eine auch nur annähernd so lange Zeit durchgehalten. Die Verwaltung in Domodòssola gab eine Zeitung und tägliche Bulletins heraus, organisierte den militärischen Kampf, setzte kommissarische Volksvertreter ein, benannte die nach faschistischen Größen und Ereignissen genannten Straßen um (aus der Via XXI Aprile wurde eine Via 25 luglio), gab aber vor allem auch Verordnungen heraus, die von einem demokratischen Willen sprechen, der in die spätere Konstitution der Italienischen Republik nach dem Kriege eingehen sollte. Der Partisanenstaat wurde, wie alle anderen, von den Deutschen eingenommen, seine Träger wurden hingerichtet.

Die Bewohner des Ossolatales sind stolz auf die Partisanenrepublik im Zweiten Weltkrieg

In Domodòssola zweigt die Straße in das *Val Vigezzo* ab (Schilder „Locarno"). Die ersten Kilometer dieser kurvenreichen Strecke führen durch ein enges Waldtal, in das sich der Fluß, der Melezzo, noch einmal eingeschnitten hat. Man fährt durch Wald über einem schmalen, von Felsen begrenzten Flußtal und hat keine Chance, einmal stehenzubleiben. Erst hinter

Còimo (817 m), das man auf einer Stichstraße nach links erreicht (2 km, von der Friedhofskirche herrlicher Ausblick auf die Dreieinhalbtausender Portjengart und Sonnighorn in der Monte-Rosa-Gruppe), wird das Tal wieder etwas weniger unwirtlich. Bei Santa Maria Maggiore ist man schließlich auf ebenem Boden angelangt, der Paß zwischen dem Val Vigezzo, durch das wir gerade gekommen sind, und den Centovalli, die nun vor uns liegen, ist ein vom Gletscher ausgeschürfter, relativ flacher Talpaß (der Gletscher floß übrigens von Ost nach West, es handelt sich um einen Ast des riesigen Ticinogletschers).

Altes Haus in Santa Maria Maggiore

km 55,5 **Santa Maria Maggiore** (816m), IAT Santa Maria Maggiore, Tel. 0324-95091, ist ein beliebter Luftkurort, der entlang der ehemaligen Durchzugsstraße heute verkehrsberuhigt ist. Die **Kirche Santa Maria Maggiore,** das Alte Rathaus und weitere ältere **Häuser,** einige mit schönen Außenfresken, bilden ein reizvolles Ensemble im Westteil des Ortes. Einige ältere Villen rundum zeigen, daß der Ort schon früher als Luftkurort

Haus mit Außen-fresko in Santa Maria Maggiore

Motiv an der Wallfahrtskirche von Santa Maria Maggiore

Wallfahrtskirche in Re

geschätzt wurde. Schöner Blick auf den Zackenkamm der **Rocchetta di Gironde** (2063 m) im Osten. Im August findet die Festa del Spazzacamino statt, ein offensichtlich altes Fest der Schornsteinfeger mit großem Zuspruch aus der weiteren Umgebung. Klassische Konzerte im Sommer. Im nahen Luftkurort

km 58 **Malesco** (761 m, hier Verbindung nach Cannòbio → Route 1) wird das Terrain noch flacher, hier sind wir endgültig auf dem Paß zwischen Val Vigezzo und Centovalli. Die Straße sinkt nun zunächst sanft, dann bald recht kräftig, wird sehr kurvenreich und verläuft häufig hoch über dem Tal. Zunächst aber erreicht man knapp vor der Schweizer Grenze den bedeutenden Wallfahrtsort

km 62,5 **Re** (710 m) mit dem **Santuario della Madonna di Re.** Hier fand, wie es heißt, und in zwei zeitgenössischen Urkunden beglaubigt wurde, am 29. April 1494 ein Wunder statt. Damals traf ein Steinwurf die Stirn eines Marienbildes, das vor dem örtlichen Kapellchen hing. Aus der Stirn floß Blut, das sich über die Darstellung Mariens und des Jesuskindes ergoß. An den Herbeigeeilten geschahen Wunder, Frauen wurden von der Fallsucht geheilt und von bösen Geistern, gewannen die Sprache wieder oder verloren starkes Fieber. Erst mehr als hundert Jahre später stand am Gnadenort eine Wallfahrtskirche, auch sie nichts prätentiöses, einschiffig, mit Spätrenaissanceschmuck, 1627 geweiht. Die wahre Stunde von Re schlug erst 1894, als der Startschuß für ein neues Gotteshaus fiel, groß sollte es sein, eindrucksvoll sollte es sein und, am Ende des Historismus keine Frage, alle Stile sollte es aufweisen. Im August 1958 wurde das Monstrum geweiht, ein byzantino-justinianisch-gotisch-romanisch-renaissistisches Unikum, daß von weit her in Grausilber leuchtet. Man kann sich der ungemeinen Häßlichkeit dieser Kirche kaum entziehen, ihren überzogenen Maßen und der übereinandergetürmten Formenvielfalt, die in einem

Re: Ort mit neobyzantinischer Wallfahrtskirche

Tambour mit Kuppel endet, der wieder auf einem Vierkonchenunterbau ruht, der von einem zu schmal geratenen Vierungsbau gestützt wird – das Innere macht einen würdigeren Eindruck und so soll es ja auch sein, der Gesamteindruck ist hier geschlossener. Eine Art Über-Hagia-Sophia vereinigt mit dem Speyerer Dom mag nicht jedermann's Sache sein, aber zumindest für die Wallfahrer funktioniert das. Sie kommen, auch in Fußwallfahrten, auch aus dem Tessin und heutzutage wahrscheinlich wieder aus Klattovy/Klattau, wo das erste Sekundärwunder von Re im Jahre 1675 an einer Kopie des Gnadenbildes geschah, die ein gläubiger Bürger aus Re ins Böhmische gebracht hatte.

Votivbilder und Votivkerzen in der Wallfahrtskirche

Nach der
km 68 **Schweizer Grenze** wird das Tal besonders steil und tief, viele Brücken sind zu überwinden und Nebentälchen auszufahren. Die Centovallibahn fährt dieselbe Strecke zwischen Locarno und Domodossola, eine Rundfahrt mit Bahn, Bus und Schiff von Locarno über Domodossola und Verbania ist sehr empfehlenswert.

Einen besonders schönen Blick auf eine „kühne Luftbrücke" der Centovalli-Bahn hat man übrigens etwa 1 km nach der Grenze in einer Rechtskurve. Die kleinen Orte auf der sonnenausgerichteten Seite der Centovalli, durch die wir jetzt fahren, sind häufig in gutem Zustand, für die nordausgerichtete Seite gegenüber, die häufig keine Straßenverbindung hat, ist das nicht der Fall, die meisten Häuser, ja ganze Weiler sind aufgegeben. In

Intragna (339 m), auf einem Sporn über der Mündung des Valle Onsernone, kann man auf einer kurvenreichen Straße in das gleichnamige Tal fahren. Die Straße endet in Comologno, ein Fahrweg führt weiter bis an die Grenze: der Talschluß des Valle ist wieder auf italienischem Gebiet. In

*In einem italienischen Prospekt, den man in Re erhält, liest man:
„Die zwei Hauptstädte sind durch den Zug der vigezzina Eisenbahn verbunden, der einen durch die Wälder großartigen und in vielen Strecken auf kühne Luftbrücke aufgehängten Weg hat".*

Brücke der Centovallibahn

Vèrscio (295 m) auf dem „Pedemonte", der Schotterebene an der Mündung der Centovalli in das Maggiatal, finden wir wieder den Wein. Im nächsten Ort, in

Tegna (290 m) erreicht man den Maggiafluß, der hier von Norden kommt. Die Brücke führt über einen spektakulären Orrido: der Fluß hat sich in Strudeln und Wirbeln in ein hartes Gesteinspaket eingeschnitten und zahlreiche Gumpen zwischen abgerundeten Felskegeln geschaffen, in deren kaltem Wasser man herrlich schwimmen kann. Im nahen

km 87,5 **Locarno*** endet diese Route.

Intragna im Centovalli

Orrido bei Tegna am Maggiafluß

Route 5

Das westliche Varesotto und seine Seen:
Von Laveno nach Gallarate

Laveno-Besozzo – Lago di Monate –
Ternate/Lago di Comàbbio – Vergiate –
Gallarate (44 km)

Zugegeben, verglichen mit einer Fahrt entlang der Ufer des Lago Maggiore oder des Comer Sees ist diese Fahrt durch die Seelandschaft des Varesotto ein kleiner Fisch. Andererseits – müssen es immer große Fische sein? Gerade an den Oberitalienischen Seen schätzt man schließlich die kleinen Fische, wie die Misoltitt des Comer Sees beweisen, die man dort so leidenschaftlich gerne ißt!

Im Varesotto gibt es zahlreiche größere und kleinere Seen

Viele Autoren haben die liebliche Hügellandschaft des Varesotto mit der Toskana verglichen. Dabei haben sie einerseits recht, denn auch hier sind Hügel, Wein und mildes Klima, Ölbäume (wenige), Villen und kleine Dörfer stimmungsbildende Elemente. Andererseits hat die Toskana keine Seen, wohl aber das Varesotto: den ausgedehnten Lago di Varese, das Mini-Seelein von Biandronno, den Lago di Monate mit seinem kräftigen Anstieg am Südufer, den Lago di Comàbbio, der im Nordwesten fast im Schilf ertrinkt. Jeder dieser Seen war schon vor drei und mehr Jahrtausenden von Menschen besiedelt, die an seinen Ufern und auf ihm in Pfahlbaudörfern lebten. Das soll die Toskana einmal dem Varesotto nachmachen! Sie sehen schon: Diese Route macht man nicht, weil sie „fast wie in der Toskana" ist, sondern weil sie durch das wunderschöne Varesotto führt. Punktum.

Ankunft der Fähre
in Laveno

In *Laveno* (→ Route 2) nimmt man die N394 in Richtung Varese. Durch aufgesiedeltes Gebiet erreicht man

km 4,5 **Cittiglio** (267 m), das ein paar hübsche Villen aus dem 18. und 19. Jahrhundert besitzt, die leider allesamt nicht zu besichtigen sind. Weiter in Richtung Varese erreicht man

km 6 **Gemonio** (278 m), an dessen Südende man sich bei der Straßengabelung mit Schild „Gallarate Novara Autostrada" nach rechts und südlich hält. Direkt an der Abzweigung liegt rechts die romanische Kirche **San Pietro** (spätes 11. Jh.). Man durchquert nun ein ehemaliges Seebecken, das heute trockengelegt und landwirtschaftlich genutzt ist. In

km 11 **Besozzo** (250 m) stehen im Ortsteil Besozzo Superiore (276 m, von der Straße aus rechts zu sehen) Reste einer Burg mit kräftigem Wehrturm. Hier folgt man zunächst den Schildern, die zur Schnellstraße nach Novara und zur Autobahn führen, zweigt dann aber unmittelbar vor der Auffahrt nach links und in Richtung Bardello und den Lago di Varese ab. In

km 13 **Bardello** (253 m) beginnt die teilweise ufernahe Straße entlang dem Lago di Varese (238 m), die über Biandronno, das etwas erhöht liegt, nach Süden führt. Auf der Fahrt hat man rechts den winzigen *Lago di Biandronno* (239 m), der bereits kaum noch aus dem Schilf heraussieht, das ihn allseitig umgibt. In

Steg im Bereich der Pfahlbauten des Lago di Monate

km 16 **Biandronno** (262 m, 3100 Ew.) nimmt man das Boot zu einer winzigen vorgelagerten Insel im Lago di Varese, dem *Isolino Virginia* (241 m). In einem kleinen, aber sehr interessanten **Inselmuseum** (in der Villa Ponti, dem Wohnhaus der ehemaligen Besitzerfamilie) wird seine Entstehungsgeschichte erklärt, handelt es sich dabei doch um den Standort eines Pfahlbaudorfes aus der Jungsteinzeit. Tatsächlich befindet sich an dieser Stelle nur eine Insel, weil der Mensch schon vor 4500 Jahren ein Pfahlbaudorf in den See baute. Aus Abfällen und den Resten zusammengestürzter Bauten entstand in Jahrtausenden ein Siedlungshügel, der das Seeniveau erreichte und, bei sinkendem Wasserspiegel des Sees, allmählich dauerhaft überschritt und eine Insel bildete.

Von Biandronno fährt man weiter südwärts und nimmt bei der nächsten Gabelung die rechte Straße, die nach

Portal der Kirche Maria Schnee in Monate

km 20 **(Travedona-) Monate** (277 m, 3300 Ew.) am *Lago di Monate* (266 m) führt. Der Ort liegt in reizvoller Position über dem im Vergleich mit anderen Seen des Varesotto noch erstaunlich reinen See. Die kleine Kirche **Madonna della Neve** (Maria Schnee) erhöht zwischen alten Häusern am Westrand des Ortes ist einen Besuch wert. Die Produkte der Umgebung spiegeln sich in den Speisekarten der Restaurants: Käse, Fisch aus dem nahen See, Spargel, Pfirsiche.

Man verläßt Monate über die Madonna del Neve und erreicht auf der ufernahen Straße (nur an einer Stelle Zugang zum Wasser: Via Palafitte) *Cadrezzate*, bleibt seenah (bei Gabelungen im Zweifel links), erreicht *Osmate* und nimmt dann von der Südspitze des Sees die Straße nach

km 23,5 **Comàbbio** (307 m, 800 Ew.), das heute vom gleichnamigen See durch eine breite Verlandungszone und die Schnellstraße nach Gallarate getrennt ist. Um an den See zu kommen, muß man nach Nordosten in Richtung Ternate fahren. In *Ternate* hält man sich südlich (Schilder „Varano") und erreicht den Industrieort

km 27 **Varano Borghi** (281 m, 2400 Ew.) am Ostufer des Lago di Comàbbio. Weiter nach Süden in Richtung *Corgèno*, wo eine Stichstraße nach rechts hinunter an den *Lago di Comàbbio* (243 m) führt, hübsche Aussicht vom Lido mit Strandcafè. Weiter nach

km 28,5 **Vergiate** (290 m), wo man unter der Autobahn hindurch nach

km 34 **Somma Lombardo** (282 m) fährt. Der Industrieort hat einige reizvolle Kirchen, nicht versäumen sollte man den Besuch von San Bernardino, die um 1523 entstand. Direkt an der alten Straße von Mailand über Gallarate zum Lago Maggiore und das Varesotto ins Tessin steht der mächtige Bau des **Castello Visconteo,** dessen Bauphasen mittelalterliche strategische Funktion wie spätere Nutzung als repräsentativen Wohnsitz belegen. Von Somma Lombardo ist ein Abstecher nach (2 km) *Arsago Seprio** zu empfehlen.
Von Arsago Seprio zurück nach Somma Lombardo. Nimmt man die direkte Strecke nach

km 44 **Gallarate** (233 m), verkürzt sich der Fahrweg um etwa 2 km. Gallarate liegt an A 8/26 und N33 sowie in unmittelbarer Nähe des Mailänder Flughafens Malpensa.

Route 6

Von Laveno zum Lago di Varese und nach Varese mit einem Abstecher in das Valle Olona

Laveno – Cittiglio – Gavirate – Capolago –
Varese* *bzw. –* **Castiglione Olona*** *–*
Castelseprio* *(36 km).*

Diese Route verbindet den Lago Maggiore von der Fährstelle Laveno mit dem Zentrum des Varesotto, der Fast-Großstadt Varese. Ein Abstecher führt vom Lago di Varese in das Tal des Olonaflusses südlich von Varese, eigentlich schon außerhalb unseres Reisegebiets. Aber so nahe vor der Tür von Varese, das zentral zur Gesamtheit der Oberitalienischen Seen zwischen Lago Maggiore und Lago di Como liegt, wollten wir nicht die großen Sehenswürdigkeiten dieses grünen Waldtales unterschlagen, die zum interessantesten gehören, was das Gebiet kunst- und kulturhistorisch zu bieten hat. In Castiglione hat sich eine kleine Renaissance-Residenz erhalten, in Castelseprio eine Ruinenstadt mit einer Kirche und einem Kloster, beide noch in vorromanischer Zeit mit Fresken ausgestattet, was sich sonst nirgendwo in unserem Gebiet erhalten hat.

Von Laveno nach Castelseprio lernt man eine ganze Reihe kultur- und kunsthistorischer Denkmäler kennen

Von *Laveno* fährt man über *Cittiglio* und *Gemonio* wie in Route 5 beschrieben, nun aber auf der N394 mit Schild „Varese" weiter bis nach

km 11 **Gavirate** (245 m, 900 Ew.) am Nordwest-Ende des Lago di Varese. Das alte Stadtzentrum schart sich um die schöne **Piazza** (Markt am Freitag) mit **Rathaus** aus dem 18. Jahrhundert (innen verändert). Reizvoll der **Lungolago** mit Freizeiteinrichtungen (Campingplatz) und der Stadtpark **Parco Morselli** im Osten der Stadt mit einem Fitnessparcours. Die Uferstraße ist ab hier gut ausgebaut. Man folgt ihr bis

Lago di Varese bei Schiranna

km 13 **Voltorre,** hier sieht man links einen mächtigen Glockenturm, er gehört zur **Kirche San Michele** mit angrenzendem **Kreuzgang** aus dem 12. Jahrhundert. Die romanische Saalkirche an der Via Oltrona wurde als Klosterkirche eines Cluniazenserstiftes errichtet, zum Teil barockisiert und schließlich profaniert. Hinter dem freistehenden Campanile ist der Kreuz-

Lago di Varese vom Südufer mit Sacro Monte di Varese (im Hintergrund halblinks)

gang mit seinen verschieden hohen Säulchen und schöner Kapitellplastik besonders sehenswert.

Weiter auf der Schnellstraße. Der stark verlandende und an manchen Stellen stark verschmutzte (eutrophierte und praktisch tote) Lago di Varese ist nur an wenigen Stellen zu erreichen, so in *Groppello* (214 m), wo man zwischen älteren Häusern auf einem schlangenhaft sich windenden Sträßchen bis zu einem schmalen Stück öffentlichem Ufer gelangt. In *Schiranna* führt eine hier abzweigende Straße zum See und zu einem Schwimmbad, (im See darf man nicht baden). Nach diesem Ort führt die Straße vom See weg, man verläßt sie bei

km 21 **Capolago** (257 m), das heute 20 m über und 1 km vom See entfernt liegt. Von hier aus direkte Straße über *Cartabbia* nach

km 26 **Varese*.**

Villa Estense in Varese

Mittelalterliche Brücke über den Olonafluß bei Castiglione Olona

Kirche Santa Maria foris portas in Castelseprio

Partie am Olonafluß bei Castiglione Olona

Der **Abstecher in das Valle Olona** führt von Capolago mit den Autobahnschildern „Milano" in Richtung Süden, man fährt aber nicht auf die

km 24 Autobahn auf, sondern fährt auf einer schellen Straße hinüber zur Staatsstraße Varese-Mailand. Bei der

km 30 Einmündung in die SS 233 hält man sich rechts und fährt nach etwa 1,3 km wieder rechts ab und erreicht das Juwel einer Kleinst-Residenzstadt der Renaissance

km 31,5 **Castiglione Olona*** und das kühle und schattige Waldtal der Olona. Um Castelseprio und seine Ruinenstadt Sibrium, die Kirche Santa Maria foris portas mit ihren präromanischen Fresken und das Kloster Torba mit Fresken derselben Zeit zu erreichen, fährt man zunächst wieder auf die SS 233 zurück und biegt nach 1,2 km wieder rechts ab in Richtung Gornate Olona. Wenn man den kühlen, grünen Grund des Olonatales erreicht hat, fährt man aber nicht rechts hinauf nach Gornate Olona, sondern bleibt links und weiter auf dem Talgrund, bis man rechts den mittelalterlichen Turm des Klosters

km 34,5 **Torba** (→ Castelseprio*) sieht. Bei der nächsten Gabelung südlich des Klosters führt die rechte Straße wieder auf die Terrasse oberhalb des Tales der Olona hinauf. Im Ort

km 36 **Castelseprio*** zweigt vor der Pfarrkirche nach rechts ein Sträßchen ab, das zu den Ruinen der mittelalterlichen Stadt Sibrium führt, nach Seprio und der Kirche Santa Maria foris portas.

Route 7

Das nördliche Varesotto: Valcuvia und Valganna

*Laveno – Cittiglio – **Zuigno (Casalzuigno)** * – Ràncio Valcuvia – Gràntola – Ghirla und Lago di Ghirla – Valganna-Campubella – **Varese** * (37,5 km)*

Diese Route scheint auf den ersten Blick ziemlich umständlich geführt zu sein. Warum nicht direkt von Laveno nach Varese? Ab Zuigno weiß man Bescheid. Die Nebentäler bergen die Schätze. Und deshalb Valcuvia und Valganna, wenig besuchte Täler, von hohen, aber noch grünen Bergen umgeben, mit mildem Klima, denn sie münden nach Südwesten und Westen, aber doch im Sommer nicht so heiß wie die Landschaft am Rande der Poebene. Man braucht Zeit für diese Route, neben den großen Sehenswürdigkeiten wie der Villa in Zuigno, dem Freskendorf Arcumeggia und dem Kloster in Ganna gibt es abseits eine Menge zu entdecken.

Von Laveno bis Cittiglio → Route 5. In

km 4,5 **Cittiglio** nimmt man die alte Straße nach Zuigno (noch im Ort – die neue Straße setzt erst außerhalb des Ortes an) und fährt bis in das nahe

km 6 **Brenta.** Dort ist ein Besuch des oberhalb am Ortsrand liegenden **Friedhofskirchleins SS.Quirico e Giolitta**, auch Santuario della Vergine benannt, besonders wegen der schönen Aussicht empfehlenswert. Die Kirche wird über eine kurze, steile Scala santa erreicht, der Kirchturm hat seine spätromanischen Formen beibehalten. Der nächste Ort hinter Brenta ist

km 8,5 **Zuigno (Casalzuigno)*,** wo Schilder auf die links am Hang liegende **Villa della Porta-Bozzolo** aufmerksam machen.

Valcuvia und Valganna sind noch recht wenig besucht

Kirche SS.Quirico e Giolitta oberhalb Brenta

Freiluftgalerie Arcumeggia

km 9 Abzweigung nach dem 3,5 km entfernten **Arcumeggia** (570 m). Die kurvenreiche Straße steigt steil hinauf zum Dorf, an dessen Westende sich der Parkplatz befindet, das Dorf selbst ist nur für Fußgänger geeignet. In Arcumeggia wurden seit 1956 viele der alten Häuser, die einige schöne Außenfresken aufwiesen, mit **modernen Außenfresken** versehen. Maler wie Fiume, Carpi, Migneco, Monachesi, Sassú, Brindisi oder Treccani arbeiteten hier in Sommerkursen, die heute noch in Zusammenarbeit mit der Mailänder Brera gegeben werden. Das Dorf kann sich mit Recht rühmen, ein Freilichtmuseum italienischer Maler der fünfziger- und sechziger Jahre zu sein.

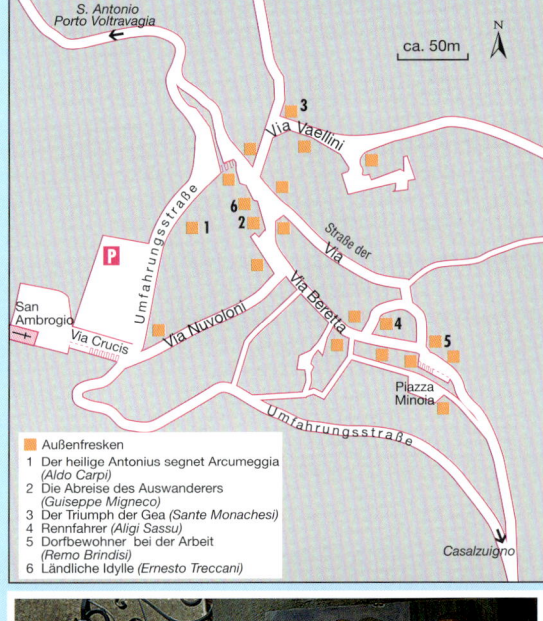

- ■ Außenfresken
1 Der heilige Antonius segnet Arcumeggia *(Aldo Carpi)*
2 Die Abreise des Auswanderers *(Guiseppe Migneco)*
3 Der Triumph der Gea *(Sante Monachesi)*
4 Rennfahrer *(Aligi Sassu)*
5 Dorfbewohner bei der Arbeit *(Remo Brindisi)*
6 Ländliche Idylle *(Ernesto Treccani)*

E. Usellini: Rückkehr des Auswanderers

**A. Sassú:
Die Radfahrer**

**Aldo Carpi:
Der Heilige
Ambrosius segnet
Arcumeggia**

Zurück ins Valcuvia und über **Cuveglio** (**Kirche S.Maria,** 11. Jh.) nach

km 14,5 **Ràncio** mit altem **Palais der Castiglioni** aus dem 15. Jahrhundert. Von hier aus kann man direkt nach Ganna und Varese weiterfahren, hübscher ist es, zur Hauptstraße zurück zu kehren und weiter mit Schildern „Luino" nach

km 17,5 **Grántola** zu fahren. Im Ort Reste alter Befestigungen. Die Fassade der **Pfarrkirche** ist von Francesco Maria Richini (1584-1658). Einige Kehren der Straße weiter erreicht man *Cunardo* (468), darüber liegen die Ruinen des **Castelvecchio** (614 m), im Südwesten des Ortes kann die **Höhle „Ponte Nativo"** mit Höhlensee bescucht werden. Weiter nach

km 23,5 **Ghirla** (445 m) mit seinem kleinen See, dem *Lago di Ghirla*, der fast die ganze Valganna ausfüllt, das Tal, das wir jetzt erreicht haben. Der spätgründerzeitliche **Bahnhof** einer längst stillgelegten Bahn, die einmal Varese und Luino über Tresa verband, ist heute Station der Buslinien, die alten Perrons haben sich, was an wenigen Orten der Fall ist, erhalten. Der *Lago di Ghirla* (442 m) liegt in einem engen Tal, die Straße im Osten und ein (für PKW nicht zugelassener) Fahrweg im Westen füllen ihn voll aus. Im Westen sind seine Ufer recht steil, manchmal erinnert er trotz seiner niedrigen Höhe über dem Meeresspiegel an einen Gebirgssee (schöner Campingplatz westlich des Sees mit eigenem Strandabschnitt).

Der Lago di Ghirla wirkt wie ein Gebirgssee

km 27,5 **Campubella** (500 m), auch (als Gemeindehauptort) *Valganna* genannt. Auch hier liegt ein kleines Seelein, der *Lago di Ganna*. In

Ganna, einen halben Kilometer weiter westlich (Schilder) befinden sich die eindrucksvollen, recht einsam gelegenen Bauten eines Cluniazenser-Klosters, **Kirche und Kreuzgang von San Gemolo** (an der Straße nach Bèdero Valcùvia). Die

Kreuzgang von San Gemolo in Ganna

dreischiffige romanische Basilika wurde kurz nach der Gründung des Klosters (1095) errichtet (1100 bis 1125). Seit der Aufhebung des Klosters (1556) dient die Kirche als Pfarrkirche. Die Pfeilerarkaden des Innenraums zeigen immer noch, wie zur Erbauungszeit, den offenen Dachstuhl. Wandmalereien wie an der Westwand des rechten (südlichen) Schiffes stammen vor allem aus der Spätgotik (Marienkrönung). Am Außenbau Reste der ursprünglichen Gliederung mit Lisenen und Bögen. Der unregelmäßig geschnittene gotische Kreuzgang nebenan erstaunt durch seine niedrigen Bogenstellungen auf kurzen, in Ziegeln aufgemauerten Achteckspfeiler. Der Eindruck, den diese gedrungenen Bogenstrukturen bewirken, ist ernst und streng. Das **Museo della Badia** mit archäologischen Funden aus der Vorzeit bis in das Mittelalter ist im ersten Stock des ehemaligen Klosterbaues neben dem Kreuzgang

Nördliches Varesotto

Im Valganna

untergebracht. Es enthält neben einer ortsbezogenen Gemäldegalerie besonder Fundstücke der Grabungen, die 1954 bis 1962 im Bereich der Abtei durchgeführt wurden und bis in die langobardische Zeit zurückgehen (die paläolithischen Feuersteinabschläge sind Streufunde). Das Museum wurde 1990 erweitert und neu geordnet.

Das schmale Valganna ist in seiner südlichen Erstreckung in Richtung Varese nahezu siedlungsleer. Vor einer deutlichen Verengung des Tales ist rechts ein eindrucksvolles Karstphänomen zu bewundern, die *Grotte di Valganna*. Hier hat stark kalkangereichertes Wasser einen riesigen Sinterfächer geschaffen und heute plätschert das Wasser von einem überhängenden Sinterstiel herab. Die „Grotte" sind Höhlen, die hier in den verkarsteten Fels hineinführen, zum Teil durch den Sinter hindurch. Ein „Grotto", Restaurant und Bierstube macht daneben ausgezeichnete Geschäfte. Die Öffnung des Tales zur weiten, weichen, „toskanischen" Hügellandschaft um Varese, erfolgt plötzlich und überraschend. Vor allem, drücken wir uns klar aus?, weil uns nach einem Tunnel nicht etwa eine große Weinkellerei erwartet, sondern eine in schönstem Wiener Sezessionsstil prangende Bierfabrik (ehemals Poretti-Splügen, heute **Brauerei Tuborg**). Man beachte die in Golddekor ausgeführten Frauenköpfe mit den langen, parallelen Goldbändern, die seitlich an den maßgeblichen Flachen dieses Nutzbaues angebracht sind, sie könnten direkt vom Bau der Wiener Sezession übernommen worden sein (Architekten Gebrüder Bihl, Stuttgart, errichtet 1901).

Die alte Feste *Castello di Frascarolo* an strategisch günstiger Position markiert den Ausgang des schmalen Tales. Man sieht sie von hier unten nicht, muß über die Straße in Richtung Bisuschio hinauffahren. Oben präsentiert sich die Festung als wehrhafte Villa, barock umgestaltet aber mit den mittelalterlichen Wehrtürmen, jenseits der Straße prunkt ein Brunnen vor den ehemaligen Dienstbotenhäusern.

Kreuzgang und Museum in Ganna sind sehenswert

km 37,5 **Varese***

Route 8

Von Varese über den Luganer See zum Lago Maggiore

Varese* – Porto Ceresio – Ponte Tresa – Luino (35 km)

Dieser Routenvorschlag verbindet den Lago di Varese und den Lago di Maggiore über den italienischen Uferanteil im Südwesten des Luganer Sees. Die Blicke über den See von Porto Ceresio, Brusimpiano, Lavena aus sind besonders eindrucksvoll, man sieht die hohe Halbinsel von Morcote, die südgerichteten Dörfer dieser besonders warmen Ecke des Tessin, und hat dann bei Ponte Tresa ein unerwartetes Erlebnis vor sich, die Fahrt durch ein idyllisches, grünes Flußtal, entlang der Tresa vom Luganer See zum Langensee. Dieser Routenvorschlag eignet sich besonders gut als Teil einer Rundfahrt. In diesem Fall fährt man von Luino 1 km entlang der Uferstraße nach Süden (wie in Route 2) und zweigt dann mit den nach Varese weisenden Schildern ins Landesinnere ab. Nach 8,5 km erreicht man die Gabelung bei Grantola, won wo aus man über das Valganna nach Varese zurückkehrt (Beschreibung in Route 7 ab Grantola km 17,5). So kann man auch einen Ausflug vom Ostufer des Verbano nach Varese besonders lohnend gestalten!

Lange Passagen dieser Route führen an der Schweizer Grenze entlang

Varese* verläßt man auf der N344 in Richtung Nordwesten und Porto Ceresio, die Ausfahrt erfolgt über das heute mit Varese völlig verwachsene *Indùno-Olòna*, wo man die Ausläufer der Südalpen erreicht. Im nächsten Ort,

km 6 **Arcisate** (379 m,) steht erhöht über dem Ort die spätgotische **Kirche San Vittore.** Die Hallenkirche wurde in der Renaissance verändert und später barockisiert. Am Fassadengiebel hat sich ein spätgotisches Terrakotta-Fries (15. Jh.) erhalten. Das oberste Stockwerk des achtstöckigen (!) Campanile wurde erst nachromanisch aufgesetzt, sonst stammt der Turm aus der Mitte des 12. Jahrhunderts. Bemerkenswert das angebaute, oktogonale und völlig schmucklose, überkuppelte **Baptisterium,** das wegen seiner archaischen Außenansicht in das 10. Jahrhundert gestellt wird, von den ehemaligen Exedren haben sich nur die (außen sichtbaren) Fundamente erhalten. Der berühmte **Silberschatz** von Arcisate aus spätrömischer Zeit ist heute in London im British Museum zu bewundern. Der nächste Ort ist

Baptisterium von San Vittore in Arcisate

Porto Ceresio

km 9 **Bisuschio** (345 m), das man nach Überschreitung der Wasserscheide erreicht, die zwischen der Olona, die nach Süden in die Ticino-Ebene fließt, und einem kleinen Bächlein, das nach Norden und zum Luganersee leitet, trennt. In Bisuschio befindet sich eine der reizvollsten Villen des Varesotto, die schloßartige **Villa Cicogna-Mozzoni** aus der Renaissance. Die nach Süden ausgerichtete, dreiflügelige Anlage ist zum Garten hin offen, der Zugang von Osten und von der Straße (dort rechts Parkplätze) erfolgt über einen sehr strengen, abweisenden privaten Vorplatz. Besonders sehenswert sind die Fresken der Loggien im Gartenhof, die man den Brüdern Campi aus Cremona zuschreibt. Besonderes Augenmerk verdient der italienische Garten der Villa mit Terrassen und Grotten, typisch für eine ländliche italienische Villa des 16. Jahrhunderts. Die Lage der Villa ist auf das sanft gewellte Vorland und den steilen Hang des Monte Rho d'Arcisate dahinter abgestimmt und durch Blickpunkte, die man über verschiedene Wege erreicht, akzentuiert.

Wassersport am Luganer See in Porto Ceresio

Morcote im Tessin von Porto Ceresio aus gesehen

Über

km 11 **Besano** führt ein Sträßchen nach **Cuasso al Piano,** von wo aus eine Verbindung nach **Cuasso al Monte** (532 m) und nach **Marzio** existiert, das wiederum mit **Brusimpiano** am Luganer See verbunden ist. Eine anderer Abstecher von Marzio führt auf den Monte Piambello (1125) mit schöner Aussicht.

km 13 **Porto Ceresio** (280 m). Der Ort an einer kleinen Bucht des Lago di Lugano hat etwas Fremdenverkehr, der besonders vom herrlichen Blick auf das gegenüber liegende (schweizerische) Morcote lebt. Wie im Tessin und in der Comersee-Gegend gibt es hier Grotti, Crotti oder auch Grotte genannt (Singular Grotto, Crotto, Grotta), die ursprünglich als Heurigenwirtschaften am Weinkeller entstanden, heute aber häufig ganz normale Freiluftrestaurants sind (dazu vergl. Kapitel „Essen und Weine an den Seen"). Auf dem Weg nach Ponte Tresa werden wir einen großen Grotto passieren.

Von Porto Ceresio blickt man auf das Tessiner Morcote

> **Ausflugsmöglichkeiten** mit dem Schiff: von Porto Ceresio aus erreichen Sie alle Uferorte des Luganer Sees (Beschreibungen zu Lugano+ und Campione* im Ortsteil, zu Porlezza und den anderen Orten des italienischen Nordostarmes → Route 9, zu den anderen Orten vergl. Goldstadt-Reiseführer Tessin).
> Fährt man von Porto Ceresio nach Osten, erreicht man über die Uferstraße bald die Schweizer Grenze und Brusino Arsizio, fährt man nach Westen, bleibt man bis Ponte Tresa in Italien.

Auf schmaler, unübersichtlicher Straße erreicht man

km 18 **Brusimpiano** (289 m), einem am Ufer von großen Platanen gesäumten Ort, von dem man einen hübschen Blick auf das Schweizer Ufer mit Figino hat. Um die Punta della Fava herum geht es nach

km 21,5 **Lavena.** Hier beginnt der Ausfluß des Luganer Sees, nach Westen über den Tresafluß zum Lago Maggiore. Bei Lavena verschmälert sich der See zu Flußbreite, jenseits liegt der steile Monte Caslano (526 m) in der Schweiz. Noch einmal weitet sich dann hinter Lavena die Wasserfläche zu einem kleinen Seebecken von nur etwa einem Quadratkilometer Fläche. An seinem westlichen Rand liegt

km 23 **Ponte Tresa** (275 m), ein „geteilter" Ort, was links der Tresa ist, gehört zu Italien, was rechts liegt zur Schweiz. Die Straße bleibt nun auf dem linken Ufer des Tresaflusses und verläuft im schattigen Tal meist nahe dem romantischen Fluß. Das Tal ist fast mitteleuropäisch idyllisch. Weiter flußabwärts, man quert auf die rechte Seite, wenn man wieder beidseits des Flusses italienisches Gebiet hat, erwartet uns ein kleiner Stausee, auch er grün und still, von Wald umstanden. Wo man das Waldtal verläßt, ist man fast schon in Luino und wenn es der Verkehr zuläßt in wenigen Minuten am Lungolago des Lago Maggiore im Zentrum von

km 35 **Luino*.**

Route 9

Von Ponte Tresa über Lugano zum Comer See

*Ponte Tresa – **Lugano** (CH +) –*
(Campione d'Italia*) – Grenze –
Porlezza – Menaggio* (38 km)

Diese wichtige und einigermaßen schnelle Verbindung führt durch schweizerisches Gebiet, das wir nicht im Detail vorstellen (dazu › Golldstadt-Reiseführer „Tessin"). Die gesamte Fahrtstrecke in der Schweiz ist übrigens nur 17 km lang, der Zipfel Sottoceneri (Name für das südliche Tessin) um Lugano ist an der schmalsten Stelle nur 7 km breit. In dieser schmalen Zunge Schweiz im oberitalienischen Seengebiet findet sich dann auch noch eine italienische Enklave, das Casinodorf Campione d'Italia, das wir von Lugano aus besuchen. Die Straßenstrecke entlang dem wieder italienischen Nordostarm des Luganer Sees, dem Arm von Porlezza, ist übrigens eine recht moderne (wenn auch extrem schmale und kurvenreiche) Angelegenheit. Im vorigen Jahrhundert fuhr man mit einer Stichbahn von Menaggio am Comer See nach Porlezza am Luganer See und stieg dann ins Schiff um. Die Bahn existiert schon lange nicht mehr, die Schiffe haben sich gehalten und warten auf Kundschaft, nicht nur von Lugano nach Campione.

Der Arm von Porlezza des Luganer Sees

In **Ponte Tresa** quert man den Tresafluß hinüber in das Tessin Staatsgrenze). Die Schweizer N23 (Schilder: „Lugano Bellinzona") führt quer über die Schwemmebene von Maglioso zum Nordwest-Zipfel des Luganer Sees. Dort Straßenteilung, weiter mit N24 auf die Hügel von Muzzano, vobei an dem kleinen gleichnamigen See und nach

Campione d'Italia, Blick vom Ufer über den Luganer See in Richtung Süden

km 11 **Lugano+.**

Von Lugano aus bietet sich ein **Abstecher** an, mit Schiff, Bus oder PKW in das gegenüber dem See liegende

Campione d'Italia* (273 m, 2200 Ew) an, eine italienische Enklave. Die Schiffsverbindungen sind häufig und rasch, sodaß eine Autofahrt eigentlich nicht nötig ist. Hier dennoch eine kurze Information für passionierte Autofahrer: Man verläßt Lugano auf der Straße nach Melide und erreicht diesen Ort über die Küstenstraße. Ab Melide quert man über Damm und Brücke auf die andere Seite des Sees, wo man das Schild nach Campione nicht übersehen sollte (alternativ nimmt man die Autobahn in Richtung Mailand dazu benötigt man die schweizerische Autobahn-Jahresplakette) und fährt bei „Campione d'I." ab). Im Ort (kostenfreie) Parkplätze beim Casino (Lugano-Campione 12 km).

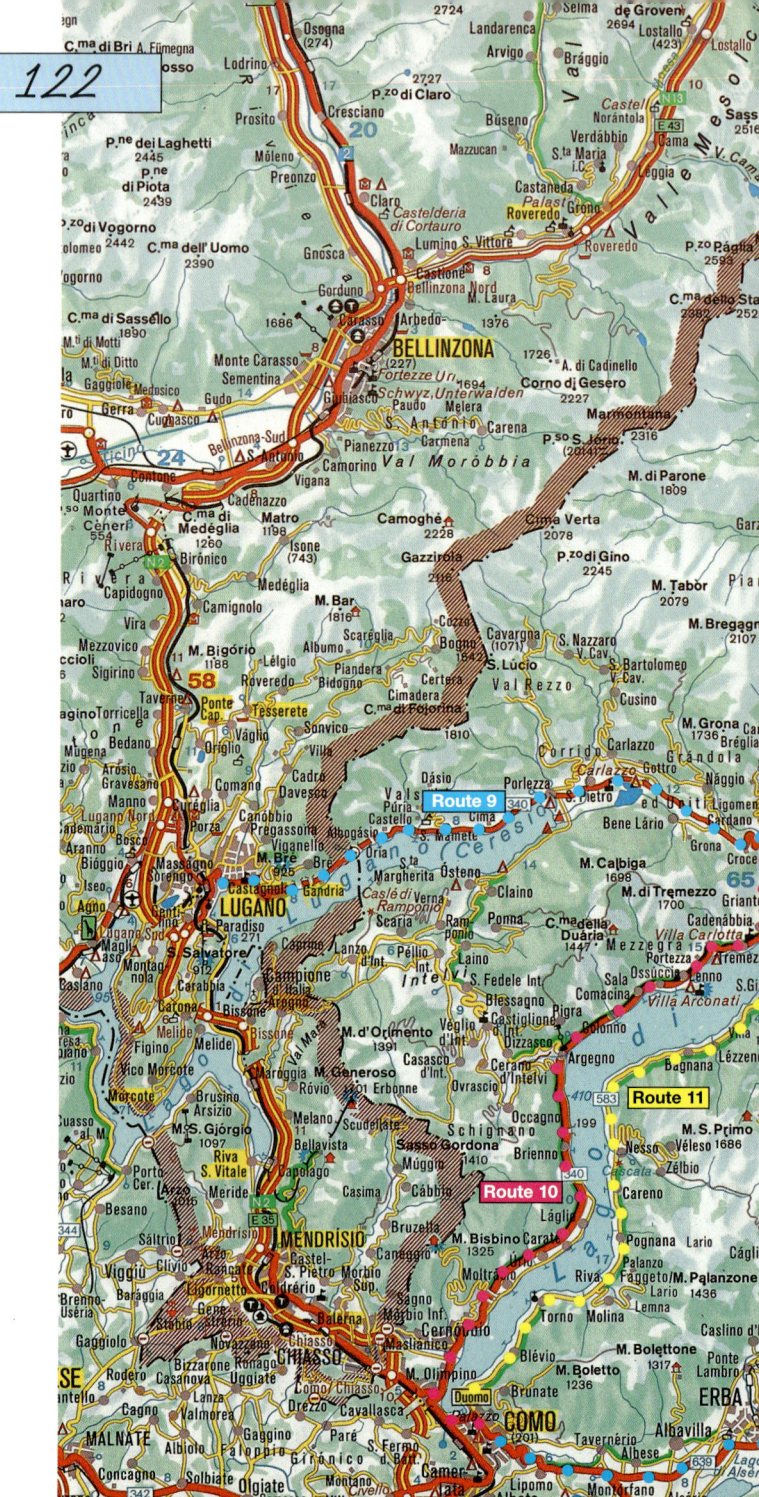

Die Hauptroute geht von Lugano aus weiter am Lago di Lugano und führt am Ufer des Sees unter dem Monte Brè vorbei. Von Lugano folgt man den Schildern „Gàndria" nach

*Über Lugano
führt die
Hauptverbindung
vom Lago Maggiore
zum Comer See*

km 15 *Gàndria* (292 m, 200 Ew.), einem ehemaligen Fischerort, mit steilen Gässchen, der heute vom Fremdenverkehr völlig überrannt ist (Parkmöglichkeiten oberhalb an der Staatsstraße). Jenseits des Sees und mit Boot von Gandria aus erreichbar das **Zollmuseum** (Museo doganale), das nicht nur diesen Aspekt des Grenzüberganges sondern vor allem einen alten Erwerb aller Grenzbewohner, so auch der Gandrioten, dokumentiert, den Schmuggel. Nach der

km 17 *Grenze* an der steilsten Stelle dieses Uferabschnittes erreicht man

km 18 **Oria** (274 m, 200 Ew.), einen dichten Gebäudekomplex mit besonders suggestiver Atmosphäre, ohne den alles überwuchernden Tourismus des gleichgroßen Gàndria (die Grenze scheint ein stärkeres Hindernis zu sein, als sie tatsächlich darstellt), die Blicke sind unvergeßlich, besonders jener hinüber zum Monte San Salvatore südlich Lugano. Die Straße wird hier noch schmaler und kurvenreicher als vorher, wohl dem, der keinen LKW oder Bus vor sich hat. In

km 18,5 **Albogasio** (280 m, 370 Ew.), gibt es eine der wenigen nicht privaten Parkflächen entlang des Ufers bis Porlezza, ansonsten ist auf dieser Strecke der Bus (häufige Busverbindung Menaggio-Lugano und zurück) dem PKW auf jeden Fall vorzuziehen. Albogasio besteht aus zwei Ortskernen, die optisch durch den eindrucksvoll auf einem Felsen über dem unteren Ortsteil gelegenen Bau der **Kirche Santa Maria Annunciata** verbunden sind. Albogasio gehört wie der nächste Ort

San Mamete

km 19,5 **San Mamete** (274 m, 200 Ew.) zur Gemeinde Valsolda, die sich in viele Weiler zersplittert, weit in das hier mündende Tal hinaufzieht. Der winzige Ort mit darübergesetzter Kirche San Mamete nützt jeden Quadratmeter des Schwemmkegels der Solda bis hin zu den Schotteransammlungen am eigentlichen Mündungsbereich, die von Badenden als Liegewiese verwendet werden. Das kleine Lebensmittelgeschäft gehört aus nach jedem Einkauf sofort ersichtlichen Gründen in das Guinness Buch der Rekorde. Knapp nach dem Ort ist wieder eine

km 20 Abzweigung in den höheren Gemeindebereich von Valsolda bis hinauf nach *Dàsio* (580 m) im Kastanien- und Weinbaubereich über dem Luganer See. Von hier aus führt der **Sentiero delle 4 Valli** durch vier Täler in drei Tagesabschnitten nach Breglia oberhalb von Menaggio (Informationsblatt bei der Comunità Montana „Alpi Lepontine" und bei den lokalen Fremdenverkehrsämtern).

Die weiteren Orte am See, Cressogno und Cima, gehören beide ebenfalls zur Gemeinde Valsolda. In

km 21 **Cressogno** (285 m) ist die oberhalb des Ortes gelegene **Kirche Nostra Signora dei Miracoli** von 1663 interessant, allein schon wegen des Blickes über den Golf von Porlezza. In

km 23 **Cima** (275 m) ist die über dem Ort beim Friedhof gelegene und den alten Standort des Ortes markierende **Ruine** einer Burg von Interesse. Sie wurde unter der Herrschaft des heiligen Bischofs von Mailand, Karl Borromäus, abgetragen. Kurz nach diesem Ort verläßt die Straße das Ufer (Radfahrer können weiter auf der alten Straße und am Seeufer bleiben) und erreicht durch einen Tunnel

km 25,5 **Porlezza** (275 m, 4000 Ew.)
Infos über Comunità Montana delle Alpi Lepontine, Via Garibaldi 62, Tel. 0344-62427. Der Ort liegt an der Mündung des breiten, von Gletschern ausgeschürften Talbereiches, der den Lago di Como bei Menaggio und den Lago di Lugano verbindet, die breite Ebene, die bei Porlezza zwei Wildbäche aufgeschüttet haben, wird Pian di Porlezza genannt. Bis auf den Lungolago mit seinen – vom Verkehrslärm, besonders von parkplatzsuchenden Autos beeinträchtigten – Cafés, und die kleine Altstadt ist

Markt am Seeufer in Porlezza

Porlezza ein wenig reizvoller Ort. Die Verstädterung der Umgebung und der Bau trister Industrieschuppen und häßlicher Wohnbauten hat dem Ort den früheren Charme fast vollständig genommen. Charakteristisch ist, daß der stark gewachsene Ort immer noch keine Kläranlage hat, seine Abwässer fließen ungefiltert in den See. Baden ist im See bei Porlezza verboten. Die alte Bedeutung des Standortes zeigte sich besonders, als man 1966 bei **Ausgrabungen** der durch eine Mure verschütteten **Kirche San Maurizio** am südlichen Ende des Pian di Porlezza auf die Reste eines Gutes stieß, das hier bereits vor 1000, also im Frühmittelalter existierte. Man fand den Wohnbereich des Verwalters, die Kirche, Wohnbauten, Wirtschaftsbauten und konnte sogar sagen, wer der Grundherr war: ein Kloster im reichen Pavia.

Auf der Weiterfahrt in Richtung Menaggio hat man rechts hübsche Blicke auf den kleinen *Lago di Piano*. Der See war 1516 vom französischen König Franz I. in einen Plan einbezogen worden, den Lago di Lugano und den Comer See durch Kanäle zu verbinden. Daraus wurde nichts. Die Bauern der Gegend hatten eine andere, zivilere Nutzung für den flachen, im Winter zufrierenden See: sie schnitten das Eis und verwendeten es für ihre Ghiacciaien oder verkauften es in die umgebenden Städte für die Kühlung der Lebensmittel.

Über *Grántola* (→ Route 10) und *Croce* (Golfplatz, erster Blick auf den Comer See) erreicht man den Comer See bei

Zwischen Luganer See und Comer See liegt der kleine Lago di Piano

km 38 **Menaggio*.**

Route 10

Das Westufer des Comer Sees:
Von Como nach Sorico

Como * – Cernobbio – Brienno –
Ossuccio und Isola Comacina * – Lenno * –
Tremezzo-Cadenabbia * *– Menaggio –*
Santa Maria Rezzònico – Dongo * – **Gravedona *** *–*
Domaso – Gera Lario – Sòrico (59 km)

Landschaftlich kontrastreich, unzählige Sehenswürdigkeiten: die Westuferstraße des Comer Sees sucht ihresgleichen

Die Kontraste auf dieser Westuferfahrt entlang des Comer Sees könnten nicht stärker sein. Die südlichen und mittleren Ufer gemahnen mit ihrer reichen, im Uferstreifen randmediterranen Vegetation an mittelmeerische Szenerien. Im Norden wird der See düster, und dunkle Berge drängen sich an die Ufer, hier gibt es genauso wie im Süden den Ölbaum und die Zypresse, aber der Gesamteindruck ist alpiner geworden, nördlicher. Im Norden fehlen die Villen, die Parks und Gärten, die im Süden und besonders im mittleren Seeteil zwischen Lenno und Menaggio die Ufer zieren (und häufig verhindern, daß wir armen Touristen an den See herankommen). Ganz bescheiden beginnt der See, bei Como meint man, es müsse sich um ein winziges Seelein handeln, an dem der Ort liegt, dann weitet sich der Comer Arm des Sees, knickt einmal, zweimal, immer wieder neue Bilder gewährend, die Isola di Comacina kommt ins Bild, einzige (nennenswerte) Insel des Sees. Dann die Spitze des larianischen Dreiecks zwischen den südlichen Seearmen, mit dem von hier aus gut sichtbaren und per Schiff oder Autofähre leicht erreichbaren Städtchen Bellagio. Übrigens: die Straßen am West- und Ostufer sind nur die eine Möglichkeit, den See zu erkunden. Die andere und wohl reizvollere ist das Schiff. Genügend Boote verbinden die Uferorte zwischen Como und Còlico, der Arm von Lecco wird durch eine spezielle Linie mit der Hauptlinie verbunden.

Ab der Tremezzina, dem besonders milden und villenbestandenen Küstenstreifen von Tremezzo-Cadenabbia verbreitet sich der See und die Ausblicke, die man erhält, werden weiter, andererseits beginnen die Berge am Ostufer, besonders der Monte Legnone (2609 m), den man ab hier immer vor sich hat, zu dominieren. Ab Rezzònico wird der See düsterer, schnürt sich zusammen, Dongo, Gravedòna, Domaso sind Orte ohne Villen, mit alten Häusern und Kirchen und noch älteren Gäßchen. In den Tälern, die man von hier erreicht, ist die Zeit stehengeblieben. Schließlich das Nordende des Sees, hier beginnt das Veltlin (› Route 15), aber das ist schon wieder eine andere Sache.

Die Straße, auf der wir am Westufer fahren, sieht man einmal von der Umfahrungsstraße für das erste Dutzend Kilometer ab, die Sie vielleicht benutzen, um schnell in die Tremezzina zu kommen, ist die alte Via Regina, die auch heute oft noch so benannt wird (Staatsstraße 340 von Como bis Menaggio, ab dort 340d). Eigentlich müßte sie ja Via Regia heißen, als solche wurde sie bereits in römischer Zeit angelegt, um Roms neue transalpine Provinz Raetia mit der bereits befriedeten Gallia cisalpina, zu der Como gehörte, zu verbinden. Diese Straßenverbindung ging über Clavenna (Chiavenna), den Splügen, Curia (Chur) und Brigantia (Bregenz) nach Augusta Vindelicorum (Augsburg), der Hauptstadt der Provinz. Zweitausend Jahre also ist die Westuferstraße alt, kein Wunder, daß sie hier und dort etwas eng ist. . . In diesen zweitausend Jahren wurde sie immer wieder geringfügig verschoben, besonders dort, wo sich auf Schwemmkegeln Dörfer und Städte ausbreiteten, neues Land entstand, das man auch für Straßenbegradigungen verwenden konnte. Besonders deutlich ist dies zwischen Dongo und Gravedòna, wo die heutige Straße erst in der Neuzeit entstand. Die alte am Bergfuß ist noch am Ortsnamen zu erkennen: Ponte della regina heißt das Brückchen oberhalb von Dongo, das den Torrente Albano überquert, wo ihn schon vor 2000 Jahren die Via regia überquerte.

Como* verläßt man auf der N340/N 340d, die am westlichen Ufer des Comer Sees entlang bis Sòrico und zur Einmündung in die von Lecco kommende N36 führt. Nach

km 2 Gabelung, nach links weiter nach Chiasso und in die Schweiz, nach rechts weiter, vorbei an der rechts gelegenen Villa l'Olmo (→ **Como***), auf der N340. Bei

km 4,5 eine weitere Gabelung, nach links nochmals nach Chiasso (CH) und auf die als Umgehungsstraße hoch über dem See bis nördlich Laglio verlaufende N340, der rechte, am Ufer weiter verlaufende Ast ist die alte Uferstraße, die alle Orte berührt. Sie quert den Breggia-Bach, auf dessen Schwemmkegel in den Lago di Como sich

km 5 **Cernòbbio** (201 m, 7200 Ew.), IAT Cernòbbio, Via Regina 33B, Tel. 031-510198, entwickelt hat. Der Ort ist heute völlig in die Stadtregion Como aufgegangen. So gepflegt Cernòbbio auch ist, mit luxuriösen Hotels und, im alten, von wunderschönen Bäumen bestandenen Park der **Villa Erba**, einem eleganten **Kongresszentrum**, so wenig ist es ein Erholungsort. Sehr reizvoll ist die verkehrsberuhigte **Uferpromenade,** von der aus man den

Cernobbio, gesehen von Blevio; ganz im Hintergrund der Monte Rosa

herrlichen Ausblick auf das andere Ufer mit den Villen von Blèvio bewundern kann. Die zahlreichen herrschaftlichen Villen des Ortes wurden seit dem 16. Jahrhundert angelegt,

Uferpromenade in Cernobbio

als reiche Comasker und Mailänder Familien einen ruhigen Landsitz suchten.

Direkt am Wasser und bereits außerhalb des Ortsgebietes liegt die **Villa d'Este,** die ab 1568 nach einem Entwurf Pellegrino Tibaldis für den Kardinal Tolomeo Gallio (wir werden ihm in Gravedòna und anderswo wieder begegnen) errichtet wurde. Der heute als Luxushotel genutzte (und nur für Hotelgäste zugängliche), massive Bau ist eine gegen das Wasser zu einheitliche, gegen den opulenten Barockgarten (mit Grottenhalbrund) hin offene Dreiflügel-Anlage. Die Villa wurde 1815 von der damaligen Prinzessin von Wales, der Braunschweigerin Caroline gekauft und zum Ort eines Exil-Hofstaates gemacht. Die Kronprinzessin, verheiratet mit dem Prinzregenten, dem späteren englischen König Georg IV, hatte sich ihrer unglücklichen Ehe durch diese Flucht aus England entzogen. Während ihr Mann das Geld mit beiden Händen in luxuriöse Projekte steckte und einen seinen Untertanen unmoralisch erscheinenden, kostspieligen Lebenswandel führte, ließ es sich die Prinzessin von Wales auch nicht schlecht gehen und feierte in der Villa, die sie Villa d'Este nannte, weil sie angeblich einen d'Este unter ihren Vorfahren hatte, rauschende Feste. Dabei kam sie auch einem italienischen Edelmann näher, der später, als Caroline nach London zurückgekehrt war und ihr Mann ihr den Ehescheidungsprozeß machte, einige Berühmtheit erlangte (wer sagt, daß Prinzen und Prinzessinnen von Wales auch nicht mehr sind, was sie einmal waren?). Übrigens verlor der Prinzregent seinen Prozeß und Caroline, die den Londonern um eine Klasse lieber war als ihr verfressener Gemahl, konnte frohlocken. Leider nicht lang, sie starb in England und sah ihre Villa nicht wieder. 1873 wurde ein Hotel daraus, wer sich einmietet, kann auch die Empire-Einrichtung der Beletage bewundern.

Die Villa d'Este stammt noch aus der Renaissance

> Von Cernòbbio läßt sich ein hübscher **Ausflug über Rovenna zum Monte Bisbino** machen. *Rovenna* (442 m) ist ein relativ großer Ort mit zwei hangparallelen Gassen, von denen zahlreiche alte Gässchen, Durchgänge, Treppen abgehen. Die *Pfarrkirche San Michele* hat hübsche Inneneinrichtung aus der 1. Hälfte des 17. Jahrhunderts. Von hier fährt man weiter zum *Monte Bisbino* (1325 m) mit Rifugio Monte Bisbino; herrliche Ausicht auf den Lario und Como.

Am Ortsrand von Cernòbbio umfährt man eine Halbinsel, die weit in den See hineinragt. Zu beiden Seiten befinden sich hier Villen und Gärten, die zur Anlage der **Villa dell' Pizzo** gehören, die auf Bauteilen des 15. Jahrhunderts im 19. Jahrhundert errichtet wurde. Sie war einige Zeit Residenz des österreichischen Erzherzogs Rainer.

Jenseits des Rückens mit der Villa dell'Pizzo führt die Straße, die alte Via Regina, oftmals sehr schmal und häufig zu beiden Seiten von Häusern begrenzt, nach

km 9 **Moltrasio** (247 m, 2000 Ew.). Dieser Teil der Uferzone des Comer Sees ist wenig fashionabel, die Hotels und Restaurants sind bürgerlich bis kleinbürgerlich. Parkplätze zu finden ist nicht leicht, am besten läßt man den Wagen an den Parkplätzen in der Nähe der Schiffsanlegestelle und erkundet den Ort zu Fuß. Etwas oberhalb der Via Regina liegt die **Pfarrkirche San Martino** mit ihrem romanischen Campanile, die Kirche selbst wurde im Spätmittelalter und im 17. Jahrhundert umgebaut, dabei wurde das Innere reizvoll barockisiert. In der zweiten Seitenkapelle rechts werden Fresken und Altarbild dem Fiammenghino zugeschrieben. An der Uferstraße liegt die **Villa Erker-Hocevar,** die sich mit Aufenthalten Vincenzo Bellinis verbindet, der hier an der „Sonnambula" geschrieben hat. Am nördlichen Ortsausgang steht neben dem Eingang der großen **Villa Passalacqua,** die in der 2. Hälfte des 18. Jahrhunderts vom Tessiner Architekten Francesco Soave errichtet wurde und vor allem durch ihren Park auffällt, die kleine, leider immer verschlossene romanische **Kirche Sant'Agata,** von der man immerhin das Außenfresko des Thronenden Christus aus dem 12. Jahrhundert bewundern kann. Die Uferstraße wird nach Moltrasio noch um einen Hauch enger und kurviger, beidseits begrenzt von den hohen Mauern einiger Villen des 18. und mehr noch des 19. Jahrhunderts. So erreicht man

Moltrasio ist ein enger Fußgängerort

km 10,5 **Carate-Urio** (204 m, 1250 Ew.), einen administrativen Doppelort, der aber aus zwei deutlich getrennten Ortskernen besteht, Urio, das man zunächst erreicht, dann Carate. Am sich erweiternden Westarm des Comer Sees erfreut der sich nun öffnende Blick auf das Ufer von Riva di Faggeto und die Villa Pliniana (→ Route 11). Die Ausrichtung nach Südwesten läßt das Klima mild und freundlich sein, der steile Abfall der Ufer hat bisher verhindert, daß die moderne Urbanisierung hier Fuß gefaßt hat. In Urio steht die **Villa Castel d'Urio,** die um die Mitte des 17. Jahrhunderts auf den Resten einer Burg errichtet und im 19. Jahrhundert unter Francesco Melzi d'Eril ausgebaut wurde.

Auf dem Weiterweg über

Pyramide des Professor Frank in Laglio

km 12,5 **Laglio** fällt im nördlichen Ortsteil *Torriggia* eine 20 m hohe **Granitpyramide** auf. Es handelt sich um ein Grabmal, das im Stil der römischen Cestius-Paramide für den deutschen, aber in Italien lehrenden Professor der Medizin Josef Frank errichtet wurde. Der 1842 in Como verstorbene hinterließ sein Vermögen zwei italienischen Universitäten, Bedingung: die Pyramide. Nach dem Ort mündet die Uferstraße wieder in die oberhalb verlaufende Umfahrungsstraße. Der nächste Ort

Brenno

Typischerweise heißt die Hauptstraße von Brienno „Via Labirinto"

`km 15,5` **Brienno** (203 m, 400 Ew.) wird wieder, diesmal mittels eines Tunnels, umfahren; er hat vielleicht noch mehr als die Orte, die wir bisher besucht haben, seinen vorindustriellen Charakter eines Fischer- und Bauerndorfes bewahrt. Die Häuser mit zuweilen schrägen Fundamentmauern ruhen im Uferbereich direkt im See, sind ineinander gebaut und verschachtelt, die Gässchen haben Karrenbreite und nicht mehr. Die Via Regina tut sich hart, hier durchzukommen. Kaum denkbar, daß vor der Konstruktion der Tunnelumfahrung der gesamte Verkehr hier durchdonnerte! Brienno ist heute wieder ein ruhiger, um nicht zu sagen schläfriger Ort. Kein Tourismus, keine Restaurants, keine Boutiquen. Im Cafè trifft man nur die Einheimischen. Als enger Fußweg schlängelt sich die opportun so genannte „Via Labirinto" durch die Bausubstanz des Örtchens, sie ist nicht die einige Fußgängergasse, man muß schon selbst durch diesen Labyrinth gehen, ihn einfach auszprobieren. Die **Ortskirche SS. Nazaro e Celso** bewahrt noch ihren mittelalterlichen Campanile, im Inneren sind einige Ausstattungsstücke sehenswert, so die Orgel und ein Poliptychon von Andrea Passari, mit 1508 datiert, in der Sakristei. Nach dem Ortsausgang mündet wieder der Umfahrungstunnel. Die Küstenstraße hat hier einmal etwas mehr Platz, weder Orte noch Villen finden sich bis nach

`km 20` **Argegno** (202 m, 700 Ew.). Der Ort liegt an einem Knick des Westarmes des Lago di Como. Von hier aus hat man, wenn man von Süden kommt, zum ersten Mal einen weiteren Blick auf den See, bisher hatte man immer den Eindruck, er müsse gleich enden: bei Como scheint er ja nur ein winziges Seelein zu sein, dann öffnet er sich ganz schüchtern bei Cernòbbio, endet scheinbar wieder bei Moltrasio, ist

Torriggia

bei Torriggia ein schmaler, kurzer Fjord. Von Argegno sieht man bereits die Isola Comacina, die aber von der Halbinsel Lavedo dominiert wird. Im Hintergrund ahnt man schon Bellagio und die Weite des mittleren Sees. Der Ort liegt wie so viele andere Orte an den Oberitalienischen Seen auf einem Schwemmkegel, den der aus dem Intelvi-Tal herunterfließende Telo aufgeschüttet hat. Das heißt nun nicht, daß Argegno viel Platz hat, das Tal ist sehr schmal, die Piazza, auf der man heute unterhalb des Ortes am See flanieren kann, wurde künstlich aufgeschüttet und auch der kleine Hafen auf der anderen Seite des Telo ist, wie man an den langen Molen ersieht, künstlich. Die 1929 geweihte neoromanische **Kirche** hat noch ein paar alte Stücke, eine lokale „Anbetung der Hirten" (einer von ihnen bringt Käse als Geschenk), die Köpfe sind wohl jene von Dorfbewohnern. Wer mehr sehen will, fährt vom Nordende des Ortes mit der **Seilbahn** hinauf nach *Pigra* (881 m) und hat ein herrliches Panorama.

Von Argegno fährt man in das Valle d'Intelvi

Arogno (Schweiz) im Südwesten des Intelvi

Argegno ist aber vor allem Ausgangspunkt eines für Kunstliebende unabdingbaren **Ausfluges in das Valle d'Intelvi.** Dieses „Tal" ist in Wirklichkeit eine stark zerstückelte und von Bächen und Torrenten zerschnittene Hochebene, auf der mehrere Dörfer liegen, die gemeinsam den Namen Intelvi haben. Die Täler ziehen von der Hochebene in drei Richtungen: nach Osten zum Lago di Como, nach Norden zum Porlezza-Arm des Lago di Lugano und nach Südwesten, zum Capolago-Arm des Luganer Sees im Tessin. Von diesen drei Seiten ist das Intelvi auch auf Straßen erreichbar, von italienischem Territorium sind es die Straße ab Argegno und eine weitere ab Porlezza. Die an die 1000 m hoch gelegenen Orte des Intelvi (Erbonne liegt 903 m hoch) sind beliebte Zweithausgebiete der Comasker und Mailänder Bürger, die sich hier

Die Meister aus dem Intelvi haben viele deutsche Kirchen geschaffen: Wallfahrtskirche Maria-Hilf in Amberg, Ausstattung (Stuck, Figuren, Hochaltar) von Giovanni Battista Carlone (1702), 1717 von Paolo d'Aglio, ebenfalls aus dem Intelvi, fertiggestellt

Wallfahrtskirche auf dem Gartlberg bei Pfarrkirchen (Niederbayern), Hochaltar von Giovanni Battista Carlone, Stukkaturen im Chor von Paolo d'Aglio (1687)

komfortabel eingerichtet haben. Hotels gibt es kaum, wer hier herkommt, fährt am Abend wieder an den See zurück oder hat ein eigenes Haus.

Das Intelvi-Tal ist nicht irgendein Tal sondern ist die Heimat von Generationen von Künstlern, ganzen Familien von Steinmetzen und Malern, Baumeistern und Stuckierern, die aus diesen Dörfern kamen und in aller Barockwelt arbeiteten, den Maestri comacini. Carlo Carlone, der in Einsiedeln, Ansbach, Ludwigsburg und Wien Klöster und Schlösser schuf und barockisierte, Carlo Antonio Carlone, der den Passauer Dom entwarf, Pietro Ferrabosco, der Hofmaler Kaiser Ferdinands I. arbeitete in der Wiener Hofburg, in Prag und Pressburg, die Reti, Frisoni und Scotti arbeiteten vor allem in Württemberg, Domenico II. Quaglio baute Hohenschwangau im früh-historistischen Stil um, ein Quaglio stattete die erste Oper, die je in Wien aufgeführt wurde, mit Bühnenbildern aus. Alle diese Meister von Familien, die oft über Jahrhunderte, nachweisbar vom 16. bis 19. Jahrhundert im norditalienischen und süddeutsch-österreichischen Raum arbeiteten und mit ihrer Arbeit die Stilentwicklung dieser Bereiche und der europäischen Kunst schlechthin maßgebend beeinflußten, stammten aus den Dörfern des Intelvi.

Wer so viel unterwegs war, hatte natürlich in der – oft nur noch ehemaligen – Heimat kaum Zeit, sich zu verewigen. So sind denn im Intelvi nur wenige Bauten von den Großen des Intelvi gestaltet oder ausgemalt worden. Am interessantesten ist in diesem Sinne wahrscheinlich **Santa Maria d'Intelvi** in *Lanzo* (APT Lanzo, Palazzo Comunale, Tel. 031-840143). Der barocke Zentralbau der 1. Hälfte des 18. Jahrhunderts wurde von den Brüdern Carlo und Diego Carlone üppig dekoriert, stuckiert und illusionistisch ausgemalt. Das geschah irgendwann zwischendurch, denn die Brüder hatten alle Hände voll zu tun. Fresken des Carlo Carlone, Stuckarbeiten des Diego Carlone finden sich in vielen Kirchen und Palästen südlich und nördlich der Alpen. Ein Fresko des aus der örtlichen Familie Scotti stammenden Carlo aus der 1. Hälfte des 18. Jahrhunderts findet man in **San Lorenzo** in *Laino*, einer romanischen Saalkirche, die aber barock ausgebaut und stuckiert wurde, von Mitgliedern der Comascher Künstlerfamilien Barberini (Giovanni Battista: Stuck) und Crespi (Giuseppe und Giuseppe Maria: Bildmedaillons). In der gleichen Zeit und wahrscheinlich von den gleichen Meistern wurde **San Antonio** in *San Fedele Intelvi* (Infos über Comunità Montana del Lario Intelvese, Via Roma 9, Tel. 031-830741) aus einer romanischen Saalkirche in einen Barockzentralbau umgewandelt. Auch aus *Verna*, *Pellio* und *Scavia* kommen Intelvi-Meister, doch fehlen in diesen Orten Denkmäler ihres Kunstschaffens. Nicht nur neuzeitliche Kunst bietet das Intelvi, an vielen Orten haben sich bemerkenswerte Dokumente romanischer Kunst erhalten. Die Fassade der **Kirche Sant'Antonio in San Fedele,** der Campanile und die Apsis von **San Pankrazio in Ramponico,** die Apsis von **SS. Quirico e Giulitta** in **Veglio** stammen aus dieser Kunstphase. Besuchenswert sind auch die Reste vieler **Mühlen,** die das Tal betrieb, in Pellio, Osteno, Scaria, im „Valle dei mulini" zwischen Dizzasco und Cerano.

Die Isola Comacina

Nach Argegna quert man das Örtchen *Colonno* (215 m, 600 Ew.) und erreicht

km 24 **Sala Comacina** (213 m, 500 Ew.). Der kleine Fischerort liegt in unmittelbarer Nachbarschaft der einzigen Inel des Lario, der Isola Comacina, von der es ja auch den Namen hat und mit der es historisch verbunden ist (→ *Ossuccio-Isola Comacina* *). Das angenehme Klima des südausgerichteten Ortes hat schon im 18. Jahrhundert Stadtflüchter hierher gelockt und Villen entstehen lassen, wie die **Villa Rachele,** in der schon Manzoni zu Gast war. Fast unmittelbar an Sala schließt

km 24,5 **Ossuccio** und **Isola Comacina*** (275 m, 900 Ew.) an. Nach der Durchquerung dieser aus mehreren alten Kernen bestehenden Gemeinde erreicht man

Krypta und Baptisterium von San Stefano in Lenno sind wichtige romanische Bauten

km 26 **Lenno** (202 m, 1600 Ew.). Lenno ist ein ruhiger Ferienort mit kleinem Hafen und Schiffsanlegestelle, einigen Bootsliegeplätzen, Villen vor allem des 19. Jahrhundert und einem bemerkenswerten Kirchenensemble um die **Pfarrkirche San Stefano** an der zentralen Piazza 11.Febbraio. Die nach 1593 errichtete Kirche ist innen barock ausgestattet, mit illusionistischen Malereien und falschem Marmor. Renaissance-Fresken aus der Luini-Schule (1. Hälfte 16. Jh.) stellen das Marienleben dar. Unter der Kirche ist eine dreischiffige **Hallenkrypta,** die noch aus der romanischen Basilika des 11. Jahrhunderts stammt. Die Kapitelle dieses Baues haben antikisierenden Stil und könnten einem noch älteren, vielleicht langobardischen Bau entstammen. Neben der Kirche steht ein einfaches romanisches Oktogon, das von der Form her als **Baptisterium** definierbar. Das Bauwerk wurde gemeinhin in das 12. Jahrhundert gestellt, wird jetzt aber wegen der geknickten Übereck-Lisenen an den Kanten als Bau des 12. Jahrhunderts angesehen.

Villa del Balbianello in Lenno vom anderen Seeufer aus

Von Lenno führt ein Sträßchen und Fußweg zum **Kloster Aquafredda,** 250 m über dem Ort. Die ehemalige Zisterzienserabtei steht zwischen hohen Zypressen am steilen Hang, heute wird sie von Franziskanern genutzt. Während der barockisierte Klosterbau aus dem 12. Jahrhundert stammt, wurde die Kirche erst im 17. Jahrhundert errichtet.

Von Lenno kann man zu Fuß auf die grüne Halbinsel gelangen, die von Südwesten her den Blick versperrt, den Dosso di Lavedo (332 m). Der Besuch der interessanten **Villa del Balbianello** an der äußersten Spitze ist jedoch nur mit dem Boot ab Ossuccio möglich (zu den Öffnungszeiten alle halbe Stunden). Die Villa gehört heute dem Fondo per l'Ambiente Italiano. Errichtet 1787 auf den Ruinen eines Franziskanerklosters vom lebenslustigen Kardinal Durini, besteht dieser Baukomplex aus einer zu Wohnzwecken veränderten Kirche, einem etwas darüber liegenden eigentlichen Villenbau und einem Belvedere mit offener Loggia auf dem höchsten Punkt. Umgebende terrassierte Gärten und die Bauten selbst wurden nach 1974 vom privaten Besitzer gründlich renoviert und dann dem FAI übergeben. Den schönsten Blick – wenn man nicht das Glück hat, die Villa im Vogelflug sehen zu können – hat, wer die Halbinsel mit dem Boot umrundet, also auch der mit dem regulären Schiff von Como über Ossuccio nach Lenno reisende Tourist.

Die Villa del Balbianello liegt landschaftlich besonders reizvoll

Wir haben uns recht lange in Lenno aufgehalten. Es geht weiter über *Azzano* (an der Straße hinauf nach *Mezzegra*, die hier beginnt, wurden im Frühjahr 1945 Benito Mussolini und seine Freundin Clara Pettacci erschossen) nach

km 29 **Tremezzo-Cadenabbia***(225 m, 1400 Ew.) mit der Villa Carlotta und ihrem Barockgarten, einem der zehn bedeutendsten Gärten Italiens.

Nördlich *Griante*, dem letzten Ortsteil von Tremezzo, wird der Uferhang unter San Martino so steil, daß die Straße einen kurzen Tunnel benötigt, um zwischen See und Steilhang zu passieren. Jenseits liegt

San Martino oberhalb Griante

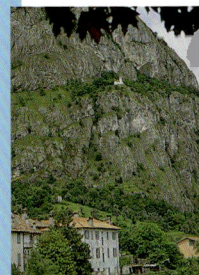

Tremezzo-Cadenabbia und Menaggio von den Bergen oberhalb Bellagio aus gesehen

km 34 **Menaggio** (203 m, 3200 Ew.)

Menaggio ist alt, wie römische Reste beweisen

APT Menaggio, Piazza Garibaldi 8, Tel. 0344-32924, breit hingestreckt auf dem nur mäßig geneigten Schwemmkegel des Torrente Sanagra in den Comer See. Hier geht die durch das Val Menaggina führende Verbindung zum Luganer See ab, das hat den Ort schon immer strategisch bedeutsam gemacht. Im Ortszentrum in Gebäude eingemauerte Steine zeigen, daß Menaggio alter Siedlungsboden ist, eine römische Inschrift verweist auf das Altertum, ein Visconti-Wappen aus einer zerstörten Kirche auf das Mittelalter. Die **Kirche San Carlo** von 1614, eine der ersten, die man dem heiligen Carl Borromeo widmete, wurde auf dem Terrain eines mittelalterlichen Kastells errichtet. Der hohe, schlanke Glockenturm mit der reizvollen, geschwungenen Haube, ist reinstes spanisches Barock. Über dem Ort sind die Reste eines weiteren Kastells, das bereits, wie eine Tafel festhält, in den Auseinandersetzungen zwischen Como und Mailand 1118 bis 1127 existierte. Die **Villa Vigoni-Mylius,** Sitz des Centro Italo-Tedesco, das sich der Pflege deutsch-italienischer Beziehungen verschrieben hat, ist nur noch kunsthistorisch leere Schale. Das alte Anwesen kam 1829 an den Deutschen Heinrich Mylius, der den Bau klassizistisch umgestalten ließ. 1983 kam die Villa durch Testament in den Besitz der Bundesrepublik Deutschland. Im ebenfalls klassizistischen Park stehen ein Tempelchen und Statuen aus der Zeit, unter anderem auch, wie es heißt, von Bertel Thorwaldsen. Von Menaggio aus besucht man

Römische Inschriftsteine in Menaggio

Plesio (595 m) und **Breglia** (749 m), zwei Bergdörfer nördlich über dem Ort. Beide Orte sind heute Sommerfrischen, Plesio profitiert von seiner Mineralwasserquelle (große Abfüllanlage), die Luft ist gut, die Aussicht herrlich und Wanderwege führen auf den 1736 m hohen **Monte Grona**, wobei, wer will, sogar eine echte Via ferrata zum Gipfel wählen kann. Das Rifugio Menaggio sorgt dann beim Abstieg für das leibliche Wohl. Von Breglia erreicht man die **Wallfahrtskirche Madonna di Breglia**, deren Aussichtsterrassenlage unvergeßlich ist. Prächtige Jugendstilvilla im Ortsteil Loveno.

Breglia

Ein anderer **Ausflug führt in das Val Sanagra** bis hinauf nach **Naggio** (657m) von dem eine Straßenverbindung nach Porlezza am Lago di Lugano führt. Man fährt zunächst in Richtung Porlezza, zweigt aber nach 4 km (1,5 km nach der Überwindung des Passes im Orte Croce) nach rechts in Richtung „Grandola e Uniti" (Name der Gemeinde) ab. Hier steht gleich im nächsten Ort *Cardano* die **Villa Bagatti Valsechi** aus dem 17. Jahrhundert, die bis in das 19. Jahrhundert mehrmals umgebaut wurde und sich durch ihren großartigen terrassierten Steingarten über der Schlucht des Sanagra auszeichnet. Im Ort selbst liegt an einer kleinen, kopfsteingepflasterten Piazza mit von Graffiti geschmückten Renaissance-Häusern die den dekorativen Rahmen dieses Ambiente steigernde, ansonsten unprätentiöse, an der Front durch eine Loggia dekorativ gegliederte **Villa Camozzi**.

Gonte mit dem Monte Grona

Ausflug in das Valle d'Intelvi über Porlezza (→ Argegno oben) Die Verbindung nach Porlezza, zum Lago di Lugano, nach Lugano, Campione d'Italia und nach Ponte Tresa ist in Route 9 beschrieben.

Man verläßt Menaggio auf der Uferstraße, die nun den Zusatz „d" trägt, also N340d. Am Ende des verstädterten Bereiches von Menaggio kommt noch einmal ein kleiner Häusernukleus, das Örtchen *Nobiallo* mit seiner ehemaligen **Pfarrkirche SS.Bartolomeo e Nicola**. Man hat kein Problem, die romanische Kirche auszumachen, ihr angebauter Glockenturm ist nämlich schief, so schief wie jener in Pisa, nur nicht so hoch, sonst wäre er etwas bekannter. Der See weitet sich hier aus, aber das Ufer wird steiler, einige Tunnel sind notwendig, um zum nächsten Vorgebirge zu kommen, der Punta La Gaeta, an der die Gemeinde Sant'Abbondio beginnt Hier steht die spät-historistische (zwanziger Jahre dieses Jahrhunderts!) **Villa La Gaeta** mit auffälligem Turm. Bei

km 39 erreicht man **Acquaseria** (208 m), den Hauptort von *Sant'Abbondio*. Die Pfarrkirche aus den dreißiger Jahren ist trotz einer älterer Ausstattungsstücke kaum besichtigenswert. Im Ort hat sich eine Kooperative niedergelassen (Via Statale, 75), die mit Behinderten Gips-Krippenfiguren produziert, die Cooperativa Azalea Lenno. Die Gipsabgüsse werden seriell gefertigt und manuell bemalt.

Kirche Santa Maria im gleichnamigen Ort

Der nächste Ort gehört schon zur *Gemeinde S.Maria-Rezzònico* (1200 Ew.). Die Gemeinden am See sind Großgemeinden, die aus vielen Fraktionen bestehen, die Namen der einzelnen Fraktionen und jene der Gemeinde sind für Besucher, die nur kurz bleiben wollen, oft etwas schwierig auseinander zu halten, zumal die Beschilderung nicht unbedingt zur Klärung beiträgt. In dieser Gemeinde ist es leichter, sie besteht aus zwei größeren Ortsteilen, Santa Maria und Rezzònico, beide am Ufer, sowie mehreren Orten am Hang, vor allem Gallio und Treccione. Auf der Uferstraße erreicht man zunächst

km 40 **Santa Maria** (215 m). Wie der Name schon erwarten läßt, wird der Ort von seiner Kirche dominiert. Die **Kirche Santa Maria,** gegründet 1464 bis 1474 von den Dominikanern, hat ein schönes Hauptportal mit Heiligendarstellungen im Sockelbereich, Arma Christi und einem Veronikatuch. Im Inneren fällt sogleich die Freskierung auf, die aus der Renaissance und dem Barock stammt, zum Teil von guter bis hervorragender Qualität ist, aber in einigen Bereichen schlecht restauriert wurde. Die Fresken des Triumphbogens, eine Himmelfahrt Mariens in der Engelaureole mit musizierenden und singenden Engeln zu beiden Seiten, stammt von einem Comasker Meister und wurde wohl in den vierziger Jahren des 16. Jahrhunderts ausgeführt. Am bedeutendsten sind die Fresken zweier Kapellen. In der ersten rechten Seitenkapelle wurde 1541 von Sigismundo de Magistris eine Schutzmantelmadonna zwischen den Heiligen Petrus Martyr und Thomas gemalt. Gegenüber in der ersten linken Seitenkapelle befindet sich eine recht manieristische Kreuzigung, die den Einfluß Aurelio Luinis zeigt (1580). Dieser Einfluß wird noch deutlicher im Hochaltarbild von Giovanni Pietro Gnocchi (1578), einer weiteren Himmelfahrt Mariens .

Die Kirche Santa Maria im gleichnamigen Ort hat einen schönen barocken Innenraum

Neben der Kirche finden sich Mauerreste einer quadratischen Befestigung, sie gehen auf ein **spätrömisches Bauwerk** zur Sicherung der Via Regina zurück.

Am Hafen in Rezzònico

Der nächste Ortsteil, den man nur erreicht,wenn man nicht versehentlich den Umgehungstunnel benützt, statt zum Ort selbst nach rechts abzubiegen, ist

km 41 **Rezzònico** (225 m). Der Ort ist alt, nur zu Fuß kann man durch die schmalen **Gäßchen** spazieren, die oft nicht einmal Karrenbreite haben, die **Treppenwege** zum Wasser hinunter sind altgepflastert. Am kleinen **Fischerbootshafen** gibt es nicht einmal ein Cafè, der Tourismus ist an Rezzònico noch vorübergegangen. Die Häuser sind bisweilen in schlechtem Zustand, manche nicht mehr bewohnt, in Verfall begriffen,

Rezzònico ist immer noch Fischerort

einige wenige werden repariert. Eine Frau wäscht ihre Wäsche im See, nachher füttert sie die Enten, die seit einer Weile immer näher gekommen waren. Alles scheint eingeschlafen zu sein. Wir denken an einen Dornröschenschlaf, plötzlich meinen wir, muß es weiter gehen, macht der Bäcker die Läden auf, werden Türen geöffnet und Stühle hinausgestellt für die Siesta, bekommt der Lehrling endlich die Backpfeife. Aber nichts geschieht, der Ort schläft weiter.

Oben am Nordrand sind die Reste einer mittelalterlichen **Burg** der Familie della Torre nicht zu besichtigen, Privatbesitz. Nebenan steht die kleine Kirche der heiligen drei Könige **(Chiesa dei Re Magi)**, die im 17. Jahrhundert verändert wurde, wie alt sie ist, ist nicht auszunehmen. Die normalerweise offene Kirche ist heute dem Kult des heiligen Antonius von Padua geweiht, dessen Statue sich über dem Hochaltar mit dem Altarbild der heiligen drei Könige befindet.

Türbeschlag am Hafen in Rezzònico

Von Rezzònico fährt und geht man dann auf einem Maultierpfad hinauf nach **Gallio,** ein Dorf, in dem die Zeit stehen geblieben ist. Außenfresken schmücken einige Häuser, so bei Nr. 10 eine Marienkrönung. Die kleine *Kirche Santa Lucia* mit ihrem Granitportal, hat einige hübsche Ausstattungsstücke des 16. und 17. Jahrhunderts.

km 43 **Cremia** (213 m, 800 Ew.) erreicht man bei der kleinen Ufersiedlung mit der **ehemaligen Pfarrkirche San Vito.** Ihre zwei Campanili sind unterschiedlich hoch, der kleinere stammt aus der 1. Hälfte des 11. Jahrhunderts. Die zweischiffige Kirche besitzt an der rechten Chorwand ein Fresko von 1499 „Thronende Madonna mit San Rocco und San Martino" von Battista da Musso (der auch anderswo am oberen Lario und im Veltlin arbeitete). Die heutige Pfarrkirche der Gemeinde und die Verwaltung befinden sich im höher gelegenen *Vignolo* (3300 m). Weinbau, Obstanbau und ehemals der Ölbaum kennzeichnen diesen Ort. Der Ölbaum wurde nicht aufgegeben, weil sich das Klima geändert hat, sondern weil er im Vergleich zu den Preisen aus anderen Provinzen eingeführten Olivenöls zu wenig brachte und bringt. Das ist überall am Lario der Fall, wo nur noch wenige Bauern ihr Olivenöl pressen, so in Consiglio di Rumo, und wo es heute ein ganz besonderes Fest und eine große Ehre ist, dieses Olivenöl kosten zu dürfen. Die **Pfarrkirche San Michele,** die man zu Fuß erreicht, ist am Portal mit 1577 bezeichnet, wurde 1456 erstmals erwähnt und stammt wohl aus der Zeit knapp davor, sie wurde, wie üblich barockisiert. Neben einem Taufbecken von 1533 sind bemerkenswert das Poliptychon vom Ende des 15. Jahrhunderts in der zweiten Kapelle links (Madonna mit Kind und den heiligen Sebastian und Rochus; Pietà zwischen San Geralomo und San Tomaso). Das Hauptaltarbild „Heiliger Erzengel Michael mit Luzifer" (vor 1577) ist aus der Schule des Paolo Veronese.

Die alte und heute noch gültige Grenze markieren zwei Steine, die man nach der Querung des Torrente Quadrella passiert, sie geben die Jahreszahlen 1600 und 1607 für die Grenzfixierung der beiden Gemeinden Cremia und

km 45 **Pianello del Lario** (221 m, 1000 Ew.). Pianello hat wachsende touristische Bedeutung. Besonders für Segler und Surfer hat sich bereits eine gewisse Tradition entwickelt. Seit 1978 gibt es das **Museo Raccolta Barca Lariana,** in dessen vierzehn Räumen sich Fischerhandwerk und Schiffahrt des Sees spiegeln, Fischerboote, Transportboote, alte Ruderboote, insbesondere aber die typischen Gondeln des Lario, die größer und stabiler sind, als jene der Serenissima, oft von einem Verdeck zum Sonnenschutz überbaut, schließlich wurden sie von der begüterten Klasse benutzt, deren Damen Wert auf vornehm blassen Teint legten. Die **Kirche San Martino,** deren Hauptportal das Jahr 1534 nennt, aber wesentlich älter ist, wurde um 1640 von Isidoro da Campione mit Fresken geschmückt. In

km 46,5 **Musso** (215 m, 100 Ew.) ist wieder ein winziger, gut erhaltener Fischerort mit kleinem Bootshafen und umgebenden, niedrigen Laubenhäusern erreicht. Der bereits im Hochmittelalter befestigte Ort wurde unter der Herrschaft des Condottiere Medeghino ab 1522 zur Festung ausge-

In Cremia gab es früher Ölbäume

Das Museo Raccolta Barca Lariana zeigt Seeboote aller Art

baut: der Hafen wurde mit einer starken Mole abgeriegelt, darüber entstand ein Mauerzug und im Norden des Ortes baute der Usurpator, der sich „Castellano della Rocca di Musso e Signore delle Tre Pievi" nannte, eine Burg, die heute zerstört ist. Für seine Bauten konnte er den wertvollen Marmor verwenden, der bei Musso als schmaler Streifen ansteht, bevor weiter nördlich das kristalline Grundgebirge dominiert. Von der Kirche sieht man zum ersten Mal, wenn man von Süden kommt, in den Nordteil des Sees hinein, zum letzten Mal öffnet und verändert sich hier der Blick auf den Lario, bevor man sein Nordende erreicht. Die **Kirche San Biagio** wurde 1337 erstmals erwähnt und 1387 als Pfarrkirche geweiht, im 15. und 16. Jahrhundert verändert, wobei man den freistehenden Campanile (1730) errichtete. Die Fresken des Inneren stammen aus derselben Zeit. Der Taufstein soll aus dem 11. Jh. sein, vielleicht ist er sogar noch älter. Interessant die eisernen, etwa 30 cm langen Kreuze, die an der Außenwand der Kirche angebracht sind. Namen der Verstorbenen und Jahreszahl sind jeweils angegeben, sie stammen alle aus dem 18. Jh.. Wahrscheinlich hat man bei Weiterverwendung alter Gräber die Grabkreuze an die Kirchenwand genagelt, wie wir das etwa auch in Vanzone im Val Anzasca (→ Route 4) gesehen haben. Am Haus Nr. 54 hat sich ein **Außenfresko** der thronenden Gottesmutter mit dem Chistuskind erhalten, es ist von Battista da Musso, dessen Werke wir schon in Cremia bewundert haben. Am Nordausgang der Gemeinde steht die kleine **Kirche Sant'Eufemia** auf den Ruinen des 1532 von einer Feindkoalition zerstörten Kastells des Medeghino, der „Rocca di Musso". Um die Ecke liegt

Musso war die Festung des Condottiere Medeghino

km 47,5 **Dongo *** (208 m, 3400 Ew.). Von hier aus lohnt sich ein

---

Abstecher nach Gàrzèno und über den Passo il Giovo zum Passo di San Jorio

Die Straße führt zuerst kurz in das Tal des Albano hinein und steigt dann hinauf nach 4,5 km Stazzona (520 m), einem Bergdorf im unteren Kastanienbereich mit Wein- und Obstbau und mehreren benachbarten, aus alten Bauernhäusern bestehenden Weilern wie Avanzonico und Selva. Die **Pfarrkirche San Giuliano** wurde im Chor mit einer Darstellung des Paradieses von Giampaolo Recchi ausgemalt (1672). Die Straße führt über

km 6 **Germàsino** (570 m), wo im höher gelegenen Weiler Sassetto in der **Kapelle SS.Rocco e Sebastiano** Fresken des 15. Jahrhunderts zu besichtigen sind, nach

km 7,5 **Garzèno** (662 m). Diese Berggemeinde hat sich entlang einer hangparallelen Straße entwickelt, von der mehrere kurze Gäßchen abgehen. In der Pfarrkirche SS.Pietro e Paolo stammen die Gemälde im stuckierten Chor des 17. Jahrhunderts von Fiammenghino. Von Garzèno aus kann man noch ein paar Kilometer auf der Straße weiter in das Val Dongana fahren, bis bei

km 15 **Brenzeglio** (kein Ort, ein Name für die Gegend) das Fahrverbotsschild kommt und durch den sich rapide verschlechternden Straßenzustand das weiterfahren bald nicht mehr möglich ist. Wer weitergeht, entdeckt, daß die Straße, die in vielen Kehren und dann in einer langen Hangquerung, an der heute noch von Ziegen bestoßenen Alm Brento vorbei zum Passo il Giovo mit Schutzhaus und weiter zur Schweizer Grenze zum Passo di San Jorio (2004 m) führt, sehr alt sein muß. Tatsächlich existiert sie wahrscheinlich schon seit römischer Zeit, im Mittelalter war sie ein wichtiger Handelsweg von der Lombardei in das Tessin und nach Deutschland, aus dem Jahre 1465 ist dokumentiert, daß verschiedene lombardische Gemeinden, darunter Como, die Paßstraße auf ihre Kosten erneuerten. Die Paßkapelle ist für 1593 bezeugt. Heute kann man bis zum Passo il Giovo mit dem Auto fahren, über eine von Garzèno abzweigende Straße (beim Hotel in der großen Linkskurve am Beginn des Ortes), die durch das bei Gravedòna mündende Lirotal dorthin führt und wieder ein neues alpines Ziel durch das schlichte Faktum der Eröffnung einer Straße ruiniert hat (natürlich ist die Straße für Privatautos gesperrt. Im Juli haben wir ein Volksfest oben am Paß miterlebt, wir wanderten hin, Tausende fuhren mit ihren Autos und Motorrädern hin. Dreck, Mist, Abfälle, Gestank und dann ein riesiges Unwetter, das unter den ebenfalls über den Passo il Giovo führenden Hochspannungsleitungen zu waagrecht in diese einschlagenden Blitzen führten. Die Polizei war dabei, zum einweisen).

Die Schwemmkegel von Albano und Liro sind fast zusammengewachsen, ausnahmsweise ist einmal Platz für einen größeren Ort. Der Verwaltungssitz und die Pfarrkirche von

Consiglio di Rumo zieht sich hoch in die Weinberge hinauf

km 51 **Consiglio di Rumo** (230 m, 1100 Ew.) liegt unten im Schwemmland, wenn auch die meisten Fraktionen auf dem Hang darüber liegen, bis hinauf nach Basciarino, das tief drinnen im Valle Slorio auf 1300 m Höhe liegt. Der Name der Gemeinde ist sicher vorrömisch, „concilium" war im Lateinischen (u.a.) die Bezeichnung für einen Zusammenschluß keltischer Streusiedler in einem zentralen Ort. Der zweite Teil des Namens zitiert die herrschaftliche Familie Rumo, die im 13. Jh. die Geschicke des Ortes bestimmte, die im 14. Jh., aber von den Visconti abgelöst wurde, wonach Consiglio di Rumo den üblichen historischen Weg der Orte am oberen Lario nahm.

Auf dem warmen Hang über dem Hauptort San Gregorio an der Staatsstraße wächst der Wein bis hoch hinauf und eine ganze Reihe von Bauern haben einen **Crotto,** in dem sie nicht nur den Wein ausschenken, sondern auch etwas zum essen dazu anbieten. Unser Favorit ist der *Crottone Riella,* den man nur mit einem kurzen Spaziergang zu Fuß erreichen kann, Schilder weisen von der Straße nach Brenzio und jener von Dongo nach Garzèno auf ihn und andere Crotti hin. Von dort oben sieht man aus der überdeckten Veranda auf den ganzen oberen Lario. Vielleicht zeigt man Ihnen den Keller, er ist ein echter

Felsenkeller und erhält durch eine Spalte im Hintergrund ständig eiskalte Luft aus dem Berg heraus nachgeliefert.

Die **Pfarrkirche** unten in *San Gregorio* an der Durchgangsstraße ist selbstverständlich **San Gregorio**. Die einschiffige Saalkirche von 1374 (und früher) wurde zu Ende des 15. Jh. ausgemalt, wie Freskenreste in der Apsis zeigen, eine Theophanie im Übergang von Spätgotik zur Renaissance ist besonders einprägsam. In *Brenzio*, hoch oben, ist die **Kirche San Giovanni Battista** besichtigenswert. Sie stammt aus dem 15. Jh., im 17. Jh. hat man sie neu ausgestattet, eine neue Apsis gebaut und die heutige Holzdecke eingezogen. Die Fresken sind von Isidoro Bianchi, in der rechten Seitenkapelle stellen Fresken des Fiammenghino den heiligen Johannes den Täufer dar. Ebenfalls von diesem Meister sind die Darstellungen in der Kapelle der heiligen Jungfrau.

Wenn man den stark fließenden Liro-Fluß quert, ist man in

Uferpartie und Bootshafen in Domaso

km 51,5 **Gravedòna*** (205 m, 2700 Ew.). Fast ohne Übergang schließt sich der nächste Ort an,

km 53 **Domaso** (205m, 1400 Ew.), Pro Loco, Villa Camilla (Rathaus), Tel. 0344-96322. Wie Gravedona und Gera Lario (später Sorico) war Domaso im Mittelalter zentraler Pfarrort für die Ufer und Täler des westlichen oberen Lario, eine der „Tre Pievi". Der städtische Charakter des Ortes rührt von dieser alten Bedeutung her, wäre nicht der Tourismus, der die Besiedelung des nahen Schwemmkegels des Livo bestimmt hat, wäre Domaso von seiner Funktion her ein Dorf.

Domaso war im Mittelalter zentraler Pfarrort

Oberhalb der Uterstraße und parallel zu ihr führt ein alter Durchgangsweg durch den ganzen Ort. Schmale Treppenwege, Stiegen, Maultiersträßchen führen nach oben und unten, nach oben in die Weinberge und weiter in die Dörfchen Segna und Gaggio, nach unten zur Promenade an der Uferstraße mit ihren Laubenhäusern, in denen heute einige Cafès und Gaststätten untergebracht sind. Brunnen markieren die kleinen Piazzette an Straßenkreuzungen, Marmortürstürze und eingemeißelte Wappen verkünden von früher größerer Bedeutung des Ortes. Die einschiffige **Pfarrkirche**

Der Weiler Gaggio oberhalb Domaso

San Bartolomeo romanischer Provenienz wurde barock ausgestattet, insbesondere der Chor mit den Fresken des Veltliners Cesare Ligari (1758) ist einen Besuch wert. An der Uferstraße stehen einige älter Villen, so die **Villa Camilla** aus dem 18. Jh., die heute als Rathaus fungiert. Die sogenannten Fresken des Inneren sind teilweise recht schlecht erhalten und wurden auf trockenen Putz gemalt, also durchaus nicht „al fresco".

> Am anderen Ortsende führt die Straße links zu den Dörfern **Vercana** (345 m) und **Caino** (522 m), die sehr hübsch liegen, völlig nach Süden ausgerichtet sind und entsprechend mildes Klima aufweisen. Viele Häuser haben *Außenfresken*, bemerkenswert eine gotisierende Madonna mit Kind im Weiler *Lubiana*. Die *Pfarrkirche San Salvatore* in *Vercana* ist ein älterer Bau, der im 17. und 18. Jahrhundert völlig dem geltenden Geschmack angepaßt wurde, dabei entstand eine barocke Inneneinrichtung, die zu den reichsten im ganzen Gebiet des Lago di Como gehört. Insbesondere der Chor ist prächtig ausgestattet: auf der linken Wand ist der Mannasegen dargestellt, vor 1637 entstanden, der Ostabschnitt enthält ein Letztes Abendmahl, das zwischen 1670 und 1680 ausgeführt worden ist. Der Bogen enthält Darstellungen der Propheten, der Sibylle und Passionsszenen, die wohl dem Valsoldeser Giovanni Battista Pozzo zuzuschreiben sind. Die Statuen der Engel, Evangelisten und Propheten wurden vom Tessiner Stuckierer Agostino Silva ausgeführt. Die zweite Ausschmückungsphase betrifft vor allem die Altarbilder, die in den Sechziger Jahren des 18. Jahrhunderts entstanden sind.

Zur Uferstraße zurückgekehrt, quert man den Schwemmkegel des Livo, von dem nach rechts mehrere Straßen zum Strand und zu einer ganzen Reihe von Campingplätzen abzweigen. Nach Querung eines besonders tückischen, seinen Lauf immer wieder (zuletzt 1951) verlegenden Torrente, erreicht man

Gera Lario ist wegen der Fresken in San Vincenzo Ziel Kunstbeflissener

km 58 **Gera Lario** (210 m, 900 Ew.). In den engen **Treppengassen** des Ortes über dem recht großen Fischerhafen mit Mole, Leuchtturm und Madannenstatue auf dessen Spitze ist kaum Leben zu spüren. Die Bewohner haben viele Häuser verlassen, wohnen in Neubauten, die den Ort besonders im Westen umgeben und die bei einem neuerlichen Katastrophenhochwasser wieder gefährdet sind – 1951 gab es 17 Tote. Der Ort lebt nicht mehr, wie früher, vom Fischfang, die Gewässer des Lario geben nicht mehr viel her. Industrie-Arbeitsplätze in benachbarten Orten des oberen Lario und im Veltin haben die Nachfolge des Fischfangs angetreten. Schon im vorigen Jahrhundert waren in Gera selbst Industriearbeitsplätze geschaffen worden, eine Seidenspinnerei vor allem, an diesen alten Erwerbszweig erinnern die vielen schönen Maulbeerbäume, die es überall noch gibt.

Die **Kirche** der Muttergottes **von Fatima** mitten im Ort (ehemals Kirche der Fischer von Gera und später Heiligtum der

Fischer Italiens genannt) ist leider seit der Restauration nach der Überschwemmung von 1951 ziemlich häßlich. Die **Pfarrkirche San Vincenzo** am westlichen Ortsrand (von Domaso kommend links der Straße) macht diesen Mangel mehr als wett. Nach 1176 errichtet auf einem romanischen Vorgängerbau, wurde die Kirche vor allem im 16. Jahrhundert ausgeschmückt. Der Eindruck des Inneren ist überwältigend, der Triumphbogen wie die Apsis sind mit Fresken überzogen, das goldüberzogene Poliptychon des Hochaltars leuchtet davor, Gemälde und Skulpturen der Seitenaltäre aus der ausgehenden Gotik und der manieristischen Renaissance ziehen den Blick des Betrachters auf sich. Im romanischen Teil der Kirche, ausgegraben nach 1964, haben sich Reste des Mosaikbodens erhalten. Die Fresken des Chores sind zwischen 1546 und 1547 entstanden, ihre frischen, kräftigen Farben kontrastieren mit den etwas süßlichen Tönen und Formlinien der Fresken des Triumphbogens aus dem vierten Viertel des 16. und ersten des 17. Jahrhunderts. Der ältere Zyklus war eine Auftragsarbeit der Gesellschaft der Bootsleute von Gera, sehr hierarchisch aufgefaßt, die Evangelisten mit ihren Symbolen in den Zwickeln des Kreuzrippengewölbes, Gottvater ganz oben in der Ostwand der Apsis, die heiligen Petrus und Paulus und, ganz byzantinisch, je nach Bedeutung weitere Darstellungen von Honoratioren der Kirche. Das Polyptychon des Hauptaltars, datiert 1547, deckt einen Teil der Fresken zu. In seinem Mittelteil ist die Muttergottes mit Kind dargestellt, daneben je zwei Heilige. In einem weiteren Bilderband sind darüber die Kreuzigung und nochmals vier Heilige dargestellt. Interessant das Altarbild des linken Seitenaltars vor dem Triumphbogen, das Tafelbild der zweiten Hälfte des 17. Jahrhunderts stellt die Muttergottes mit Kind und Rosenkranz dar, darunter sind der heilige Dominik und die heilige Rosa dargestellt, die von einem Putto je einen Rosenkranz erhalten, ringsum befinden sich in 15 Feldern Darstellungen der Geheimnisse des Rosenkranzes. Das Werk ist wohl Stiftungsbild einer Rosenkranzbruderschaft, deren kleine Kapelle mit Ossarium neben der Kirche für das 17. Jahrhundert bezeugt ist.

San Vincenzo in Gera Lario birgt im Inneren beeindruckende Fresken

Der letzte Ort am Westufer, aber voll nach Süden ausgerichtet, wo die gewaltige Kulisse des Monte Legnone (2609 m) sich erhebt, ist

km 59 **Sòrico** (208 m, 1200 Ew.). Hier mündet der Fiume Mera in den See, er fließt durch den Lago di Mezzola durch, der einmal mit dem Lago Maggiore verschmolzen war, aber die Schwemmfächer von Mera und Adda, die etwas weiter südlich aus dem hier ebenfalls mündenden Veltlin kommt, haben seit dem Frühmittelalter die Verbindung unterbrochen. Das brettebene Gebiet dazwischen, ein sumpfiges, viele seltene Pflanzen und Tiere, Wasservögel und viele Zugvögel beherbergendes Gebiet, nennt sich **Piano di Spagna**, Spanische Ebene, nach dem **Forte Fuentes**, das in seinem

Von Sòrico erreicht man das Naturschutzgebiet Pian di Spagna

Via dei Monti Lariani: verlassenes Dorf im innersten Lirotal

Südteil schon südlich der Adda unter der spanischen Okkupation der Lombardei errichtet worden war (→ Còlico, Route 12). Das Gebiet ist heute geschützt, aber man kann an einer Stelle campen und vor allem mit dem Pferd das Schwemmland durchstreifen, zwei Reitställe in Sòrico sind darauf spezialisiert. Zahlreiche Entwässerungsgräben haben leider Schneisen der Zerstörung in die Feuchtvegetation gelegt. Die Surfer und Segler im Übergangsbereich zwischen Schwemmland und offenem See tragen das Ihre zur Zerstörung bei. Schilf, Mädesüß, Süßklee, Schwertlilie, Hundsminze, Breitwegerich, Weiden, Pappeln und Erlen, Beifuß, Zinnkraut, Seggen, das Pfeilkraut, die Kuckuckslichtnelke, Hahnenfuß, Margeriten und viele feuchtigkeitsliebende Orchideen (darunter einige sehr seltene) fallen dem Spaziergänger mit Liebe zur Natur selbst bei einem zeitlich beschränkten Abstecher in diese Landschaft auf.

Die **Kirche Santo Stefano** aus romanischer Zeit, erhielt 1444 den Titel der Pfarrkirche, den sie bis heute erhalten hat, vorher hatte ihn Olonio im Bereich des heutigen Gera Lario, das heute aufgrund der Überschwemmungen am Westrand des Ortes völlig verschwunden ist. Der Bau wurde im 16.Jhdt. erweitert, das Marmorportal erinnert daran, die Bögen des Chores, ein Kreuzigungsfresko an der Apsiswand. Deutlicher wird das 17. Jahrhundert, als die Kirche wieder verändert wurde, die Bilder (bis auf ein älteres Triptychon, das die Kreuzigungsdarstellung der Apsis verdeckt) stammen aus dieser Zeit.

Osteria in Dosso del Liro

Oberhalb Sòrico liegt *Miro* (300 m) mit der kleinen dreischiffigen **Kirche San Miro**. Man erreicht die Kirche in zwanzig Minuten auf einem steilen Maultierpfad. Die Kirche bewahrt den Leib des Eremiten Canzo, der hier um 1381 verstorben ist und der wie ein Heiliger verehrt wurde. Ein älterer Bau wurde im späten 15. und 16. Jahrhundert grundlegend verändert und von Sigismundo De Magistris 1526 ausgemalt, andere Fresken sind schon früher entstanden (1483 bis 1497), wohl von lokalen

Meistern. Der Gegensatz zwischen den beiden Stilen ist frappant. Der Fiammenghino auf dem Hochaltar ist eine Kopie, das Original befindet sich in der Sakristei von Santo Stefano.

Der Weg nach San Miro ist gleichzeitig der **Beginn eines grandiosen Wanderweges,** der von Sòrico entlang des gesamten Westufers des Lario bis Cernobbio bei Como hinunterführt. Wir sind bisher nur Teile gegangen, so den Weg hier herauf und in das hintere Tal von Sòrico bis Peledo (796 m) vor allem aber den spektakulären Weg von Livo

Hof eines Hauses in Dosso del Liro mit Buckelkorb, wie er heute noch zum Holztragen benutzt wird

über Peglio und Dosso del Liro in das innerste Lirotal zum Ponte di Vincino, nach Piazza (960 m) und über den mittelalterlichen Punt de Budanghel nach Dongo. Der *Sentiero „Via dei Monti Lariani"* ist eine zwar markierte aber nicht über das Notwendige hinaus ausgebaute Verbindung zwischen den höchsten Siedlungen der Berge über dem See, manchmal bis in den Almenbereich hinauf steigend, manchmal heute noch bewohnte Orte berührend. Viele alte, bereits verfallene Wege wurden in einer Gemeinschaftsaktion des Italienischen Alpenvereins, der Gemeinden und der Fremdenverkehrssektion der Provinz Como wieder erschlossen, repariert, gangbar gemacht und markiert. Es gibt kaum oder doch wenige Nächtigungsmöglichkeiten, aber man ist oft nicht sehr hoch über einem Ort, in dem man nächtigen kann, wir hatten das Zelt dabei, um unabhängig zu sein. Überall gibt es Wasser, der äußersten Südteil im Kalk ausgenommen. Diese absolut einsame, die heute verlassenen Siedlungen des Lario erschließende Weg ist besonders in seinem nördlichen Teil zwischen Sòrico und Garzeno ein Weg in die Vergangenheit dieser Landschaft, den jeder, der wandern kann, und diesen See, seine Geschichte, seine Menschen kennenlernen will, einmal gegangen sein sollte.

Die „Via dei Monti Lariani" ist der längste Wanderweg am Comer See

Von Sòrico führt die N340d zum Ponte del Passo über den Mera-Fluß, wo sie sich bei

km 61 gabelt. Beide Äste führen zur N26, der linke Ast geht in Richtung Norden (Chiavenna, St.Moritz), der rechte in Richtung Süden (Còlico, Lecco, Veltlin). Man erreicht bei

km 64 die Gabelung von N36 (Como-Chievenna) und N38 in das Veltlin. Die N36 nach Süden ist in Route 12 beschrieben, die Straße in das Veltlin und jene nach Chiavenna in Route 15.

Route 11

Das „Dreieck" des Lario:
Von Como über Bellagio nach Lecco

Como – Torno – Faggeto Lario Palanzo – Nesso – Asso Valàssina – Lèzzeno – **Bellagio*** – Asso Valàssina – Oliveto Lario – Lecco* (53 km)*

Diese Straßenverbindung von Como nach Lecco über die Nordspitze des Larianischen Dreieckes zwischen den beiden Südausläufern des Sees ist zwar nicht die kürzeste, aber sicher die schönste Verbindung zwischen den beiden Orten. Insbesondere, wenn man daraus eine Rundfahrt macht und über die Brianza zum Ausgangspunkt zurückkehrt (→ Route 14) und auch noch das hügelige, von Seen durchsetzte Gebiet südlich des larianischen Dreiecks besucht! West- und Ostteil dieser Route unterscheiden sich gravierend. Im Westen, am Comer Arm des Sees, liegen immer wieder Villen, die Berge dahinter sind von Dörfern besetzt, die in den Kastanienwäldern liegen und heute durch einigermaßen gute Straßen mit dem Ufer verbunden sind. Im Ostteil am Lago di Lecco hingegen fällt die Uferzone viel steiler ab, an einigen Stellen mit senkrechten Felsen. Zwischen beiden liegt Bellagio, der vielleicht reizvollste Ort des ganzen Sees, ganz dem Idealbild eines Villenortes im „Land, wo die Zitronen blüh'n" entsprechend, wenn dort auch üblicherweise keine Zitronen blühen, es sei denn hinter Glas, der Lario ist ein Alpensee, nicht das Mittelmeer, wenn uns Ölbäume, Zypressen Agaven und Kamelien auch anderes vorgaukeln mögen.

Die Straße Como-Bellagio-Lecco ist eine der aussichtsreichsten an den Seen

Man verläßt **Como*** in Richtung Bellagio auf der Staatsstraße 583 „Lariana", die das Ufer über Bellagio bis Lecco erschließt. Durch stark verstädtertes Gebiet erreicht man nach der Punta di Geno und dem Knick der Seerichtung von Nordwest nach Nordost das heute mit Como schon völlig verwachsene

km 6,5 **Blèvio** (231 m, 1300 Ew.). Die Gemeinde am recht steilen Westhang des Pizzo Tre Termini (1140 m) besteht aus sieben Ortschaften, darunter die am See oder knapp darüber gelegenen Dörfer Girola, Porto, Meggianico und der durch ein schmales Sträßchen mit der Uferstraße verbundene Ort *Sopravilla* hoch oben mit schönem Blick auf den See und – an besonders klaren Tagen, die nicht gerade häufig sind –

Blick von Blèvio auf Cernòbbio (rechts die Villa Este)

hinüber bis zum Gran Paradiso. Der Blick auf den See ist beschränkt, man sieht nur einen kleinen Ausschnitt, aber dafür dominiert die Villa d'Este in Cernòbbio. Um Ufer stehen einige alte, nicht öffentlich zugängliche Villen, die hier so ziemlich alle erste am See bereits im 18. Jh. errichtet wurden. Nur mit dem Boot kann man zumindest ihre Seefassaden sehen. Von Sopravilla führt ein

Wanderweg hinüber nach *Brunate* (→ **Como***).

Am Kap Punta di Torno liegt gegenüber Moltrasio an einer engen Stelle des Sees (600 m)

`km 8` **Torno** (225 m, 1100 Ew.). Der alte Ort war im Mittelalter Rivale des nahen Como und wurde im 16. Jh. von diesem verwüstet. In der **Kirche Santa Tekla** mit ihrem stark renovierten romanischen Glockenturm findet sich eine Figurengruppe „Beweinung Christi" im Stil des Überganges von der Spätgotik zur Renaissance. Einen halben Kilometer weiter auf der SS 583 steht die **Kirche San Giovanni** aus dem 12. Jahrhundert mit romanischem Turm, Renaissance-Marmorportal und Fresken des 17. Jahrhunderts sowie reicher Innenausstattung des im Stil der Comasker Spätgotik errichteten Schiffes. Die Schwibbögen, die den offenen Dachstuhl tragen, ähneln jenen von Santa Maria delle Grazie in Gravedòna (Route 10) und San Vincenzo in Gera Lario desgl.) Unten am Seeufer liegt die oben nicht einsehbare, vom Boot aus aber gut zu sehende **Villa Pliniana**, eine der berühmtesten Villen des Sees. Der Bau von 1573 (für den Grafen Giovanni Anguissola, Statthalter des spanischen Königs Karls I., also des Habsburgers Kaiser Karl V. in Como) erstreckt sich über drei Stockwerke, die drei Mittelarkaden öffnen sich vor einem zum See offenen Saal im Piano Nobile. Hinter der Villa entspringt die bereits durch den jüngeren Plinius, nach dem das Haus benannt ist, beschriebene intermittierende Quelle, deren Wasser in stetem Rhythmus sinkend und fallend entspringt und über einen achtzig Meter hohen Wasserfall zur Küste hinunterstürzt, um knapp danach und unter der Villa durch in den See zu münden. Die Villa ist für Besucher zwischen Mai und Oktober nur nach schriftlicher (bestätigter) Voranmeldung geöffnet.

Die Villa Pliniana wurde unter den spanischen Habsburgern errichtet

Bei `km 11` Abzweigung in die Bergorte der Gemeinde **Faggeto Lario** (530 m, 100 Ew.) **Molina** (467 m), **Lemna** *(530 m, Gemeindehauptort)* und (5 km) **Palanzo** (570 m). Die Dörfer, in denen Autos kaum eine Chance haben oder auch (Molina) ausgeschlossen sind, sind zum Teil von neuen Appartements und Landhäusern umgeben. Die Wälder hier sind von Ahorn und Buche dominiert, während die sonst allgegenwärtige Robinie zurücktritt. In der Kulturlandschaft fallen Wein und vor allem die vielen Walnußbäume auf. Das Walnußöl hat man früher viel verwendet, es wurde zum Beispiel in der Riesentorkel, die in Palanzo steht, gepreßt. In *Palanzo* läßt man den Wagen beim Parkplatz am Friedhof, geht in den Ort zurück und steigt zur über dem Ort gelegenen Pfarrkirche hinauf. Auf einem Hügel darüber steht der **Turm** einer Befestigung aus der Zeit des Hochmittelalters, als Palanzo zum Gebiet der Herren von Nesso gehörte. Noch einmal höher (und vom Ort auch über einen Kreuzweg ab der Via del Soldo zu erreichen) liegt die **Kirche del Soldo** (636 m) auf einem kleinen, von Zypressen eingefaßten Plateau mit wunderbarem Blick nach Südwesten und Norden über den Comer Arm des Sees. Von der Höhe des Turmes aus führen gut markierte Wanderwege zum Rifugio del Palanzone und zum **Monte Palanzone** (1436 m).

Blick von der Kirche del Soldo oberhalb Palanzo auf den Comer See

Die Staatsstraße quert auch im Uferbereich des Gebiet von Faggeto Lario, bis bei

`km 13` **Pognana Lario** (307 m, 875 Ew.) erreicht wird. Auch diese Gemeinde besteht aus mehreren Orten, darunter Canzaga, San Fedele mit der Schiffsanlegestelle, Giùgnolo, Rovesco, Riva und Quarzano. In Quarzano steht die romanische **Kirche San Miro,** die im 15. Jahrhundert spätgotisch umgebaut wurde. Der Campanile und ein Bild der Nordwand mit dem heiligen Christophorus sind noch aus der Gründungszeit. Über die Maultierstraße nach Palanzo zu erreichen ist die spätgotische **Saalkirche San Rocco** mit Fresken im Chorbereich.

Abstecher in die Berge führen zu alten Bauerndörfern inmitten von Kastanienwäldern

Nesso mit der Kirche SS.Pietro e Paolo

Auf der Weiterfahrt erreicht man *Careno* mit seinen zwei Kirchen, unten am Ufer steht die romanische **Kirche San Martino** (10./11. Jh.) mit schönem Campanile. Careno gehört bereits zu

`km 17` *Nesso* (300 m, 1400 Ew.), einem langgezogenen Dorf mit den Ortskernen Riva im Norden und Castello im Süden. Castello wurde bis 1531 von einer **Burg** überragt, von der sich bescheidene Reste erhalten haben, die Zerstörung erfolgte durch Francesco II. Sforza. Man quert die Klamm des Nesso **(Orrido di Nesso)** und erreicht Borgo mit der **Kirche SS.Pietro e Paolo** aus dem 17. Jh., die aber, wie häufig bei den barocken Bauten am See, auf einen 1095 geweihten Vorgängerbau zurückgeht. Von Nesso kann man einen

> **Abstecher in die Berge** machen. Über Scevio und Vico, dann (Stichstraße) Erno, erreicht man (Stichstraße) Zelbio mit schöner *Pfarrkirche San Paolo,* in der man den Hochaltar mit einem Bild des Carlo Carlone (1686-1775) besichtigt. Über (7 km, Stich-straße) Vèleso gelangt man auf den Pian del Tivano, ein ehema-liges Almengebiet, das heute durch Gasthäuser und Zweithäuser sowie Wintersportanlagen okkupiert wird. Über den Paß Colma del Piano mit Rifugio Stoppani (1124 m) gelangt man hinunter nach Sormano (12,5 km, 760 m) und nach Asso (22 km) im Valassina (→ Bellagio weiter unten).

Nachdem man die Punta Cavagnola auf enger Straße in senkrechten Felsen hoch über dem Wasser hinter sich gelassen hat, weitet sich der See etwas. Hier blickt das See-ufer gegen Norden, jenseits liegen die Isola Comacina, Ossuccio, der Dosso di Lavedo auf seiner großen Halbinsel.

km 23 **Lèzzeno** (202 m, 2000 Ew.) ist ein eher kühl-mittel-europäisches Agglomerat von siebzehn Fraktionen, die hohen Berge im Süden halten Licht und Wärme ab. Die Gemeinde war seit der Eigenstaatlichkeit der Isola Coma-cina in deren Händen und wurde bis in die napoleonische Zeit vom anderen Ufer her verwaltet. Der erste Ort, *Pescàu,* erinnert nicht nur im Namen an das ehemalige Fischerdorf. Im Zentrum von Lèzzeno steht die **Pfarrkirche SS.Quirico e Giulitta,** ein älterer, im 18. Jahrhundert barockisierter Bau. Ein Fresko des Giulio Quaglio im Chor (1712) stellt Martyrium und Glorie der beiden Heiligen dar. Von den zahlreichen Grotten am Ufer des Sees lohnt sich besonders die Boots-fahrt zur **Grotta Azzurra** (wie auch sonst sollte sie heißen) oder Grotta delle Capre.

An den Ortsteilen San Giovanni und Lòppia vorbei erreicht man

km 30,5 **Bellagio.**

Lèzzeno

Bellagio vom Ufer bei Cadenabbia aus gesehen

Hier beginnt die Straße über die Berge des und durch das Valàssina in die Brianza (→ Route 14). Die Straße steigt kurvenreich durch Wald bis Civenna, wo man einen herrlichen Blick auf den Lago di Lecco hat. In *Magrèglio* (10,5 km, 744 m), einem Dorf mit Zweithausumfeld steht an der Straße beim kleinen Friedhof des Ortes die **Kirche Madonna del Ghisallo** (755 m). Die Kirche ist seit 1948 Heiligtum der Radfahrer und enthält Votivgaben dieser Sportgruppe, besonders auch der Radfahrer des Giro d'Italia, der hier passiert. Votivherzen, Fahrräder, Lampen, Bilder, Kleidung, schriftliche Erinnerungen finden sich. Das unbekannte Heiligtum erlebte einen nie zu erhoffenden Aufschwung, nachdem es von Papst Pius XII. zum Schutzheiligtum der Radfahrer erhoben wurde. Das Bildnis des Betreibers dieses klugen Unterfangens, des Dorfpfarrers Don Ermelindo Viganò (mit pfiffigem Gesicht) ist vor der Kirche neben einem Monument für Italiens Idol Fausto Coppi aufgestellt.

Der Abstecher Bellagio-Valàssina-Brianza führt hoch über den See

In **Barni** (12 km, 630 m), einem Ferienort der Mailänder in grünem Tal unter bewaldeten Bergen, hat man endlich das Valàssina erreicht, dem die Straße nun bis Erba folgt. In Barni steht am Friedhof südlich des Ortes die **Kirche SS.Pietro e Paolo,** eine romanische Saalkirche des 11. Jahrhunderts, die im Spätmittelalter umgebaut wurde, wobei sie auch (um 1500) ausgemalt wurde. Am Ortsende liegt die **Quelle San Luigi,** die von Leuten, die sich hier kanisterweise das Wasser abfüllen, gut besucht wird. Der völlig unbeachtete Hinweis, daß man hier nur 2l pro Person abfüllen dürfe, hängt wohl mit der 100 m entfernten Mineralwasserfabrik zusammen.

Von Barni fährt man talabwärts, die Abzweigung nach Sormano (17 km) wird passiert, kurz darauf folgt links die Abzweigung zum nahen *Lasnigo*. Am Ortseingang steht ein altes **Quellhaus,** das Wasser wird heute daneben eingeleitet, daneben ein kleines Kapellchen und darunter, auf einem Hügel, die romanische **Kirche Sant'Alessandro** mit hohem, schlankem Turm, das ganze ein besonders hübsches Ensemble. Die Kirche wurde in der ersten Hälfte des 16. Jahrhunderts erneuert, wobei der Campanile der 1. Hälfte des 12. Jahrhunderts erhalten blieb, er ähnelt mit seinen drei biforigen Glockengeschoßen dem Kirchturm von **SS.Cosma e Damiano** in *Rezzago* an der Straße nach Sormano.

Über **Asso** (427 m) einen alten befestigten Ort, von einer Burg überragt, erreicht man **Canzo** (20 km, 387 m). Weiter Route 14!

Von Bellagio fährt man in fast genau südlicher Richtung entlang des Westufers des Lago di Lecco, der See wird von steilen Ufern begleitet, kein größerer Ort hat sich hier entwickeln können.

km 41 **Oliveto Lario** (204 m, 100 Ew.) besteht aus mehreren kleinen Orten, *Limonta* (267 m) erreicht man zuerst, die Kirche San Dionisi liegt über dem Ort. Am südlichen Ortsende fällt die große Villa auf, die als **Casa di Riposo Resnate** sich als Stiftung eines Privatmannes für die Allgemeinheit ausweist. Limonta gehörte übrigens bis in die napoleonische Zeit (so wie Campione!) dem Kloster Sant'Ambrogio in Mailand. Im zweiten Ort, in *Vassena* zeigen Bars, Trattorien und Boutiquen, daß hier der Fremdenverkehr eingekehrt ist, der schmale Lago di Lecco mit seinen stark schwankenden Winden, ist besonders für Surfer ein beliebtes Reiseziel. Am Camping La Fornace ist eine alte Kalkbrennerei namengebend gewesen, Hinweise auf das Kalkbrennen und alte wie neue Schottergruben und Steinbrüche findet man allenthalben, das Material wurde früher mit dem Schiff weggebracht. Heute ist die gesamte Straße als Neubau in Planung, ein Gedanke vor dem uns graut.

Der Lago di Lecco ist schmal und von steilen Bergen flankiert

Das Steilufer wechselt immmer wieder sein Gesicht, einmal wird es von Schotterstrand begleitet, dann von Felsen, dann von einzelnen, in den Schotter eingelassenen Felsengruppen. Im steilsten Bereich unter dem **Monte Moregallo** (1276 m) hat ein Tunnel die Straße aufgenommen. Man kommt wieder heraus bei

km 50 **Pavè,** das man über ein Stichsträßchen nach links erreichen kann, ansonsten geht es über *Malgrate* und die zu querende Adda nach

km 53 **Lecco*.**

Dächeridylle

Route 12

Das Ostufer des Comer Sees

Lecco * *– Abbadia Lariana – Mandello del Lario – Varenna* * *– Bellano* * *– Dervio – Còlico (38 km)*

Die Ostuferstraße hat im Gegensatz zur „Via Regina", die das Westufer des Comer Sees erschließt (→ Route 10) keine alte Geschichte. Noch zu Anfang des 19. Jahrhunderts gab es hier keine durchgehende Straßenverbindung. Eine Karrenstraße zwischen Varenna und Bellano war nur 1,7 m breit, manche Verbindungen hatten nicht einmal diese Breite und können nur als Maultierpfade, als Mulattiera bezeichnet werden. Zwischen Lecco und Bellano gab es überhaupt keine Straße, der Verkehr erfolgte entweder per Schiff oder über das Valsàssina (→ Route 13). Doch, es gab eine Verbindung, sie setzte sich aus Sträßchen, Maultierstraßen, Wegen, Fußwegen, Saumpfaden zusammen, von Dorf zu Dorf, von Weiler zu Weiler, meist nicht in Ufernähe sondern hoch oben in den Dörfern über dem See . Diese alten Verbindungen sind heute von Abbadia bis Còlico als Fußweg wieder instandgesetzt und markiert worden, sie nennen sich „Sentiero del Viandante", wobei ein alter Name für die gesamte Ostuferverbindung verwendet wurde (→ dazu auch weiter unten bei Mandello). Der Name „Via Ducale" oder „Via Regia", aber auch (völlig unbegründet) „Napoleona" stammt aus der Zeit der Errichtung der heutigen durchgehenden Uferstraße, die 1817 bis 1832 von den Österreichern gebaut wurde, als das Lombardo-venetische Königreich vom Erzherzog Rainer als Vizekönig verwaltet wurde. Damals entstanden die Straßenverbindungen zum Splügenpaß und die nach wie vor höchste Alpenstraße, die Stilfserjochstraße (1827 fertiggestellt), die bei Còlico durch das Veltlin nach Bormio führt. Der Erzherzog persönlich eröffnete 1834 die neue Straße, die später zur italienischen Nationalstraße 36 wurde. Inzwischen ist sie zwischen Abbadia Lariana und Còlico durch eine neue „Superstrada" ersetzt worden, die sich hoch oben durch Tunnel und über Viadukte bewegt und nur bei Varenna/Bellano noch Verbindung zum See hat. Diese Straße hat nun den Staatsstraßentitel, die Uferstraße wurde zur Provinzstraße 72.

Die Ostuferstraße wurde erst im 19. Jh. unter den Österreichern errichtet

Die Ostuferstrecke kann man also in Windeseile durchbrausen, die Superstrada nimmt keine halbe Stunde in Anspruch. Urlauber haben meistens etwas mehr Zeit und bleiben unten an der alten Uferstraße. Am schmalen Lago di Lecco dominieren die Berge hüben und drüben, besonders der Monte Moregallo (1276 m) jenseits des Sees dominiert den Ausblick und schränkt ihn ein. Erst bei Fiumelatte mit seinem interessanten Karstfluß öffnet sich der See und Bellagio, dann Menaggio erscheinen am jenseitigen Ufer. Varenna, Bellano, Dervio haben alle einen mittelalterlichen Kern. Die Kirchenfans kommen hier und in Piona mit seinem Kreuzgang auf ihre Kosten wie die Landschaftsfreaks, die natürlich in die Nebentäler eilen, um die zahlreichen Dörfer hoch über den steil zum See herabfallenden Tälern zu erkunden. Die volkskundlich und ethnologisch Interessierten kommen hier gleichfalls zum Zuge, bei den vielen Festen am See natürlich, aber auch im obersten Val Varrone, wo in Premana auf 950 m ein Dorf zu finden ist, daß voll und ganz von der Metallverarbeitung lebt, wo heute noch Messer, Scheren, ganze Bestecke erzeugt werden. In mehr als 120 kleinen Familienbetrieben, die jeder einzelne beweisen, daß heutzutage trotz Rationalisierung und Konzentration nicht nur Konzerne überleben können.

Man verläßt **Lecco*** in nördlicher Richtung und fährt zunächst auf der noch dem Stand des 19. Jahrhunderts entsprechenden N36 entlang der Uferzone des Sees, der hier noch sehr schmal ist. Rechts steigen die Kalkfelsen unter dem Coltignone (1473 m) senkrecht aus dem Steineichengrün, die kleine, knallrot gestrichene Kirche San Martino (767 m) neben dem Rifugio Piazza auf einem flachen Terrassenstück ist bis auf einen Normalweg nur über gesicherte Klettersteige zu erreichen. Bei

km 6 Gabelung, die P72, also die Uferstraße zweigt hier ab, wer die Abfahrt nicht mitbekommt, landet im Tunnel der Superstrada und kann erst in Varenna wieder an das Ufer des Sees. Rechts der Abzweigung steht der mittelalterliche **Turm „Torraccia"**, Rest einer Verteidigungslinie entlang dieser natürlichen Felsbarriere südlich von

km 7,5 **Abbadia Lariana** (204 m, 2900 Ew.). Wie der Name Abbadia = Abtei verrät, geht der Ort auf eine ehemalige Klostergründung zurück, eine Benediktinerabtei des 11. Jahrhunderts, 1272 von den Serviten übernommen und umgebaut, später säkularisiert und heute nur noch in wenigen Resten erhalten (im **„Conventino"**, einem Privathaus neben der Pfarrkirche). Die Gemeinde

Abbadia Lariana liegt auf dem Schwemmland des Torrente Zerbo

zieht sich weit den Hang hinauf, die *Piani Resinelli* und der Westteil der Grigne gehören, obwohl von Lecco und vom Valsàssina her straßenmäßig erschlossen, zu Abbadia (→ Route 13). Von den ehemaligen Seidenspinnereien, die in einer frühen Industrialisierungsphase angelegt wurden, ist nur die Erinnerung erhalten geblieben, sieht man vom **Museum der Seidenspinnerei** in einer ehemaligen Seidenfabrik der Familie Monte ab. Fast ohne Übergang erreicht man

Mandello mit der Kette der Grigne

km 10 **Mandello** (202 m, 10500 Ew.), mit seinem milden Klima. Am See und weit hinauf die sonnenwarmen Südhänge wachsen Ölbaum, Pittosporum mit seinen ledrigen Blättern, kleinen weißen Blüten und dem betörenden Duft von Orangenblüten, Araukarie, Feigen, Palmen und Zypressen, auf den Felsen wuchern Feuerlilien, leuchtet unter den Flaumeichen das zarte Lila des Diptam. Dennoch: Mandello ist ein Industrieort, der wie Abbadia früher auf Seide spezialisiert war und heute vor allem von der 1921 gegründeten **Firma Moto Guzzi** lebt, die wie Fiat oder Vespa den Nimbus italienischer Motorfahrzeuge beeinflußt hat. Im Mittelalter war Mandello ein befestigter Ort, Wall, Graben und Verteidigungsmauern umgaben ihn, heute ist wenig davon zu sehen, die Gräben wurden zugeschüttet. Der alte Ort am Hafen mit Fähranlegestelle hat dennoch Atmosphäre. Die **Kirche San Lorenzo** in diesem Bereich geht auf einen romanischen Bau zurück, wie der Campanile beweist, die heutige Kirche wurde 1613 geweiht. Der einschiffige Bau hat einen prächtigen Hochaltar im Übergangsstil zwischen Renaissance und Barock, die Schnitzarbeiten sind üppig vergoldet. Gemälde von Agostino Santagostino (1670) und die riesige Serassi-Orgel sind weitere interessante Ausstattungsstücke. Etwas nördlich liegt die **Kirche Madonna del Fiume** von 1627, ein Zentralbau mit reicher Barockinnenausstattung und einem umgebenden Platz mit Kreuzwegstationen.

Aus Mandello kommt Moto Guzzi

Das kunsthistorische Meisterwerk von Mandello liegt südöstlich des Ortes, gleich beim Anfang des Schwemmkegels, leicht erhöht über dem See, es ist die **Kirche San Giorgio** aus dem 15 Jahrhundert mit volkstümlichen Fresken des frühen 16. Jahrhunderts Der vollständige, ausgezeichnet erhaltene Freskenzyklus überzieht den ganzen Innenraum. Besonders interessant sind der Triumphbogen und die rechte Seitenwand. Auf der letzteren befindet sich ein Jüngstes Gericht, den Triumphbogen selbst überzieht eine von der Hierarchiebetonung her ganz byzantinisch anmutende Darstellung des „Himmlischen Jerusalem". Zuoberst thront auf dem Regenbogen in der Mandorla der auferstandene Christus, er wird flankiert von Engelschören und Posaunen blasenden Engeln, links und rechts davon sind übereinander drei Reihen von Engeln angeordnet. Unter dieser Komposition sind links und rechts der Choröffnung je drei Propheten zwischen gemalten Arkaden dargestellt, die tragenden, ebenfalls gemalten Säulen trennen im Basisbereich der rechten Seite drei Heilige, links sind sie von einer Darstellung der thronenden Madonna zwischen zwei weiblichen Heiligen verdeckt. Die abschließende Chorwand trägt eine leider weniger gut erhaltene Kreuzigungsszene.

San Giorgio in Mandello ist ein Meisterwerk

Ausflüge führen **in das Val Merla und auf die Grigne.** Über *Rongio* führen Pfade von Süden wie von Norden zum Rifugio Rosalba (1730 m) westlich der **Grigna Meridionale** (2184 m), diese Zustiege sind leicht, alle anderen, vor allem aber die Weiterwege, verlangen Bergerfahrung und Schwindelfreiheit, sie sind meist von versicherten Teilstücken mit großer Ausgesetztheit unterbrochen. Über *Palanzo* und *Somana* erreicht man *Sonvico*, hier endet die Straße und es geht nur zu Fuß weiter, zum Rifugio Bietti (1719 m) und auf die **Grigna Settentrionale** (2409 m), oder nach Norden auf den „Sentiero del Viandante", der bei Abbadia beginnt und in Còlico endet (oder zumindest offiziell endet, wir haben noch in Bòrdoli, einem Weiler östlich Villatico über Còlico die Markierungen des Weges gefunden). Der Sentiero del Viandante verbindet Teilstücke alter Wegverbindungen entlang des Ostufers des Lario, geht häufig bis auf vier-, fünfhundert Meter in die Dörfer hinauf, manchmal aber auch (in Bellano etwa) an den See hinunter. Treppenwege und Maultierpfade durch alte Ölbaumhaine zwischen Natursteinmauern wechseln einander ab, Waldstücke und Wiesen, alte Bachquerungen und uralte Kapellchen findet man am Weg, viele der winzigen Ortschaften, die man passiert, sind nicht mehr bewohnt, andere wurden zu Zweithaussiedlungen). Im Gegensatz zum Sentiero „Via dei Monti Lariani" im Westen des Sees ist man immer nahe dem See, kann jeweils hinunter, und jederzeit abbrechen, hat fast immer den See in Sicht.

Somana und die Grignekette

Über

km 12,5 **Olcio** an kleiner Bucht (ehemalige **Pfarrkirche S.Eufemia,** 17. bis 19. Jh.) erreicht man

km 15 **Lierna** (202 m, 1600 Ew.), dessen Gärten, Weinberge und Villen nun endlich jene fast mediterrane Atmosphäre zeigen, die der Besucher des Lario in seiner Vorstellung hat. Eine römische Villa (deren Reste im Archäologischen Museum in Lecco verwahrt werden) zeigt, daß hier schon vor 2000 Jahren gesiedelt wurde, wenn nicht schon – keltische Gräber hat man an mehreren Stellen des Ostufers gefunden – viel früher. Lierna besteht aus zwei alten Ortsteilen, über dem südlichen liegt die **Pfarrkirche Sant'Ambrogio** von 1626 sehr dekorativ zwischen Zypressen, der nördliche mit Namen **Castello** ist auf und in einer alten Befestigungsanlage errichtet worden, woher natürlich der Name rührt. Von den Befestigungen sieht man nicht mehr viel, nur am äußersten Ende des kleinen Landvorsprungs sind noch unüberbaute Mauern zu sehen. Die winzige **Kirche San Maurizio** steht am Rande dieser Hausgruppe neben der einfachen Bootslande.

Lierna wirkt fast mediterran

Nördlich Lierna kommt jenseits des Lago di Lecco, wie der Südostarm des Lario auch genannt wird, die Nordspitze der Halbinsel von Bellagio in Sicht, die Punta Spartivento und dann das Westufer des Lario zwischen Tremezzo und Menaggio, hier weitet sich der See, bei

km 20,5 **Fiumelatte** (220 m) sieht man schließlich über Menaggio und sein Val Menaggina bis hinüber zu den Bergen an der Grenze zum Tessin, zur Schweiz. Fiumelatte bedeutet Milchfluß. Die Straße ist hier eng, wer nur im Auto bleibt, sieht gar nicht, daß er an zwei Stellen fast milchig schäumende, steile Bäche quert. Der Fiumelatte, nach dem die winzige Ortschaft genannt ist, hat nur 250 m Länge, er entspringt einer Karstgrotte oberhalb am steilen Hang, zu der man auf einem Fußweg gelangen kann. Unten grollt und rauscht es dann gar fürchterlich und wir sind nicht die Ersten, die sich Gedanken machen, wie so etwas zustande kommt. Zumal der Fiumelatte auch noch die Gewohnheit hat, im Winter zu versiegen und im Sommer kräftig zu fließen, am stärksten im Frühling. Bei einem kürzlichen Besuch im Juni schäumte der Bach ganz frühlingshaft, im folgenden September war er völlig ausgetrocknet. Es handelt sich um ein Karstphänomen, wie es in den Kalkschichten der Grigne zu erwarten ist, um einen unterirdischen Hohlraum, der sich bei Schneeschmelze füllt und während des Winters, wenn im verschneiten und vereisten Gebirgskamm der Grigne kein Wasser fließt, austrocknet. Schon Plinius der Ältere und Leonardo da Vinci haben sich übrigens zum Thema Fiumelatte Gedanken gemacht und haben die Lösung des Rätsels gefunden.

Der Fiumelatte ist ein schäumender Karstfluß

Direkt nach Fiumelatte führt rechts der neue Umfahrungstunnel für Varenna in Richtung Bellano, wir fahren stattdessen nach links und nach

km 21 **Varenna*** (220 m, 800 Ew.) und um die Punte di Morcate herum erreicht man bei

km 22,5 eine Straßenabzweigung.

> Rechts kann man einen **Abstecher nach Gittana** und nach Regoledo machen, Bergdörfer mit wunderschönem Seeblick. Die Piazzetta von Gittana ist so ein Aussichtsstandort, mit der winzigen *Kirche delle Grazie* (1620/30) mit eingemauertem Relief eines Vorgängerbaus und der etwas zurückgesetzten *Pfarrkirche* (Bilder 1. Hälfte 17. Jh.).

Einige Tunnel im mittlerweile veränderten Gestein – wir haben den Kalk verlassen und das Urgestein erreicht – führen nach

km 24,5 **Bellano*** (202 m, 3400 Ew.).

> Hier zweigen die Straßen in das Val Muggiasca und die Valsàssina ab (→ Route 13).

Schiffsanlegestelle in Bellano

Man erreicht

km 28,5 **Dervio** (238 m, 2800 Ew.) auf dem Schwemmfächer des Varrone-Flusses. Durch den weit ausgreifenden Schwemmfächer ist der See hier regelrecht abgeschnürt, bis hinüber nach Rezzònico sind es an der schmalsten Stelle nur 1,4 km. Der Südteil des flachen Küstenstreifens wird von Tourismuseinrichtungen eingenommen, Segelschule, Surfschule, großer Strand, zwei Campingplätze. Industrie hält Dervio am Leben, aber im alten Uferörtchen **Borgo** merkt man

davon nichts, die **Pfarrkirche SS.Pietro e Paolo** blickt auf eng zusammengescharte alte Fischerhäuser hinunter, nicht auf Industriebetriebe. Im oberhalb gelegenen Ortsteil **Villa** steht die romanische **Kirche SS.Quirico e Giulitta,** die im 17. Jahrhundert, umgebaut und ausgestattet wurde. Das **Anwesen** der Familie **Magni** hat ein besonders schönes spätgotisches Portal mit schwarz-weißer Steinsetzung über dem Spitzbogen. Noch höher liegt der Ortsteil **Castello,** wo sich die Häuser schon recht ländlich um eine Burgruine scharen.

Von Dervio kann man einen **Abstecher in das Valle Varrone** machen. Die Dörfer dieses Tales, *Sueglio Vestreno* (587 m), *Introzzo* (687 m), *Tremènico* (739 m), *Aveno* (775 m), *Pagnona* (806 m) liegen alle am Südhang, unter sich haben sie die Weinberge, zwischen den Dörfern liegen Obstgärten, oberhalb sind Kastanienwälder, aus diesen natürlichen Faktoren setzte sich einmal die Wirtschaft zusammen. Das reichte aber nicht aus, deshalb mußten die Menschen Sommerarbeit in den großen landwirtschaftlichen Betrieben der Poebene verrichten, jahrelang ins Ausland gehen oder einen Handwerkszweig einschlagen, mit dem sie überörtliche Nachfrage erfüllen konnten. Das Dorf *Premana* (951 m), ein riesiger Ort am äußersten Ende des Tales, ist den Weg der Eisenverarbeitung gegangen und stellte Sicheln und Sensen, Messer und Scheren, wie auch andere Eisenwerkzeuge und -objekte für Oberitalien und das Ausland her. Besonders die Herstellung von Messern, ganzen Bestecken, Scheren und anderen kleinen Metallobjekten hat sich gehalten. Der Ort ist wesentlich größer als seine Nachbarn oder irgend ein anderer Ort in dieser Höhe und hat fast in jedem Haus dieselbe Anordnung: im Erdgeschoß Garagen oder Geschäft, im Ersten Stock Gewerbe, also Metallverarbeitung, und darüber mehrere Stockwerke mit Wohnungen. Das Ethnographische Museum des Ortes zeigt die alten Maschinen, Schmiedehämmer und Drahtzüge, Mühlen, spezielle Messerhämmer, Schmelzmodel für Eisenelemente, die man in Venedig für die Gondeln benötigte und die der Ort jahrhundertelang exportierte. Ausstellungen zum täglichen Leben, zur Landwirtschaft, zu den Trachten, zur Käseproduktion vervollständigen dieses faszinierende Museum.

Premana

Vom Valle Varrone führen **Wanderwege** in die herrliche und praktisch unbegangene Bergwelt, die im weithin sichtbaren *Monte Legnone* (2609 m) kulminiert (dazu → Còlico). Die Bergkette zwischen dem Monte Legnone und dem *Pizzo dei Tre Signori* (2554 m) ist durch einen Weg erschlossen, es gibt jetzt einen Hüttenstützpunkt für diese Zweitagestour. Das Bergland hier oben ist völlig einsam, es gibt bis auf die Anstiege zum Monte Legnone kaum markierte Wege, keine alpinen Stützpunkte und natürlich auch keine Wanderer. Dabei ist dieses Urgesteinsgebiet von einer herben, eindrücklichen Schönheit, die anderswo Menschen in Massen bringt. Der Pizzo dei Tre Signori, der Gipfel der drei Herren heißt so, weil sich hier jahrhundertelang (von 1523 bis 1797) drei Herrschaftsgebiete trafen, die Lombardei im Südwesten, sie war spanisch oder österreichisch besetzt, die Republik Venedig, zu der Bergamo und sein Bergland gehörten, im Südosten und die Schweizer Eidgenossenschaft im Norden, die im Besitz des Veltlins war.

Von Premana erreicht man auf schönen Wanderwegen den Pizzo dei Tre Signori

Nach Dervio erreicht man den zu dieser Gemeinde gehörenden Ort

km 30,5 **Corenno Plinio** (230 m). Den Beinamen Plinio hat es sich 1863 in Erinnerung an die Aufenthalte des Älteren Plinius gegeben. Der alte **Fischerort** mit seinen steilen schmalen Treppengassen und alten Häusern wird von der **Burg der Grafen Andreani** mit drei zinnengekrönten Türmen dominiert, am besten ist das Ensemble vom Schiff aus zu sehen. Neben dem für Besucher verschlossenen Eingang zur Burg steht an einer kleinen, von Platanen beschatteten und mit Kopfsteinpflaster bedeckten Piazza die **Kirche San Tommaso.** Sie ist, eine ganz große Seltenheit unter den Kirchen des Landes, dem heiligen Thomas Becket von Canterbury geweiht. Vor ihr und zum Teil in ihre Front eingelassen sind Arcosolgräber der Grafenfamilie Andreani im Stil der Campioneser Spätgotik in polychromer Inkrustation, wahre Meisterwerke des Kunsthandwerkes ihrer Zeit. Die Kirche weist innen gotische Fresken auf (rechts Darstellungen der Evangelisten von um die 1400), beachtenswert auch eine „Madonna mit Kind und dem heiligen Sebastian" von 1538 im lombardischen Stil (links).

Arcosolgräber an der Kirche San Tommaso in Corenno Plinio

Über *Dòrio*, dem man beim Bahnbau seinen Strand gestohlen hat, fährt man nach

km 33 **Olgiasca,** einem Dorf, wo links auf schmaler Straße ein

Abstecher beginnt, der an die Spitze der Halbinsel Piona mit der gleichnamigen Abtei führt (1,5 km). Die Halbinsel schließt einen Arm des Sees ein, der wegen seines Eigencharakters den Namen „**Laghetto di Piona**" erhalten hat. Von den Bergen ringsum, vom Anstieg auf den Monte Legnone, vor allem aber von den Anstiegen über Gravedona und Domaso jenseits des Sees sieht man schön die Halbinsel und den kleinen, dunkel wirkenden

Schiffsanlegestelle in Còlico

Laghetto. Das **Benediktinerkloster Piona** wurde, wie es heißt, um 600 gegründet, auf jeden Fall aber im 11. Jahrhundert, von Cluniacensern aufgebaut und zum Priorat erhoben. Das zwischen 1798 und 1938 säkularisierte Kloster wurde seit der Wiederbesetzung durch die Zisterzienser völlig restauriert. Einiges zu den laufenden Kosten dürfte wohl durch den gut gehenden Verkauf von Likören, die hier im Kloster hergestellt werden, Honig und Andenken herrühren. Die romanische **Klosterkirche San Nicolò** hat ein langes Schiff und einen tonnengewölbten Chor mit freskengeschmückter Apsis. Man erkennt schemenhaft Christus in der Mandorla, links und rechts die Symbole der Evangelisten, darunter besser erhalten die zwölf Apostel. Zwei Steinlöwen tragen Weihwasserkessel, wahrscheinlich trugen sie einmal den romanischen Ambo. Der gotische **Kreuzgang** (1252 bis 1257) hat sogenannte Crochetkapitelle und vereinfachte Blatt- und Blütenwerke, wie sie die Frühgotik charakterisieren. Ganz romanisch die Tierfiguren und Menschengesichter zwischen den Blättern. Der schlichte und gleichzeitig edle Gesamtcharakter des Kreuzganges gehört zu den großen Eindrücken der Architektur am Lario.

Kreuzgang mit Säule und Kapitell der Abtei in Piona

In

km 38 **Còlico** (209 m, 5800 Ew.) erreicht man den letzten Ort des oberen Lario an seiner Ostseite. Weil hier die Verbindungen von Graubünden und vom Veltlin an den See stoßen, hatte der Ort immer strategische Bedeutung, was ihm nicht so gut bekam, weil er immer wieder umkämpft und zerstört wurde. Nördlich des Ortes liegt die in spanischer Zeit errichtete **Festung Forte di Fuentes,** benannt nach dem spanischen Gouverneur für die Lombardei, die schon im 18. Jahrhundert zerstört wurde. Errichtet war sie worden, weil sich damals hier die Nordgrenze der spanischen Besitzungen befand, jenseits der Adda lag Untertanenland der Eidgenossen (bis 1797 waren das Veltlin und der Piano di Chiavenna schweizerisch). Còlico hat wegen seiner ehemaligen Grenzlage wenig anzubieten, was kunsthistorisch von Interesse wäre, und weil die schmale Durchgangsstraße unterträglich laut ist, setzt man sich an die Hafenpromenade und bestellt sich ein Eis in einem der dortigen Cafés.

Wanderung

Von Còlico steigt man auf den *Monte Legnone* (2609 m), den man ja von überall am oberen Lario sieht. Der Höhenunterschied von 2400 m garantiert, daß man nicht im Konvoi wandert. Wir kamen nur bis knapp unter 2000 m, von Còlico über **Villatico,** dann das Inganna-tal querend hinauf zur Sommersiedlung **Fontaneto** (598 m), einem ehemalig ganzjährig besiedelten Örtchen mit herrlich kühler Quelle. Von dort auf dem – markierten – Weg zum flachen Kastanien- und Wiesenboden von **Rusico** (750 m), dessen Häuser bis auf zwei nicht mehr genutzt werden, auch nicht als Sommerhaus. Der Weiterweg führt durch Wald auf die Höhe der **Alm Scoggione** (1525 m), von deren Lärchenwiesen man einen dramatischen Blick auf die Valtellina, den Lago di Mezzola und die Berninagruppe hat. Ein „Rifugio" der Alpenvereinssektion Còlico ist gesperrt und ein Zettel verkündet, daß man sich den Schlüssel am Frei-tagabend an einer be-

stimmten Stelle unten in Còlico besorgen könne. Die **Hochalm Scoggione** am winzigen Seelein (1692 m) gleichen Namens hat nur noch Reste von Almbauten, um so überraschender ist es, daß ein Esel und mehrere Pferde aus den als Stall genutzten ehemaligen Wohnhaus herauskommen, als wir uns nähern. Von hier hat man einen Traumblick auf den Oberen Lario und besonders die Halbinsel und den Laghetto di Piona. Zur **Alpe Legnone** (1690 m) geht man entlang einem kaum genutzten Steiglein hoch über dem immer sichtbaren Veltlin. Die Alm wird als Ziegenalm benutzt, eine Fernsehantenne deutet darauf hin, daß sich zumindest manchmal jemand hier oben aufhält. Der Weiterweg führt hinauf in Richtung Monte Legnone, die hintersten Tal-schlüsse der fünf Täler, die man von hier überblickt, sind alle von Almen eingenommen, eine davon scheint noch intakt zu sein, die Alm, die man von unserem Standort aus erreicht, ist verlassen. Die Wege sind in den dreißiger Jahren dieses Jahrhunderts noch mit Platten ausgelegt worden, mehrere Brunnentröge (mit Datum) stehen trocken in der Nähe des Weges, die Hütten sind völlig verfallen. Der Hang im obersten Lauf des Lesinabaches ist durch Steinrippen getreppt, wenn man genauer hinsieht,

Alter Almweg oberhalb der Alm Legnone am Monte Legnone

bemerkt man, daß es Lesesteinwälle sind, die beim Auslesen des Hanges für die Verwendung als Weideland zusammengetragen wurden. Bei knapp unter 2000 m enden die alten Almwege, hier oben war auch für den niedrigsten Anspruch nichts mehr zu holen. Beim Abstieg nach Delèbio im Veltlin quert man in **Piazzo Calda** (1150), in **Canargo** (920 m) und **Osiccio** (920 m) alte Dörfer, Piazzo Calda war wohl nur ein Maggengo, eine Heuwiesenalm, auf der man nicht regelmäßig wohnte. Alle drei sind heute zu Zweithaussiedlungen ausgebaut, die steilen alten Kopfsteinsträßchen, die hier herauf führen, werden von den Allradfahrzeugen benutzt, die hier jeder hat, dessen Familie in den langen italienischen Schulferien hier oben wohnt, und der am Wochenende selbst herauf kommt.

Blick von der Alm Scoggione, die man von Còlico erreicht, auf den Lago di Mezzola und die Berge der Bernina in Richtung Splügenpaß

Von Còlico fährt man noch ein paar Kilometer, bis man bei km 44 die Kreuzung zwischen der N36 und der N38 erreicht. Hier geht es mit der N36 nach Norden in Richtung Chiavenna, St.Moritz und Splügen, oder zum westlichen Ufer des Lario, → Route 10! Die N38 in das Veltlin führt weiter zum Stilfserjoch, → Route 15!

Route 13

Von Lecco durch die Valsàssina nach Bellano

Lecco * – Intròbio (35.5 km) – Bellano oder Vendrogno – Bellano (47,5 km)

Die Valsàssina ist ein grünes Tal, das zwischen Lecco und Bellano am Comer See eine alternative Straßenverbindung bietet. Das Grün der Wiesen ist für den Hauptproduktionszweig der Talschaft wichtig, die Viehwirtschaft, und da wieder der Käseproduktion des „Taleggio", der seinen Namen von einem Nachbarort in der Provinz Bergamo hat. Der Taleggio ist ein besonders milder, etwas säuerlich riechender weißer Käse mit Anflug von Rotschmiere auf der Rinde, der früher nur in den kalten Jahreszeit hergestellt wurde und nur hier in den Bergen, der aber heute ganzjährig und auch in der Tiefebene produziert wird. Der Taleggio von Introbio ist der beste aus der Reihe der Taleggios, er kommt aus der Valsàssina.

Die Valsàssina wird im südlichen Teil von Kalkbergen begleitet, den Grigne und dem Resegone, im mittleren und nördlichen Teil stehen nur noch westlich die Dolomitzacken der Grigne, während östlich Granit und andere Urgesteine dominieren. Im Kalk ist kaum Siedlung möglich, die unterirdische Entwässerung macht diese Gebiete besonders wasserarm. Ganz anders im Granit, da ziehen sich die Dörfer bis hoch hinauf, an den südausgerichtetn Hängen bis an die 1000 m, unsere Route passiert sie in einer Variante.

Informationen über die Valsàssina, Grigne und Resegone erhält man in Lecco bei der Comunità Montana del Lario Orientale, Via Martiri della Liberazione 6, Tel. 0341-363783.

Valsàssina und Taleggio-Käse sind fast synonym

Von **Lecco*** nimmt man die nördlich aus dem Ort hinausführende Provinzstraße in die Valsàssina. Man quert mehrere alte Orte, heute nach Lecco eingemeindet und nähert sich dem scharfen Einschnitt zwischen Grigne (links) und Resegone (rechts), durch den die Straße nach *Laorca* (schöner Blick zurück auf Lecco und die Seen) führt. Die Landschaft ist hier von den verkarsteten Kalken der flankierenden Gebirge geprägt, scharfe Felszacken und -pyramiden stechen spitz aus der Buschvegetation der Hänge. Nach

Ansicht von Lecco mit Resegone (Hintergrund rechts)

km 7 **Ballàbio Inferiore** (568 m) zweigt links die über *Ballàbio Superiore* (720 m) führende Straße auf die *Piani Resinelli* ab.

> Dieses **Sommer- und Wintererholungsgebiet** über Lecco ist beliebtestes Ausflugsziel der Stadtbevölkerung und schon fast so verstädtert wie der Ort unten (ein Hotelhochhaus mußte gebaut werden, um die Weltläufigkeit der Siedlung zu unterstreichen). Lassen Sie sich davon nicht abhalten, hierher zu kommen, die Kulisse der Grigna Meridionale über dem Ort und vor allem die Aufstiege zu ihrem Gipfel (2177 m) und zum Schutzhaus Rosalba (1720 m) sind es wert. Die Grigne sind ein dolomitisches Gebirge ganz am Rande der Südalpen, aus steilen Kalken und Dolomiten aufgebaut, verkarstet, im höheren Bereich vegetationslos und abweisend. Ein Netz von alpinen Steigen (keine Wanderwege!), die streckenweise als Eisenwege ausgebaut sind, überzieht das Gebirge, die *Alta Via delle Grigne,* die von Süd nach Nord den Kamm überschreitet, ist ein viertägiges hochalpines Abenteuer. Leider ist die strategische Rosalba-Hütte nur im August und an Wochenenden Mitte Juli bis Mitte September geöffnet, so daß man diese Überschreitung nur machen kann, wenn die Konkurrenz berghungriger Bergsteiger aus der nahen lombardischen Ebene besonders groß ist. Man sieht die Grigne und den Resegone von der Autobahn Mailand-Venedig, kein Wunder, daß sie beliebtes Bergsteigerziel sind. Die Touristenagentur APT in Lecco bringt einige kostenlose Publikationen über die Grigne und den Resegone heraus, so auch eine Beschreibung der Alta Via delle Grigne.
> Ebenfalls in Ballàbio Inferiore zweigt rechts die Straße nach **Morterone** (1070 m) ab, von der aus schöne Aufstiege zum Resegone möglich sind (→ Lecco*).

Die Alta Via delle Grigne führt über die Dolomitklippen der Grigne

Der nächste Talabschnitt heißt *Pra della Chiesa* (Kirchenwiese) und ist völlig ohne oberirdischen Abfluß, links und rechts dominieren die Karstgebilde des Kalkgebirges im grün des Eichenbuschwaldes. Die Wasserscheide (723 m) ist nicht ausgeprägt, sodaß man überrascht ist, wenig weiter neben sich einen nach Norden fließenden Bach zu haben (den Pioverna). Aber zunächst bei

Laorca zwischen Lecco und der Valsàssina

km 11 Abzweigung nach Cremèno (792 m), Mòggio (921 m), Bàrzio (767 m) und – für unerschrocken Schotterstraßenspezialisten – über den Culmine San Pietro (1254 m) hinüber ins Bergamasker Val Taleggio (die Urheimat des berühmten Käses) und Val Brembana. Die drei genannten Orte sind Sommer- und Wintersportzentren mit Aufstiegshilfen in die Berge am Grenzkamm zur Provinz Bergamo (von Bàrzio auf die Piani di Bobbio, von Mòggio zum Rifugio Costelli). Im Berggebiet und um die Orte gibt es zahlreiche Wanderwege, die anstrengende Wanderung nach Norden über den Grenzkamm zum Rifugio Grassi und zum *Pizzo dei Tre Signori* (→ auch Dervio, Route 12) ist sehr lohnend. Aus Bàrzio (APT Piazza Geribaldi 9, Tel. 0341-996255) stammt die Familie Alessandro Manzonis, das *Haus Manzoni* kann besichtigt werden.

Alessandro Manzoni stammte aus Barzio

Durch eine sich sanft senkende Ebene fährt man an Pasturo (641 m) vorbei auf eine Engstelle zu, die durch steile Felsen zu beiden Seiten charakterisiert ist, die *Chiusa di Baiedo*. Der linke Felsen, die Rocca di Baiedo, kann bestiegen werden, man hat von dort eine wunderbare Aussicht über Tal und Berge. Dafür fährt man knapp vor der Engstelle nach links (Schild: Baiedo) und parkt vor dem Ort, dann geht es zu Fuß über einen Maultierweg auf den Hügel. Die Chiusa di Baiedo ist in die Schichten von Esino (mittlere bis obere Trias) eingeschnitten, die hier in einem schmalen Streifen quer zur Flußrichtung liegen und die aus besonders abtragungsresistenten Kalken bestehen.

Nach der Engstelle öffnet sich das Tal weiter als vorher, nun ist die eigentliche Valsàssina erreicht. Der klassische Wirtschaftszweig der Ortschaften hier ist die Käseproduktion, wobei der weiche, innen weiß-cremige und außen rotschmierige „Taleggio" überwiegt. Das Tal ist grün und relativ

Chiusa di Baiedo in der Valsàssina

kühl und insbesondere zwischen den zahlreichen Bergsturzmassen, die sehr kuppige Wiesen bewirken, finden sich kleine Kälteseen, in denen die Kühe besonders saftige, dem Geschmack des Käses ausgesprochen zuträgliche Gräser und Kräuter finden. Der heutige Aspekt des Tales ist durch neue Wohnbauten im üblichen (also häßlichen) Stil und einige neuere Industrien beeinträchtigt, aber immer noch sehr bäuerlich. Die Form des Tales ist deutlich durch die Gletscherausschürfung geprägt, der flache Talboden ist Folge eines lange hier befindlichen Eisstausees an der Flanke des Adda-Gletschers. Die Fließrichtung des Gletschers war hier talaufwärts, es handelte sich um eine Zunge des Addagletschers, die hier hereinfloß. Erst das Abschmelzen in der Nacheiszeit hat die Fließverhältnisse umgekehrt, jetzt fließt der Pioverna nach Nordwesten zum Comer See, dabei muß er zwischen Taceno und Bellano den Steilabfall nach

dem blinden Ende der Valsàssina hinunter zum See bewältigen, wie wir noch sehen werden.

km 17,5 **Intròbio** (573 m) ist ein heute vom Tourismus geprägter Ort, der früher stärker von der Käserei, vor allem aber von der im 19. Jahrhundert eingestellten Metallindustrie abhängig war. Die Minen des Gebietes, die Eisen, Mangan, Blei, Zink und Silber erbrachten, waren die bedeutendsten der Lombardei. In Intròbio befanden sich die Verarbeitungsstätten, davon hat sich, im Gegensatz zu Premana (→ *Dervio* bei Route 12) nichts gehalten. Die **Torre degli Arrigoni,** ein kräftiger Wachturm aus dem 11. Jahrhundert, im Spätmittelalter verstärkt, weist auf die alte Bedeutung der Straße durch den Ort, die ja, wie wir schon in Route 12 gelesen haben, früher die einzige Straßenverbindung von Lecco nach Bellano darstellte. Der nächste Ort

Viele Orte der Valsàssina haben noch alte Wehrbauten

km 20,5 **Primaluna** (558 m) war im Mittelalter der wichtigste Ort des Tales. Hier war die Pfarrkirche, hier hatten im Mittelalter die Della Torre, alte Herren des Ortes, ihren Sitz, später wurden sie mächtige Mitglieder des Mailänder Adels. Von ihrer Burg ist ein **Turmrest** über dem Ort übriggeblieben, nur noch als Aussichtspunkt die Mühe wert, ihn zu erreichen. Interessant sind die alten **Häuser** des Ortes mit ihren hölzernen Galerien über zwei und sogar drei Stockwerke. Bei

km 24 führt links eine Straße über *Cortenova* (483 m) nach *Èsino Lario* und hinunter nach Varenna (→ *Varenna*, Route 12). Bei

km 27 teilen sich die Wege.

Blick von oberhalb Bellano auf Comer See und Schwemmkegel von Dervio

Variante 1 führt links direkt nach

`km 35,5` **Bellano*** hinunter, wobei man auf teilweise recht kurviger Straße das bewaldete Steiltal des Torrente Pioverna benützt, das in seinem letzten Abschnitt Klammcharakter annimmt (→ *Bellano**). Dieser Talabschnitt nennt sich nicht mehr Valsàssina sondern Val Muggiàsca.

Variante 2 führt rechts über die Dörfer des südgerichteten Hanges, aussichtsreich, sehr viel schöner als auf der direkten Straße, aber eben auch etwas länger und, besonders im letzten Stück, kurviger. Man quert *Taeno* (507 m) und folgt der in ein Nebental steigenden Straße nach *Margno* (730 m), einem Luftkurort mit Zweithäusern und Seilbahn auf den Winter- und Sommersportbereich **Pian delle Betulle** (1484 m) . Die Straße quert nun bei

`km 39,5` **Casàrgo** (804 m), das etwas oberhalb bleibt, das Nebental, von hier aus Straßenverbindung nach *Premana* und durch das Val Varrone nach *Dèrvio* (→ *Dervio* Route 12).

Nun beginnt die Fahrt durch den Südhang des Monte Croce di Muggio (1754 m) mit seinen vielen Dörfern. In

`km 42,5` **Indòvero** (900 m) wird die heutige Zweithausnutzung dieser alten Bauernregion, die von Käse, Kastanien und Wein (unterhalb im Tal) lebte, deutlich. Die alte **Pfarrkirche San Martino** steht erhöht über der Straße auf der anderen Seite eines Nebentales, der romanische Glockenturm zeugt vom Alter des Baues. Die Innenausstattung ist barock. Auch in *Narro* (988 m) dominieren Zweithäuser, der Ort ist für seine Kräuterlikörproduktion bekannt. Über *Mòrnico* (1000 m) und *Sànico* (975 m) erreicht man den Hauptort der Gemeinde Vendrogno, den gleichnamigen Ort

Sonnenreich sind die Dörfer zwischen Margno und Vendrogno

`km 48,5` **Vendrogno** (723 m). Ganz am Ortsbeginn steht isoliert neben dem Friedhof und in phantastischer Aussichtslage die **Kirche San Lorenzo.** Der romanische Turm flankiert eine Kirche des 18. Jahrhunderts mit einigen Ausstattungsstücken des 14. bis 17. Jahrhunderts. Im Friedhof nebenan fällt ein besonders opulent gestaltetes Grabmal einer lokalen Familie ins Auge. Über kleinere Fraktionen der Gemeinde und *Lèzzeno* mit seiner Wallfahrtskirche (dazu → *Bellano**) erreicht man

`km 56,5` **Bellano*.**

Route 14

Die Seen der Brianza:
Von Como über Erba nach Lecco

Como * – *Erba* – *Pusiano* – **Civate** * – *Lecco* *

Die Brianza ist das Hügelland südlich des Comer Sees, ein sanft gewelltes, von Seen durchsetztes Moränengebiet, das der große Addagletscher, der den Comer See bis tief unter den Meeresspiegel ausschürfte, an seiner Stirn hinterließ, als er sich nach mehreren Eiszeiten endgültig entschloß, sich in die Berninagruppe zurückzuziehen. Die starke Detailgliederung der Landschaft durch viele verstreute menschliche Siedlungen, Wäldchen, Wiesen und Felder, Weinberge, Wegkapellen und die Gärten und hellgelb getünchten Fassaden spätbarocker Villen lockern das Bild, das sich bietet, noch mehr auf. Die Siedlungen liegen gerne oben auf den Moränenhügeln, haben Blick auf die Ebene im Süden, auf die kleinen Seen, aber auch auf die dahinter aufragenden kalkalpinen Zackengrate von Grigne und vor allem Resegone. In den weichen Hügeln der Brianza regiert ein mildes Klima, weder die Nebel der Poebene, noch die kalten Winter der nahen Berge berühren diese Landschaft. Wen wundert es, daß sie seit zwei Jahrhunderten Sommersitz von Patrizierfamilien wurde und sich heute Zweithaussiedlungen ausbreiten?

Diese Route verläuft entlang der bisherigen Hauptverbindung von Como nach Lecco. Da seit einiger Zeit die Superstrada von Mailand nach Lecco über die Staatsstraße 342 (Como – Bergamo) eine schnellere Verbindung ermöglicht, ist die alte Verbindung ruhiger geworden. Umso rabiater werden dann die Sitten in Civate, wenn man sich, vielleicht noch dazu an einem Sonntagvormittag so gegen zwölf, in den von Süden in Richtung Lecco fließenden (das ist eine Übertreibung) Verkehr einfädelt. Probieren Sie's lieber nicht aus.

Die Brianza ist die seenreiche Landschaft südlich des Comer Sees

Man verläßt **Como** * auf der Staatsstraße 342 in Richtung Bergamo. Nach

km 4 zweigt nach rechts eine Straße nach *Montòrfano* (414 m) mit seinem gleichnamigen See, dem *Lago di Montòrfano* (394 m) ab, einem flachen Gewässer in bewaldetor Umgebung. Bei

km 6,5 gabelt sich die Straße, der rechte Zweig führt als SS 342 weiter nach Bergamo, der linke, den wir einschlagen, als SS 639 über Erba nach Lecco. Bei

km 12 **Erba** (320 m, 16000 Ew.), Gemeindehauptort eines sehr großen, stark verstädterten Gebietes, das aus zahlreichen, ehemals unabhängigen Gemeinden besteht. Der Ort liegt am Ausgang der Valsàssina und hat direkten Zugang zu zwei der Seen der Brianza, dem *Lago di Alserio* und dem *Lago di Pusiano*. Als freie Kommune ging der Ort im Mittelalter mit Milano gegen den Kaiser, war in der Sforzazeit Lehen der Dal Verme, in spanischer Zeit der Archinto. Die wie überall in ihrem Reich unter Maria Theresia initiierte und stark geförderte Seidenindustrie gab einmal vielen Menschen Arbeit und Brot, sie ist heute durch zahlreiche Leichtindustriebetriebe ersetzt.

*Lago di Alserio;
der Zackenkamm
im Hintergrund
ist der Resegone
bei Lecco*

Die **Kirche Sant'Eufemia** im Ortsteil Incino ist ein einschiffiger Bau mit romanischer Fassade und romanischem Campanile des 12. Jahrhunderts. In der **Villa Amalia** im Ortszentrum, einem 1798 bis 1801 errichteten Bau Leopold Pollaks (1751 bis 1806) ist heute das Gymnasium untergebracht. Auf einer schlechten Straße erreicht man das über der Stadt gelegene ehemalige **Kapuzinerkloster San Salvatore** mit schöner Aussicht.

Ein **Ausflug** führt über eine ebenfalls nicht sehr gute Straße **zur Höhle „Buco del Piombo"** (Bleihöhle) mit großer Eingangshalle und vielen Nebenhöhlen, Standort eiszeitlicher Höhlenbären.

Ein weiterer **Ausflug** führt nach (8 km) Lanzo und weiter **in das** Valsàssina (→ dazu Route 13 unter Bellagio*!).

Ausflüge führen zu Höhlen und kleinen Seen, so zum Lago del Segrino

Der **Ausflug** über Longòne al Segrino (368 m) **zum** (3,5 km) **Lago del Segrino** (374 m) führt in eine liebliche Landschaft am Fuße des Monte Cornizzolo (1240 m), wo sich der See in einem schmalen Tal gebildet hat, das heute Landschaftsschutzgebiet ist. Die Schilfvegetation der Ufer hat sich nach der Errichtung von Barrieren entlang der Asphaltstraße, die das Westufer begleitet, erholt. Der See ist fünf Kilometer lang aber sehr schmal. Stendhal und Giovanni Segantini, der in dieser Gegend ein Jahr seines Lebens verbrachte, haben den See und seine Umgebung bewundert.

*Lago di Pusiano
mit dem
gleichnamigen Ort*

Man erreicht

km 17 **Pusiano** (264 m) am *Lago di Pusiano* (258 m), einen hübsch in Aussichtslage gelegenen Ort mit alter Seidenspinnereitradition. Der See hat einen Umfang von etwa 12 km und einen größten Durchmesser von 3,5 km, die winzige Isola di Cipressi wurde durch Bilder Segantinis bekannt. Der stark

Lago del Segrino

verschmutzte und eutrophisierte See war einmal reich an guten Speisefischen. Hier fuhr 1820 das erste Dampfschiff Italiens auf einem See (also in der damals österreichischen Lombardei). Südlich des Sees liegt der pittoreske Ort *Garbagnate Rota* (287 m) mit kleiner **Kirche Sant'Ambrogio** mit Fresken des 14. und 15. Jahrhunderts und **Rathaus** des 17. Jahrhunderts.

Lago di Annone von Civate aus gesehen

Bei

km 22,5 erreicht man die Schnellstraße Lecco-Milano und den *Lago di Annone* (224 m). Dieser größte der Seen der Brianza hat einen Umfang von 20 km, einen größten Durchmesser von 5,7 km, eine maximale Tiefe von 11 m und ist ebenfalls stark verschmutzt und eutrophisiert. Durch die Halbinsel Isella wird er in zwei Seebecken geteilt. An seinem Südufer liegt hinter einer Moräne der Ort *Oggiono* (268 m), dessen Pfarrkirche und Baptisterium einen Besuch wert sind. Die klassizistische **Pfarrkirche Sant'Eufemia** besitzt Fresken Francesco Appianis von 1790, vor allem aber ein Polyptychon „Himmelfahrt Mariens mit Heiligen" von Marco d'Oggiono, einem Schüler Leonardo da Vincis (1480 bis 1525) in prächtig vergoldetem Renaissancerahmen. Das romanische **Baptisterium** ist ein Oktogon mit halbrunder Apsis, entstanden wohl um 1100. Der Bau hat eine besonders dekorative Außengestaltung mit kantengeknickten Lisenen, Halbsäulen, Bogenfries und Deutschem Band. Im Inneren verdienen die Fresken des frühen 16. Jahrhunderts und das romanische Taufbecken Beachtung.

In Oggiono ist das Baptisterium einen Besuch wert

Die nächste Abfahrt von der Schnellstraße ist

km 23,5 **Civate*,** von dem aus man eine Fahrt rund um den Lago di Annone starten kann. Durch das stark industrialisierte *Val Madrèra*, am gleichnamigen Ort vorbei und über Leccos Vorort *Malgrate* jenseits des Sees führt die Schnellstraße bis zur Brücke über die Adda und nach

km 28,5 **Lecco*.**

Route 15

Das Veltlin und die Splügenpaß-Straße

Còlico – Morbegno – Sondrio – Val Malenco –
Tirano – Sòndalo – Bòrmio – Stilfser Joch (128 km)
und*

*Còlico – Chiavenna – St.Moritz – Splügenpaß
(56,5 km)*

*Über den Splügenpaß und das Stilfserjoch führen die einzigen
Straßenverbindungen von Norden zum Comersee. Die Talschaften,
die sie dabei durchlaufen, das vom Splügen über Chiavenna zum
Comer See ziehende Tal, und das über 120 km lange Veltlin, haben
eine andere historische Entwicklung als der See durchgemacht, sie
waren mehrere hundert Jahre lang unter der Verwaltung Graubündens, also der Eidgenossenschaft. Weil sie die einzigen direkten
Einfallstore zu den Oberitalienischen Seen darstellen, die aus dem
deutschsprachigen Raum hierherführen, haben wir diese beiden
Täler hier kurz beschrieben,.*

*Die Strecke vom
Comer See zum
Stilfser Joch führt
durch das im
unteren Teil
weinreiche Veltlin*

Wie schon in Route 12 (Ostufer des Lario) erwähnt, wurden
die Straßen zum Splügen und durch das Veltlin zum Stilfserjoch
in den ersten Jahren des 19. Jahrhunderts errichtet. Zum Teil
sind die alten Trassen noch in Verwendung, meistens hat man
inzwischen neue Trassen gelegt. Für das Veltlin ist eine Schnellstraße
zwischen Sondrio und Bormio in Projektion, zwischen Tiràno
und Gròsio ist sie bereits fertiggestellt. Anlaß dazu gab vor allem
die Bergsturzkatastrophe des Val Pola am 28. Juli 1987, die das
Veltlin samt seinen Verkehrswegen verlegte, einen See aufstaute
und zahlreiche Dörfer vernichtete (→ dazu unter km 96 Morignone).
Das Veltlin und die zum Splügenpass führenden Täler befinden
sich in einer besonders tektonisch beanspruchten Zone der
Alpen: exakt in der Längserstreckung des Veltlin zieht die sogenannte
Insubrische Linie durch, die tektonische Grenze zwischen Zentralalpen im Norden und Südalpen im Süden. Viele Abschnitte des Tales
bestehen aus lockerem Gestein, einige sind durch große Moränen
charakterisiert, durch die sich der rasch fließende Adda-Fluß
frißt. Abholzungen auch im Bannwald, ungezügelter Straßenbau
in rutschungsgefährdeten Gebieten, Verbauung von Wildbächen,
was die Fließgeschwindigkeit und die Abtragungsgeschwindigkeit
steigert, die Errichtung von Skipisten im hochalpinen Gelände,
fehlende Wiederaufforstungsmaßnahmen haben alle dazu
beigetragen, daß in diesem Gebiet eine der höchsten Quoten
von Rutschungen im ganzen Alpenraum zu beobachten ist, und
daß sich dort die gewaltige Naturkatastrophe des Val Pola bei
Morognone ereignet hat. Nach einer ein Jahr vor der Katastrophe
herausgegebenen Statistik sind 330000 Hektar der Oberfläche
der lombardischen Alpen rutschungsgefährdet (mehr als 30% der
Gesamtoberfläche), das Veltlin weist dabei einen überdurch-
schnittlichen Prozentsatz auf.

An der Kreuzung der SS36 und SS38 östlich von Còlico
(→ Routen 10 und 12) beginnt die Straße sowohl in das Veltlin,
als auch über Chiavenna zum Splügenpaß und nach St.Moritz. Wir
beginnen mit der Beschreibung der SS38 in das Veltlin.

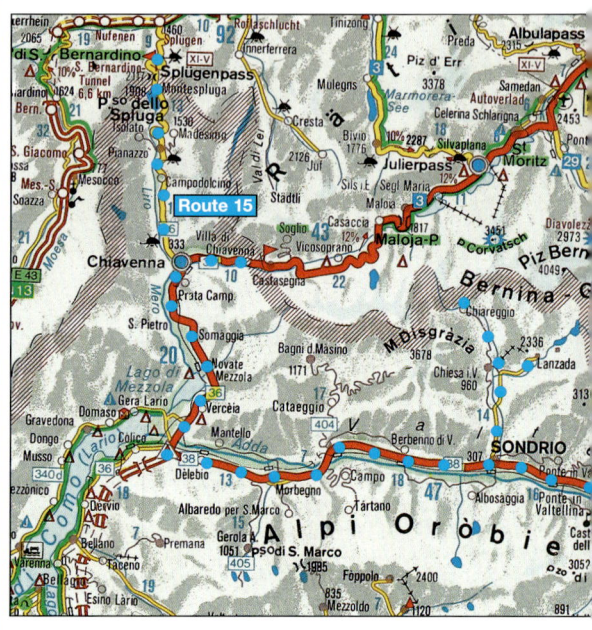

Speicher in einem Dorf oberhalb Còlico

Die Staatsstraße 38 zum Stilfser Joch

Von **Còlico** erreicht man auf der SS36 die Abzweigung der SS38 in das Veltlin. Von dort aus wird nach

km 12,5 **Morbegno** (265 m, 7000 Ew.) erreicht. Der Ort liegt an der Stelle, wo die alte Paßstraße vom Bergamasker Gebiet durch das Valle Brembana und über den Passo di San Marco (1985 m) den Talboden des Veltlin erreicht. Wenn man sich daran erinnert, daß das Bergamasker Gebiet bis 1797 venetianisch und das Veltlin bis ebendann schweizerisch war, kann man sich vorstellen, welcher lebhafte Handel über diese einzige direkte Straßenverbindung getrieben wurde und wie gut Morbegno davon profitierte. Die mittelalterlichen Häuser des alten **Ortskernes** haben denn auch alle barocke Fassaden. In der **Pfarrkirche San Giovanni Battista,** einem hochbarocken Bau, der zwischen 1680 und 1780 errichtet wurde, hat sich der Architekt Pietro Ligari auch als Freskierer betätigt. In der **Kirche San Antonio** am Ostrand des Ortes kann man einen Gaudenzio Ferrari bewundern, das Fresko „Anbetung der Könige", die Pietà am Eingang stammt von den Brüdern Rodari. In **San Lorenzo,** einem Renaissancebau östlich des Ortes, ist in einem gotischen Bau noch einmal diese Künstlergruppe zu bewundern. Der Hochaltar ist, sichtlich von Dürers Holzschnitten beeinflußt, ein Werk Gaudenzio Ferraris, der ja überhaupt ein starkes Faible für die Kunst jenseits der Alpen

In Morbegno hängt ein Gaudenzio Ferrari

hatte. Die Rodaris schufen Reliefs, so zum Beispiel am Portal der Kirche.

km 20 Abzweigung nach **Ardenno** (266 m, 1300 Ew.). Im Dorf ist der üppig vergoldete Renaissance-Schnitzaltar in der zentral gelegenen **Pfarrkirche San Lorenzo** besuchenswert.

Ab hier dominiert an den Südhängen über der Straße der Wein. Der Veltliner Wein (wir berichten im Kapitel über die Gastronomie davon) ist einer der großen Weine der Lombardei, hier wächst er zum Greifen nahe auf unzähligen, steil übereinander geschachtelten Terrassen. Das relativ milde, windgeschützte und warme Klima des Veltlin, dessen Talboden ja bei Tirano, fast siebzig Kilometer vom Comer See entfernt, erst 450 m Höhe über dem Meeresspiegel erreicht, erlaubt die Produktion eines großartigen Weines. In dieser Hinsicht ähnelt das Veltlin zwei anderen großen Trockentälern der Alpen, dem Wallis und dem Etschtal. Die Häuser sind hier aus grauem Schiefer, ihre tiefliegenden Dächer sieht man überall in den Weinbergen und fast jeder Ort hat über sich eine alte Burg, oder was davon in den 500 Jahren übrigblieb, die vergingen, seit Burgen aus der Mode kamen. In

Veltliner Weinlandschaft

km 38 **Sondrio*** (293 m, 16000 Ew.) erreicht man die Provinzhauptstadt, zuständig nicht nur für das Veltlin sondern auch für die Täler um Chiavenna.

Nicht weit nach Sondrio erreicht man bei

km 46 die Abzweigung nach **Ponte in Valtellina** (485 m, 2000 Ew.), einem an den Rand eines größeren Schwemmkegels geduckten Ort. In der Pfarrkirche San Maurizio im Zentrum des mittelalterlichen Ortes, einer gotischen Säulenbasilika der zweiten Hälfte des 14. Jahrhunderts, befindet sich ein Fresko der „Madonna mit dem heiligen Mauritius" von Bernardino Luini, das der Maler wohl zwischen 1520

Unverzichtbar ist ein Abstecher ins Valmalenco

Ein Abstecher in das Valmalenco

Von Sondrio aus führt die Straße in ein faszinierendes Nebental der Valtellina, das Val Malenco. Dieses alpine Hochtal wird im Westen von der Disgrazia-Gruppe (3678 m) im Norden und Osten von der Bernina-Gruppe (4049 m) und deren gewaltigen Gletschern flankiert. Die Gesteine hier sind vorwiegend kristallin, Serpentin kommt vor, daneben jurassische Kalke. Viele Gesteine sind äußerst mineralienreich, wie jene um den Pizzo Tremogge, einem wahren Mineralienparadies, es gibt ein Buch über die Mineralien dieses Berges, das in Sondrio und im Heimatmuseum Valmalnecos erhältlich ist: Minerali del Pizzo Tremogge in Valmalenco, Sondrio 1985. Der Autor, Franco Benetti, erwähnt und illustriert Titanit, Diopsid, Vesuvian, Anatas, Brookeit, Ilmenit, Rutil, Bissolit, Lizardit, Clinozoisit und viele andere rare und häufig sehr wertvolle Minerale, Halbedel- und Edelsteine. Die Wirtschaft des Tales lebte von einer kargen Landwirtschaft, vor allem mit der dortigen Käseherstellung und von den Mineralien. Eisenverarbeitung ist heute völlig verschwunden, ein einziger Hammer mit Wasserbetrieb hat sich gehalten, der **Maglio di Secchione** am gleichnamigen Bach. Früher hat man aus den Serpentinen zwischen Caspoggio und Lanzada Talk gewonnen, heute wird dort Amiant extrahiert, die riesigen grauen Schieferplattenhalden dieser Abbauzone fallen im inneren Valmalenco sofort ins Auge. Serpentin wird natürlich ebenfalls gewonnen, eine spezielle, besonders hitzeresistente Abart verwendet man für die Produktion von Steinplatten für Herde, auch hitzebeständige Gefäße werden daraus (zu sehr hohen Preisen, der Produktionsrozeß ist langwierig, kostspielig und häufig frustrierend, weil das spröde Material irgendwann während des Schleifens bricht) hergestellt. Diese „Pietra Ollare" wird sicher seit dem Mittelalter im Tal bearbeitet, die „Lavec", die steinernen Schüsseln und Töpfe sind im Tal selbst nichts besonderes, wie gesucht und teuer sie auch außerhalb sein mögen. Die Orte des Valmalenco bestehen aus ganz dicht aneinander gebauten Häusern, rigide nach außen geschlossenen, oft kreisrunden, grauen Steinansammlungen auf den Verflachungen über den Talsohlen. Niedrige Bögen überspannen die schmalen Sträßlein und Treppenwege, die mit Schieferplatten gepflastert sind. An den Hauswänden sind Fresken der Gottesmutter und der Heiligen häufig, die Häuser haben kleine Fenster, und 1530 schuf. Im Osten des Ortes liegt die Wallfahrtskirche Madonna di Campagna, ein Zentralbau der Renaissance, deren Ostteil wohl in Imitation der ungleich gewaltigeren Anlage des Domes zu Como als Trikonchos errichtet wurde. In *Chiuro*, das genau unter Ponte am Fuß des Schwemmkegels liegt, steht der prätentiöse Portico dei Disciplini, eine offene Halle mit zwei Jochen im Renaissancestil, 1563 von Cipriano Valorsa freskiert. Bei

km 51 kann man links nach *Teglio* (876 m, 1000 Ew.) am sonnigen Südhang des Pizzo Còmbolo (2901 m) hinauffahren, von dort aus führt eine Seilbahn bis auf 1700 m in die Almregion. Der bereits römische Ort, nach dessen

---

ducken sich unter tiefgezogene Dächer, der Winter ist lang und streng in den Bergen. Durch das untere Tal des Malencoflußes erreicht man

km 13 **Chiesa di Valmalenco** (950 m, 1550 Ew.)
(A.A.S.T. Val Malenco, Chiesa in Val Malenco) den Hauptort des ganzen Tales. Hier steht, wie der Name schon sagt, die Pfarrkirche und hier steht auch das alte Rathaus. In der Kirche, im Rathaus und in einer daneben liegenden Kapelle ist heute das äußerst interessante **Museo della Valmalenco** untergebracht, das einen faszinierenden Überblick von bäuerlicher Alltagskultur, Landwirtschaft, Bergbau und Geologie des Gebietes gibt. Nahebei liegt *Caspoggio* (1132 m), das seinen altertümlichen Charakter besser erhalten hat, als der Hauptort. Weiter hinein in das Tal führt die Straße in Richtung

km 32,5 **Rifugio F. Zoia** (2021 m), der steilere zweite Teil des Aufstiegsweges ist Privatstraße. Hier passiert man die großen Schieferbrüche des Tales mit ihren zum Teil primitiven Hütten, in denen tagsüber gewohnt und gearbeitet wird. Eine andere Straße führt von Chiesa nach

km 35 **Chiareggio** (1612 m), einem Almdorf zwischen Disgrazia und Bernina, das noch deutlich seinen landwirtschaftlichen Charakter zeigt. Hier kann man einen reizvollen Wandertag verbringen, der einen Teil der Alta Via della Valmalenco benützt und in einem Rundweg bis auf 2550 m führt, wobei der Blick auf Disgrazia und Bernina atemberaubend ist. Die **Alta Via della Valmalenco** ist ein gut markierter hochalpiner, aber gletscherfreier Wanderweg, der in acht Tagesetappen rund um das Tal führt. Zu diesem Weg gibt es eine im Museum erhältliche Broschüre.

Das Museo della Valmalenco zeigt die bäuerliche Kultur des Tales Tel. 0342-451150 (= A.P.T. Valmalenco)

Val Malenco

lateinischer Bezeichnung „Tillium" vielleicht das Val-Tellina seinen Namen hat, ist eine beliebte Sommerfrische und stark frequentierter Wintersportort. Prunkstück des an Kunstdenkmälern durchaus nicht armen Ortes ist der Renaissance-Palast **Palazzo Besta** aus der ersten Hälfte des 16. Jahrhunderts. Die strenge Fassade des zweistöckigen Baus ist durch wenige Fenster gegliedert, Akzente setzen das von einem Freskenband gegen den Ersten Stock abgegrenzte Portal und die wie kleine Befestigungstürmchen wirkenden Kaminaufsätze. Im Hof sind die Groteskenfriese, Portraitmedaillons und ein Freskenband mit Szenen aus der „Aeneis" aus der Erbauungszeit erhalten geblieben. Bemerkenswert der Festsaal mit Szenen zu Ariosts „Orlando Furioso". Die Familie Besta, unter deren Oberhäuptern Azzo I. und Azzo II. dieser Bau errichtet wurde, ist auch in der **Kirche San Lorenzo** gegenüber präsent, hier befindet sich nämlich die Grablege der Besta, errichtet um 1500. Die Apsisfresken (1528) wurden von Fermo Stella, einem Schüler des Gaudenzio Ferrari ausgeführt. Bei

Der Palazzo Besta in Teglio stammt aus der Renaissancezeit

> **km 55** Abzweigung der Straße nach **Èdolo** und weiter durch das Val Camonica zum Iseo-See und nach Brescia, sowie über den Tonalepaß nach Trient.

km 63 **Tirano** (450 m, 7500 Ew.)

(Pro Loco Tirano, Piazza Marinoni). Die **Wallfahrtskirche Madonna di Tirano,** eine der bedeutendsten Wallfahrtskirchen der Lombardei, steht gleich am Ortsanfang, man passiert sie auf der Staatsstraße. 1504 erschien an dieser Stelle die Madonna einem gewissen Mario Omodei und bat

Wallfahrtskirche Madonna di Tirano

ihn, zu ihren Ehren eine Kirche errichten zu lassen. Voilà, 78 beglaubigte Wunder im Jahre 1505 taten ihren Dienst, der Kirchenbau wurde umgehend (1505) von den Rodaris (Jacopo und Tommaso) und vom Tessiner Alessandro della Scala begonnen, die Kuppel fügte sich vor 1584, wahrscheinlich nach einem Plan Pompeo Bianchis aus Moltrasio und das Gewölbe schließlich 1608. Die verehrte Madonnenstatue, in ihrer Bewegung dem weichen Stil der Gotik verwandt, reich gekleidet, ist ein Werk Giovanni Mainos von 1520. Die über Jahrhunderte immer wieder ausgeschmückte und verschönerte Kirche ist wegen der Veränderungen des Spätbarock und einer unausgewogenen Proportion zwischen Höhe und Breite nicht ganz befriedigend. Bemerkenswert die Sammlung von Votivbildern aus allen Jahrhunderten der Wallfahrt nach Tirano!

km 69 Beginn der Schnellstraße, die bis

km 79 **Gròsio** (656 m, 3100 Ew.) führt. Dieses kurze Stück Schnellstraße durch das sich hier verengende Tal ist der erste eröffnete Abschnitt der zukünftigen schnellen Verbindung von Bormio nach Tirano, die nach der Katastrophe von 1987 in Angriff genommen wurde. In Gròsio erreicht man am südwestlichen Ortseingang zunächst die **Kirche San Giuseppe.** Der frühbarocke, noch recht abweisend wirkende Bau aus der 1. Hälfte des 17. Jahrhunderts ähnelt der Wallfahrtskirche in Tirano, nach deren Vorbild er errichtet wurde. Am anderen Ortsausgang steht die **Kirche San Giorgio,** bestehend aus Totenkapelle, und frühmittelalterlicher Kirche mit Außenfresken des 16. Jahrhunderts.

Nach Gròsio wird das Tal noch enger als vorher, man passiert Moränenzüge, die der Fluß nur angeschnitten hat, viel Lockermaterial in prekärer Lage ist zu sehen. Oberhalb des Tales auf sicherer Schwemmkegellage liegt

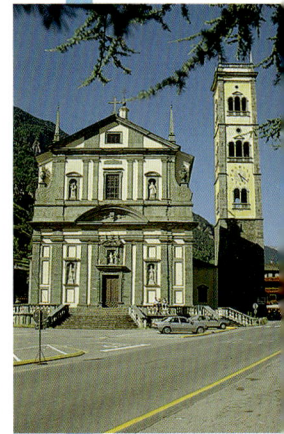

Kirche San Giuseppe in Gròsio

km 86 **Sòndalo,** ein fast reiner Hotelort. Das Tal knickt hier ab und man fährt nahezu in Nordrichtung weiter, noch einmal rücken die Wände zusammen, der Pizzo Coppetto (3036 m) ist horizontal nur wenig über vier Kilometer vom Fluß, der auf 1000 m Höhe liegt, entfernt. Hier hat sich bei

km 96 **Morignone** am Morgen des 28.Juli 1987 in wenigen dramatischen Minuten, die um 7.23 Uhr begannen, ein Bergrutsch ereignet, der 33 Millionen Kubikmeter Gesteinsmaterial aus der Flanke des Pizzo Coppetto in das Tal der Adda beförderte, wobei das Material bis zu 300 m hoch auf der Gegenseite hinaufbrandete und einen etwa vier Kilometer langen Bereich des Tales verschüttete. In den Tagen vorher war in Höhen zwischen 2100 m und 2300 m eine bis zu zwei Meter tiefe offene Abrißkluft beobachtet wurden, die eine Länge von etwa 800 m hatte, irgendwelchen Effekt hatte diese Beobachtung nicht. Dörfer, Weiler, Einzelhäuser und die kunsthistorisch bedeutende Kirche San Martino in Serravalle wurden begraben. Der riesige Schuttkegel staute die Adda an dieser ohnehin engen Stelle auf und es entstand ein riesiger Stausee, der See von Pola. Das lockere Material des Erd- und Steindammes ließ das baldige Bersten befürchten, was die gesamte Bevölkerung des unterhalb liegenden Veltlin in Gefahr gebracht hätte. Arbeiten begannen sofort und sind inzwischen abgeschlossen. Eine neue Straße wurde gebaut, die alte lag ja tief unter den Bergsturzmassen, sie läuft jetzt wesentlich höher. Der See blieb lange bestehen, die Adda wurde aber endlich durch einen Tunnel abgeleitet und der See konnte ausgetrocknet werden. Um die Flanke des Bergsturzes wurden riesige Gesteinswälle geschichtet, die man bei der Fahrt entlang der Engstelle gut einsehen kann. Ein Blick hinauf durch das Val Pola und den Abrißbereich zeigt, daß dieser Rutsch vielleicht nicht der letzte war. . .

1987 wurde das Veltlin bei Morbegno durch einen riesigen Bergsturz verschüttet

Veltlin bei Bòrmio

Detail eines Hauses in Bòrmio

Veltliner Seite der Straße zum Stilfser Joch

km 106 **Bòrmio** *(1217 m, 3300 Ew.).* Der im Kern die mittelalterliche Baustruktur bewahrende Ort in alpiner Umgebung war bis 1350 Vorort der Grafschaft Venosta und kam dann unter den Einfluß der Herren in Mailand, der Visconti und dann der Sforza. 1511 wurde Bormio so wie das Veltlin von den Bündnern erobert und blieb Untertanenland des Grauen Bundes bis 1797, als napoleonische Truppen den Ort besetzten. Mit dem Bau der Stilfserjochstraße in österreichischer Zeit – der Bau der Straße über das Wormser Joch (Worms ist der alte deutsche Name für Bormio) nach Graubünden war vorausgegangen. damit begann eine neue Entwicklungsphase des Ortes, der im späten 19 Jahrhundert mit seinen Bagni di Bormio (4 km außerhalb auf 1318 m), einer Mineral- und Heilquelle ziemlichen Zuspruch hatte.

Die **Kirche San Vitale** am westlichen Ortsrand ist ein spätromanischer Bau mit Außenfresken an der Fassade des späten 14. Jahrhunderts. Außenfresken sind in Bormio häufig, am bemerkenswertesten das **Marienfresko** in der **Via Roma 82** des Cipriano Valorsa aus Grosio (Mitte 16. Jh.), daneben das Fresko mit Gottesmutter und Heiligen in einem Haus der Via Zuccola. Im Zentrum an der Piazza Cavour steht der **Torre del Commune** und die offene Halle des alten **Rathauses,** daneben die in der 1. Hälfte des 17. Jahrhunderts errichtete **Pfarrkirche SS.Gervasio e Protasio.** Das **Museo Civico di Bormio** bewahrt Fresken aus verschiedenen Kirchen auf, so diejenigen, die man aus dem Haus des Stadtpfarrers sicherstellte (1393) und die mit jenen in San Vitale auffällige Ähnlichkeit haben. Das Museum ist im Castello De Simoni untergebracht, einem Familiensitz des 17. Jahrhunderts mit Resten der Ausstattung, Freskierung und Stuckierung.

Von Bormio erreicht man die Talschaft Valfurva und den Ortler Nationalpark, Livigno (38 km) und das

km 128 **Stilfser Joch** (2758 m).

Die Staatsstraßen 36 zum Splügenpaß und 37 zur Grenze nach St. Moritz

Von der Straßenkreuzung bei Còlico erreicht man zunächst

km 10 **Novate Mezzola** (212 m, 1100 Ew.) am *Lago di Mezzola* (199 m). Der kleine See zwischen hohen Bergen wirkt von hier an späten Nachmittagen besonders dunkel und tief. Am Seeufer westlich des Ortes liegt die winzige **Kirche San Fedelino,** die um die Jahrtausendwende entstanden sein dürfte.

km 23,5 **Chiavenna** (333 m, 5000 Ew.),
UT Chiavenna, Tel. 0343-33442. Der vielleicht schon auf römische Wurzeln zurückgehende Ort am Fuß des in antiker Zeit bereits gut frequentierten Splügenpasses, war im Mittealter freie Kommune. Seit dem 15. Jh. unter der Herrschaft der Visconti und damit von Mailand abhängig, kam Chiavenna 1511 mit dem Veltlin und Bormio in die Hände der Bündner, die es bis 1797 behielten. Der Ort ist groß, im **alten Kern** ist die Bausubstanz des Mittelalters und der frühen Neuzeit ausgedehnt, Außenfresken finden sich. Die beiden Ortsteile links und rechts des in felsigem Bett fließenden Meraflusses sind durch die alte **Steinbrücke** mit der Statue des Brückenheiligen Johannes Nepomuk (1744) verbunden. Ein Feigenbaum dokumentiert, daß wir uns zwar mitten in den Alpen, aber nicht hoch über dem Meeresspiegel befinden.

Der imposante **Palazzo Balbiano** an der zentralen Piazza Castello ist ein Bau des ausgehenden Mittelalters, ein Rechteck mit flankierenden Rundtürmen. Die namengebende Familie war seit dem beginnenden 15. Jahrhundert Lehensnehmer für Stadt und Gegend. In der **Kirche San Lorenzo** im östlichen Teil der Stadt ist ein Bau der Renaissance (1538) erhalten, dem man Ende des 17. Jahrhunderts einen Arkadenhof vorgebaut hat. Die namen barockisierte Kirche bildet mit Campanile des Übergangsstils (1597) und ebenfalls barockem Baptisterium eine dekorative architektonische Einheit. Der stimmungsvolle Kreuzgang neben der Kirche entstand wie diese nach 1538, als die Vorgängerbauten durch einen Brand vernichtet wurden. Im Baptisterium befindet sich das romanische Taufbecken (1156) aus einem einzigen Block von Pietra Ollare, dem Serpentin aus dem Valmalenco. Dieser Rest der ursprünglichen romanischen Kirche und Taufkapelle ist ein besonders reich skulptiertes Werk. Vom ehemaligen Reichtum der Bürger der Stadt zeugt der **Palazzo Pestalozzi-Salis,** ein Bau der Spätrenaissance mit hübschem kleinem Garten, in dem sogar ein paar Palmen wachsen.

Auf sehr kurvenreicher Straße wird der

km 56,5 **Splügenpaß** (2115 m) erreicht oder man nimmt die Straße in Richtung St. Moritz und erreicht die Grenze bei

km 33,5 **Castasegna** (*Grenze,* 690 m), St. Moritz ist noch weitere 29,5 km entfernt.

Statue des heiligen Johannes Nepomuk auf der Brücke in Chiavenna

Chiavenna hat viele reizvolle Hausfassaden

Orte und Städte

Angera von der Rocca aus gesehen

Orte um den Lago Maggiore

Angera

5500 Ew.,
205 m ü.M.;

In einer kleinen Bucht im Südteil des lombardischen (östlichen) Ufers des Lago Maggiore gelegen, wird der Ort von einem Hügel mit der alten Bergfestung „Rocca di Angera" überragt.

Geschichte

Der befestigte römische Hafen Vicus Sebuinus hatte wohl bereits städtischen Charakter, wie Funde eines Mithrasheiligtums (in der Höhle „Tana del Lupo" unterhalb der Rocca), eines römischen Friedhofes und Streufunde zeigen, die zumeist im Archäologischen Museum (im Palazzo Pretoria) ausgestellt sind. Bedeutung gewann der Ort in der Langobardenzeit, als der Ort unter dem Namen „Stazzona" Sitz eines bedeutenden Herzogtums wurde. Spätestens in der damaligen Zeit wurde die Arbeit der Errichtung einer Festung auf der Rocca über der Stadt begonnen, was jedoch archäologisch nicht bewiesen ist. Nach der fränkischen Eroberung des Langobardenreiches blieb Stazzona in verkleinerter Form die Sitz einer Grafschaft. Unter den Sachsenkaisern kam der Ort samt Umland an die Mailänder Erzbischöfe, die ihn von Grafen verwalten ließen, die auf der Burg residierten. Die Visconti ließen als deren Nachfolger die Burg praktisch neu errichten, 1450 wurden dann Stadt und Burg von den Fürsten Borromeo erworben, die heute noch im Besitz der Burg sind (in der spanischen und österreichischen Zeit verloren die Borromeo zwar ihre Feudalrechte, blieben aber im Besitz der Burg).

Angera war Sitz einer bedeutenden Grafschaft

Besichtigung

Am Lungolago steht die frühbarocke **Kirche Madonna di Riva** (Unsere liebe Frau vom Ufer) mit Gemälden von Camillo Procaccini (1551 bis 1629) und Morazzone im Innenraum. Die aus dem 13. Jh. stammende, dreischiffige **Pfarrkirche San Alessandro** an der zentralen Piazza Parocchiale wurde barockisiert. Interessant die beiden spätantiken Plastiken neben dem Taufbecken. Die meisten Touristen halten sich mit dem hübschen, aber wenig Außergewöhnliches bietenden Ort nicht auf, sondern eilen über eine schmale, sich oft verzweigende, aber recht gut beschilderte Straße zur

Rocca d'Angera. Die in verschiedenen Bauphasen um einen Innenhof gewachsene Burg liegt zwischen Weinbergen, die wie die Burg der fürstlichen Familie Borromeo

Befestigungen der Rocca di Angera

gehören. So eindrucksvoll der Blick vom anderen Ufer, zum Beispiel von der Rocca di Arona ist, aber auch vom Schiff, so großartig ist das Panorama von der Burg. Die über älteren Vorgängern errichtete, hochmittelalterliche Höhenburg der Mailänder Bischöfe war lange Streitobjekt zwischen diesen und der Familie Torriani, wobei sie schließlich kaum mehr als Ruinencharakter hatte. Nachdem sie 1277 von den Visconti erworben worden war, wurde sie 1317 bis 1322 durch Matteo Magno Visconti neu gebaut und um 1350 unter Giovanni Visconti, der übrigens Erzbischof war, durch einen neuen Visconti-Flügel erweitert. 1449 erwarben die Borromei als Lehensleute der Sforza, die ein Jahr später Mailand beherrschen sollten, die Burg.

Im **Borromeo-Flügel,** der vom Südwest- und vom Südostturm flankiert wird, öffnet sich eine Loggia zum Innenhof, dem Cortile Nobile. Hier sind einige römische Votivaltäre aus Funden von der Höhle des Mithras-Altars und anderswo aufgestellt. In den unteren Sälen hat sich ein Teil des Puppenmuseums eingerichtet, dessen Hauptbestand im Visconti-Flügel zu besichtigen ist. Im Piano Nobile bieten der **Wappensaal** und weitere Säle mit ihren zum See gerichteten Fenstern schöne Aussichten. Diese Säle werden als **Gemäldegalerie** verwendet, die meisten Werke sind mittelmäßig, ein Guido Reni im letzten Saal und vor allem die Fresken im Wappensaal ausgenommen. Es handelt sich um Fresken des Michelino da Besozzo (ca. 1388 bis 1442) und anderer Künstler seiner Zeit, die sich ursprünglich im Mailänder Stadtpalast der Borromei befanden, aber nach den Bombenschäden von 1943 hierher verbracht wurden. Bemerkenswert auch der Barock-Kamin aus Angera-Stein, einer farbenfrohen Brekzie.

Fresko im Gerichtssaal der Rocca di Angera

Im nach Westen blickenden **Visconti-Flügel** ist im Erdgeschoß das „Museo della Bambola" untergebracht, eines der mittlerweile bedeutendsten Puppenmuseen Europas, wenn nicht weltweit, mit einer leider nur mäßig dokumentierten Sammlung von Puppen des 18. bis 20. Jhs. Darüber befindet sich der sogenannte **Gerichtsaal,** ein die ganze Länge des Traktes einnehmender, noch mit seinen originalen Fresken geschmückter Saal, der heute für sommerliche Musikveranstaltungen verwendet wird. Die Fresken stellen die Heldensaga des Ottone Visconti dar, man sieht ihn zum Beispiel in Bischofskleidung hoch zu Roß die Unterwerfung Napos, des besiegten Oberhaupts der feindlichen Torriani-Familie annehmen. In einem anderen Bild werden Torriani und seine Familienangehörigen in Gefangenschaft geführt, im Hintergrund sieht man die Burg von Como (→ **Como***!). Napo Torriani wurde in Como durch Hunger, Entbehrungen und Folter zu Tode gebracht. In der Lünette daneben sieht man die Sonne auf einer roten Quadriga, dahinter lenkt der kleinere Mond einen Streitwagen mit Zweigespann. Die Gesamtdarstellung wie die einzelnen Kompositionen sind ein Meisterwerk lombardischer Kunst des 14. Jahrhunderts.

In der Burg von Angera finden sich bedeutende Fresken und ein Puppenmuseum

Im 30 m hohen **Castellana-Turm** zwischen Visconti- und Skaliger-Flügel ist in einem der höheren Stockwerke ein Kamin mit hölzernen Wappen der Borromeo, Vitaliani und Avese, das Renaissance-Kunstwerk ist aus Moltrasio-Stein.

Im **Skaliger-Flügel** nördlich ist kaum etwas erhalten.

Der **Ostflügel** war immer der Wirtschaftsflügel. In einem der Räume befindet sich eine riesige Weinpresse.

Arona

16000 Ew.,
212 m ü.M.

Ufficio Informazioni
28041 Arona, Piazza-
le Duca d'Aosta,
Tel. 0322-243601

*Industriestadt mit altem Kern am piemontesischen Südende
des Lago Maggiore gegenüber Angera.*

Geschichte

Unter der alten Burg auf der Rocca di Arona, genau gegenüber der
nur einen Steinwurf entfernten Rocca di Angera auf der lombardischen Seite des südlichen Lago Maggiore, entstand im Frühmittelalter eine Handelsstadt, die wohl ursprünglich den Erzbischöfen von
Mailand gehörte, vielleicht aber auch den nicht weit oberhalb des
Sees ansässigen Visconti. Das älteste Datum, das sich mit der mittelalterlichen Geschichte der Stadt verbindet, ist die Gründung eines
Benediktinerklosters im Jahre 979 durch den Grafen Adamo del
Seprio, Lehensnehmer der salischen Könige als Herren der Lombardei. Die Errichtung oder Wiedererrichtung der Burg innerhalb
des römischen Castrum durch die Mailänder Herren ab 1277 ist
bezeugt. Ab 1493 kamen Stadt und Burg in die Hände der Borromäer. Dieses Geschlecht ließ die Burg auf der Rocca wieder befe-
stigen, sie war damals praktisch verfallen, und förderte das Wachs-
tum der Stadt. Mit der Übernahme der Lombardei, zu der Arona ja
bis ins 18. Jh. gehörte, durch die Spanier, begann eine Zeit der Stag-
nation, die bis nach dem Spanischen Erbfolgekrieg dauerte, als die
Lombardei an Österreich kam. 1743 wurde Arona wie alles Territorium westlich des Ticino savoyisch, in napoleonischer Zeit wurde die
Burg zerstört und geschleift. Ab der Mitte des 19. Jahrhunderts
konnte die Stadt aus ihrer guten Anbindung an Turin wie auch Mailand Kapital schlagen und eine beträchtliche Industrialisierung und
Ausweitung durchleben, die sich dankenswerterweise nicht im reizvollen historischen Zentrum ausgewirkt hat.

*Arona ist eine
alte Handelsstadt
zwischen Piemont
und der Lombardei*

Besichtigung

Der alte Kern des Ortes ist von der engen Straße geprägt, die
den südlichen Lungolago mit Parks, Parkplätzen und
Straßencafés mit der alten Piazza del Popolo verbindet, wo
sich das alte Rathaus befindet, der **Palazzo del Podestà.**
Dieser Backsteinbau der Wende von der Spätgotik zur
Renaissance (Ende 15. Jh.) hat im Erdgeschoß sechs offene
Arkaden mit großen Rundpfeilern. Daneben steht die etwas
vernachlässigte **Kirche Madonna di Loreto** (oder Madonna
di Piazza, nach 1592), deren Renaissancefassade sich wie
jene des Rathauses dem See zuwendet, innen ist die
Nachbildung des Heiligtumes von Loreto („Santa casa")
namengebend geworden .

**Detail eines
Portals im
alten Ortskern
von Arona**

Vom schmalen Durchgangssträßchen
(Fußgängerzone) führt gegenüber der Kirche Joachim und Anna die Via al Teatro zur
großen Piazza San Graziano. Betritt man
den Platz von hier, hat man auf der rechten
Schmalseite den Konvent della Purifica-
zione mit gelegentlichen Ausstellungen
und auf einer höheren Terrasse über der
Breitseite zwei große Kirchen. Die linke der
beiden Kirchen ist die ursprünglich romanische, durch eine barocke Fassade verän-

derte und innen klassizistische Kirche der heiligen Märtyrer Gratianus und Felinus **(Chiesa SS.Graziano e Felino),** in der besonders ein Gemälde des Palma il Giovane des 16. Jahrhunderts sehenswert ist. Daneben steht die spätgotische, barockisierte und wieder teilweise (19. Jh.) regoti-

Jesuskind in der Pfarrkirche von Arona

sierte **Pfarrkirche** (Collegiata) **Navità di Maria Vergine,** also Mariae Geburt. Im Stilgemisch des Innenraumes sind drei Ausstattungsstücke besuchenswert. In der rechten Seitenkapelle hängt (ohne Rahmen) ein großes Gemälde Gaudenzio Ferraris von 1511, die „Anbetung der Könige". Die Farbgebung ist selbst für Ferrari besonders intensiv und kühn, das lachsrosa Kleid mit türkisfarbenem Überkleid der Gottesmutter, die goldgelbe und scharlachrote Kleidung des ersten Königs, die gold-senfgelben Farben, die Josef charakterisieren, prägen sich der Erinnerung ein. In der rechten Chorkapelle fällt ein sich über zwei Bildstreifen erstreckendes Fresko des späten 15. Jahrhunderts auf. In der linken Chorkapelle hängt ein Appiani, dessen Lichteffekte an Caravaggio geschult sind.

Die **Rocca di Arona** hat nur noch wenige Ruinenreste aufzuweisen. In dem Schloß, das hier bis in die napoleonische Zeit stand, wurde 1538 der wichtige Heilige der Gegenreformation, Carlo Borromeo geboren. Sein Standbild ist denen schon aufgefallen, die Arona mit dem Schiff erreicht haben, etwa 2 km nördlich der Stadt steht auf einem Hügel (310 m) die **Kolossalstatue des heiligen Karl Borromäus,** üblicherweise **„Carlone"** genannt. Die 23,4 m hohe Statue auf einem 11 m hohen Podest ist von weither zu sehen. Sie wurde vom Kardinal Federigo Borromeo, einem Neffen des verstorbenen Heiligen in Auftrag gegeben und nach 1607 nach einem Entwurf Giovanni Battista Crespis, genannt Cerano, von Bernardo Falçoni und Siro Zanelli ausgeführt. Die Statue besteht aus mehreren Bronzeteilen, die um einen gemauerten Kern gelegt wurden. Der Heilige wird segnend dargestellt, in der linken Hand hält er die Schlußakten des Konzils von Trient, an denen er maßgeblich beteiligt war. Unter der Statue steht die frühbarocke **Kirche San Carlo** mit **Seminargebäude,** beide wurden nach Plänen Francesco Maria Richinis erbaut (ab 1614)).

Der „Carlone", eine 23,4 m hohe Statue, überragt Arona

Der heilige **Karl Borromäus** (1538 bis 1584)

Carlo Borromeo wurde 1538 als Sohn des Grafen Gilberto Borromeo und dessen Frau Margarete de Medici auf der Burg der Borromäer in Arona geboren. Nach Rechtsstudien wurde der junge Mann von seinem Onkel, dem Medici-Papst Pius IV. (1559 bis 1565) 1560 zum Kardinal und kurz darauf zum Erzbischof von Mailand ernannt, was den kleinen Schönheitsfehler hatte, daß Carlo zu diesem Zeitpunkt noch nicht einmal die Priesterweihe hatte (das wurde 1563 nachgeholt, da hat man dann auch die Salbung zum Bischof durchgeführt). Zu diesem Zeitpunkt war das Konzil von Trient in den letzten Zügen, es ging nur noch darum die schon beschlossene eiserne Ablehnung jedes Kompromisses durch die katholische Kirche zu zementieren. Dafür wurde der junge Carlo eingesetzt, der sich durch besondere Härte und Unbeugsamkeit gegenüber Ketzern, Irrlehrern und überhaupt Andersdenkenden auszeichnete, wogegen er gegenüber den Rechtgläubigen oftmals erstaunliche Milde zeigte, wie zum Beispiel ein oft wiedergegebenes Gemälde des Cerano zeigt, auf dem der Heilige dargestellt wird, wie er Reichtümer an die Armen verteilt. Nach 1565, das Konzil war zu Ende, ging der Erzbischof nach Mailand und kümmerte sich nun erstmals um seine Diözese, begann eine Liturgiereform, ließ Waisenhäuser und Ausbildungsstätten für Priester errichten, kümmerte sich um die Armenfürsorge und sorgte dafür, daß Ketzer gefoltert und verbrannt wurden, war also ein guter, ja vorbildlicher geistlicher Landesvater. Im Ruch der Heiligkeit starb Karl Borromäus zu einem Zeitpunkt, als die Gegenreformation neuen Höhen und der Auseinandersetzung des Dreißigjährigen Krieges zusteuerte, als man neue Heilige brauchte, an denen sich die katholische gläubige Masse hochranken konnte: unter Papst Paul V. wurde 1604 das Verfahren zur Heiligsprechung eingeleitet, das 1610 abgeschlossen war. 1609 war schon Ignatius von Loyola, ebenfalls ein strammer Gegenreformator seliggesprochen worden, 1614 waren es die heilige Theresia von Ávila, und 1619 der Jesuit Franz Xaver, alle drei wurden 1622 heiliggesprochen. Dem heiligen Carlo Borromeo wurden nach seiner Heiligsprechung allein in Rom drei Kirchen geweiht, überall in katholischen Landen gewann der als fürsorglicher geistlicher Vater gehandelte Heilige Gläubige für sich. Die wohl berühmteste Kirche, die man ihm widmete, ist die Wiener Karlskirche Fischer von Erlachs (1656-1723), deren pseudoantike flankierende Säulen Szenen aus dem Leben des Heiligen darstellen. In katholischen Landen blieb er bis heute ein wichtiger Heiliger. Der Vater eines der beiden Autoren, Karl genannt, wurde ins Taufverzeichnis als Carolus Borromaeus eingetragen.

Statue des „Carlone" über Arona

Der heilige Karl Borromäus stammt aus Arona

Arsago Seprio

Die **Kirche San Vittore** in Arsago Seprio an der alten Straße von Mailand an den Lago Maggiore ist eine der ältesten Pfarreien der nördlichen Lombardei. Deswegen und weil die Kirche ihr Baptisterium im Gegensatz zu anderen lombardischen Kirchen wie ein spätantiker Bau im Westen liegen hat (so wie etwa in Torcello in der Lagune von Venedig), hat man meistens angenommen, es handle sich um einen Bau bereits des 8. Jahrhunderts. Neuere kunsthistorische Analysen haben gezeigt, daß dies wohl nicht der Fall ist sondern, daß es sich um einen Bau von etwa 1100, vielleicht sogar noch eine Generation später (1120 bis 1130) handelt.

Die dreischiffige **Kirche** von basilikalem Typ ist außen durch hochromanische Dekorelemente charakterisiert, durch Sägezahnfriese und Blendbögen, aber auch durch eine außergewöhnliche, an die frühe Romanik erinnernde Schmucklosigkeit und schiere Flächenbildung, die nur durch sehr kleine Fenster unterbrochen wird. Das Mittelschiff ist sehr hoch, es gibt kein Querhaus. Der Stützenwechsel im Inneren stellt sehr klobige, niedrige und kämpferlose Pfeiler gegen hauchdünne Säulchen mit aus römischen Bauten übernommenen Kapitellen, was zu einem eklatanten Mißverhältnis der Proportionen führt. Gerade auch dieser Punkt hat die frühere Schätzung des Baubeginns auf 800 provoziert.

Das **Baptisterium** liegt direkt vor dem Eingang, also exakt westlich der Kirche und erreicht mit dem Dachaufsatz über dem Tambour mehr als die Firsthöhe des Mittelschiffes der Kirche. Das Außenoktogon ist zweistöckig konstruiert und umschließt im Inneren zwei einander durchdringende griechische Kreuze, darüber erhebt sich als zusätzlicher Halbstock der außen durch Blendarkaden akzentuierte Tambour mit Halbkuppel, der im Inneren nur durch wenige Lichtöffnungen durchbrochen erscheint. In einem frühchristlich inspirierten Raum hatte man die Mauervorsprünge, die vor den das Oktogon innen gliedernden Nischen stehen, durch freistehende Säulen betont. Im Baptisterium von San Vittore ist eine ganz andere, eben romanische Baugesinnung zu bemerken : die Säulen sind zu Halbsäulen geschrumpft, die den Mauervorsprüngen appliziert sind, sie sind also ganz eindeutig als Teil der Mauer aufgefaßt und nicht als eigenständiges architektonisches Element mit tragender Funktion. Nächste Verwandte dieses Baues stehen in Mailand (Kapelle San Acquilino in San Lorenzo Maggiore, der völlig intakte Bau geht auf das 4. Jh. zurück) und Novara.

Kirche und Baptisterium in Arsagio Seprio gehören zu den bedeutendsten romanischen Bauten Oberitaliens

Grundriß des Baptisteriums von San Vittore (nach. S. Chierici)

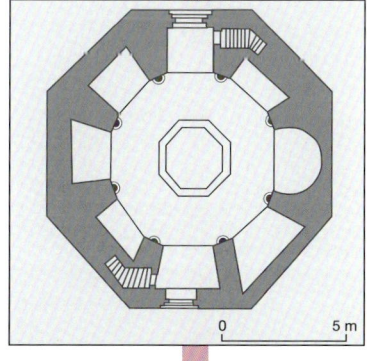

0   5 m

Borromäische Inseln: → Isole Borromee

Castel Seprio und **Torba**

Ort Castelseprio 309 m, Ruinenfeld Castel Seprio 350 m, Torba 280 m

Ruinen der 1287 zerstörten Stadt und Burg Castel Seprio in der Nähe des kleinen Nachfolgeortes Castelseprio, beide über dem Olonatal, im Tal die Reste des ehemals zu Castel Seprio gehörenden Klosters Torba. Castel Seprio wird vom Ministerium für Kultur (Ministero per i Beni Culturali) verwaltet, Torba ist im Besitz des Fondo per l'Ambiente Italiano.

Geschichte

Auf einem isolierten, auf drei Seiten steil abfallenden Plateaurest über dem Tal der Olona, entstand bereits in römischer Zeit eine Befestigung, die den Verlauf der Straße Novara – Como überwachte, die hier am rechten (westlichen) Ufer der Olona verlief. Vielleicht geht diese Befestigung auf eine keltische Siedlung der Insuber zurück, der römische Name Castrum Sibrium deutet darauf hin. Unter den Langobarden wurde das Castrum Zentrum einer Grafschaft, die einen großen Teil des Varesotto, den südlichen Teil des Lago Maggiore und den Bereich nordwestlich Mailand umfaßte. In dieser Zeit wurden erstmals Mauern entlang des Steilabfalles errichtet und vor dem Haupteingang des nunmehrigen Burgbezirkes begann sich eine Vorstadt zu entwickeln, die bald auch eine Kirche bekam, vor den Toren, foris portas. Sibrium oder Seprio wurde ab dem zehnten Jahrhundert ebenfalls mit Kirchen ausgestattet, die Pfarrkirche San Giovanni Evangelista samt Taufkapelle stammt wohl aus dieser Zeit. Um ein Kloster, das sich tief unter der Burgstadt im Olonatal entwickelt hatte, besser schützen zu können, errichtete man im Hochmittelalter einen Mauerring, der über die Hänge hinunterführte und das Kloster Torba einbezog, wobei einer der Ecktürme, der schon früher Teil des Klosters und in spätrömischer und langobardischer Zeit ein Verteidigungsturm gewesen war, nun beide Funktionen zu vereinigen hatte. Die Macht in Seprio war von einem einzelnen Grafengeschlecht (den seit der fränkischen Machtübernahme in der Lombardei regierenden salischen Grafen Nanthelm, Ulrich, Wilhelm und ihren Nachkommen) auf die Hände des gesamten Adels übergegangen, der den städtischen Machthaber, den Podestà umschichtig stellte. Castel Seprio und der Vorort, der Vico Seprio streckten territoriale Fühler aus, die den Ort bald in Konkurrenz zur immer mächtiger werdenden Nachbarin Mailand bringen sollten. In den Jahrzehnten der Auseinandersetzung der Kommunen der Lombardei mit den kaiserlichen Truppen verlor Seprio seine Bedeutung, wurde zerstört oder verfiel jedenfalls und wurde 1183 im Frieden von Konstanz von Mailand übernommen. Die Zurückkehrenden lebten ein bäuerliches Leben, ein paar hundert Menschen werden es wohl gewesen sein. Aber die Idylle dauerte nicht lange. Mit wachsendem Wohlstand stieg die Ablehnung Mailands als Beherrscherin des Ortes, wieder gaben sich die städtischen Adeligen einen Podestà, ließen Wälle und Gräben in Ordnung bringen und neue anlegen, und verstimmten die Mailänder Herren auf diese Art und Weise, ohne die Macht zu haben, die ambrosianische Vorherrschaft abzuschütteln. 1276 spielte sich die Schlacht zwischen Napo della Torre, dem Despoten von Mailand, der sich in der Burg verschanzt hatte, und Ottone Visconti, dem Mailänder Erzbischof hier ab (→ Angera*). Napo besiegte den Erzbischof, der sich mit knapper Not retten konnte. Stadt und Burg blieb den

Die im Mittelalter wichtige Ortschaft Castel Seprio liegt heute wüst

Castel Seprio

Torriani. 1285 hatten die Visconti Mailand unter ihr Szepter gebracht und Napo Torriani war auf der Flucht. Im Mai besetzte Napo della Torre Burg und Stadt Seprio. Nach langem hin und her gab es einen Waffenstillstand mit den Visconti und ein Guido di Castiglione (→ Castiglione Olona*) übernahm das Kommando der Stadt. Zwei Monate später eroberten die Truppen della Torres nochmals Stadt und Burg. Die Truppen der Visconti eroberten die Stadt, konnten die Burg aber nicht stürmen und zogen unverrichteterdinge wieder ab. Vorher aber zwangen sie die Zivilbevölkerung, die Stadt innerhalb von drei Tagen zu verlassen. In das Vakuum, das nach Abzug der Truppen della Torres entstand, griff der ehemalige Stadtkommandant Castiglione ein, der sich der Stadt und der Burg bemächtigte und mit der Wiedererrichtung der Befestigungen begann. Die Visconti, um ein für alle Male sicherzustellen, daß die Burg nicht mehr von den Feinden der Visconti besetzt werden konnte, ließen sie schleifen. Nur die Kirchen blieben erhalten, bis auf eine, Santa Maria foris portas, sind sie heute alle verfallen. Erst nach 1944 hat man mit Grabungen und Wiederherstellungen begonnen, die weiterhin fortgeführt werden.

Turm des Klosters in Torba

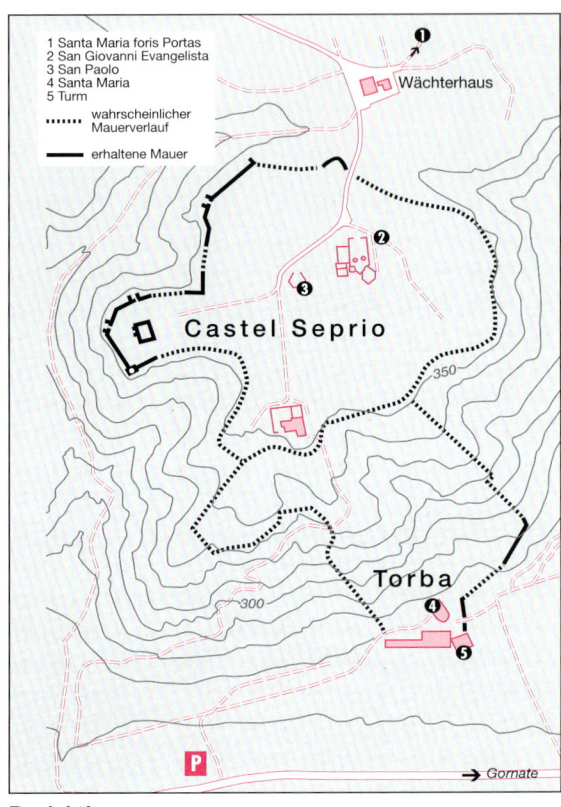

1 Santa Maria foris Portas
2 San Giovanni Evangelista
3 San Paolo
4 Santa Maria
5 Turm

······· wahrscheinlicher
Mauerverlauf

——— erhaltene Mauer

Wächterhaus

Castel Seprio

350

Torba

300

P

→ Gornate

Besichtigung

Die Stadt

Das Ruinenfeld von Castel Seprio befindet sich etwa 1,5 km nördlich des Ortes Castelseprio und ist über eine Stichstraße, die im Ort rechts der Kirche beginnt, mit dem Auto oder zu Fuß zu erreichen. Beim Wächterhaus, das sich im Bereich der alten Vorstadt befindet, geht man links zur **Kirche Santa Maria foris portas** (1). Die Kirche besteht aus einem gewölbten Saal mit drei Konchen, wobei die beiden seitlichen (Süd und Nord) möglicherweise erst später angefügt wurden. Der Bau wird sehr unterschiedlich datiert, am wahrscheinlichsten erscheint ein Datum 7. Jahrhundert, also in der langobardischen Zeit. Nicht die Architektur, deren Dreikonchenanklage Anlaß zu Spekulationen über eine Kirche der Mailänder Bischöfe zur Abwehr des arianischen Glaubens der Langobardenherrscher gegeben hat (drei Konchen = Dreieinigkeit des Katholizismus, nachträglicher Einbau der seitlichen Konchen, um dieser Interpretationsaufgabe Genüge zu tun), ist so bedeutend an dieser Kirche, sondern die Fresken, die sich in der Hauptapsis erhalten

Eine langobardische Kirche ist das bedeutendste Bauwerk Castel Seprios

Fresko in der Kirche Santa Maria foris portas (Flucht nach Ägypten)

haben. Es handelt sich um einen Zyklus von Darstellungen zu den Evangelien, wobei einige Einzelheiten auf die apokryphen Evangelien verweisen, wie sie in der byzantinischen Ikonologie immer wieder vorkommen, so die Magd Salome aus dem Jakobusevangelium, die ja in keiner byzantinischen Darstellung von Christi Geburt fehlen darf. Dieser Umstand, vor allem aber Stil und Technik dieser außergewöhnlichen Fresken weisen auf einen in antik-frühbyzantinischer Freskenmalerei geschulten Künstler hin. Die Fresken sind von einer Leichtigkeit und Eleganz, von einer ganz unmittelalterlichen, völlig antikischen Bewegtheit, von einer Körperlichkeit, die an die Malereien in Pompei erinnert und sie sind so locker, so „impressionistisch", mit sicherem, oft fast nur skizzierenden Pinselstrich gemalt, daß man sie nur einem ganz großen Künstler der damaligen Zeit zuschreiben kann. Welcher Zeit? Die Datierungen schwanken so sehr, daß offensichtlich die Kriterien für die Datierung nicht ausreichend sind. Stellen wir nur fest, daß in der Malerei der karolingischen Renaissance ähnliche Tendenzen des antikischen Impressionismus herrschten (770 bis 830), und daß die letzten Bauten mit großflächigen, der Antike verbundenen Figurendarstellungen in Italien um 550 bzw. 560 ausgeführt wurden (San Vitale und Sant'Apollinare in Classe in Ravenna; Sant'Apollinare Nuovo in Ravenna). Irgendwann in dieser Zeit muß die Kirche ausgemalt worden sein.

Die Fresken von S. Maria foris portas sind vorromanisch

Die Burg
Geht man vom Wächterhaus nach rechts, erreicht man über Wall und Graben mit Resten der Brückenfundamente den Burgbereich von Seprio. Das Terrain ist immer noch von Wällen und Turmfundamenten umgeben, die zum Großteil noch nicht freigelegt worden sind. In der Burg dominiert die große Ruine der **Kirche San Giovanni Evangelista** (2) mit Baptisterium und rechts angebauter Zisterne. Die Basilika wurde wohl bereits im 5. oder 6. Jahrhundert gegründet, ihre

Reste der Kirche San Giovanni Evangelista in Castel Seprio

endgültige Form bekam sie aber erst in der Romanik. Nordöstlich an die Kirche ist das Baptisterium angebaut, es hat die Reste zweier Taufbecken, was als Trennung der arianischen und rechtgläubigen Christen interpretiert wurde. Die Zisterne, Ansätze der Überwölbung haben sich erhalten, hat auf dem Boden heute noch Wasser. Etwas südlich liegen die Ruinen der **Kirche San Paolo** (3), einem hexagonalen Bau mit Ostapsis, wahrscheinlich ähnlich der Kirche San Giovanni im nicht sehr fernen Arsago Seprio (→ *Arsago Seprio**). Diese wohl ehemals äußerst imposante Zentralgrundrißkirche wurde erst in der ersten Hälfte des 19. Jahrhunderts zerstört, als sich die Bewohner des Nachfolgeortes Steine für ihren Kirchenbau holten. Die Reste eines Franziskanerklosters im Osten des umwallten Bezirks sind bis auf weiteres wegen Grabungsarbeiten nicht zu besichtigen.

Das Kloster Torba

Die Gebäude dieses schon vor langer Zeit aufgegebenen Klosters waren jahrhundertelang als Bauernhaus verwendet worden, bevor sie 1977 in die Hände des F.A.I. kamen und bis 1986 restauriert wurden, wobei wertvolle Fresken aus einer bisher noch nicht datierbaren Zeit des Frühmittelalters gesichert wurden. Torba war ein römischer Militärposten am Fuße des Plateaus von Sibrium, ein Wachturm, mehr nicht. In langobardischer Zeit wurde der Wachturm ausgebaut, später einem Kloster angebunden, seine Räume wurden zu Klosterräumen umfunktioniert, aus dieser Zeit stammen die Fresken. Die Klosterkirche von Torba, deren Strukturen und ein kleiner Freskenrest sich intakt erhalten haben, stammt aus dem 11. Jahrhundert. In der Folge wurde Torba in den Verteidigungskomplex von Castel Seprio eingebunden, indem man, wie oben schon erwähnt, einen doppelten Mauerzug über den Hang zum Kloster hinunter baute und den Klosterturm wieder zum Wachturm umfunktionierte. Im 13. Jahrhundert wurde, wohl knapp vor der Zerstörung Castel Seprios, noch

Torba war ein Kloster im Einzugsbereich von Castel Seprio

einmal ausgebaut, damals entstand die neue Apsis der Kirche. Mit dem Verfall von Seprio verfiel auch das Kloster.

Während die **Kirche** von Torba (4) mit ihren geringen Freskenresten, der Krypta des alten Baues, die man nach der Ausgrabung auf den alten Treppchen wieder erreichen kann, und der schönen, aus wechselnden Lagen von Ziegeln und Flußsteinen errichteten Apsis zwar reizvoll ist, aber in der an romanischen Kirchen gesegneten Lombardei nichts Außergewöhnliches darstellt, bietet der römisch-langobardisch-romanische **Turm** (5) des Klosters im zweiten Obergeschoß Bemerkenswertes. Hier haben sich nämlich auf allen vier Seiten Freskenreste erhalten, die eine Vorstellung vom gesamten Zyklus geben, der hier einmal existiert hat, übrigens von einem mittelalterlichen Maler ausgeführt, der mit jenem von Santa Maria foris portas nicht das geringste zu tun, hat, der die Figuren starr und frontal in den Raum stellt, unverbunden miteinander, der Augen malt, die seherisch aufgerissen sind und Füße, die schweben, nicht stehen, ein rundum dem Mittelalter verhafteter Maler also. Dabei gibt es Indizien, die andeuten, daß er ein Zeitgenosse jenes Malers von der Kirche oben vor der Stadt gewesen sein kann, der Name der langobardischen Äbtissin Aliberga etwa, der aber auch in späterer Zeit ausführt worden sein kann, nichts mit den langobardischen Anfängen des Klosters zu tun haben muß. Man muß sich die Fresken in Ruhe ansehen, auch die kleinen Einzelheiten betrachten, das Entenpaar, den Löwen des heiligen Markus, das gekonnt gemalte Altartuch an der Ostwand, die Gruppe der Nonnen an der Westwand, die jede eine andere Handstellung haben, das Gesicht Christi schließlich, dort wo es hingehört, im oberen Bereich der Ostwand, das eines frühbyzantinischen, bartlosen, jugendlichen Pantokrators.

Der Freskenzyklus der Kirche in Torba ist aus langobardischer Zeit

Fresko im Turm von Torba (Gruppe von Nonnen)

Castiglione Olona

307 m
Pro Loco
Castiglione Olona,
Via Roma 23,
Tel. 0331-858084

winzige mittelalterliche Stadt, während der Renaissance Residenzstadt, über einer Biegung des Olona-Flußes mit alter Brücke.

Geschichte

Über der Biegung des Olonaflusses stand auf dem Plateau, über dem sich heute die Collegiata-Kirche von Castiglione Olona erhebt, wohl schon in römischer Zeit eine Befestigung. Die Legende will, daß Stilicho, der germanische General in römischen Diensten, hier eine Befestigung schuf. Castiglione war kein Zentrum einer Herrschaft, sondern vom nahen Castelseprio (→ Castelseprio/Torba*) abhängig, dem Zentrum eines großen, in langobardischer Zeit gegründeten Herrschaftsgebietes. Zweimal kam der Ort mit Mailand in Konflikt, einmal 1071, als Mailänder Patarianer (→ Angera*) den Ort belagerten, der Residenz des Mailänder Erzbischofs war, des Gottifredo da Castiglione, dann 1161, als Mailänder Soldaten im Kampf gegen Seprio auch Castiglione bestürmten. Die große Zeit des Ortes begann erst zu Anfang des 15. Jahrhunderts, als der aus dem Ort gebürtige Kardinal Branda Castiglioni ihn zu seiner Residenz machte. Kardinal Branda hatte durch seine Beziehungen zum deutschen, ungarischen und böhmischen König (und späteren Kaiser) Sigismund aus dem Geschlecht der Luxemburger, sowie zu Alexander V., von Martin V. (1417-1431), dem ersten Papst nach Beendigung des großen Schismas, ein päpstliches Legat zur Bekämpfung der Hussiten in Ungarn bekommen und war zum Grafen von Veszprem ernannt worden. Nach seiner Rückkehr aus Ungarn widmete er sich wieder seiner Herrschaft Castiglione, ließ sich 1423 vom lombardischen Herrscher Fürst Filippo Maria Visconti die Genehmigung zur Wiederherstellung des Kastells geben, und fing an, seinen Ort nach dem neuesten Stil, wie er gerade in Florenz sich unter Brunelleschi entwickelte, zu verändern und auszuschmücken. Dafür ließ er sich einen der großen toskanischen Maler kommen, den Masolino da Panicale, den er vielleicht bei einem Besuch in Budapest kennengelernt hatte, wo jener 1425 bis 1427 bei König Sigismund Hofmaler war. Der Ort wurde, wie schon Gabriele d'Annunzio 1912 in der Mailänder Zeitung Corriere della Sera schrieb, eine „Insel der Toskana in der Lombardei" (aus diesem Satz schlagen die Fremdenverkehrswerber des Ortes und der Region heute noch Kapital). In wenigen Jahrzehnten entstanden mehrere Bauten im Stile der Renaissance und wurden ältere Bauten im neuen Stil ausgeschmückt. Mit dem Tode des Kardinals fiel der Ort in einen Dornröschenschlaf, erst das Interesse des Historismus hat ihn wieder aufgeweckt. Erst heute wird der ganze Schatz, den dieser Ort darstellt, gehoben, wie die vielen Freskenreste, Dekorelemente, Raumstrukturen beweisen, die bei Renovierungen der letzten Zeit zu Tage kamen und täglich kommen.

Castiglione Olona
war Sitz der kleinen
Lokaldynastie
der Branda

Besichtigung

Man läßt den Wagen am besten oberhalb des Ortes bei der Burg **Castello Monteruzzo,** unten im Ort gibt es keine Möglichkeit, zu parken. Der Ausblick von der Terrasse unter der Burg ist eindrucksvoll. Man sieht vor sich in gleicher Höhe die Collegiata-Kirche mit ihrer spätgotischen Fassade, unter sich den Sporn in der Schlinge des Olona-Flusses mit den Dächern des Ortes. Geht man hinunter, kommt man zu einer

Chiesa di Villa in Castiglione Olona

Straßengabelung. Hier ist links ein großer Eingang zu einem noch in Renovierung befindlichen Palast, der **Casa Doro** (oder Corte del Doro). In beiden Stockwerken der Anlage hat man Freskenreste gefunden, besonders reizvoll sind die in schwarz, weiß, rot und gelb gehaltenen Dekorationen des oberen Saales, die zwischen Bäumen Hasen und Kaninchen jagende Hunde darstellen. Gegenüber sieht man in den Laubenhof einer weiteren großen Anlage hinein, es ist die **Casa Clerici,** die ebenfalls erst zu restaurieren ist. Die Straße zwischen den beiden Häusern führt hinunter zur alten Brücke, die stark restaurierungsbedürftig ist, sie steht vielleicht auf römischen, sicher auf frühmittelalterlichen Fundamenten. Geht man die Hauptstraße weiter, erreicht man die zentrale Piazza Garibaldi und hat links die durch zwei Riesenstatuen geschmückte Chiesa del Santissimo Corpo di Christo oder einfach **Chiesa di Villa** vor sich.

Mehrere Paläste kennzeichnen den kleinen Ort

Die zwischen 1430 und 1441 errichtete Kirche ist ein einfacher Kubus mit kleiner Kuppel, die nach außen als offenes Oktogon mit Laterne erscheint, das Innere von Pilastern gegliedert, äußerst einfach und völlig im Sinne Brunelleschis, dessen Bauten seit 1419 in Florenz entstanden. Einfachheit der Form, Zurückhaltung im Dekor, Ruhe anstatt spätgotischer Exaltiertheit sind die Maximen dieses Raumes als Prototyp eines Renaissance Raumes. Bei den Restaurierungsarbeiten von 1986 hat man entdeckt, daß die Kuppel, so wie jene des Domes von Florenz, dessen Konstruktion aus der Feder Brunelleschis stammt (1418 bis 1420), in Form einer selbsttragenden Schalenkuppel erfolgte, also vielleicht sogar von Brunelleschi selbst entworfen wurde. Unter dem inneren Triumphbogen befindet sich eine Verkündigungsgruppe eines lombardischen Meisters.

Riesenstatue vor der Chiesa di Villa in Castiglione Olona

**Wappen der
Branda
Castiglione**

Am Beginn der Piazza Garibaldi zweigt rechts ein Sträßchen ab, hier steht rechts der **Palazzo Branda Castiglioni.** Der Wohnsitz des Kardinals wurde ausgezeichnet restauriert, dabei wurden einige Fresken entdeckt, die dem Masolino da Panicale und seinem Werkstattkollegen Lorenzo di Pietro, genannt „Vecchietta", zugeschrieben werden. Die vom letzteren (um 1437) ausgemalte Kapelle des heiligen Martin ist besonders sehenswert. Im Ersten Stock befindet sich das sogenannte Schlafzimmer des Kardinals. Um ein Bett des 16. Jhs. sind die Wände ganz mit Putten zwischen Fruchtbäumen ausgemalt, während in einem unteren Freskenfries Kränze, von Spruchbändern umschlungene Bouquets und Portraits eine Art Familiengeschichte der Castiglioni wiedergeben. Im angrenzenden Zimmer befindet sich das Landschaftsfresko, das Masolino da Panicale zugeschrieben wird. Schräg gegenüber steht ein weiterer Stadtpalast, und wenn man dann das Fußgängersträßchen zur Collegiata hinaufgeht, kommt man an weiteren Palästen vorbei, so am **Palazzo der Marchesi Magenta.**

Die **Collegiata,** die Kollegiatskirche über der Stadt, wurde zwischen 1421 und 1425 errichtet. Als Pfarrkirche wurde sie in den Formen der internationalen Spätgotik errichtet, die strenge, nur durch zwei Pilaster gegliederte Ziegelsteinfassade zeigt aber im Portal mit seinem Tympanon, die neuen Formen der Renaissance. Endlich ist der spätgotische Chor von Renaissance-Malern freskiert worden, hier haben sich Masolino da Panicale mit dem Marienleben (in den Zwickeln) sowie Vecchietta und Paolo Schiavo mit den Legenden der Heiligen Stephanus und Laurentius (an den Seitenwänden) verewigt.

Ganz am Ende des Hofes hinter der Kirche steht die **Taufkapelle.** Sie enthält die vollständige Ausmalung durch Masolino da Panicale, darunter sein Meisterwerk, die Taufe Christi im Jordan, in der Wölbung der Apsis. So wenig Masolino jemals in der Einfachheit der Komposition, der Natürlichkeit der Bewegung und der Dramaturgie der Szene seinen jüngeren Arbeitskollegen Masaccio erreichte, so deutlich hat er in diesem Werk bewiesen, wo seine, den Zeitgenossen über seinen dekorativen Manierismen kaum bekannte Meisterschaft lag: Die Darstellung des nackten Körpers, insbesondere jenes der Christusfigur, die in Haltung und Oberflächenbehandlung einer griechischen Marmorstatue entspricht, setzt ein Fanal für die Beschäftigung der Renaissancekunst mit dem menschlichen Körper, mit Anatomie und Oberflächenbehandlung. Die große Signalwirkung auf seine zeitgenössischen Mitkünstler ging nicht von diesem Werk aus, sondern vom – erst 1442 entstandenen – David Donatellos in Florenz und den Fresken Mantegnas in Mantua seit 1461. Umso bedeutender muß dieses Werk erscheinen, das hier im winzigen Provinzstädtchen Castiglione Olona von früherer Größe kündet.

*Die Fresken der
Taufkapelle in der
Kollegiatskirche
stammen von
Masolino*

Masolino da Panicale *(1384 bis nach 1435)*

In der Geschichte der Renaissancemalerei, insbesondere der Freskenmalerei der Frührenaissance, nimmt Masolino da Panicale die Stelle des „Dekorativen" ein, dem das Genie Masaccio (1401 bis 1428) beispringen muß, wenn es um Komposition und Naturnähe geht. Diese Zuordnung bezieht sich auf zwei Fakten. Einmal haben viele Hauptwerke Masolinos einen ausgesprochen dekorativen Charakter. Die beiden Schnösel in feinster Gewandung, welche die linke und rechte Bildpartie im obersten Teil der Fresken der Brancacci-Kapelle in Florenz verbinden, sind dekorative Elemente, Bildschmuck, sonst nichts. Immerhin war dieses Element der Kunst Masolinos so populär, daß er davon leben konnte, die lukrative Ausmalung der Brancacci-Kapelle (seit 1424) war ihm ja zugefallen, weil er ein populärer Maler war, weil sein dekorativer und doch den neuen Renaissanceformen aufgeschlossener Stil gefiel. Die Brunelleschi-Vorstellungen der Zentralperspektive, wie sie sich in diesen Jahren durchsetzten und die Malerei revolutionieren sollten, hat er mit als erster in Bilder umgesetzt, so etwa gerade in jene Szene rechts der zwei Schnösel, wo Petrus die Tabitha erweckt, die in einem korrekt perspektivisch gesehenen, offenen Pavillon hockt. Man sehe sich die Figuren im rechten (südlichen) Wandteil der Taufkapelle in Castiglione Olona an, dem Gastmahl des Herodes. Kleidung und modisches Dekor, Frisuren und Hüte sind hier ganz wichtig für den Maler, aber das ganze Geschehen spielt sich in einer perfekten brunelleschischen Zentralperspektive aus Loggien und Fassaden ab. Zum zweiten hat Masaccio, der um siebzehn Jahre jüngere, dem Masolino bei genau jenem Fresko aus der Brancacci-Kapelle geholfen, weil der Ältere nicht die Geschwindigkeit, vielleicht nicht den Schwung hatte, oder auch nicht Zeit und Interesse hatte (wir wissen es nicht), den Hintergrund auszuführen. Die Platzarchitektur hinter der von Menschen gefüllten Szene ist jedenfalls ein Werk des Masaccio, nicht des Masolino. Beide Fakten, die dekorative Ader und die offensichtliche Hilfe durch Masaccio, haben nicht zu Masolinos Ruf beigetragen. Mußte er nicht der weniger bedeutende sein, der „spätgotische", der vom genialen Masaccio überflügelt wurde? In der Taufkapelle von Castiglione Olona erkennt man, daß die Zeitgenossen mit ihrer großen Schätzung für Masolino keinesfalls unrecht gehabt haben (→ oben). Hier zeigt sich ein Meister, der weit über seine Zeit hinausweist, der den nackten Körper im Fresko behandelt, wie erst eine Generation nach ihm, dessen Komposition mutig (die Nackten) und gleichzeitig ruhig ist, der sich nicht scheut, Flächen frei zulassen, wenn es dem Ganzen dient (links von den Engeln) und dessen Gesichter einen ungewöhnlich präzisen Porträtcharakter tragen (Christus vor Pilatus, rechts unter der Taufe im Jordan, Männer am Tisch des Herodes beim Gastmahl des Herodes). Der Vergleich von Masaccio und Masolino in der Brancacci-Kapelle ist ungerecht. Man muß Masolino für sich würdigen. In Castiglione Olona.

Fresko in der Taufkapelle der Collegiata von Castiglione Olona von Masolino da Panicale

Isola Bella: → S. 202
Isola Madre: → S. 201

Isole Borromee = Borromäische Inseln

A.P.T. 28838 Stresa,
Via Canonica 3,
Tel. 0323-30150/-
31308

*Die Borromäischen Inseln im gleichnamigen Golf des Lago Maggiore zwischen Pallanza-Verbania und Stresa bestehen aus vier Inseln, der Isola di San Giovanni direkt vor Pallanza, der Isola Madre auf einem Drittel der Entfernung zur jenseitigen Küste zwischen Baveno und Stresa, schließlich der Isola dei Pescatori (oder Superiore) und der Isola Bella wenige hundert Meter vor der südlichen Küste des Golfs. Die Isola di San Giovanni mit einem Palast des 17. Jahrhunderts, in dem sich Arturo Toscanini häufig aufhielt, kann von Touristen nicht betreten, geschweigedenn besichtigt werden. Die anderen drei Inseln sind durch regelmäßigen Seeschiffdienst mit den Küstenorten und mit der Villa Taranto verbunden, man kann sich aber auch zum -hohen- Festpreis ein Boot mieten und nach vereinbarter Zeit wieder abholen lassen (→ Route 1, **Stresa*** und Verbania-Pallanza bzw. -Intra). Die Inseln sind sehr stark touristisiert, die Preise der Bars und Restaurants sind unverschämt, in der Hauptreisezeit sollte man den Besuch besser meiden.*

Geschichte

Von den vier Inseln im Golf, der sich heute nach den Feudalherren von früher (und den Besitzern von heute) der Borromäische nennt, war am Ausgang des Mittelalters nur eine von einer Siedlung besetzt, einem Fischerdorf. Diese Fischerinsel nannte man, weil sie im Sinne des durch den See verlaufenden Flußlaufes oberhalb ihrer Nachbarinsel liegt, die obere, die Isola Superiore. Die untere, die Isola Inferiore, besaß ebenfalls einige Fischerhütten, aber kein richtiges Dorf. Die beiden anderen Inseln waren unbesiedelt, die Isola Madre war von Befestigungen überzogen und diente ausschließlich Verteidigungszwecken, bis sie zu Anfang des 16. Jahrhunderts mitsamt der Isola Inferiore von dem Mailänder Grafen Borromeo erworben wurden, die zu dieser Zeit praktisch Feudalherren des gesamten Gebietes waren. Graf Lanzelotto Borromeo plante den Ausbau der späteren Isola Madre und der Isola Inferiore als Residenz, er begann damit, die Befestigungen auf der Isola Madre schleifen zu lassen und ließ einen Palast hinstellen, der in großen Zügen dem heutigen entspricht. Erst hundert Jahre später erinnerte sich Graf Carlo III. Borromeo wieder an die Pläne für die andere Insel und führte sie ab 1632 aus. Es entstand der Haupttrakt des Schlosses auf der Isola Inferiore, die nun den ihr gemäßeren Namen Isola Bella bekam (eigentlich eine Abkürzung aus Isola Isabella, die Insel ist nach der Frau Carlos III. benannt, Isabella d'Adda), und es entstand der weltberühmte italienische Formalgarten, die eigentliche Sehenswürdigkeit der Inselgruppe. Das Schloß auf der Isola Bella wurde immer wieder erweitert, zuletzt vor wenigen Jahrzehnten durch den zentralen Festsaal, der aufgrund alter Pläne errichtet wurde. Auch der Park wurde umgestaltet, im 19. Jahrhundert wurde ein Englischer Garten ausgelegt, der dankenswerterweise nicht den – in der Romantik und im Biedermeier als hoffnungslos altmodisch angesehenen – Italienischen Garten ersetzte.

Die Grafen
Borromeo schufen
auf den Inseln im
Golf von Verbania
ihre Residenz

Besichtigung

Isola Madre

Auf der größten der Borromäischen Inseln (0,8 ha) empfängt den Besucher nach dem Trubel des Landungssteges ein prachtvoller **Landschaftsgarten.** Der Englische Garten des 19. Jahrhunderts wurde unter dem Grafen Vitaliano Borromeo (1792 bis 1874) angelegt. Die großzügige, die ganze Insel terrassenförmig überziehende Anlage wurde bis 1978 restauriert, als Botanischer Garten angelegt und dann dem Publikum zugänglich gemacht. Ein Spaziergang durch diese vom Menschen gestaltete Natur führt durch unterschiedliche Ensembles, Azaleen und Rhododendren dominieren, die Blüte im April und bis in den Mai hinein ist denn auch ein besonders guter Zeitpunkt, um die Insel zu besuchen (und die touristische Konkurrenz ist noch nicht da!). Überall bieten sich andere Bilder, immer wieder neue

Blicke über blühende Hecken oder von zahmen Pfauen, Schmuckfasanen und anderen Vögeln gezierte Wiesen, auf das südliche Golfufer und Stresa mit dem Mottarone, auf Pallanza und die Verbania. Der **Borromeo-Palast** des 17. Jahrhunderts erhebt sich über einem Platz, der von einer jahrhundertealten Himalaya-Zeder überschattet wird, das schlichte Gebäude ist heute ausschließlich Museum und zeigt neben der alten Inneneinrichtung und einer eher mittelmäßigen Gemäldesammlung vor allem ein **Puppenmuseum** (auch die Borromäerburg **Angera*** besitzt ja ein Puppenmuseum). Wenn man das Glück hat, gerade nicht zwischen zwei Führungen eingezwängt zu sein, kann man die Räume mit ihrer alten Austattung bewundern, den Salotto und das Speisezimmer, Porzellan und Lüster, die ursprünglichen Bilder an den Wänden, alte Vorhänge, Brokat, Samtbordüren. Neben dem Palast steht die **Grabkapelle** der Familie, ein eklektizistisch-orientalisierendes Werk von 1858.

Isola Madre; selbst die Anlegestelle ist üppig bewachsen

Isola Pescatori

Die Isola Pescatori ist, wie der Name sagt, eine Fischerinsel, oder war es zumindest, denn ob heute noch jemand auf dieser Insel vom Fischfang lebt, bleibt dahingestellt, auch wenn weiterhin im kleinen Hafen links vom Landesteg einige Fischerboote mit kompletter Ausrüstung dümpeln. Die schmale, längliche Insel ist in fast ihrer ganzen Länge vom Ort eingenommen, der sich kaum von anderen Fischerorten unterscheidet, mit engen Gäßchen und Treppen, Durchgängen und niedrigen Türstürzen aus Stein, kleinen Gärtchen, einem flachen Seeuferstreifen, wo man das Boot direkt vor dem Haus anlanden kann. Die Geschäfte und Bars, Restaurants und Fliegenden Händler, der frequentierte Fußweg um

Wunderschön ist der Garten um den Borromeo-Palast auf der Isola Madre

Immer noch eine Fischerinsel (wenn auch tagsüber sehr touristisch) ist die Isola Pescatori

das Inselchen (an einer Stelle fast abgeschnitten durch eine Gartenmauer) zeigen die wahre Profession der Bewohner. In der **Kirche San Vittore,** deren Baubeginn im 12. Jahrhundert nur noch zu erahnen ist unter den vielen Veränderungen der folgenden Jahrhunderte, findet man ein wenig Ruhe.

Isola Pescatori

Isola Bella

Sie ist die schönste, berühmteste, besungenste, besuchteste der Borromäischen Inseln. Ihr Italienischer Garten war und ist eine Sehenswürdigkeit der höchsten Kategorie. Kommt man von Stresa, sieht man zuerst den Garten wie das hohe Heck eines Schiffes, wie ein barockes Schlachtschiff stufenförmig aufgebaut, wie die Vasa etwa, das Pracht-, Prunk- und Repräsentationsschiff der schwedischen königlichen Kriegsmarine im Stockholmer Vasa-Museum. Das andere Ende der Insel, wo das Schloß steht, ist wie ein schmaler Bug in den See hinausgeschoben, das Schloß selbst ist der Deckaufbau des Schiffes. Die Anleihen an Schiffsformen sind nicht zufällig, der Erbauer sah seine Insel, sein Schloß, seinen Besitz wie ein Schiff über dem Wasser des Sees schweben, unsinkbar, in ewiger Schönheit.

Man betritt die Insel schräg unterhalb des Schlosses, ein schmaler, geduckter Dienstbotenort hatte sich hier entwickelt, heute besteht der Ort ausschließlich aus Einrichtungen, die den Touristen das Geld abknöpfen. Über eine breite Treppe steigt man zum Vorhof des **Palazzo Borromeo** hinauf, den man nach einer Richtungsänderung erreicht, die für die Schloßbewohner den Hafenort aus dem Blick ausschließt. Das Schloß wurde von den Architekten Francesco Castelli, Filippo Cagnola und Carlo Fontana nach 1632 im Stil des lombardischen Frühbarock errichtet, der gegen Westen sich erstreckende Mittelteil, in dem der große, durch zwei Stockwerke laufende Festsaal untergebracht ist, wurde erst in unserem Jahrhundert geschaffen. Über ein stuckiertes, den Ausmaßen des Schlosses nicht entsprechendes Treppenhaus erreicht man das zweite Obergeschoß, den eigentlichen Wohn- und Repräsentationsbereich. In mehreren Sälen sind die Ausstattungen des 16. bis 19. Jhs. ausgestellt, die Gemälde sind weniger interessant, sieht man von einem Raum mit drei Gemälden des Bernardino Luini ab. Besonders eindrucksvoll der Gobelinsaal mit flämischen Wirkteppichen. Im Turm von 1631 führt einer der Abgänge

Die Isola Bella trägt den prächtigen Palazzo Borromeo mit seinem Ziergarten

in das Untergeschoß mit seinen gewölbten Grotten- räumen, die nach außen offen sind. Diese nach barockem Gusto „natür- lich" gestalteten Kunst- höhlen enthalten eine ebenso typisch barocke Sammlung von Merkwür- digkeiten, von verschie- nen Riesenkorallen bis zu prähistorischen Funden. Den **Garten** erreicht man von den Grotten her, wobei zuerst der Englische Land-

Im Garten des Palazzo Borromeo auf der Isola Bella

schaftsgarten des 19. Jahrhunderts berührt wird. Über die- sem Garten erhebt sich ein kleines Plateau und darüber wie- der wie in einer Theaterkulisse, der höchste Gartenbereich mit Nische, Statuen von Nymphen und Flußgöttern und zuoberst einem Einhorn, dem Symbol der Familie Borromeo. Auf der dem Schloß abgewandten Seite, jener, die man von Stresa her kommend zuerst sah, ist der steile Hang durch schmale Terrassen abgesetzt und durch Balustraden, Obe- lisken und geschnittene Bäume gegliedert, es sind sage und schreibe elf Terrassen übereinander getürmt, die im Einhorn, das man natürlich auch von dieser Seite sieht, 37 m über dem Wasserspiegel gipfeln. Um diesen prototypischen Itali- enischen Garten des Frühbarock anlegen zu können, muß- ten umfangreiche Erdbewegungen vorgenommen werden (die Legende, daß man jeden Krumen Erde vom Festland bringen mußte, ist falsch). Terrassen mußten in den Felsen geschnitten werden, andere wurden künstlich auf Pfeilern in den See hinaus verlängert, was an Erde hier nicht benötigt wurde, schaffte man dort hin, selbstverständlich wurde zusätzliches Erdreich vom Ufer bei Stresa hergeschafft, wur- den die Bäume und Sträucher, der ganze aufwendige Blu- menkatalog des Barocks, Rosen, weiße Lilien, Schwertlilien, Malven, die Zitrusbäumchen und Oleander, Eiben und Zypressen von oft weither auf die Insel gebracht. Was in der Villa Della Porta-Bozzolo in **Zuigno*** auf einen ganzen Berg- hang projiziert wurde, die Folge einander ablösender Ter- rassenstufen, die Belvederes und verbindenden Treppen, die Nischen und Brunnen, die ganze aufwendige Bepflan- zung mit geschnittenen Bäumen und Sträuchern und bun- ten Blumenbildern, das hat man hier über einem teilweise künstlichen Miniberg von 37 m geschafft. In die Bewunde- rung der künstlerischen Wirkung dieses Gartens mischt sich etwas Skepsis, bewundern wir hier nicht mehr die Manier als den Inhalt? Vielleicht solte man die Insel im Winternebel sehen, wenn Sie wie ein barocker Fliegender Holländer über dem bleigrauen See schwebt . . .

Der italienische Garten der Isola Bella ist ein Land- schaftskunstwerk des Barock

Luino

15000 Ew,
202 m ü.M.

IAT 21016 Luino,
Via Piero Chiara 1,
Tel. 0332-530019

Industriestadt am Ostufer des Lago Maggiore an der Mündung der Tresa. Sehr lebendiger Mittwochsmarkt.

Geschichte

Der römische Militärstützpunkt war seit dem Mittelalter unter dem Namen Luvinum Zankapfel streitender Herrschaften. Nicht nur benachbarte Grafschaften rissen sich um den Ort, der über das Tresa-Tal den kürzesten und einfachsten Weg vom Lago Maggiore zum Lago di Lugano vermittelt, sondern auch die entfernteren Städte Como und Mailand. Die Rusca aus Como eroberten den Ort 1439, im 16. Jahrhundert war er einige Zeit unter der Herrschaft der Schweizer Urkantone und hatte nichts zu lachen), dann eroberten ihn die Visconti und schließlich ging er (mit Mailand) an die Habsburger, die ihn verschiedenen lokalen Familien zum Lehen überließen. Karl V. (I. von Spanien) verlieh dem Ort 1541 alternierend mit Maccagno das Marktrecht und gab ihm so eine gute Startposition für den Kampf um die Vorherrschaft im Nordteil des Langensees, dessen eidgenössische Okkupatoren auch dieser Herrscher nicht wieder aus Locarno hinauswerfen konnte. Garibaldis Versuch, hier am Oberen Verbano 1848 die österreichische Herrschaft abzuschütteln, mißlang, das hinderte die Stadt nicht, ihm nach dem engültigen Erfolg im Jahre 1867 ein Denkmal zu setzen, es war das erste, das er bekam und er lebte zu diesem Zeitpunkt noch. Im 19. Jahrhundert industrialisierte der Ort rasch, Spinnereien (Baumwolle, Seide), Schuhproduktion, chemische Industrie siedelten sich an, die Eröffnung der Gotthardbahn, deren westlicher Arm über Varese nach Mailand und über Sesto Calende nach Turin führt, half kräftig dabei mit.

*Das hübsche
Städtchen Luino
hat eine bewegte
Geschichte hinter
sich*

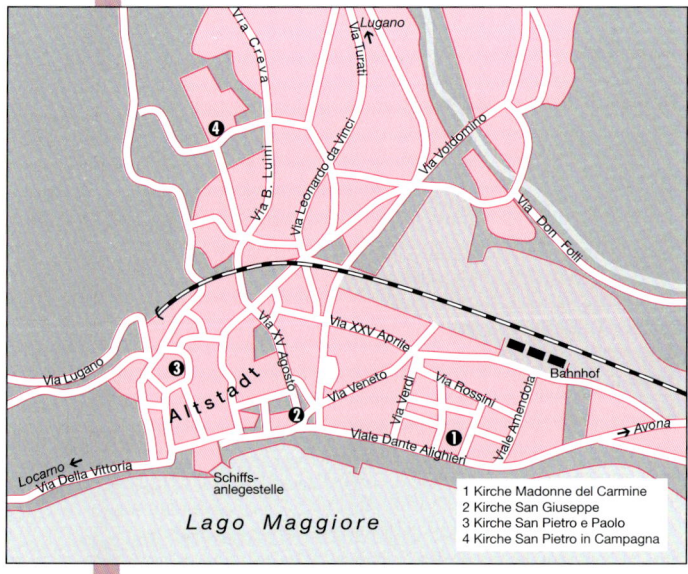

1 Kirche Madonne del Carmine
2 Kirche San Giuseppe
3 Kirche San Pietro e Paolo
4 Kirche San Pietro in Campagna

*San Giuseppe
am Lungolago
in Luino*

Besichtigung

Vom Lungolago mit seinen riesigen, schattigen Platanen erreicht man die **Kirche Madonna del Carmine** (1), gegründet vom seligen Karmelitermönch Giacobino Luinese, die Fresken der Kreuzkapelle sind aus der Luinischule (um 1540). Etwas weiter nördlich liegt ebenfalls am Lungolago die **Kirche San Giuseppe** (18. Jh.) (2), barocke Großplastiken zu beiden Seiten des Portals stellen die Apostel Petrus und Paulus dar. Die Vorhalle der Kirche, ein von Säulen getragener, steinerner Baldachin, ragt weit in die Straße hinein. Die Kirche, ehemals Privatkapelle der Familie Serbelloni, besitzt eine wertvolle Orgel des 18. Jahrhunderts. Im alten, leicht erhöhten Ortskern hinter dieser Kirche sind einige ältere Häuser erhalten, an einer zentralen Piazzetta liegt die **Pfarrkirche SS.Pietro e Paolo** (3), zu der man von der ufernahen Piazza Garibaldi mit ihren schönen alten Bäumen und offenen Cafès durch verwinkelte Gäßchen gelangt. Außerhalb der Stadt liegt an der Straße in Richtung Lugano die **Friedhofskirche San Pietro In Campagna** (4). Der äußerlich unscheinbare Bau mit seinem Campanile des 11. Jahrhunderts besitzt (am rechten Seitenaltar) ein Fresko der Anbetung der Heiligen Drei Könige, dem Bernardino Luini (1475 bis ca. 1533) zugeschrieben – damit Luino wenigstens *ein* Werk seines großen Sohnes besitzt!

*Aus Luino stammt
der Maler
Bernardino Luini*

   Trotz seines Kleinstadtcharakters hat Luino ein **Orchester,** die Musica Cittadina Luino, das seit 1851 besteht und im Ort und der Umgebung jährlich durchschnittlich zwanzig Konzerte gibt. Wenn man bedenkt, daß viele italienische Großstädte kein stehendes Orchester haben, muß dies als ganz außergewöhnliche Leistung gesehen werden.

Orta San Giulio und Isola San Giulio

Region Piemont; Orta San Giulio liegt auf einer Halbinsel im Südosten des Ortasees, nicht einmal 400 m vom Ufer liegt die kleine Kircheninsel San Giulio.

1000 Ew.,
294 m ü.M.

IAT Orta,
Via Bossi 47
Tel. 0322-911937,
Infostand bei
Auffahrt
Sacro Monte
Tel. 0322-905614

Geschichte

Die Legende der Heiligen Julius und Julianus, die auf der heute nach ihnen benannten kleinen Insel im Ortasee eine erste Kirche bauten, nennt dafür die Jahre zwischen 390 und 400 n.Chr. Ausgrabungen in der Kirche San Giulio haben einen in seiner Bedeutung nicht mehr bestimmbaren Bau vom Ende des vierten Jahrhunderts an's Licht gebracht, der vielleicht mit jener ersten Kirchengründung identisch ist. Mit Sicherheit kann ein Kirchenbau des fünften und sechsten Jahrhunderts bestimmt werden, der in Lage und Grundriß ein direkter Vorgänger des heutigen ist, der aus der Romanik stammt (12. Jh.). In der „Origo gentis Langobardorum" des Paulus Diakonus wird die Insel zum ersten Mal historisch erwähnt (590). Sie wird als befestigte Burg eines langobardischen Herzogs bezeichnet, wobei aus dem Text nicht mit Sicherheit hervorgeht, ob sie der Sitz des Herzogstums war oder nur eine von mehreren Burgen. Unter den Ottonen spielte sich hier kurze Zeit Weltgeschichte ab. 956/7 belagerte Liudolf, Sohn Ottos I. die Insel, auf der sich der rebellierende König Italiens Berengar II. verschanzt hatte. Wenige Jahre später kam Otto selbst (962), um diesmal Willa, die Witwe Berengars zu belagern und den Staatsschatz zu erobern, den sie auf die Insel mitgenommen hatte. Nach der Eroberung kassierte Otto den Schatz, Willa ließ er frei. Bei dieser Gelegenheit kam Orta zu seiner ersten urkundlichen Erwähnung, die Urkunde, mit der Otto I. am 29. Juli 962 den Kanonikern von S.Giulio Ländereien im weiten Umfeld übertrug, wurde in Orta ausgestellt.

Die Geschichte der Isola San Giulio und Ortas beginnt in der Völkerwanderung

Orta und die Insel S.Giulio waren seit frühmittelalterlicher Zeit unter der Jurisdiktion des Bischofs von Novara, dessen Herrschaftsgebiet 1028 unter Konrad II bis in das Ossolatal erweitert wurde. Beide Orte waren eine bischöfliche Enklave in ansonsten von weltlichen Herrschaften, später meist von den Mailändern verwaltetem Gebiet. Bei den vielen Konflikten der nächsten Jahrhunderte suchte der Bischof von Novara immer wieder auf der Insel S.Giulio sichere Zuflucht. Bis in das 17. Jahrhundert hatte die Abtei auf der Insel auch das geistliche Primat über den ganzen See inne, wer seine Kinder taufen, eine Hochzeit feiern oder die Messe lesen lassen wollte, mußte sich aus weitem Umkreis an die Kanoniker des Heiligen Julius wenden.

1522 bemächtigte sich der Mailänder Francesco II. Sforza des Ortasees, 1528 wurde das ganze Gebiet von Bonifacio Visconti erobert, 1529 wurde die Insel, und nur sie, vom Habsburger Karl V., der inzwischen die Herrschaft in der Lombardei übernommen hatte, an den Bischof von Novara zurückgegeben. Diese geistliche Herrschaft sollte bis 1797 dauern, als nach dem Einmarsch Napoleons alle geistlichen Territorien aufgelöst wurden. Kurzfristig kam die Insel 1815 nach dem Wiener Kongreß nochmals an den Bischof von Novara, aber schon 1817 wurde sie mitsamt der ganzen Umgebung und natürlich Ortas ein Teil des Königreiches Savoyen. Savoyen ließ noch einmal die geistliche Selbstverwaltung der Insel aufleben (1822), die aber nur für eine Generation gelten sollte (bis 1855), dann kam die Insel S.Giulio, wie Orta schon lange vorher, endgültig unter weltliche Verwaltung.

Eine der Kapellen des Sacro Monte d'Orta

Besichtigung

*Arkaden des
Rathauses in
Orta San Giulio*

Besichtigung

Orta San Giulio ist ein (fast) autofreier Ort, den Wagen läßt
man auf einem der Parkplätze oberhalb der Stadt (unterschiedlich teuer, je nachdem ob bewacht oder unbewacht)
und spaziert dann über die große Freitreppe, die zur
Gemeindekirche Santa Maria Assunta (17. Jh.) (1) hinaufführt, hinunter in den Ort. Man gelangt zum großen Platz des
Ortes (2), der sich zum See und zur nahen Insel San Giulio
öffnet, auf den anderen drei Seiten von alten Häusern umgeben. Hier findet jeden Mittwoch der Markt statt, während der
Antiquitätenmarkt, der von April bis September jeden ersten
Samstag im Monat abgehalten wird, die Piazza Motta als
Standort hat. Rechts (nördlich) steht das alte Rathaus, der
Palazzo della Communità (3), ein auf Säulen ruhender, frei-
stehender Bau mit Außentreppe und Campanile aus dem
14.(?) Jahrhundert. Unter den Lauben der umgebenden
Häuser Geschäfte und Cafès, die Tische weit in den Platz
hineingeschoben, kein Autoverkehr, der Blick auf den See:

*Illusionistische
Großplastik in
einer der Kapellen
des Sacro Monte
d'Orta*

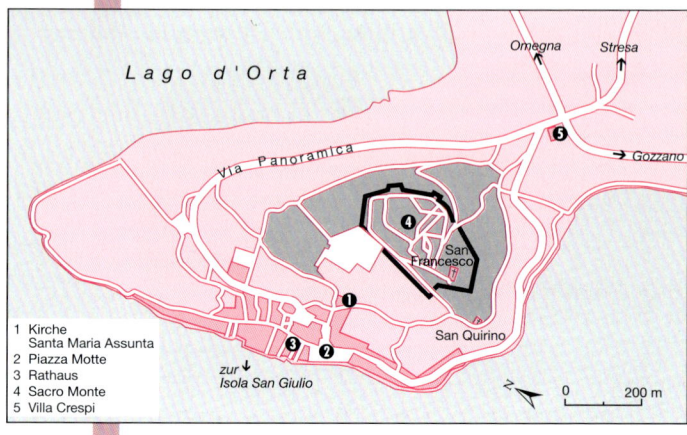

Lago d'Orta
Omegna — Stresa
Via Panoramica
→ Gozzano
San Francesco
San Quirino

1 Kirche
  Santa Maria Assunta
2 Piazza Motte
3 Rathaus
4 Sacro Monte
5 Villa Crespi

zur ↓
Isola San Giulio

0   200 m

das macht die Piazza di Orta zu einem der schönsten, ein-
drücklichsten Plätze Oberitaliens.

Von der Pfarrkirche geht man über Treppen hinauf zum
Sacro Monte d'Orta (4). In zwanzig Kapellen und einer Kirche zwischen großen alten Linden, Buchen und Kiefern, entstand hier über Stadt und See seit 1583 eine in Plastiken
und Fresken ausgeführte Lebensgeschichte des heiligen
Franziskus. Die bunten Figurengruppen in Lebensgröße mit
gemalten Hintergründen und Himmelsszenen sind von
unterschiedlicher künstlerischer Qualität. Der Reiz dieser
Anlage mit ihren Elementen eines barocken Landschafts-
gartens liegt in seinem Gesamtaspekt, nicht im Detail der oftmals grotesken und oft schlecht sichtbaren Figuren (man
sieht einige Gruppen in unbeleuchteten Räumen durch
schmale Sehschlitze).

Die **Isola San Giulio** ist mit Orta durch Motorboote verbunden (Festpreis für Retourfahrt). Der Besucher betritt eine
heute nur von wenigen Nonnen bewohnte Insel, die in ihren
besten Zeiten bis zu 400 Bewohner hatte. Alle Häuser der
Insel neben der alten Kirche des heiligen Julius waren von
Mönchen oder Laienbrüdern bewohnt, heute sind viele
umgebaut und anders genutzt, immer noch warten nur ein
einziges Restaurant und ein Andenkenladen auf den Besucher. Die **Kirche San Giulio** steht auf spätantiken und vorro-
manischen Vorgängern, der heutige Bau entstand im
12. Jahrhundert, doch nur der Glockenturm zeigt noch ausschließlich romanische Merkmale, die barocken Zusätze hat
man in jüngeren Restaurierungen entfernt. Der Turm aus
sorgfältig behauenen Quadern hat von Stockwerk zu Stockwerk durchbrochenere Struktur, im zweitobersten mit je zwei
Biforen, im obersten mit Galerie und Triforen. Die nicht ganz
symmetrisch angelegte, dreischiffige Kirche wird von einem

*Über Orta thront
einer der größten
Kalvarienberge
Oberitaliens, der
Sacro Monte d'Orta*

*Die verwinkelte
Kirche San Giulio
steht auf spätan-
tiken Vorgängern*

Isola San Giulio

Oktogon mit Kuppel überwölbt, dessen Ausgestaltung aus dem späten 18. Jahrhundert stammt, das aber möglicherweise schon ein Element der romanischen Kirche war. Der erhöhte absidiale Chor enthält noch das Chorgestühl der Kanoniker aus dem 17. Jahrhundert. Direkt darunter befindet sich die Unterkirche, die seit 1697 geschaffen wurde, um der Urne des Heiligen Julius einen würdigen Standort zu geben. Dahinter in einem Nebenraum Ausstellung zu den archäologischen Grabungen in der Kirche mit Plänen und Grabungsfunden.

Das Prunkstück dieser Kirche ist der romanische Ambo aus schwarzem Marmor im Mittelschiff. Die wohl noch vor 1100 nach byzantinischem Vorbild entstandene Kanzel ragt weit in das Mittelschiff hinein, schwer und wuchtig auf vier ganz unterschiedlichen Säulen, geschmückt von expressiven, in ihrer Direktheit fast ungeschlacht wirkenden Darstellungen der Evangelisten, ihrer Symbole und anderer, zum Teil kaum deutbarer Figuren. Frühromanische Reduktion der Linien auf das Wesentliche verbindet sich mit Dekorflächen aus der Tradition der Völkerwanderung, die robuste Gestalt eines Mannes, der sich auf einen Stab stützt (ein Abt?), ist genauso Teil dieses Kunstwerkes wie eine schmale Tragsäule, die völlig mit steinernem Flechtwerk überzogen ist. Die Ausmaße sind enorm, 3,50 m ist die Höhe, 3,47 m die Breite. In einem Bas-Relief kämpfen Greif und Krokodil, zwei Leoparden schlagen eine Antilope, ein Zentaur, halb Mensch, halb Pferd, füllen die Flächen zwischen den plastisch geformten christlichen Elementen, den Evangelisten und den Tieren, die sie darstellen, Löwe, Adler, Stier, sowie dem Engel (Matthäus). Als Meister dieses bedeutenden Werkes der Romanik wird ein Comasker Bildhauer angenommen.

Ein romanischer Ambo (Kanzel) ist das Prunkstück der Kirche

Santa Caterina del Sassoballaro

Kloster in einem senkrechten Felsen über dem Südostufer des Lago Maggiore, Gemeinde Leggiuno (→ Route 2)

Geschichte

Die Gründungslegende des Klosters berichtet vom seligen Alberto Besozzi aus Arolo, einem Händler, der um 1170 auf dem Langensee Schiffbruch erlitten, dem heiligen Nikolaus von Bari, dem Patron der Schiffbrüchigen, ein Gelöbnis gemacht habe und gerettet worden sei. Oberhalb der Landestelle grub sich der Einsiedler in einer natürlichen Höhle in den dort senkrecht in den See fallenden Felsen eine Kaverne, die er bis zu seinem Tode 1205 bewohnte. Der Mann wurde schon zu seinen Lebzeiten hoch verehrt und kam nach seinem Tode endgültig in den Geruch der Heiligkeit, sodaß sich für die Versorgung der vielen Wallfahrer zu seinem Grab ein Klösterchen entwickelte, dessen Nachfolger das heutige Kloster ist.

Die Gründungslegende von S. Caterina stammt aus dem 12. Jh.

Das erste Dokument über das Kloster stammt aus dem Jahre 1301, die Heiligenlegende erst aus dem 16. Jahrhundert, damals wurden bei Bauarbeiten Reste eines Grabes und Skelettreste gefunden, die man kühn als jene des Gründers bezeichnete. Es heißt, der „Beato Alberto" sei gefunden worden, als ob er erst vor ein paar Monaten verstorben sei, was immer das auch bedeuten möge. wie das Kloster entstanden ist, bleibt also ungeklärt, die Daten dürften aber nach den neuesten Restaurationsarbeiten, die von 1978 bis März 1992 dauerten, in etwa korrekt sein. Die Ausmalung der ersten Kirche des heiligen Nikolaus von 1300 bis 1320 wurde bei diesen Arbeiten

Kloster Santa Caterina del Sassoballaro im steilen Felsen über dem Lago Maggiore

jedenfalls bestätigt. Nach dem Fund von 1535, der zu einer günstigen historischen Stunde gemacht wurde, galt es doch, das Vordringen der Reformation aufzuhalten, wurde das Kloster stark gefördert, so auch vom heiligen Carlo Borromeo, dem echten Gegenreformationsheiligen, der 1574 zum ersten mal hier war. 1607 wurden dann (die Auseinandersetzung mit den Protestanten spitzte sich zu) die Reliquien endgültig als echt befunden. 1770 wurde das Kloster aufgelöst (die doch so katholischen Österreicher lösten während der Aufklärung wie im eigenen Land so auch in der Lombardei reihenweise Klöster auf) und erst 1986 wieder besetzt. Die Restaurierungsarbeiten der letzten Jahre brachten im Ostteil der Kirche San Nicolà außergewöhnliche, kunsthistorisch bedeutende Fresken des frühen 14. Jahrhunderts (1307 bis 1310) zu Tage.

Besichtigung

Man erreicht das Kloster entweder vom Landungssteg am Wasser (Boote von Stresa und den Borromäischen Inseln, regelmäßige Anlandungen der Seeschiffe) und hat etwa fünf Minuten Treppenweg hinauf zum Eingang, oder vom Ort Reno über eine gut ausgeschilderte Straße, die zu einem riesigen Parkplatz führt, von dem aus man etwa zehn Minuten hinuntersteigt. Im letzteren Fall beachte man die riesige alte **Giacciaia** (Eiskeller) im Bauernhaus, das man passiert, sie sieht wie ein uralter Trullo aus. Man erreicht den Garten des Klosters mit Ölbäumen, Zypressen, Oleander und anderen mediterranen Pflanzen, der größte Teil davon bleibt den

Christus in der Mandorla, Fresko in San Nicolà (Kloster Santa Caterina del Sassoballaro)

Portikus der Klosterkirche Santa Caterina del Sassoballaro

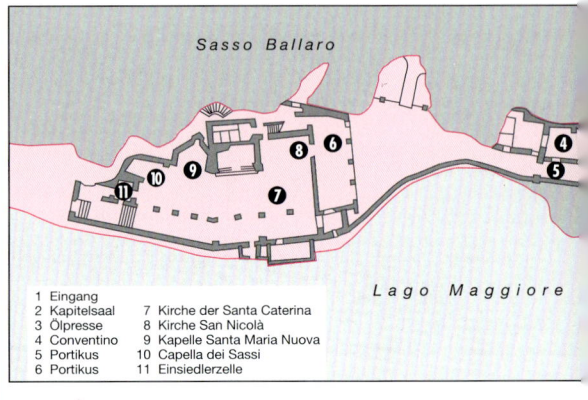

Sasso Ballaro

Lago Maggiore

1 Eingang
2 Kapitelsaal
3 Ölpresse
4 Conventino
5 Portikus
6 Portikus
7 Kirche der Santa Caterina
8 Kirche San Nicolà
9 Kapelle Santa Maria Nuova
10 Capella dei Sassi
11 Einsiedlerzelle

Besuchern verschlossen, dann den **Eingangsbau** (1) mit **Kapitelsaal** (2) im sogenannten Südkloster. Der ursprünglich gotische Bau wurde im 17. Jh. um einen weiteren Stock erhöht, dabei wurden die mittelalterlichen Fresken großenteils zerstört, zwei größere Reste wurden wieder freigelegt. Bemerkenswert die Kreuzabnahme mit realistischen Darstellungen zeitgenössischer Ritterrüstungen. Durch einen Innenhof, der wie alle offenen und geschlossenen Räume des Klosters sich zum See hin öffnet, sei es über eine Balustrade, sei es durch die immer wieder anders gestalteten Lauben, kommt man, vorbei an einer riesigen **Weinpresse** (3) zum „Klösterchen", dem **„Conventino"** (4), der in seinem **Portikus** (5) einen bemerkenswerten Totentanz des 17. Jhs. enthielt, der sich aber seit 1971 im städtischen Museum von Varese befindet. Nun öffnet sich der Blick auf das **Kirchenkloster**, der Glockenturm ist direkt über dem Felsabsturz zum See errichtet. Der Kirche, über deren Vorderteil sich die Mönchszellen des ältesten Klosterbaues befinden, ist ein **Renaissance-Portikus** (1508) (6) vorgeblendet. Innen wurden großflächige Fresken mit Figurengruppen männlicher und weiblicher Heiliger aufgedeckt, die Aurelio Luini, dem Sohn Bernardinos zugeschrieben werden (Beginn 16. Jh.).

Der Innenraum der Kirche ist äußerst unübersichtlich, auf dem engen Raum haben sich in den 700 Jahren des Bestehens sechs verschiedene architektonische Elemente ineinander verschachtelt. Man betritt zunächst einen Gang, rechts davon liegt, durch eine Pfeilerwand getrennt, die **Kirche der Santa Caterina** (7), also der heiligen Katharina von Alexandrien. Auf dem Hochaltar dieser Hauptkirche des Klosters, errichtet und ausgestattet zu Anfang des 17. Jhs. befindet sich ein Altarbild, das alle Hauptpersonen versammelt, von links nach rechts den heiligen Nikolaus von Bari, wie üblich im Bischofshabit (so kommt er ja auch am 6. Dezember zu braven Kindern), die Gottesmutter mit Kind, kniend die heilige Katharina von Alexandria (einen Teil des Rades, auf das

Die Klosterkirche besteht aus mehreren, reich ausgestatteten Räumen

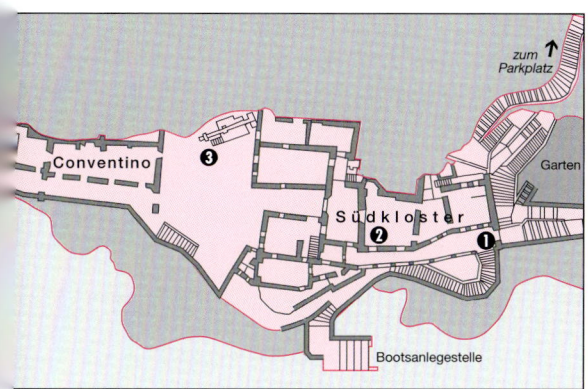

sie geflochten wurde, hat sie mitgebracht, es liegt vor ihr), und rechts den seligen Alberto Besozzi. In der rechts anschließenden **Kirche San Nicolà** (1307 bis 1310) (8), eigentlich einer Seitenkapelle, wurden bei den erwähnten Restaurierungsarbeiten Fresken der Entstehungszeit gefunden. Es handelt sich um Darstellungen im Kreuzrippengewölbe der rechten Kapelle, die in einem spätromanischen, an klassischen byzantinischen Werken geschulten Stil ausgeführt sind und von höchster künstlerischer Meisterschaft zeugen. Christus in der Mandorla ist von den vier Evangelistensymbolen umgeben, daneben sieht man den heiligen Papst Gregor den Großen und den heiligen Ambrosius, gehüllt in kostbare Gewänder mit technisch hervorragend ausgeführten Brokat-, Seiden- und Goldbordüren, auf scheinperspektivischen Thronen sitzend. Man beachte die Farbabstufung der Mandorla, den Mantel des heiligen Gregor, den Rest eines weiteren Thrones rechts vom heiligen Ambrosius mit gedrechselten Säulchen in bester antiker Tradition! Links der Nikolauskirche befindet sich die **Kapelle Santa Maria Nova** (9) mit einer bemalten Holzstatue (Ende 17. Jh.) der Madonna del Carmine. Über eine Stufe schließt sich der älteste Teil an, rechts die sogenannte **„Capella dei Sassi"** (10), also Kapelle der Felsbrocken mit der Urne des Seligen, geradeaus das **„Sacello"** (11), die aus dem Fels gehauene und von einem säulengetragenen Kuppelbau überhöhte Einsiedlerzelle (von 1195?). In der Kapelle der Felsbrocken wurden 1535 die Gebeine des Gründers gefunden, der Name rührt von Felsstürzen (1640 oder 1660) her, die das Dach in diesem Bereich zerschlugen und, wie man sagte, wunderbarerweise die Einsiedlerzelle verschonten (die Steine befinden sich seit 1983 nicht mehr am Ort). An der Ostwand der Kapelle der Felsbrocken befindet sich ein Triptychon der 1. Hälfte des 16. Jhs. (dem Giovanni Pietro Crespi zugeschrieben), neben einer stark verwitterten Pietà, links die heilige Katharina, rechts den seligen Alberto im Einsiedlergewand darstellend.

Wie es heißt, fand man im „Sacello" die Gebeine des seligen Gründers

Stresa

5000 Ew.,
200 m ü.M.
A.P.T. 28838 Stresa,
Via Canonica 3,
Tel. 0323-30150/-
31308

*mondäner und international bekannter und besuchter Bade-
ort am Südufer des Borromäischen Golfs im Westen des
Lago Maggiore, im Rücken liegt der bewaldete Hang des
Mottarone (1491), vor dem Lungolago liegen die Borromäischen Inseln.*

Geschichte

Das reizvolle Stresa, heute einer der wichtigsten Badeorte der oberitalienischen Seen, kam erst zu Ende des 18. Jahrhunderts in Mode.
Bis dahin war es ein ziemlich unbedeutendes Kaff, das sich in nichts
von anderen Dörfern am Ufer des Lago Maggiore unterschied. Dann
kamen die ersten Villen, zum Beispiel der Palast eines neureichen
Tabakhändlers (die heutige Villa Ducale), kam unter Napoleon die
Simplonstraße und damit die Schnellverbindung nach Mailand und
Turin. Das war der Startschuß für einen kräftigen Entwicklungsschub
für Stresa. Die Landschaft am Ufer vor der Naturkulisse der Borromäischen Inseln wurde von Generation zu Generation dichter mit
Villen und Landhäusern aufgefüllt, einige mit der Zeit zu Hotels
mutiert, daneben entstanden luxuriöse Hotels (heute besitzt Stresa
ein Fünfstern- und sechs Viersternhotels). Zuletzt entstand eine neue
Schnellverbindung mit der Oberitalienischen Tiefebene, die direkte
Autobahn, die an schönen Sonntagen die Mailänder zu Zehn-
tausenden auf die Uferstraße spuckt.

*Stresa ist der
eleganteste Ort
des italienischen
Lago Maggiore*

Besichtigung

Kommt man von Baveno, also auf der Uferstraße von Norden, erreicht man in Stresa zunächst den Lido, von dem aus
die Seilbahn zum Mottarone abgeht (→ Baveno in Route 1).
Die Straße quert einen Torrente und erreicht den baumbe-
standenen **Lungolago** (1), der als schattiger Spazierweg bis
zur Bootsanlegestelle verwendet wird. Gleich das zweite
Hotel rechts ist das **Grand Hôtel des Iles Borromées** (2), ein
Bau von 1862 im pursten Stil des Deuxième Empire, Stresas
Fünfstern-Hotel, dem man leider einen modernen Trakt

*Grand Hôtel des
Iles Borromées
in Stresa*

angefügt hat. Den schönsten Blick auf das Hotel hat man übrigens vom Wasser, zum Beispiel auf der Bootsfahrt zur Isola Bella und Isola Pescatori. Nach weiteren Hotels kommt rechts ein schöner, öffentlich zugänglicher Park, er gehört zur **Villa Ducale** (3), heute Sitz des Centro Internationale Studi Rosminiani, einem palastähnlichen Bau, der 1770 für den mit Tabakhandel reich gewordenen Mailänder Filippo Bolongaro errichtet wurde. Die Villa wurde 1848 dem aus dem Trentino stammenden Philosophen und hohen geistlichen Würdenträger Antonio Rosmini (1797 bis 1855) zum Geschenk gemacht, eine gläubige Nachkommin Bolongaros hinterließ sie ihm in ihrem Testament. Der Philosoph beschloß sein Leben hier, das Schlaf-, Arbeits- und Sterbezimmer im Ersten Stock kann besichtigt werden. Das „Ducale" des heutigen Namens kommt von der Nachbesitzerin, der Herzogin von Genua, Prinzessin Elisabeth von Sachsen, in deren Händen die Villa 1857 bis 1912 war. Ebenfalls zu besichtigen ist eine Sammlung von Dokumenten zum Leben und zu den Werken Rosminis im Erdgeschoß. Der katholische Philosoph, dessen Werk in der „Introduzione alla filosofia" (Einführung in die Philosophie) kulminiert, wird hier und im **Collegio Rosmini,** einem Schul- und Studienzentrum mit Kirche und Hort, das sich im Südosten Stresas befindet, studiert. In der dem Collegio zugehörigen Kirche (in kitschigster Neo-Renaissance mit überdehnten Proportionen) befindet sich auch sein Grab mit einem Monument von Vincenzo Vela (1897).

In der Villa Ducale lebte der Philosoph Antonio Rosmini

Nur ein paar Meter nach der Villa Ducale steht rechts die **Pfarrkirche der heiligen Ambrosius und Theodolus** (4), ein wenig bemerkenswerter Bau des Klassizismus, der im Mittelschiff direkt vor dem Altar einen goldverzierten Glasschrein mit den Reliquien eines kindlichen Märtyrers aufweist. Vom Lungolago und der Bootsanlegestelle quert man hinüber zum Rathaus mit kleinem Platz und zur im alten Ort

**Uferpromenade
in Stresa**

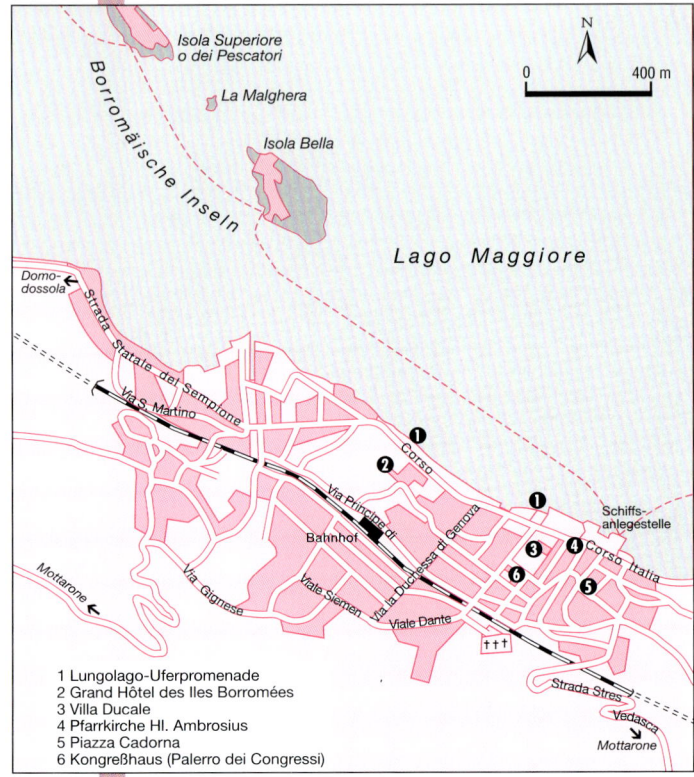

Lago Maggiore

Domo-
dossola

Mottarone

Schiffs-
anlegestelle

1 Lungolago-Uferpromenade
2 Grand Hôtel des Iles Borromées
3 Villa Ducale
4 Pfarrkirche Hl. Ambrosius
5 Piazza Cadorna
6 Kongreßhaus (Palerro dei Congressi)

befindlichen **Piazza Cadorna** (5) mit vielen eleganten
Geschäften. Ganz im Gegensatz dazu steht die nahe **Piaz-
zetta San Michele** mit gleichnamiger Kirche, ein kaum vom
Tourismus berührtes Stück Stresa.

Schon außerhalb liegt südlich des Ortes die **Villa Pallavicino** im klassizistischen Stil, deren Park seit 1956 für die
Öffentlichkeit zugänglich ist. Zwischen den alten Bäumen,
den Büschen und Blumenanlagen des terrassierten Gartens
mit seinen Bögen und rosenbewachsenen Pergolen laufen
wilde Tiere frei herum, was dieser Attraktion den Namen
„Parco zoologico" gegeben hat, mit dem um Besucher
geworben wird.

Die zahlreichen Ausflüge, die man um Stresa machen
kann, führen in die Dörfer und Weiler, die man am Collegio
Rosmini vorbei erreicht, nach *Binda*, *Passera*, *Vedasco*,
Vezzo und, ganz oben, *Gignese* (669 m). Keiner dieser Orte
ist noch ganz jungfräulich, so mittelalterlich auch manches
Bild sein mag, so modern sind doch die Berufe der Menschen, die hier wohnen, was auch durch die zahllosen Villen
unterstrichen wird, die sich hier angesiedelt haben.

Varese

Ausgedehnte Industriestadt am Fuß der Alpenausläufer im Süden des Luganer Sees.

90000 Ew.,
380 m ü.M.

APT del Varesotto,
21100 Varese,
Viale Ippodromo 9,
Tel. 0332-283604

Geschichte

Die Geschichte der Stadt Varese ist wenig spektakulär. Der Marktort des Mittelalters konnte dank seiner günstigen Lage am Schnittpunkt zweier wichtiger Straßen, der West-Ost verlaufenden Verbindung vom Lago Maggiore zum Comersee (Angleria=Angera – Como) und der Nord-Süd verlaufenden Achse Mailand – Gotthard – Deutschland (über Ponte Tresa und Bellinzona) einigen Reichtum anhäufen und sich die entsprechenden Bauten errichten, darunter den eindrucksvollen Bau des Baptisteriums. Mit den Visconti, den Sforza, den Borromei, den Spaniern und Österreichern hatte Varese immer ein neutrales Verhältnis, man hatte keine politischen Ansprüche, nur wirtschaftliche Interessen. Unter Maria Theresia wurde der bis dahin eigenverwaltete Ort dem Fürsten Francesco III. d'Este übergeben, nachdem der Fürst, der 1749 sein Stammland Modena wieder erhalten hatte, nun auch noch zum Regenten für die Lombardei ernannt worden war. Unter seiner Herrschaft entstand die Villa mit Park, die seinen Namen trägt und heute Sitz der Stadtverwaltung ist. Die Stadt wurde früh industrialisiert und wo es ging erneuert, das heißt, man riß die historisch bedeutsamen Häuser ab und stellte neue Bauten hin, am platzgreifendsten während der faschistischen Periode, als der gesamte Süden der Innenstadt zu einem aufgedonnerten Theaterkulissenplatz umgemodelt wurde (Via Marconi, Piazza Monte Grappa). Durch diese Eingriffe hat Varese viel an Atmosphäre verloren, nur noch die Laubengasse Corso Mateotti gibt einen Eindruck vom früheren Bild der Stadt. Dennoch gibt es genug an Kunstwerken zu sehen, man muß sie nur suchen, im Zentrum und vor allem in den vielen eingemeindeten Dörfern und kleinen Städtchen der Umgebung.

Varese ist ein bedeutender Handelsort mit wenigen, aber interessanten alten Gebäuden

Besichtigung

Am besten läßt man seinen fahrbaren Untersatz im Westen der Stadt und geht zu Fuß hinein (großer Parkplatz an der Via Sempione). Oder kommt lieber gleich mit der Bahn (zwei Bahnstationen, eine der staatlichen FS, die andere von der F.N.M., beide altstadtnah im Osten der Stadt). Westlich des Domviertels ist Vareses Flaniermeile, der **Corso Matteotti** (1). Laubenbegleitet führt er genau Nord-Süd westlich am Dom vorbei. Ganz oben an der Piazza Carducci ist im Haus 53 der riesige Laubeninnenhof mit seinen auf Doppelsäulen ruhenden Arkaden zu besichtigen, heutzutage Bürohaus für Freiberufler mit guten Einkommen.

Die **Basilika** (2) **San Vittore** im Zentrum der Stadt wird vom Corso Mateotti aus durch einen zur Kirche hin dekorativ skulptierten Durchgang erreicht. Die Kirche stammt aus der Zeit der Borromei (1580-1615) und ist eine Arbeit Pellegrino Tibaldis, ausgeführt vom Bürger Vareses Giuseppe Bernascone. Die Fassade ist später (Leopold Pollack 1788). In der Ausstattung fallen Arbeiten des Morazzone auf (eigentlich Pier Francesco Mazzucchelli), so am Magdalenenaltar (Christus als Gärtner) und in der Kapelle der heiligen

Basilika San Vittore und Taufkirche sind das bedeutendste Ensemble der Altstadt

*Palazzo Estense
in Varese*

Katherina (Verlöbnis der Heiligen). Die „Messe des heiligen Gregor", ein manieristisches Werk von enormer innererer Unruhe und an Tintoretto erinnernder Beleuchtung, ist von Giovanni Battista Crespi, genannt Cerano. Das benachbarte **Baptisterium** wurde zwischen 1180 und 1230 errichtet, also in der Zeit des Überganges von der Romanik zur Gotik. Sehr schlicht das Äußere des rechteckigen Baues, seitliche Lisenen, der Giebel von einem Rundbogenfries getragen. Das Schiff des Baues ist quadratisch, der Vorgängerbau hatte den üblichen oktogonalen Grundriß einer Taufkapelle, wie ihn auch das erhaltene Taufbecken mit seinen unvollendeten, etwas ungeschlachten Figurenreliefs des 13. Jahrhunderts aufweist. Im Inneren haben sich Freskenreste einer vollständigen Ausmalung erhalten, so ein heiliger Bartholomäus (14. Jh.) und eine Kreuzigung seitlich vom Triumphbogen, beide vom Meister der Tomba Fissiraga (so genannt nach den ebenfalls von ihm stammenden Fresken des Grabmals des heiligen Franziskus in Lodi). Über die **Piazza Monte Grappa** (3) mit ihrer faschistischen Kolossalarchitektur (1927 bis 1935) erreicht man die ebenfalls von Giuseppe Bernascone errichtete **Kirche San Antonio** (4) mit Illusionsmalerei des Giuseppe Baroffio im Chor (1756). In der nahen **Villa Mirabello** (5) des 18. Jahrhunderts mit großem Park im Englischen Stil, befinden sich die **Städtischen Museen**, deren prähistorische Sammlung mit Funden aus den Pfahlbaukulturen der Seen des Varesotto besonders sehenswert ist. Dieser Park, in dem sich die wohl schönste

Die städtischen Museen stellen u.a. Funde aus den Pfahlbaudörfern der Umgebung aus

Libanonzeder Italiens befindet, geht über in jenen des **Palazzo Estense** (6). Der Palazzo Estense, heute Sitz der städtischen Verwaltung, entstand zwischen 1766 und 1771 in Erweiterung und Veränderung einer 1760 errichteten Villa. Vorbild war das Habsburgerschloß Schönbrunn, in Plan und Ausführung stammt die Anlage von Giuseppe Bianchi. Der langgestreckte Bau hat einen zurückgenommenen Mittelflügel, in dessen Achse sich der auf einen Hügel hinaufführende Garten erstreckt, der wie Schönbrunn im Innenbereich Ziergarten mit Brunnen, Grotten und Boschetten ist, im äußeren Bereich Park mit gepflegten Wegen und Treppen. Von diesem Garten blickt man über die Villa hinweg auf Stadt und Landschaft, der Sacro Monte ist zu sehen und die Berge an der Grenze zum Tessin. Im Inneren des Stadtpalastes hat sich wegen der jetzigen Nutzung nicht viel erhalten, sehenswert ist der große Sitzungssaal, in dem heute die Stadtverwaltung tagt, mit Fresken des Varesiners Giovanni Battista Ronchelli (1769).

Der Palazzo Estense hat das Wiener Schloß Schönbrunn als Vorbild

1 Corso Matteotti
2 Basilika San Vittore
3 Piazza Monte Grappa

4 Kirche San Antonio
5 Villa Mirabello
6 Palazzo Estense

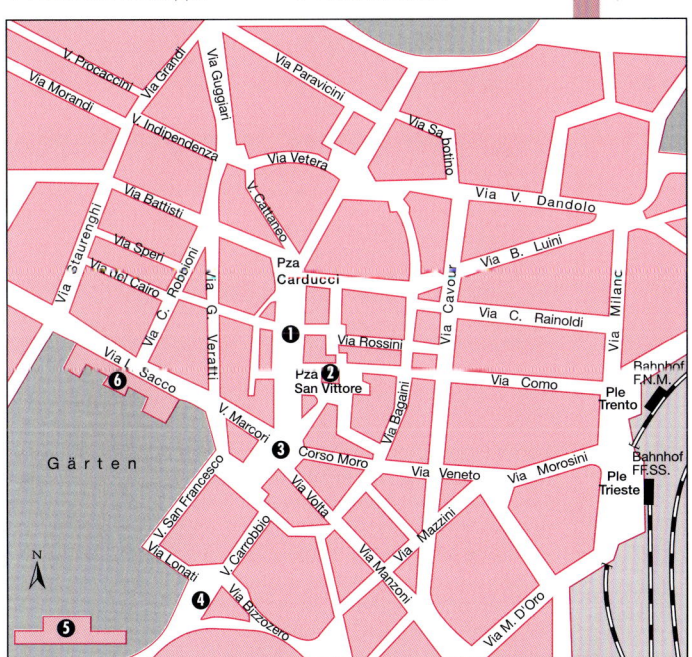

Umgebung

In der unmittelbaren Umgebung Vareses liegen auf dem nördlichen Hügel unter dem alten Dorf *Biumo Superiore* die Villen Andrea Ponti und Ponti Napoleonica, beide im Besitz der Handelskammer von Varese und in Umwandlung in Konferenzzentren begriffen, die Parks sind öffentlich zugänglich. Die **Villa Andrea Ponti** ist ein eklektizistischer Bau der Frühgründerzeit vom Mailänder Architekten Luigi Balzaretto, ein wenig hochgotisch und ein wenig toskanische Renaissance, das ganze über drei wuchtige Stockwerke verteilt, bemerkenswert vor allem wegen ihres riesigen Englischen Gartens mit Blicken auf Varese und das Varesotto. Die **Villa Ponti Napoleonica** ist ein klassizistischer Bau von bemerkenswerter Eleganz, die man in rezenten Restaurierungen wieder mit zeitgenössischem Mobiliar ausgestattet hat. Im selben Biumo Superiore sind die **Villa Mazzoni** und die **Villa Menafoglio-Litta-Panza di Biumo,** beide barocken Ursprungs, zu besichtigen. Viele andere Villen, die hier seit dem 18. Jahrhundert von reichen Bürgern und Adeligen aus der ganzen Lombardei errichtet wurden, vor allem aber aus Varese selbst und aus Mailand, überziehen die Fußhügel der Berge, die hinter Varese aufragen. Jeder Weg aus der Stadt nach Norden führt durch viellenbesetzte Zonen. In *Masnago*, im Nordwesten der Stadt, haben die Castiglioni im 15. Jahrhundert, eine Burg im Stil der Spätgotik hinstellen lassen, die heute noch ihren Namen trägt, **Castello Castiglioni.** Der von der Straße aus wenig auffällige Turm im Westen, der im Barock noch einmal umgebaut wurde, und der östliche Palas flankieren einen Wohnbereich, dessen Innenfresken sehenswert sind. Die Darstellungen von städtischem und ländlichem Leben, musizierenden Damen und Bootsausflügen, Tugend und Laster sind im weichen Stil der ausgehenden internationalen Stils der Spätgotik (Mitte 15. Jh.). Die Fresken sind nach längeren Restaurierungsarbeiten wieder zu besichtigen.

In *Bizzozero,* am südöstlichen Stadtrand, gibt es in der kleinen romanischen **Kirche Santo Stefano** neben dem Friedhof einen Altar des 11. Jahrhunderts mit zeitgenössischen Fresken und ein Ciborium zu bewundern, dessen Fresken von Galdino di Varese gemalt wurden (1498). Seine Portraitdarstellungen in den Spitzbögen gehen in einigen Fällen auf nordalpine Anregungen zurück.

Bis zuletzt haben wir uns die ganz große Attraktion Vareses aufgehoben, den **Sacro Monte** über der Stadt, er führt vom Bergfuß nördlich Varese hinauf bis zur Kirche im gleichnamigen Ort *Santa Maria del Monte*, die Länge der Prozessionsstraße ist zwei Kilometer, der Höhenunterschied zwischen dem Bogen am Fuß und der Kirche ganz oben ist 280 m. Ein Sacro Monte ist ja nichts anderes als ein Kreuzweg, der Unterschied ist der, daß bei diesem Kreuzweg alle Maßstäbe in's gigantische verschoben sind

Varese wird im Norden von Villenvororten gesäumt

Der Sacro Monte bietet herrliche Blicke über Stadt und Varesotto

Die dritte Kapelle des Sacro Monte di Varese mit dem Außenfresko von R. Guttuso

und einzelnen Stationen, die sonst einem Bildstock oder einem Wegkapellchen entsprechen, als kirchengroße Kapellen errichtet wurden, denen man noch dazu nicht etwa nur Bilder oder Skulpturen zur Illustration des Geschehens beigegeben hat, sondern große Räume mit figurenreichen, aufwendigen plastischen Gruppen, die bis in jedes Detail und Accessoire lebensecht gestaltet sind. Auch der Sacro Monte in Orta San Giulio (→ **Orta San Giulio***) gehört in diese Kategorie, aber dort ist alles ein wenig kleiner, ein bißchen weniger um das Epithet „großartig" ringend, und man muß sich auch nicht über zwei Kilometer zum Berg hinaufschinden, alles ist oben auf dem Berg, schön nahe beisammen. Nach Varallo, dem ersten dieser „Sacri Monti" ist dann Varese der absolute Höhepunkt in der Entwicklung dieses Typus christlichen Figurentheaters. Auslöser war die Angst vor dem Eindringen lutherischer und zwinglischer Ideen aus der nahen Schweiz, die ja auch in Locarno zur Entwicklung des Sacro Monte der Madonna del Sasso (→ **Locarno+**) geführt hat. Der führende Gegenreformator seiner Zeit, der spätere Heilige Carlo Borromeo, war gerade zu dieser Zeit Erzbischof der Kirchenprovinz, in der sich Varese befindet. Daß er die Ideen und die Entwicklung des Planes für diese gewaltige städtebauliche und architektonische Leistung gefördert hat, ist anzunehmen.

Die vierzehn Kapellen entlang dem gepflasterten Kreuzweg wurden von Giuseppe Bernasconi entworfen. Die Zentralarchitekturen, die Bernasconi schuf, haben besonders viel den Bauten Andrea Palladios zu verdanken, Palladios „Quattro Libri dell'Architettura" waren ja bereits 1570 erschienen und hatten zum Zeitpunkt des Beginns der Bauarbeiten, 1604, schon internationalen Ruf. Die Villa Badoer in Fratta Polesine, die Villa Pisani in Montagnana, die Villa Cornaro in Piombino Dese, vor allem aber wohl die in den „Quattro Libri" veröffentlichten Stiche zur Rotonda in Vicenza, haben Bernasconi stark beeinflußt. Dabei geht er in

*Die vierte Kapelle
des Sacro
Monte di Varese*

*Die vierzehn
Kapellen des
Sacro Monte sind
alle sehenswert*

manieristischer Weise über Palladios Ideen hinaus, setzt Obelisken auf, verdoppelt Säulen, betont die Mitte über Gebühr und läßt (Fünfte Kapelle!) neo-korinthisches Dekor und Verdoppelung des Giebels die Klarheit und Reinheit der Bauidee überwuchern.

Die Interieurs der Kapellen sind in bunter Terrakotta ausgeführte vollplastische Tableaux, die zum Teil mit echtem Mobiliar ausgestattet sind (Zweite Kapelle mit der Verkündigung: Drei Paar Schuhe vor dem Bett der Maria), deren Hintergrund oft als Fresko ausgearbeitet ist, häufig als illusionistische Raumerweiterung (Fünfte Kapelle: Jesus und die Schriftgelehrten). Morazzone hat hier mitgewirkt (Siebte Kapelle: Geißelung) und Giovanni Paolo sowie Giovanni Battista Recchi (Achte Kapelle: Dornenkrönung). Aus dem Rahmen fällt die Dritte Kapelle (Geburt Christi), hier hat Renato Guttuso 1983 die linke Wand mit einer „Flucht nach Äygypten" (palästinensischer Flüchtlinge) ausgemalt, in einem extrem knalligen Gelb, das dem sonstigen Ton der Architektur der Kapellen nicht entspricht, wohl aber der oft volkstümlich derben Kolorierung der Szenen im Inneren. Die Kapellen sind nicht betretbar, die Szenen sind nur durch dickes Glas zu sehen und zum Teil weder beleuchtet noch, wie es scheint, beleuchtbar.

Die fünfzehnte Kapelle des Kreuzweges ist das eigentliche Heiligtum, die **Kirche der Incoronazione della Vergine,** also der Krönung der Jungfrau. Auf dem dicht verbauten Hügel über dem Gipfelort hat sie seit ihrer ersten Vorgängerin, einem romanischen Bau, zahlreiche Veränderungen mitgemacht, wurde gotisiert (Schiff), barockisiert (Westbau), bekam einen Chor in der Renaissance und einen Campanile des 17. Jahrhunderts. Der dunkle Raum wurde zu Ende des 15. Jahrhunderts ausgemalt, dann folgten Fresken des 16. und 17. Jahrhunderts und reiche Tessiner Stuckierung (17. Jh.). Das zentrale Langhausfresko, eine Himmelfahrt Christi, stammt von Giovanni Mauro und Giovanni Battista della Rovere, genannt die „Fiammenghi". Die romanische Krypta mit ihren Fresken des 11. Jahrhunderts ist wegen Bau- und Restaurierungsarbeiten bis auf weiteres nicht zu besichtigen.

Die fünfte Kapelle des Sacro Monte di Varese

In der Kapelle der Seligen, einem an die Kirche angebauten Kapellchen, das man vom rechten Seitenschiff aus betritt, liegen die seligen Caterina und Giuliana, gestorben 1478 bzw. 1501, seliggesprochen 1701), Gründerinnen der Einsiedelei und des späteren Klosters hier oben, aus dem sich der Sacro Monte entwickeln sollte. Die Wachsarbeit der beiden Körper stammt aus dem 19. Jahrhundert. Die Fresken hier drinnen sind von Antonio Busca (1690). Über den Wachsfiguren der beiden Heiligen eine Vitrinenwand mit sechzehn in Glas eingelassenen silbernen Reliquiaren.

Vom Sacro Monte erreicht man in Kürze den über Varese liegenden Berg *Campo dei Fiori*, Ausflugsziel der Varesiner, früher von der Seilbahn auf den Sacro Monte (**Bergstation im Art Deco-Stil ist erhalten**) leicht zu erreichen, heute sonntags von Autoschlangen durchzogen, deren Insassen nach Picknickplätzen in diesem geschützten Gebiet suchen. Auf dem Tre Croci Gipfel befindet sich das Jugendstil-**Grand Hotel** des Mailänder Architekten Giuseppe Sommaruga (1908 bis 1912), weiter nördlich das öffentlich zugängliche **Astronomische Observatorium.** Der Gipfel des Monte Tre Croci (1098 m) hat auf seiner Aussichtsterrasse mit prachtvollem Blick auf das Varesotto und die Lombardei drei ehemals steinerne, heute aus Beton gegossene Kreuze.

Verbania

31000 Ew.,
198 m. ü.M.

Ufficio Informazioni
28922 Verbania-
Pallanza,
Corso Zanitello 8,
Tel. 0323-
503249/556669

Bevölkerungsreichste Gemeinde auf halber Strecke des westlichen Ufers des Lago Maggiore, gelegen auf einer Halbinsel, die in den Borromäischen Golf hineinragt. Verbania ist aus mehreren, ehemals selbständigen Orten zusammengesetzt, die wichtigsten sind Pallanza und Intra. Von Intra führt die einzige Autofähre des Sees hinüber zum lombardischen Ufer nach Laveno. Intra liegt zwischen den Torrenten Gabbiana und San Bernardino, Pallanza südlich davon an der Spitze der Halbinsel. Verbania hat wegen seiner südlichen Ausrichtung und Windgeschütztheit durch hohe Berge nördlich und westlich ein besonders mildes Klima, das es mit den Borromäischen Inseln und dem Uferstreifen zwischen Stresa und Laveno im Süden des Borromäischen Golfs teilt. Intra ist stark industrialisiert, das gesamte Gebiet der Gemeinde ist bis hoch hinauf in die Berge, soweit die Südhänge durch Straßen erreichbar sind, verstädtert.

1 Piazza Matteotti	5 Museo del Paesaggio
2 Piazza Garibaldi	6 Madonna di Campagna
3 Kursaal	7 Villa Taranto
4 Santo Stefano	8 Santa Lucia

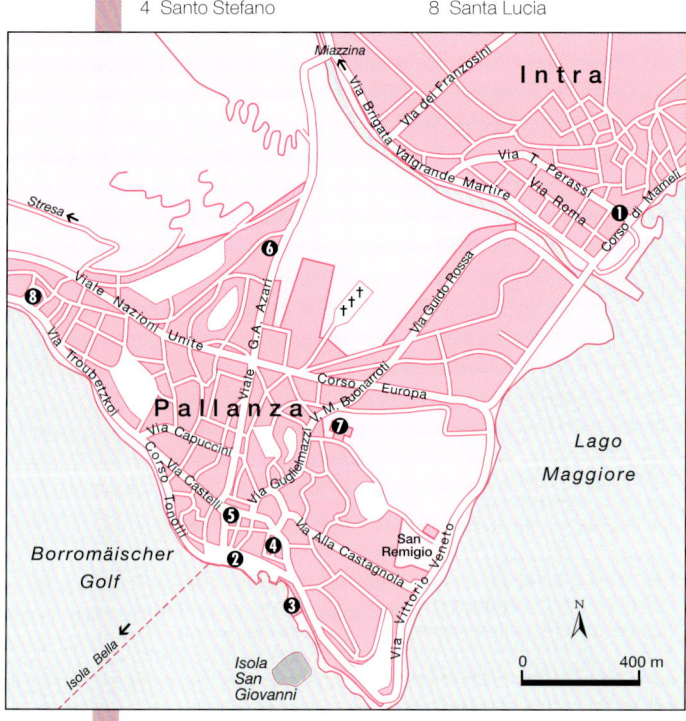

Verbania

Intra

Von den römischen und mittelalterlichen Vorgängern des heutigen Intra hat sich an der Oberfläche nichts gehalten, der Ort kann kaum bedeutend gewesen sein, wie die wenigen Fundstücke, die im Museum in Pallanza und im Turiner Museum zu besichtigen sind, bezeugen. Erst in der Neuzeit gewinnt der Ort an Boden, die barocken Bauten, Kirchen, Kapellen, Stadthäuser (**Palazzi Peretti** und **Scaramuccia, Rathaus**) zeugen davon. Durch die starke Industrialisierung des Umfeldes, durch die Errichtung des Fährhafens der zentralen **Piazza Matteotti** (1) am Corso G.Mameli mit Anbindungsstraßen, die den alten Lungolago großenteils zerstört haben, hat der Ort sein barockes Gesicht weitgehend verloren. Man muß etwas landeinwärts gehen, bis nach *Trobaso*, das auf einer alten Flußterrasse liegt, um etwas vom alten Intra aufzuspüren, Häuser, Mauern und Gassenpflasterung sind aus groben Flußsteinen.

Piazza Matteotti in Verbania-Intra

Pallanza

Pallanza besteht aus zwei Ortsteilen. Die Via Cavour verbindet den unteren Ortskern um das Rathaus am Lungolago mit dem höheren Ortsteil, dessen Zentrum um das Museum im Palazzo Dugnani zu suchen ist. Der hübsche Park vor dem Corso Zanitello und der **Piazza Garibaldi** (2) am Ufer des Borromäischen Golfs bildet eine angenehme Ruhezone. Hier ist die Anlegestelle der Boote hinüber nach Stresa und zu den Borromäischen Inseln, eine davon liegt direkt vor Pallanza, die Isola San Giovanni, man sieht sie von hier links vor der Landspitze Punta Castagnola. Auf der Piazza steht das **Denkmal für Carlo Cadorna** (einem Verwandten des berühmten Generals des Ersten Weltkrieges) von Paolo Troubetzkoy, dessen Arbeiten wir im Museum des Ortes wieder begegnen werden. Auffallend das riesige **Gefallenendenkmal** direkt am Ufer. Neben der städtischen Information ist der Eingang zum Park der **Villa Giulia, des „Kursaals"** (3). Die neoklassizistische Villa der Spätgründerzeit hat zum See hin zwei offene Loggienstockwerke und im obersten Stock eine halbrunde, von Säulen umgebene, ebenfalls zum See geöffnete Terrasse. Villa und Garten gehören heute der Gemeinde, die hier, wie der Name Kursaal sagt, Konzerte und Tanzveranstaltungen durchgeführt, und sind frei zugänglich. Von der unteren Gartenkante über dem Wasser hat man übrigens einen schönen Blick auf See und Uferpromenade.

Pallanza ist der hübschere und elegantere der beiden Orte von Verbania

Im unteren Ortsteil steht die **Kirche Santo Stefano** (4), romanisch, aber so oft umgebaut, daß davon kaum noch etwas zu sehen ist. Vom Rathaus geht man durch die Via Cavour zum **Museo del Paesaggio** (5), das im ehemaligen **Palazzo Dugnani** vom Ende des 17. Jahrhunderts untergebracht ist. Der Bau ist um einen großen, zum Teil von Lauben umgebenen Innenhof angelegt und weist in einigen der Museumsräume noch Reste der ursprünglichen,

**Blick auf
Verbania-Pallanza**

**Kirche Madonna
di Campagna in
Verbania-Pallanza**

spätmanieristischen Fresken auf. Interessanteste Objekte dieses Museums sind die Plastiken, vor allem die zahlreichen Gipsentwürfe des Bildhauers Paolo Troubetzkoy. Der Künstler wurde 1866 als Sohn des russischen Fürsten Peter Troubetzkoy und der amerikanischen Tänzerin Ada Wiman geboren und verbrachte sein Leben vor allem am Lago Maggiore und in Mailand, wo er es zu großer Bekanntheit brachte. Die als „veristisch" bezeichnete Kunst Troubetzkoys ist eher kräftig idealisierend, was ihn zu einem beliebten Gesellschaftsbildhauer machte, da seine Sujets über manieristische Längung und Betonung fashionabler Accessoires immer den besten Eindruck machten, man vergleiche die „Mütterliche Umarmung" von 1898. Daneben leistete er sich, offensichtlich stark von Rodin geprägt, einen für die Öffentlichkeit weniger akzeptablen Stil, die Bronzebüste des Malers Giovanni Segantini (1896) und die große sitzende ganzfigurige Plastik des Fürsten Lev Galitzin (1899/1900) sind gute Beispiele dafür.

Außerhalb des Ortes an der Straße in Richtung Miazzina liegt die **Kirche Madonna di Campagna** (6)**.** Der große romanische Bau wurde im 16. Jahrhundert umgebaut, dabei erhielt er von den Architekten Giovanni und Pietro Beretta ein riesiges bramanteskes Oktogon über der Vierung, nur Gesamtplan und Campanile blieben unangetastet. Im Inneren hat man im Barock noch das eine oder andere an Ausstattung beigetragen. Die großartigen Fresken der Renaissance stammen von Camillo Procaccini, Bernardino Lanino und anderen Meistern. Die Marienapotheose der drei Lünetten der Apsiden um die Vierung ist besonders bemerkenswert, im Norden sieht man die Geburt Mariens, in der Ostapsis die Himmelfahrt und im Süden den Tod Mariens. Sehr schön ist die Holzkanzel des frühen 17. Jahrhunderts.

Den ganzen Ostteil der Süd-spitze der Halbinsel von Pallanza nimmt der Park einer einzigen Villa ein, der **Villa Taranto** (7). Kommt man von der Punta Castagnola, passiert man hohe Mauern, die zahlreiche alte und neuere Villen verstecken, einige von ihnen in sehr zweifelhaftem Zustand (wer kann sich schon so einen Riesenbau leisten, der nur mit zahlreicher Dienerschaft zu erhalten ist?), dann erreicht man nach der Kapelle San Remigio den Park der Villa Taranto. Sie hat eine eigene Schiffsanlegestation und ihr Park gehört zu den „Muß" eines Aufenthaltes in der Region. Dabei sind Villa und Park noch gar nicht alt, erst 1931 ließ der schottische Millionär Neil Mc.Eecharn

hier um eine Villa von 1875 (im Stil des Dritten Napoleon) einen Garten anlegen, 18ha immerhin, von 20000 verschiedenen Pflanzenarten (wie es heißt) besetzt, davon tausend, die nirgendwo anders in Italien vorkommen, ganze Wälder

Im einzigartigen Park der Villa Taranto in Verbania-Pallanza

kann man in diesem Park durchqueren, Wasserspiele und Teiche, Glashäuser und Wiesen, riesige Rabatte und Rasenflächen, ein eindrucksvoller Wintergarten mit tropischen Gewächsen sind bei einem einzigen Besuch kaum alle zu erkunden. Die Villa wurde von ihrem Besitzer 1938 dem italienischen Staat geschenkt.

Suna

Dieser dritte Teil von Verbania wird oft als Teil von Pallanza gesehen, weil er mit jenem bereits völlig verwachsen ist. dabei hat Suna, westlich von Pallanza am Ufer des Sees gelegen, durchaus Eigenständigkeit, wie schon seine schöne **Pfarrkirche Santa Lucia** (8) (barock mit klassizistischer Fassade) mit der romanischen **Kapelle SS.Fabiano e Sebastiano** beweist, um die sich der dicht gebaute alte Ort schart. Auch hier dominieren am Seeufer Villen, die seit der Mitte des 19. Jahrhunderts errichtet wurden.

Zuigno

Eine der vier Fraktionen der Gemeinde Casalzuigno (Casale, Zuigno, Aga, Arcumeggia) im Valcuvia zwischen dem Lago Maggiore bei Laveno und dem Varesotto. Im Ort befindet sich die Villa della Porta-Bozzolo. Villa und Garten sind heute unter Verwaltung des FAI (Fondo Ambiente Italiano), doch hat die ehemalige Besitzerfamilie Bozzolo noch gewisse Rechte.

Geschichte

Im Jahre 1500 kaufte Giroldino Della Porta im Valcuvia ein größeres Gut und ließ im Ort Zuigno eine ländliche Villa errichten. Seine Nachfahren vergrößerten den Besitz, kauften auch Land in anderen Zonen des Valcuvia und in der Brianza und verwendeten die Villa als ständigen Wohnsitz, phasenweise und späterhin nur als Sommervilla. Das Gut sollte sich selbst tragen, Seidenraupenzucht, Weinbau, Viehzucht, Produktion von Milcherzeugnissen, Ölerzeugung waren die hauptsächlichen Wirtschaftszweige. Das besondere Interesse an dieser Villa liegt auch darin, daß die meisten Wirtschaftstrakte erhalten sind und dadurch ein außergewöhnlich umfassendes und nicht, wie in anderen Villen, nur auf die repräsentative Seite blickendes Bild vom Leben des Adels in ländlichen Villen Oberitaliens möglich ist.

Das immer wieder erweiterte Haus wurde Ende 17./Anfang 18. Jahrhundert unter Gian Angelo III. Della Porta radikal erneuert. Dabei wurde ein neuer, den gesteigerten Ansprüchen angepaßter Garten angelegt. Weil die übliche Lage des Gartens vor dem nach Süden gerichteten, dreiflügeligen Haus durch Wirtschaftsgebäude versperrt war, ließ der Graf, der viele italienische Gärten von Rang persönlich kannte, den Garten parallel zur Ostfront der Villa anlegen, die er innen und außen zur Schaufront gestalten ließ. Dabei wurde die Gartenachse auf den dahinter steil ansteigenden Berg verlängert, sodaß eine außergewöhnliche perspektivische Flucht entstand, die durch Terrassen, Treppen und Parterres weiter betont wurde.

Im 19. und 20. Jahrhundert gerieten die Villa und der Garten in Verfall, der Zugriff des FAI hat sie wohl in letzter Minute gerettet (man sehe sich die Arbeiten an den Decken der Räume im Piano Nobile an) und dem Publikum als eine der interessantesten Villen der nördlichen Lombardei mit einem der zehn bedeutendsten Gärten Italiens zugänglich gemacht.

Besichtigung

Die **Wirtschaftsgebäude** unterhalb und im Kellergeschoß der Villa enthalten noch einige alte Einrichtungsgegenstände. Im Weinkeller sind Fässer, Flaschen, Bottiche, zu sehen, in den Ställen landwirtschaftliche Fahrzeuge, der Stall für die Reitpferde am Südeingang weist noch die alte Verfliesung auf. Besonders interessant sind die Giacciaia, der tiefe Eiskeller, in dem man von Seen und Teichen gebrochenes Wintereis bis in den Sommer aufbewahren konnte, und daneben die Riesenkelter und die alte Ölpresse.

Die **Villa** hat ihren Haupteingang zum „Parterre" des Gartens, also auf der Ostseite, die Repräsentationsräume, aber auch einige Prvatzimmer der Familie haben ihre Fenster auf dieser Seite. Die Villa ist innen aufwendig freskiert, Rahmen

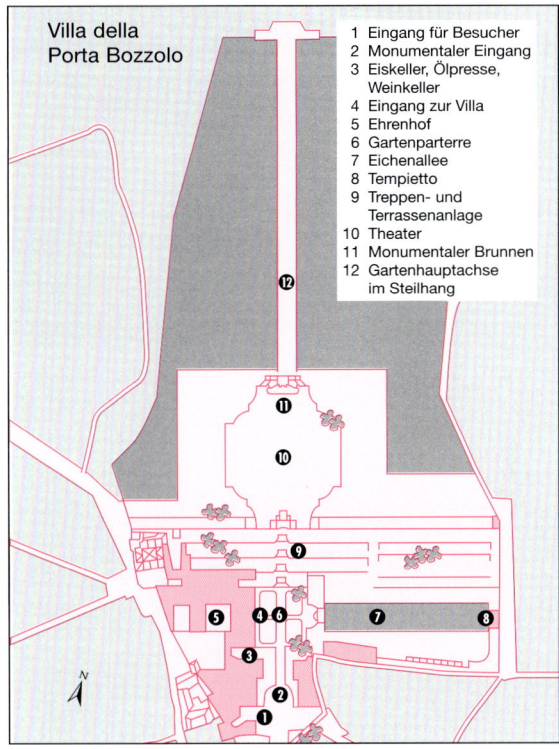

Villa della Porta Bozzolo

1 Eingang für Besucher
2 Monumentaler Eingang
3 Eiskeller, Ölpresse, Weinkeller
4 Eingang zur Villa
5 Ehrenhof
6 Gartenparterre
7 Eichenallee
8 Tempietto
9 Treppen- und Terrassenanlage
10 Theater
11 Monumentaler Brunnen
12 Gartenhauptachse im Steilhang

und Füllungen von Fenstern und Türen, Decken und Wände sind mit zum Teil illusionistischen Darstellungen überzogen. Die recht verspielten, sicher provinziellen Arbeiten sind kein großes Werk, aber als Gesamtkunstwerk äußerst reizvoll. Bereits die Eingangshalle hat ein verspieltes, bonbonbuntes Deckenfresko, die Kamine in den Räumen daneben sind aus mehrfarbener Brekzie, unter den Fensterlaibungen findet man hübsche Landschafts-Bozzetten im Stil des Rokoko und im Eßzimmer prunkt ein aufwendiger Rokokokamin. Billardsaal, Anrichte, Eßzimmer, die dreigeteilte Küche (Arbeit, Anrichte, Waschbereich) sind gut erhalten, wenn auch nur zum Teil möbliert.

Eine zweiflügelige Treppe führt hinauf zum **Piano Nobile,** dessen Räume über einen langen Flur mit illusionistischer Ausmalung erreicht werden. Die Decken dieser Räume sind zum Teil noch aus dem 17. Jahrhundert, meist bemalt, auch einige Dekorelemente stammen noch aus dieser Zeit, insbesondere im Hauptsalon. Gemalte Puttenfriese mit Scheinarchitekturdarstellungen in gemalten Rahmen zieren die Wände dieses Hauptrepräsentationsraumes. In den Schlafzimmern haben sich Originalbetten erhalten, zumeist in

Im Ersten Stock befinden sich die reich ausgemalten Repräsentationsräume

Alkovenform, Bezüge und Behänge stammen noch aus dem 18. Jahrhundert. Eine der Schlafkammern mit Alkovenbett weist typische Rokoko-Chinoiserien auf.

Der **Italienische Garten** ist achsial parallel zur Hauptfront angelegt und zieht sich vom Parterre in der Höhe der Villa bis auf einen Berg hinauf, der das Valcuvia nach Norden begrenzt. Vom Parterre führt ein breiter Treppenaufgang über vier architektonisch durch Brüstungen, schräge Aufgänge und Statuengruppen aus Viggiù-Stein, sowie durch Brunnen und Becken betonte Terrassen zu einer Hauptterrasse, dem sogenannten „Teatro", mit darüber gelagertem Belvedere, von dem aus ein von Zypressen begleiteter waldfreier Streifen in der Fluchtlinie über den Hang hinaufführt bis zur Hangkante. Diese Fluchtlinie sollte nach dem erhaltenen Ausbauplan noch durch Terrassierung und architektonischen Überbau betont werden, die Ausarbeitung ist jedoch unterblieben. Eine zweite Gartenachse stellt den Haupteingang der Villa ins Zentrum, sie geht im rechten Winkel zum übrigen Garten und endet in einem kapellenähnlichen Bau, dem offenen Tempietto mit einem Fresko, das Apollo und die Musen darstellt. Eine wunderschöne Eichenallee, unterbrochen und dadurch betont, leitet durch ein Gartenportal dorthin.

**Orte um den Comer See, die Brianza,
Campione d'Italia und das Veltlin**

Bellagio

*Bellagio sollte man beim ersten Besuch vom Wasser aus
sehen, oder von der Straße, die über die Berge vom Valsàssina herüberkommt: vom Schiff aus und besonders von der
Terrasse bei der Trattoria La Busciona da Teo hoch über dem
Ort ist die einmalige Lage Bellagios am besten zu bewundern. Die Landspitze des Lario-Dreiecks, auf der
sich Bellagio befindet, stößt spitz in den sich hier
verbreiternden See, Autofähren verbinden den Ort
mit den beiden Ufern im Westen (Tremezzo-Cadenabbia) und Osten (Varenna). Von oben sieht man
über Bellagio weit hinein in die Berge über dem
See, von den nördlichen Seeorten sind Gravedòna
zu erkennen, Dongo, Consiglio di Rumo. Der kom-
pakte mittelalterliche Stadtkern wird von einem grünen Hügel überragt, auf dessen Hang eine klassizistische Villa auffällt, die Villa Serbelloni, andere Villen fallen dem sich Nähernden in's Auge, das
„Coffee House" der Villa Melzi ganz am Ufer, die lange Gartenachse, die zur Villa Giulia führt. Der Aussteigende wird
kaum den historistischen Bau des Grand Hôtels Villa Serbelloni unten am Lungolago übersehen, mit seinen fünf Sternen
Symbol des hohen Hotellerieniveaus des Ortes (nur noch ein
weiteres Hotel am Comer See hat fünf Sterne, die Villa d'Este
in Cernòbbio). Der alte Ort wird auf engen Treppengassen
und durch Lauben und Bogengängen durchschritten, sehr
touristisch die Hauptpassagen, in ruhigeren Zonen lebt
immer noch etwas vom Mittelalter. In den Bäckereien wird die
Spezialität des Ortes angeboten, das Pan Mataloc, ein sehr
schweres Gebäck mit Rosinen, Zitronat und verschiedenen
Nüssen, ein Verwandter der deutschen Christstolle.*

3100Ew.,
212 m ü.M.

APT Bellagio,
Piazza della Chiesa
14, Tel. 031-950204

**Bellagio liegt
malerisch an
der Spitze des
Lario-Dreiecks
zwischen den
südlichen Armen
des Comer Sees**

**Den schönsten
Blick auf Bellagio
hat man vom
Wasser aus**

Geschichte

Bellagio war schon in römischer Zeit besiedelt, die strategisch bedeutende Position des Kaps konnte den Römern ja kaum entgehen. Über dem Ort errichtete ein aus Como gebürtiger Herr aus gutem Hause, der jüngere Plinius, eine Villa, ihr Standort wurde in der Völkerwanderungszeit von den neuen Herren, den Langobarden, für eine Burg genutzt. In der Zeit der lombardischen Auflehnung gegen die kaiserliche Herrschaft mußte sich Bellagio mit Graben und Wall gegen seine zahlreichen Widersacher schützen (Como darunter), dazu wurden der Hafen und die bestehende Festung ausgebaut. Symbolisch für die Entwicklung Bellagios ist die weitere Geschichte dieser Festung: im Spätmittelalter verfiel sie allmählich, bis die hier ansässige adelige Familie Stanga in der Renaissance auf ihren Ruinen eine Villa errichten ließ. Diese wurde im Klassizismus verändert und ausgebaut und mit einer neuen Fassade versehen, es ist die heutige Villa Serbelloni. Andere adelige Familien siedelten sich seit dem 17. Jahrhundert an, im 19. und 20. Jahrhundert kamen weitere dazu, seit der Mitte des 19. Jahrhunderts entstanden schicke Hotels, neben dem Grand Hôtel Villa Serbelloni etwa das Hôtel de la Grande Bretagne (1873), das in seinem Namen das damalige hauptsächliche Touristenland nennt (Briten sind heute noch sehr stark vertreten). Bellagio ist heute ein Ort der Villen und Hotels, der Cafès und Boutiquen, weltläufig und doch kleinstädtisch.

Besichtigung

Die Villa Serbelloni steht über einer mittelalterlichen Festung

Die **Pfarrkirche San Giacomo** (1) in der Oberstadt ist eine romanische Basilika (1. Hälfte 12. Jh.), deren barockisierter Innenraum in unserem Jahrhundert re-romanisiert wurde. Die Kanzel inkorporiert Teile des romanischen Vorgängers. Die aufwendige Grablegung in der Nordkapelle wird Perugino zugeschrieben. Die **Villa Serbelloni** (2) liegt über dem Ort an der Stelle der ältesten Befestigungen. Nach 1492 ließ hier die ursprünglich aus Cremona stammende Familie Stanga einen Villenneubau errichten, der mehrfach verändert und zuletzt unter den Serbelloni ab 1788 im klassizistischen Stil erneuert wurde. Dabei hat man die romanische Kirche San Pietro in den Neubau einbezogen. der riesige Privatpark um die Villa hat dankenswerterweise verhindert, daß das Kap der Halbinsel von der Verstädterung, die Bellagio besonders im 20. Jahrhundert miterlebt hat, berührt wurde. Im Park haben sich einige Reste der mittelalterlichen Befestigung erhalten, sowie Reste einer weiteren romanischen Kirche. Die Villa gehört heute der Rockefeller-Stiftung, die sie für Kongresse und Seminare nutzt.

Villa Melzi in Bellagio mit Blick auf Cadenabbia jenseits des Comer Sees

Am Wasser liegt die **Villa Melzi** (3), deren runden Gartenpavillon, das „Coffee-House", jeder vom Wasser kommende Besucher des Ortes bereits gesehen hat. Die Villa des Francesco Melzi D'Eril, eines Mailänder Politikers und Freundes Napoleons, Herzogs von Lodi von dessen Gnaden, entstand nach

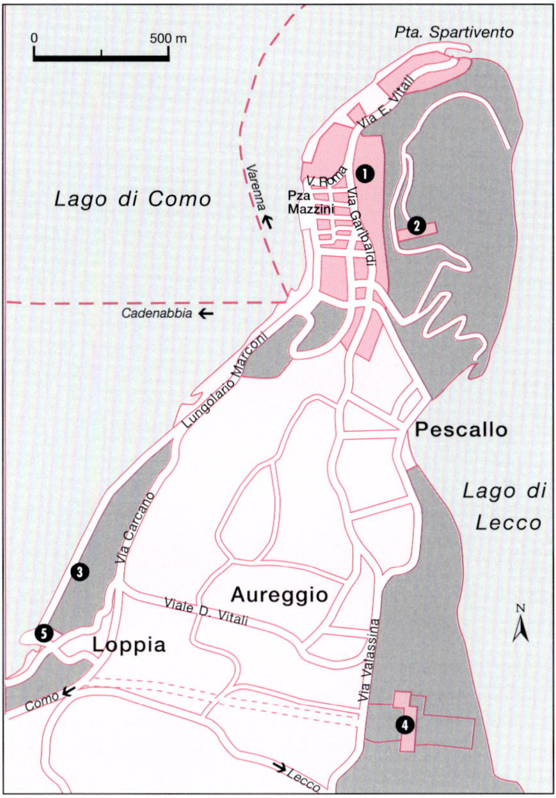

Besichtigung

Pta. Spartivento

0   500 m

Lago di Como

Varenna

V. Roma
Pza Mazzini
Via Garibaldi
Via E. Vitali

❶

❷

Cadenabbia ←

Pescallo

Lungolario Marconi

Lago di Lecco

Via Carcano

❸

Viale D. Vitali

Aureggio

❺ **Loppia**

Como ←

Via Valassina

N

❹

→ Lecco

1808 im klassizistischen Stil. Im Jahre 1837 waren hier Franz Liszt und die Gräfin d'Agoult zu Gast, die Tochter Cosima, die hier zur Welt kam, heiratete zuerst den Dirigenten von Bülow und später Richard Wagner, skandalumwittert, wie die Affäre ihrer Mutter mit Franz Liszt. Der Garten der Villa ist wie jener der Villa Serbelloni ein beliebtes Touristenziel.

Die **Villa Giulia** (4) ist ebenfalls im klassizistischen Stil errichtet, ihre Lage auf dem östlichen Teil des schmalen Rückens, der die Halbinsel von Bellagio mit dem Dreieck des Lario verbindet, erlaubt Blicke sowohl auf den Seearm von Lecco als auch jenen von Como. Die Westachse der Villa ist als Gartenflucht quer über die Halbinsel bis zu ihrem Westufer gezogen, eine imposante Anlage.

Im Ortsteil Lòppia liegt neben der romanischen **Kirche Santa Maria di Lòppia** (5), letztem Rest eines 1509 säkularisierten Klosters, die **Villa Trivulzio.** Auch sie liegt am See, ein Bau der Mitte des 18. Jahrhunderts mit später angebauten Seitenflügeln. Der ursprünglich italienische Park wurde im 19. Jahrhundert zu einem Englischen Garten verändert.

Kirche
San Giacomo in
der Altstadt
von Bellagio

Bellano

3400 Ew.,
202 m ü.M.
Infos im Rathaus
Via V. Veneto 23,
Tel. 0341-821124

Im mittleren Bereich des Ostufers des Lago di Como auf dem Schwemmkegel des Pioverna-Flusses am Ausgang des Valsàssina.

Geschichte

Der ehemals wehrhafte Ort, der an jener Stelle liegt, wo die von Como durch das Valsàssina führende Straße den See wieder erreicht, war wie die anderen Orte des Ostufers im Mittelalter zunächst unter der losen Hegemonie von Mailand, später direkt von Mailand abhängig. 1447 bemächtigte sich die Republik Venedig des Ortes, nach dem Frieden von Lodi 1454, als sich Venedig wieder östlich der Adda zurückzog und östlich der Valsàssina (die Grenze zwischen dem Bergamasker Land und dem lombardischen Comersee verläuft seit damals auf der Höhe der Berge östlich der Valsàssina), wurde Bellano wieder mailändisch, bzw. wurde von den Sforza okkupiert. 1530 wurde Bellano vom Meghedhino aus Musso (→ dort, Route 10) erobert und bei der Rückeroberung durch die Truppen der Mailänder bis auf wenige Gebäude zerstört. 1629 wurde der Ort durch Landsknechte geplündert und im nächsten Jahr durch die Pest, die 300 Opfer forderte, verwüstet. In der österreichischen Zeit nahm Bellano einen kräftigen Aufschwung, insbesondere als nach Eröffnung der Straßenverbindung Lecco – Còlico – Splügen bzw. Stilfser Joch der aus der Lombardei kommende Verkehr nun statt der Via Regina am Westufer die neue Straße am Ostufer verwendete. Beim Bau der Superstrada entlang des Ostufers erhielt Bellano mit Varenna die einzige Ausfahrt, sodaß der Ort weiterhin an das Schnellstraßennetz der Lombardei angebunden bleibt und gegenüber den anderen Orten des Ostufers einen Entwicklungsvorteil behält.

Bellano hat eine der wenigen bedeutenden gotischen Kirchen der Region, SS. Nazaro e Celso

Besichtigung

Die alten Häuser zwischen den hohen, oft mittelalterlichen Mauern des Ortes weisen oft Familienwappen auf, darunter den Unterkiefer der Familie Denti. An der zentralen Piazza San Giorgio steht der kunsthistorisch bedeutende Bau der **Pfarrkirche SS.Nazaro e Celso**, einer dreischiffigen, hochgotischen Pfeilerbasilika. Imposant ist der Eindruck der schwarz-weiß streifeninkrustierten Fassade, einem Werk der Meister von Campione, das zum Beispiel mit der Vorhalle von Santa Maria Maggiore in Bergamo verwandt ist. Der Bau dieser Fassade geht auf den Meister Giovanni Ugo da Campione (ca.1348 bis ca.1400) zurück, wobei die Gliederung durch Lisenen, steigendes Bogenfries und zentrales, von einer Ädikula überhöhtes Portal mit Arbeiten der Maestri Comacini in Verbindung steht, man vergleiche den Dom in Como. Die Ädikula enthält ein Relief des Mailänder Patrons Ambrosius im, wie man am Gewand schön erkennt, weichen (internationalen) Stil der Spätgotik. Das große Rosenfenster darüber aus der Zeit um 1400 ist aus bunter Majolika. Das Innere wurde um 1530 im Stil der Renaissance ausgemalt. In einer Kapelle des südlichen Seitenschiffes befindet sich ein Polyptychon mit Darstellungen aus dem Leben Johannes

Ädikula mit der Statue des hl. Ambrosius an der Fassade der Kirche SS.Nazaro e Celso in Bellano

*Chor der Kirche
SS.Nazaro e Celso
in Bellano*

des Täufers (um 1500), eine eigenwillige, sehenswerte Arbeit. Auf der anderen Seite des Platzes liegt die jüngst renovierte **Kirche Santa Marta,** deren Kuppel vom Platz aus gut zu sehen ist. Der Eingang ist von Norden, gleich links befindet sich eine vollplastische hölzerne Figurengruppe, eine Beweinung Christi mit ausdrucksvollen Gesichtern von Gian Angelo del Maino aus dem frühen 16. Jahrhundert. Der Inneneindruck der lichten, im 17. Jahrhundert stuckierten und ausgemalten Kuppel ist von großer Geschlossenheit.

Der **Orrido di Bellano** ist eine tiefe Klamm, die sich der Pioverna-Fluß nach dem Abschmelzen des würmeiszeitlichen Adda-Gletschers gegraben hat. Die Klamm, die noch im Ort beginnt, kann heute über einen betonierten und gesicherten Weg gefahrlos begangen werden. Leider ist dieses Naturschauspiel durch die Zähmung des Baches (Ableitung in Röhren für eine Textilfarbrik) zum getrübten Vergnügen geworden, es bleibt aber sehenswert.

Ein **Ausflug in die Bergdörfer** über Bellano führt zunächst nach Lèzzeno und seiner Wallfahrtskirche *Madonna delle Lacrime*. Die Kirche wurde 1690 bis 1704 auf einem Panoramastandort errichtet, sie geht auf ein Wunder von 1688 zurück, als sich eine Marienstatue unter Vergießen blutiger Tränen über das Vordringen der (lutherischen und zwingli'schen) Häresien am Lario beschwerte. Der Ausblick vom Kirchenvorplatz ist großartig. In zehn Minuten erreicht man auf schmalem Maultierpfad die oberhalb gelegene Wallfahrtskapelle mit Darstellungen von Wundern in den Fresken des Innenraumes. Weiterfahrt: → Route 13 (Beschreibung in umgekehrter Richtung)!

Campione d'Italia

2200 Ew.,
273 m ü.M.
APT Campione
d'Italia,
Via Volta 16,
Tel. 0041-91-
6495051

Italienische Enklave am Ostufer des Lago di Lugano gegenüber von Lugano, mit Lugano und anderen Orten des Tessin durch Schiff verbunden, über Bissone Anbindung an das schweizerische Straßen-, Autobahn- und Bahnnetz. In Campione gilt der Schweizer Franken als Zahlungsmittel, die Preise sind generell sehr hoch. Der Ort finanziert sich ausgezeichnet durch das dortige Spielcasino, das von Schweizern wie Italienern aufgesucht wird.

Geschichte

Daß Campione heute italienisch ist, hat mit einer Schenkung zu tun, die in frühester fränkischer Zeit (777) an das bedeutende Kloster Sant'Ambrogio in Mailand gemacht wurde. Als die Schweizer 1512 das heutige Tessin eroberten, ließen sie den Äbten des Klosters Sant'Ambrogio gewisse Rechte. Die Eidgenossen, damals noch samt und sonders Katholiken und im Tessin auf dem Boden der Mailänder Diözese, konnten schlecht jenem Kloster den Besitz rauben, das die Erinnerung an den heiligen Ambrosius, den Patron der gesamten Provinz bewahrte. Beim Wiener Kongreß 1815, als alle vor den Napoleonischen Kriegen bestehenden großen Territorien wiederhergestellt wurden, stellte man sogar wieder diese lombardische Enklave her (und die Lombardei kam samt Venetien zu Österreich!), obwohl anderswo großzügig getauscht und gemauschelt wurde, um Enklaven in Zukunft zu vermeiden (so tauschte Österreich Freiburg im Breisgau mit Vorderösterreich gegen die Toskana). Der Zustand blieb und hat sich für alle Seiten bewährt. Die Italiener errichteten ein Spielcasino, das den Schweizern, wo Spielcasinos bis dato verboten sind (derzeit diskutiert man darüber, sie zuzulassen – was dann, wenn Lugano ein Casinò erhält?) eigentlich hätte ein Dorn im Auge sein sollen, das sie aber fleißig besuchen. Die beliebte Einnahmequelle Schmuggel muß man heute kaum noch ausüben, dafür zieht man den Touristen das Fell über die Ohren, das ist bequemer und bringt mehr.

Campiones Beitrag zur Geschichte der europäischen Kunst sind die spätmittelalterlichen Maestri campionesi. Wie in Como, im Intelvi und anderswo in diesen Bereichen Oberitaliens, zogen Baumeister, Steinmetze, Stuckierer und Kunstmaler aus dem kleinen Ort in alle Welt, um ihr Handwerk auszuüben, oft übrigens alle vier Handwerke in einer Person. Ein charakteristischer Stil entwickelte sich zu Ende des 14. Jahrhunderts (→ Bellano *).

Campione d'Italia ist voll von Schweizer Gebiet umschlossen

Das Casino i Campione is beliebtes Ziel die. bezüglich ausge hungerter Italiene

Blick von Campione d'Italia zum schweizerischen Ufer

Besichtigung

Ein nicht unharmonisches Nebeneinander alter und neuer Formen an der Kirche San Zenone in Campione d'Italia

Spielcasino in Campione d'Italia

Besichtigung

Der Autofahrer hat in Campione kein Problem zu parken, beim Spielcasino ist Platz. Das **Casino** mag als Bau der sechziger Jahre nicht unbedingt überzeugen, seine Lage am See zwischen begleitenden Blumenanlagen ist auf jeden Fall sehenswert. Am anderen Ende des Platzes steht die alte **Kirche San Zenone,** sie ist profaniert und wird heute als Bibliothek und Veranstaltungsraum genutzt. Sehenswerter ist die ganz an der Schweizer Grenze, gleich links der Einfahrt gelegene **Wallfahrtskirche Madonna dei Ghirli** (Unsere Liebe Frau von den Schwalben), die man am besten vom See aus betrachtet, von wo aus ein prächtiger Stiegenaufgang hinauf führt. Die bereits im 11. Jahrhundert bezeugte Kirche hat eine Barockfassade vor einem schlichten, einschiffigen Raum, der 1623 bis 1636 barockisiert wurde. Die Vorhalle wurde im 18. Jahrhundert errichtet. Wandmalereien der Kirche stammen zum Teil noch aus dem 14. bis 16. Jahrhundert, so ein Zyklus aus dem Leben Johannes des Täufers, zweite Hälfte 14. Jahrhundert. Das Jüngste Gericht im weichen Stil an der Außenwand ist um 1400 entstanden.

Civate

*Kleiner Ort über dem Lago di Annone ganz im Osten der Bri-
anza, berühmt vor allem durch seine Kirche San Pietro al
Monte (639 m) über dem Ort.*

Geschichte

Die Hügel über der Engstelle, die das verkehrsgünstige Tal
bewachen, das von Lecco am Ostarm des Comer Sees in die
Brianza und nach Como und Mailand führt, waren in dem historischen oder vielleicht auch schon prähistorischen Moment von Interesse, als es galt, sich bildende Territorien zu verteidigen. Von dort
oben, vom „Casello" und „Canova" konnte man die Talenge beobachten und den Zugang verteidigen. Bereits ab 705, historisch
bestätigt 845, existierte auf dem Hügel des heutigen Ortes Civate
eine Benediktinerabtei. Um dem Kloster, das unter der Oberhoheit
des Mailänder Erzbischofs stand, der es vielleicht persönlich grün-
dete, größere Geltung zu verschaffen, wurde vor 1018 die Reliquie
des heiligen Calocero hierhergebracht. Man baute dem Heiligen
eine Kirche, baute und widmete ihm das Kloster (es ist heute ein
Blindenheim). Die Abtei in Civate war ein bedeutender Landbesitzer,
ihre Äbte und Mönche konnten sich für ihre Bauten Künstler aus
dem großen Mailand kommen lassen. Im Hochmittelalter verlor die
Abtei etwas an Einfluß, gab aber immer wieder reichen Kardinälen,
die sich einen schönen Lebensabend machen wollten, Zuflucht und
Heimat, aber auch jenem Nicolò Sfrondati, der als Gregor XIV Papst
werden sollte. Die Abtei wurde 1803 säkularisiert, ihr Besitz eingezogen. In der Einsamkeit der Berghöhe über dem Ort hatte sich seit
dem 8. Jahrhundert ein weiteres Kloster entwickelt, das den heiligen
Petrus und Paulus gewidmet war, von denen man Reliquien erworben hatte. Dieses Kloster San Pietro al Monte geriet bald in die
Abhängigkeit von San Calogero, im Hochmittelalter wurde es zur
Kommende umgewandelt, 1611 verließen es die letzten Mönche
und schlossen sich jenen unten in San Calogero an. Der Ort Civate,
einmal nur von der Abtei abhängig, gewann erst im 19. Jahrhundert
Eigenleben, in den letzten Jahrzehnten wurde er aufgrund seiner
aussichtsreichen Lage und guten Verkehrsanbindung (an der
Schnellstraße Lecco-Mailand) Zweithauswohnbereich für Städter
der Poebene.

*Civate verdankt sein
Entstehen einer
bedeutenden
Benediktinerabtei*

Besichtigung

Im Tal steht unterhalb des Ortes ganz nahe der Schnellstraße die romanische, aber barockisierte **Kirche San
Nazzaro** (Fassade 18. Jh.). Die **Pfarrkirche San Vito** im Zentrum des Ortes stammt erst aus dem 18. Jahrhundert. Die
Basilika San Calogero des alten Klosters von Civate, in dem
sich heute ein Blindenheim befindet, ist in romanischer Zeit
(oder schon im 9. Jh.?) errichtet, aber im 15. und 17. Jahrhundert wesentlich verändert worden. In dieser Kirche hat
man zwei Reihen von Freskodarstellungen gefunden, die mit
ihren Sujets aus dem Rahmen des Üblichen der damaligen
Zeit fallen: sie stellen Szenen der Geschichte des Volkes
Israel dar. Der „Gang durch das Rote Meer" und der „Fall von
Jericho", Szenen der Könige von Israel und der Propheten,
das „Urteil des Salomo", sie alle beziehen sich auf das Alte
Testament. Der Zusammenhang zur Klostergeschichte ist

nicht klar, vielleicht sollen die Darstellungen den festen Glauben des Volkes Israel an seinen Gott den Irrlehren der damaligen Zeit (Patarinen in Mailand, → *Angera**) entgegenstellen, die das gemeine Volk der oberitalienischen Ebene gerade in Unruhe gebracht hatte. Der Maler dieser Fresken hat große handwerkliche Meisterschaft, seine Gesichter sind für das 11. Jahrhundert ungewöhnlich porträtähnlich, die Faltengebung und Höhung durch Gold entspricht bester Tradition seit dem Wiederaufleben nach der Makedonischen Renaissance Ostroms im 9. Jahrhundert.

Während oben erwähnte Fresken kaum bekannt sind, haben jene in *San Pietro al Monte*, in der **Basilika SS. Pietro e Paolo** und im **Oratorio San Benedetto**, einem romanischen Kirchenkomplex in 639 m Höhe über Civate, schon seit längerer Zeit die Fachwelt und interessierte Laien beschäftigt. Man kann den Kirchenkomplex nur über einen einstündigen Fußmarsch auf steilem Maultierweg erreichen, was zu einer ganz erheblichen Selektion der Besucher beiträgt. Die dramatisch und völlig einsam unter den felsigen Flanken des Monte Cornizzolo gelegene Kirchengruppe wurde während des 11. und 12. Jahrhunderts errichtet. Die Kirche SS. Pietro e Paolo wurde um die Mitte des 11. Jahrhunderts über einem Vorgängerbau im romanischen Stil errichtet und ab 1093 verändert, seither ist mit dem Niedergang des abgelegenen Klosters wenig dazugekommen, die verfallende Kirche wurde seit 1879 mehrfach restauriert und ist auch derzeit während zweier Sommermonate wegen Restaurierungs- und Grabungsarbeiten nicht zugänglich (gewöhnlich August und September). Die Kirche hat einen ungewöhnlichen Grundriß, da sie sowohl eine Ost- als auch eine Westapsis aufweist. Der ursprüngliche Bau hatte wie üblich den Eingang im Westen und eine Ostapsis, in deren Verlängerung etwa 30 m entfernt eine Kapelle mit Zentralgrundriß errichtet wurde, San Benedetto, wahrscheinlich eine Totenkapelle. Wegen des abschüssigen Terrains konnte man unter der Ostapsis eine Krypta bauen. Nach Fertigstellung muß sich herausgestellt haben, daß die – nicht mehr im Einzelnen zu rekonstruierende – liturgische Verbindung zwischen Kirche und Totenkapelle eine direkte architektonische, also für Prozessionen zu nutzende Achse zwischen beiden Gebäuden verlangte. Nun brach man durch

Die Kirche der Heiligen Petrus und Paulus und das Oratorium des Heiligen Benedikt befinden sich hoch über Civate, nur zu Fuß erreichbar

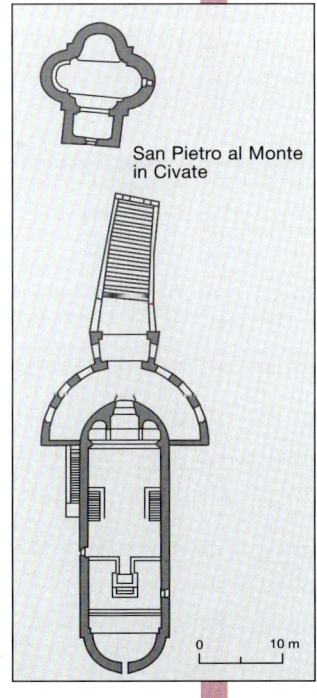

San Pietro al Monte in Civate

0   10 m

den mittleren Teil der Ostapsis ein Tor und gestaltete die Apsis selbst zur Vorhalle um. Rund um die Apsis baute man außen eine halbrunde Terrasse mit erweiterter Vorhalle, von der aus ein Treppenabgang zur Kapelle San Benedetto hinunterführt. Der Altar mußte notgedrungen nach Westen verlegt worden, wo man eine neue Apsis errichtete, sodaß nun der Eindruck einer Doppelchoranlage (wie jene nördlich der Alpen, mit denen dieser Bau aber nichts zu tun hat) entsteht. Die Zeit des Umbaues dürfte nach 1093 gewesen sein.

Die Fresken der Kirche wurden von mindestens fünf, wahrscheinlich Mailänder Malern ausgeführt und stellen einen Höhepunkt der Wandmalerei des 11. Jahrhunderts dar. Thematisch sind sie mit dem Jüngsten Gericht verbunden. Von dramatischer Wucht und höchster künstlerischer Präsenz ist die Darstellung des Kampfes des Erzengels Michael und der anderen Engel mit dem siebenköpfigen Drachen, gekrönt vom segnenden und strafenden Christus als Weltenrichter in der Mandorla. Links vom Drachen lehnt sich das apokalyptische Weib ängstlich zurück. Die Nähe dieses Darstellungselements zu byzantinischen Szenen der Geburt Christi und damit der Bezug auf die marianische Bedeutung dieser Szene aus der Offenbarung Johannis ist evident. Dieses Fresko in der Lünette über dem Narthex im Inneren des Baus, das Fresko in der Eingangshalle mit dem thronenden Christus und seinem Symbol, dem Lamm, mit dem Garten und der Mauer des Himmlischen Jerusalem, die vier Paradiesflüsse, aus antikischen Vasen von genauso antikischen Flußgöttern ausgegossen, die Engel mit den Posaunen, Evangelisten und Heiligen sind Zeugen von Gericht, Verdammnis und Auferstehung. Stuck überzieht in Bandform die architektonischen Elemente. Auch die pseudo-korinthischen Kapitelle und der Altarbaldachin sind stuckiert und hervorragend modelliert, letzterer mit Evangelisten, Kreuzigung, Grabszene, Himmelfahrt und Szenen mit den heiligen Petrus und Paulus, denen die Kirche ja gewidmet ist. Chorschranken und Krypta sind ebenfalls stuckiert, Farbreste der ehemaligen Bemalung sind noch zu erkennen.

In dem romanischen Zentralbau von San Benedetto, bestehend aus kleiner Vorhalle und Trikonchos, haben sich ebenfalls romanische Fresken erhalten, so die Deisis am Altar der Ostapsis zwischen den heiligen Andreas und Benedikt.

Die bedeutenden und vollständig erhaltenen Fresken der Kirche stammen aus dem 11. Jh.

Fresko des Jüngsten Gerichts in SS. Pietro e Paolo, 11. Jh. nach O. Demus/ M. Hirmer, Romanische Wandmalerei, München 1968

Como

Hauptstadt der gleichnamigen Provinz am äußersten Südende des südwestlichen Arms des Comer Sees. Direkte Bahn- (Gotthardstrecke) und Autobahnverbindungen (Mailand – Zürich) in die oberitalienische Tiefebene und über die Alpen in die Schweiz und nach Deutschland. Der Ort liegt zwischen Bergen im Westen und Osten, die eine Entwicklung in diese Richtungen nicht zulassen, der Norden ist durch den See, der Nordwesten durch die nahe Schweizer Grenze bei Chiasso (5 km) blockiert, so daß die gesamte städtische Entwicklung, Wohn- und Industriequartiere gleichermaßen, in Richtung Süden und Südosten, in die Brianza hinein verlief. Mit Industrie, starkem Tourismus, Universität, Kongressen und Messeveranstaltungen ist Como heute eine sehr geschäftige, moderne Großstadt, die aber in der Altstadt bedeutende Reste der mittelalterlichen Vergangenheit erhalten hat. Die Villen des Ortes und seiner Nachbarschaft, seit dem 16. Jahrhundert entstanden und im 18. Jahrhundert auf dem Höhepunkt der künstlerischen Entwicklung, gehören zu den schönsten und bedeutendsten der oberitalienischen Seen. Leider sind die Verkehrsverhältnisse in Como schlechthin unerträglich, da die Altstadt nicht sehr groß ist (im Kern nur 1,0 x 0,7 km), empfiehlt es sich sehr, den Wagen außerhalb zu lassen und den Ort zu Fuß zu durchstreifen. Wer mit der Bahn oder mit dem Schiff ankommt, benötigt kein Verkehrsmittel, der Bahnhof (Haltepunkt für die direkten Eurocitys aus Deutschland und der Schweiz in Richtung Mailand) ist fünf Minuten von der Altstadt entfernt, die Anlegestelle der Schiffe liegt direkt am seezugewandten Hauptplatz, der Piazza Cavour.

95000 Ew., 201 m ü.M.

APT Como, Piazza Cavour 17, Tel. 031-3300111/ 269712

Como ist eine moderne Großstadt mit eindrucksvoller Altstadt

Geschichte

Der Standort des heutigen Como gerät in den Blick der Geschichte, als 196 v.Chr. die Gallia cisalpina römisch wird und damit auch die kleine keltische Siedlung am Südufer des Sees. 89 v.Chr. wird der Ort Colonia, aber in den Streitigkeiten mit Oberitaliens Kelten, die noch andauern, wird der Ort zerstört und erst wieder unter Caesar aufgebaut, die cisalpinen Gallier haben inzwischen das Bürgerrecht erhalten, als „Nocum Comum". In diesem neuen Gemeinwesen werden Kolonen angesiedelt, darunter 500 Griechen aus guter Familie. Die Stadt entwickelt sich, Rom greift über die Alpen hinaus und braucht Straßen dorthin, unter Augustus wird mit der Via Regia begonnen (heute verballhornt Via Regina), die Mailand über Como mit Chiavenna, dem Splügen und Rhaetien verbindet (→ Route 10). In der römischen Zeit werden in Como der ältere und der jüngere Plinius geboren, die Stadt sollte immer stolz auf diese ihre Bürger sein.

In christlicher, spätrömischer Zeit wird Como ein wichtiges Kirchenzentrum, die Märtyrer Fedele und Carpoforo, die Bischöfe Felice und Abbondio, die beiden letzteren aus dem späten 5. Jahrhundert erhalten Kirchen und Klöster. Die Langobarden stärken eher noch die Bedeutung des Ortes, unter Theodelinde soll die Via Regia wieder ausgebaut worden sein, nun zu Ehren der Königin als Via Regina bezeichnet. Mit den Franken und ihrem allmählichen

Como war schon in römischer Zeit ein wichtiger Ort

Machtverfall ab dem Ende des 10. Jahrhunderts entwickelt sich Como zur freien Stadt (sicher 1109 bekundet). Wegen des Interessengegensatzes zu Mailand, das dieselben Territorien und Handelswege im Auge hat, hält man es mit dem Kaiser, weil Mailand gegen ihn ist. Der große Konflikt der nächsten Jahrhunderte stand bereits um die Jahrtausendwende durch diese Konstellation fest. Zwischen 1117 und 1128 wird zwischen den beiden Kommunen ein gnadenloser Krieg ausgetragen, der Anlaß ist ein Investiturstreit um den Bischof von Como, der eigentlich vom Erzbischof in Mailand eingesetzt werden sollte, was den Bürgern von Como im konkreten Fall mißfällt. Gemeinsam mit Mailand erobern die Truppen von Isola Comacina (→ Ossuccio-Isola Comacina*) Como und plündern und zerstören es. Dank seiner Kaisertreue erhält Como durch Friedrich I. Barbarossa Starthilfe beim Wiederaufbau. Und es sollte noch besser kommen für die Stadt. Zuerst wird mit Hilfe des Kaisers Mailand in die Knie gezwungen und dann die nunmehr partnerlose Isola Comacina erobert, ihre Bewohner ermordet, die Stadt verwüstet und, mit einem Gebot des Kaisers, vor jedem Wiederaufbau bewahrt. Como triumphiert und verkauft seine Wirk- und Webprodukte mit großem Erfolg in alle Welt.

Wie fast überall in der lombardischen Städtewelt treten auch in Como im 14. Jahrhundert Adelsfamilien an die Stelle der früheren Oligarchie. Franchino Rusca wird mit nur 24 Jahren 1311 Herrscher von Como. 1335 machen die Rusca den Handel ihres Lebens, sie verkaufen die Stadt an die Mailänder Visconti, nur um sie 1408 bis 1416 wieder in die Hände zu bekommen, worauf sie wieder an die Visconti fällt, sich 1447 bis 1450 eine „Repubblica di San Abbondio „bildet", die dann von Francesco Sforza erobert und wieder Mailand zugeordnet wird. Zwischendurch wird das Comasker Gebiet von den Schweizern geplündert (1441) und 1500 bis vor die Tore der Stadt bei Chiasso annektiert (1503 bestätigt), von den Venetianern zum Teil jahrelang besetzt (das nahe Bergamo wird 1428 der Serenissima einverleibt), die zu diesem Zeitpunkt ihre terra ferma in einer Folge von Kriegszügen zusammenstellen. Für einige Jahre (1500 bis 1512) tauchen die Franzosen unter Ludwig XII. auf, die sich Mailand und Como einverleiben, nur um von den spanischen Habsburgern abgelöst zu werden. Daß in dieser Zeit in Como sich wenig bewegte, daß der Handel stagnierte und den Bürgern nach Weltende zumute war, liegt auf der Hand.

Comos große Stunde schlug im Mittelalter, als es Mailand zeitweise den Rang ablief

Mit den Spanischen Habsburgern begann eine politisch ruhige, dafür sozial und wirtschaftlich trostlose Phase. Die Gouverneure und die spanische Bürokratie brachten mit Amtsschimmel, Steuerdruck, Mißwirtschaft, Unterdrückung, Präpotenz des Fremdadels die Comasker zur Massenauswanderung. Die Comasker Familien Artaria (Verlag Freytag-Berndt und Artaria, Wien), Cotta (Verlag Cotta, Stuttgart), Brentano (Berlin) und viele andere gingen nach Deutschland. Durch die Pest von 1630, die Manzoni in seinen „Sposi Promessi" beschreibt, verliert die Stadt weiter Bewohner. Erst die Übernahme der Lombardei durch die Österreicher (1714) wendet das Blatt. Die Leinenindustrie lebt auf, vor allem aber erlebt die Seidenindustrie, die hier bereits zu Anfang des 16. Jahrhunderts eingeführt worden war, einen enormen Aufstieg und Como wird nach der Mitte des Jahrhunderts und dank der großzügigen Förderung dieses Industriezweiges in allen ihren Landen durch Kaiserin Maria Theresia das oberitalienische Seidenzentrum.

Nach dem napoleonischen Zwischenspiel wird Como wieder österreichisch, diesmal nach anfänglicher Begeisterung und mit aufkommendem Nationalismus mit immer größerem Widerwillen.

Als in Wien im März 1848 die Aufständischen den Ballhausplatz belagern, bricht auch in Como die Revolution los, aufständische Comasker stürmen die österreichischen Kasernen und bereiten Garibaldi, der am 5. August die Stadt betritt, einen begeisterten Empfang. Dann dauert es aber noch bis 1859, bis endgültig die Freiheit vom österreichischen Joch, wie es nun heißt, errungen ist, 1860 folgt der Anschluß an Italien, dessen Geschichte Como nun folgt.

Besichtigung

Ein Spaziergang durch die Innenstadt könnte am **Lungo Lario** (1) beginnen, bei der Schiffsanlegestelle für den Comer See. Überquert man die verkehrsreiche Straße, erreicht man den Bereich der Fußgängerzone der Innenstadt und die große, gegen den See offene, von repräsentativen Gebäuden flankierte **Piazza Cavour** (2). Durch die Via Plinio erreicht man den **Palazzo Vescovile** (3) auf der Piazza Grimoldi, die man nach ein paar Schritten links von sich hat. Der 1013 unter Bischof Alberich nach der Verlegung der Bischofskirche in das Stadtinnere begonnene Bischofspalast wurde unzählige Male umgebaut und zuletzt 1931 mit einer einheitlichen Fassade versehen, die meisten erhaltenen Teile des Baukomplexes stammen aus der Gotik. Im Innenhof (von der Piazza Duomo aus zugänglich) ein kleines Lapidarium.

Ein Bummel durch die Altstadt beginnt am Seeufer

Ädikula mit dem Jüngeren Plinius an der Fassade des Doms in Como

Der **Domplatz** (4) ist das Herz der Stadt, die hohe Kuppel des Domes sieht man von weitem, sie überragt gemeinsam mit dem Turm an der Nordseite des Platzes die Häuser der Stadt um das Doppelte. Tatsächlich besteht das Ensemble des Domplatzes, für den man, um dem Dom ein würdiges Vorfeld zu geben, einen ganzen Straßenzug wegräumte, als man ihn 1396 neu zu bauen begann, nicht nur aus dem Dom, sondern aus dem Broletto, einer offenen Pfeilerhalle, und dem mittelalterlichen Turm, der heute als Glockenturm des Domes dient, der Dom selbst hat keinen Turm.

Der **Dom Santa Maria Maggiore** wurde ab 1396 auf der abgebrochenen Kathedrale von 1013 errichtet, nicht zufällig zehn Jahre nach dem Beginn des Neubaus des Mailänder Domes, man konnte sich schließlich von den Mailändern nicht überflügeln lassen. Die Pläne des Lorenzo degli Spazzi wurden ab 1426 von Pietro da Breggia, ab 1455 von Fiorino da Bontà und Luchino Scarabota verändert und umgesetzt. Der Dom ist 87 m lang und über der Vierung 75 m hoch, einer dreischiffigen Langhausbasilika fügt sich ein gewaltiger Trikonchos an, dessen Mitte über einem hohen Tambour überkuppelt und von einer Laterne gekrönt ist. Ab 1457 entstand die Fassade, die allmählich vom gotischen in den Renaissancestil leitet, ihre zwei Meisterwerke, die Figuren der beiden Plinii auf Ädikulen zu beiden Seiten des Haupteinganges (Heiden zwar, aber Comasker!) stammen von den Brüdern Rodari. Der Trikonchos wurde 1519 unter Cristoforo Solari (bezeugt 1489 bis 1527) begonnen, aber erst 1669 fertiggstellt, die Kuppel erst 1731 bis 1744 von Filippo Juvara (1678 bis 1736) geschaffen.

Die Baugeschichte des Doms reicht von der Gotik bis zum Barock

Die Stufenfassade wird durch vier skulptierte Lisenen in drei den Schiffen entsprechende Teile getrennt, nur der mittlere, höhere Teil ist dekoriert, wobei die Rose über dem Hauptportal, das Portal selbst mit reicher Filialendekoration und die beiden Ädikulen mit den Plinii ins Auge fallen. Die Lünette über dem Hauptportal enthält eine Anbetung der Könige. Das „Froschportal" der linken Seitenwand hat seinen namengebenden Frosch leider verloren.

Das Innere des Domes zeigt die noch gotische Architektur des Langhauses, die Renaissanceverlängerung durch Chor und Trikonchos ist harmonisch angebunden. Sofort fällt die vergoldete Kassettendecke im Chor auf, da sie im Gegensatz zum Langhaus viel Licht erhält.

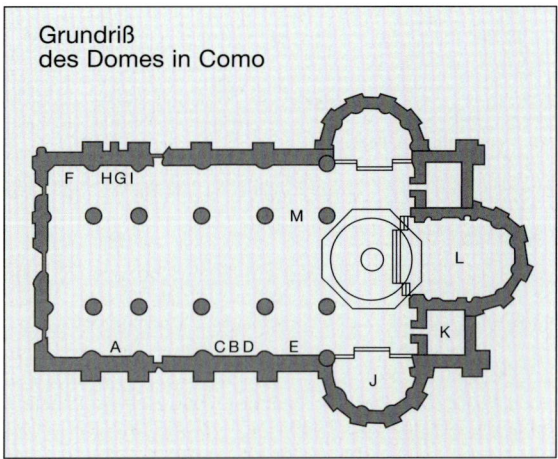

Grundriß des Domes in Como

Die Ausstattungsstücke sind reich und vielfältig. Gleich am Eingang tragen zwei romanische Löwen Weihwasserbecken, sie stammen aus dem romanischen Vorgängerbau. Im rechten Seitenschiff befindet sich das **(A)** Marmorpolyptychon, genannt „Ancona della Passione", von Tommaso Rodari (bezeugt 1484 bis 1526). Rechts vom **(B)** Altar des heiligen Abbondius, einem dreistufigen, reich vergolden Holzaltar des 16. Jahrhunderts, hängt ein **(C)** Gaudenzio Ferrari, die „Flucht nach Ägypten" und links die **(D)** „Anbetung der Könige" von Bernardino Luini, beide in ihrer Art Meisterwerke der Künstler, die sie geschaffen haben. Am letzten Altar (dem des S.Giralomo) hängt ein weiterer **(E)** Luini, die Pala Raimondi, eine „Muttergottes mit Heiligen und musizierenden Engeln" (man beachte den lautenspielenden Engel unten auf der Treppe, er hat das Gesicht der Gioconda, Leonardos Einfluß auf Bernardino Luini verratend). Das linke Seitenschiff birgt auf dem ersten Altar eine **(F)** Muttergottes mit Kind von Andrea Passeri (um 1487 bis 1511). Neben dem **(G)** dritten Altar hängt links die **(H)** „Vermählung Mariens" von Gaudenzio Ferrari (der Bart des Hohepriesters ist ein wahres Meisterwerk) und rechts **(I)** Luinis „Anbetung der Hirten". Auf dem nächsten Altar fällt ein Relief des Tommaso Rodari von 1498 auf, eine sehr bewegte „Beweinung Christi". In der rechten (südlichen) Konche kann man **(J)** Francesco Maria Richinis (1583 bis 1658) Altar bewundern, in der angrenzenden **(K)** Sakristei das Deckenfresko (1613) des Morazzone, eine „Krönung Mariens" in feinen Pastellfarben. Der **(L)** Hauptaltar des Domes wurde in Rom hergestellt und stammt aus dem Jahre 1728, das Chorgestühl wurde 1610 signiert. Ein Blick in die Kuppel zeigt, daß auch sie durch vergoldete Kassetten dekoriert ist, die in acht Segmenten angeordnet sind. Das bemalte **(M)** Banner des S. Abbondio ist ebenfalls ein Werk des Morazzone.

Die Ausstattung des Domes ist ein wahres Schatzhaus mit Werken von Gaudenzio Ferrari bis Morazzone

Der **Broletto** neben dem Dom, eine offene Pfeilerhalle mit Versammlungsraum im oberen Stock und einem Balkon, von dem aus die Menge angesprochen werden konnte, wurde 1223 bis 1227 in den Formen der Comasker Frühgotik errichtet. Die beliebte schwarz-weiße Musterung der Oberflächen im Comasker Gebiet (Gravedona!) schlägt auch hier durch. Der ehemals längere Bau wurde durch den Dombau gekappt. Links schließt sich der frühmittelalterliche **Glocken- und Uhrturm** an.

Hinter dem Dom liegt die Piazza Verdi mit dem (rechts) strengen klassizistischen Bau des **Teatro Sociale** (5), das 1811 bis 1813 von Giuseppe Cusi anstelle einer alten Befestigung der Rusca errichtet wurde. Quert man hier über die Bahn, so erreicht man die Piazza del Popolo mit der **Casa Terragni** (6), in der heute die Guardia di Finanza untergebracht ist. Der 1936 entstandene Bau des Architekten Giuseppe Terragni (Bild S. 45) vertritt den damals neuen und aufregenden Funktionalismus. Die Betonträgerarchitektur

Die Casa Terragni ist ein Bau des Funktionalismus

dieses Nutzbaues umschließt einen glasüberdeckten Innenhof, von dem umlaufende Balkone in die inneren Räume leiten. Die Marmorverkleidung nimmt dem Bau den rein funktionellen Aspekt, beläßt ihm aber die Kühle.

Zurück am Domplatz geht man durch die Via Vittorio Emanuele (7) weiter, auch sie Fußgängerstraße, bei der Kreuzung mit der Via Rusca steht der **Palazzo Rusca** des 16. Jahrhunderts, dann folgt links der **Palazzo Porta-Cernezzi,** das heutige Rathaus der Stadt, mit schönem Arkaden-Innenhof. Im Erdgeschoß ist der Saal der Finanzverwaltung von Giovan Paolo Recchi (1630) ausgemalt. Der Stadtverordnetensaal im Ersten Stock hat eine Holzkassettendecke des frühen Barock, vier große venezianische Lüster, die Wände sind mit Stoff bespannt, der Gesamteindruck von diesem Saal ist ausgesprochen repräsentativ.

Gegenüber erhebt sich die **Kirche San Fedele** (8), der man im Gegensatz zum Dom keinen repräsentativen Vorplatz gegönnt hat, ganz im Gegenteil. Dabei handelt es sich um einen bedeutenden romanischen Bau, der auf einer Vorgängerkirche des 5. Jahrhunderts errichtet wurde und der für Como sehr wichtig war, ist doch hier einer seiner beiden Märtyrer begraben, die den Ort zum Zentrum der christlichen Lehre in den Zeiten der Völkerwanderung machten. Es

San Fedele ist ein wichtiger romanischer Bau

handelt sich um einen im 11. und 12. Jahrhundert entstandenen Langbau von vier Jochen, ein Querschiff mit Konchen, einer Ostapsis mit Apsidiolen und Vierungsturm. Der Grundriß ist unregelmäßig und offensichtlich am Vorgängerbau ausgerichtet, die Verbindung von Longitudinal- und Zentralbau, die für die Erklärung der Architektur von San Fedele bemüht wird, scheint sich eher ergeben zu haben, als daß sie geplant worden wäre. Die Kirche wurde immer wieder

Außenplastik der romanischen Kirche San Fedele in Como

umgebaut und (selbstverständlich) barockisiert, im 20. Jahrhundert hat man sie wieder entbarockisiert und radikal reromanisiert, was ihr nicht unbedingt gut bekommen ist.

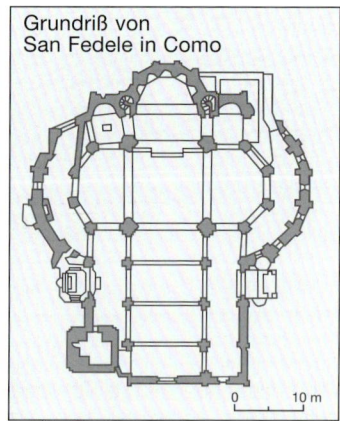

Grundriß von
San Fedele in Como

0   10 m

Die Apsis hat außen eine bemerkenswert tiefe Zwerchgalerie, ein Portal mit seitlichen Reliefs, darunter einem Drachen, führt ins Innere. Bei der Re-Romanisierung mußten die meisten Ausstattungsstücke weichen, das Fresko im Chor über den zweigeschoßigen Apsidiolen (Martyrium des heiligen Fidelis von Guglielmo Beltrami, 17. Jh.) hat man nicht angerührt. Einige Fresken des 14. Jahrhunderts verdienen die Aufmerksamkeit, so eine Madonna mit Kind und den heiligen Sebastian und Rochus und die Hinrichtung des heiligen Fidelis vor der Gottesmutter mit Kind.

Etwas weiter stehen links die **Palazzi Giovo** und **Olginati** mit dem **Städtischen Museum** (9). Der Palazzo Giovo von 1536 im Stil der Renaissance wurde 1780 umgebaut, der Palazzo Olginati, ein Bau des 18. Jahrhunderts, 1856 renoviert.

Die Fortsetzung der Via Vittorio Emanuele nennt sich Via Balestra und macht einen Linksbogen, der zur Viale C.Battisti und zu einem romanischen Turm führt, dem **Torre San Vitale** (10), errichtet um 1158 auf einem älteren, römischen Turm. An dieser Stelle ist es angebracht, ein paar Informationen über das römische Como zu geben. Der Plan von „Novum Comum", der vor mehr als zwei Jahrtausenden angelegt wurde, prägt sich heute noch im Stadtplan aus. Sieht man sich einen Plan der Stadt an, so erkennt man, daß die Innenstadt in etwa einem nicht ganz regelmäßigen Rechteck entspricht, und daß die Straßen in der Hauptsache parallel verlaufen. Dieses Muster ist Teil des alten Plans, die Via Independenza war der Cardo maximus, die Nordbegrenzung bildet die heutige Via Garibaldi, die südliche die Via C.Battisti, die westliche die Viale Varese und die östliche die Viale Lecco. Der Mauerring, der nach 1158 wieder aufgebaut wurde, stand schon einmal in römischer Zeit und wo sich heute die Piazza San Fedele befindet, dürfte wohl einmal das Forum der Stadt gewesen sein.

Der Weiterweg führt zu den beiden anderen mittelalterlichen Türmen, die man bei Verfolgung der Viale C.Battisti (sie nennt sich später Viale C.Cattaneo) erreicht, den **Torre Piazza Vittoria** (11), den eindrucksvollsten der drei mit einem monumentalen offenen Durchgang und vier aufgesetzten Geschossen, und den

In den Türmen sind Reste römischer wie romanischer Stadtbefestigung erhalten

Torre Piazza Vittoria, einer der Türme der mittelalterlichen Umwallung von Como

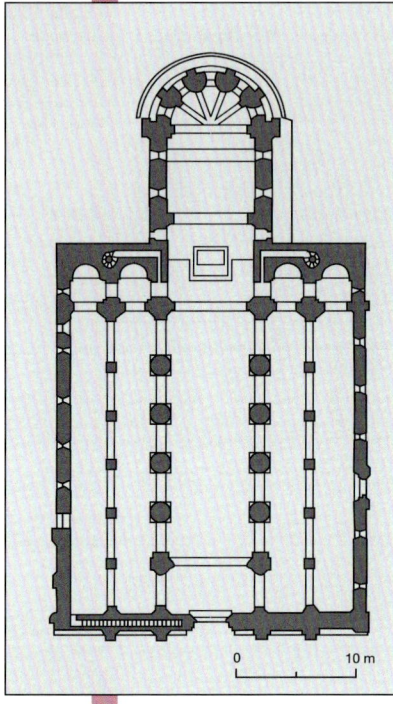

Grundriß San Abbondio (nach S. Chierici)

Torre di Porta Nuova (12), der die Stadt im Südwesten zu verteidigen hatte. An der Piazza Vittoria sollte man nicht versäumen, die **Kirche Santa Cecilia** zu besuchen, einen Bau des 13. Jahrhunderts, der mehrfach (16., 17. Jh.) umgebaut und 1666 vom Intelvi-Künstler Giovanni Battista Barberini stuckiert wurde. Daneben befindet sich das **Liceo Alessandro Volta** mit einer klassizistischen Fassade (1809 bis 1817).

Vor sich sieht man nun schon die eindrucksvolle Doppelturmsilhouette der etwas oberhalb und außerhalb der Stadt gelegenen **Kirche San Abbondio** (13). Diese fünfschiffige Basilika wurde nach 1013 errichtet und wohl vor 1095 fertiggestellt. Der Vorgängerbau war bis 1013 Bischofskiche der Stadt gewesen, als die Bischöfe dann den Wechel in die Stadt vollzogen, übergaben sie den Bau den Benediktinern, die ihn mit vielen frommen Stiftungen versehen, völlig neu errichteten. Dieser enorme Bau des 11. Jahrhunderts hat in Oberitalien keine direkte Parallele, von seiner Größe her ist er nur mit Sant'Ambrogio in Mailand und San Michele in Pavia zu vergleichen. Das breite Mittelschiff wird durch Rundpfeiler gegen die Seitenschiffe abgegrenzt, die von schlanken Säulen getragen werden. Über dem Langhaus spannt sich ein Holzdach, die Apsidiolen an den Ostbegrenzungen der Seitenschiffe haben hingegen Kreuzgewölbe. Der Chor mit halbrunder Apsis ist zweigeschossig angelegt und erreicht die Höhe des Mittelschiffes, dessen enorme Höhe und Schlankheit etwas an den Raumeindruck von St. Philibert in Tournus (Burgund) erinnern. Wesentliche Einflüsse für diesen Bau dürften aus dem Bau des Domes zu Speyer hierher übertragen worden sein; daß man in Como das Vorbild des Kaiserdomes Heinrichs IV. im Auge hatte, mag mit der traditionellen Kaiserfreundlichkeit der Stadt zusammenhängen. Von der Ausstattung ist besonders der Freskenzyklus in der Apsis erwähnenswert, der schon vom Eingang her auffällt, es handelt sich um eine Arbeit wohl eines Sieneser Meisters aus der Mitte des 14. Jahrhunderts.

Comos eindrucksvollste Kirche ist die romanische Basilika San Abbondio

Ein anderer Spaziergang führt ebenfalls vom Lungolario und der Anlegestelle der Seeschiffe ab. Diesmal geht man westwärts entlang dem Ufer des Sees und findet sich in einem Bereich von Parkanlagen mit eingestreuten öffentlichen Einrichtungen, Denkmälorn und Sportanlagen. Beim Denkmal der europäischen Widerstandsbewegungen geht es nach rechts am Seeufer weiter, bis man jenen seltsamen Minitempel vor sich hat, den man vielleicht von der Piazza Cavour aus schon gooohon hat, don **Tempio Volti-**

Chor mit gotischer Ausmalung

ano (14), ein Tempelchen zur Erinnerung an den großen Sohn der Stadt, den Physiker Alessandro Volta. Der 1927 im neo-klassizistischen Stil errichtete Bau ist eine Villa im Kleinformat mit Portikus aus vier Säulen und Mittelkuppel, die innen ebenfalls von Säulen getragen wird. Der Kult- und Museumsbau für Alessandro Volta (1745 bis 1827) enthält Instrumente, Versuchsanordnungen und Dokumente zum Leben des Wissenschaftlers und Technikers. so unter anderem die sogenannte Voltasäule (1800), die erste Batterie.

An mehreren Villen vorbei, darunter der **Villa Gallio** von 1615 (vielleicht von Pellegrino Tibaldi entworfen) erreicht man über die Passeggiata di Villa Olmo die eindrucksvolle, einen großen Garten überblickende **Villa Olmo** (15). Die 1782 bis 1787 für den Mailänder Innocente Odescalchi vom Tessiner Architekten Simone Cantoni errichtete klassizistische Villa besteht aus einem Haupttrakt und Seitentrakten. Der

Tempio Voltiano in Como

Die Villa Olmo ist Palladio verpflichtet

Haupttrakt erhebt sich über einem Arkadenstockwerk, die zwei Stockwerke darüber sind durch sechs vorgeblendete Säulen optisch verbunden. Vor dem Haupttrakt und den niedrigeren Seitentrakten befindet sich der formale Garten und ein kleiner Privathafen. Das Innere ist in Louis Seize und Empire ausgestattet. Die Villa wird oft für Ausstellungen und Konferenzen genutzt. Der Garten davor mit dem Springbrunnen und der Balustrade zum See mit wunderbarer Aussicht auf Como ist jederzeit öffentlich zugänglich.

Im Süden Comos liegen zwei weitere Sehenswürdigkeiten, der Baradello und San Carpoforo. Die **Burg Baradello** ist ein frühmittelalterlicher Wehrbau, der unter Friedrich Barbarossa und den Visconti erweitert und 1527 von den Spaniern zerstört wurde. Was blieb, ist der 35 m hohe Turm, in dem 1277 Napo Torriani unter Ottone Visconti gefangengehalten wurde, bis er nach langen Leiden starb. Am Hügel, dessen Spitze der Baradello einnimmt, steht die **Basilika San Carpoforo,** die im ersten Viertel des 11. Jahrhunderts gegründet wurde. Langhaus und Querhaus stammen noch aus der ersten Periode der Kirche. Der dreischiffige Bau des Langhauses von fünf unregelmäßigen Jochen, die von einfachen Pfeilern getragen werden, besitzt einen erst um die Mitte des 12. Jahrhunderts erhöhten Chor, in dessen Mitte sich der Abgang zur Hallenkrypta befindet. Diese wurde 1096 anläßlich der Übertragung der Gebeine der heiligen Protus und Hyacinthus in die Kirche geschaffen. Die bereits 1872 einsetzenden Restaurierungen haben nicht nur Barockes beseitigt, sondern auch nach damals herrschenden Stilvorstellungen über die Romanik re-romanisiert, was ursprünglich komplexer und undeutlicher gewesen sein mag. Massiv, eindrucksvoll, den Türmen von San Abbondio verwandt, ist der Campanile der zweiten Hälfte des 12. Jahrhunderts.

Como

Umgebung

Comos Umgebung, das ist vor allem der See. Wir haben beide Uferstraßen beschrieben (Routen 10 und 11), Brunate aber, den Ort hoch über Como, haben wir noch nicht erwähnt. Im Osten lockt das idyllische, wenn auch teilweise recht zersiedelte Hügelland der Brianza (Route 14). Nur einen Katzensprung ist die Schweiz entfernt, mit den vielen Zielen des Mendrisiotto (Riva San Vitale!) und des Luganer Sees (→ *Campione d Italia* * und **Lugano+,** im Detail vergl. Goldstadt-Führer „Tessin"). Weniger beliebtes Ziel ist der Süden, der noch ein Stück bewegtes, der Brianza zugehöriges Hügelland darstellt, dann aber in die Oberitalienische Tiefebene übergeht. Dort liegt ein besonders interessantes, kunsthistorisch bedeutsames Ziel, der Kirchenkomplex von Galliano bei Cantù.

Brunate, ein Dorf in 715 m Höhe über der Stadt Como, erreicht man über eine Straße, die in vielen Windungen vom östlichen Stadtrand hinaufführt, oder, viel bequemer, mit der Seilbahn, die fast von der östlichen Uferstraße in sieben Minuten hinaufführt. Der Blick von dort oben ist den Ausflug wert. Man sieht zum ersten Mal, daß Como nicht, wie man von der Stadt aus glauben möchte, an einem winzigen Seelein liegt, sondern am Südende eines langgestreckten Seearmes. Jenseits der Stadt sind die Hügel so niedrig (bis 614 m), daß der Blick über sie hinweg den Campo dei Fiori bei Varese und den Mottarone bei Stresa erreicht, und noch einmal über diese hinweg die Schnee- und Eisfelder der Viertausender der höchsten Westalpenkämme. Gewiß, wir haben diesen Blick auch schon von der Brianza gehabt, von den Moränenwällen bei Cantù sieht man ebenfalls hinüber bis zum Gran Paradiso und zum Monte Rosa, aber von hier aus ist alles noch eindrucksvoller, weil das Panorama so tief ist, den See umfaßt, Como umfaßt. Nicht am Sonntag, ist unsere Warnung. Dann ist hier der Teufel los.

Das andere Ausflugsziel ist (10 km) Cantù mit seinem Ortsteil *Galliano* (bis Cantù ab Como gute Beschilderung, im Ort westlich in Richtung Alzate abzweigen). Dort befindet sich auf einem Hügel über dem Ort der Kirchenkomplex San Vincenzo. Die Kirche mit Baptisterium war eine der Urpfarreien des Gebietes und wurde als Nachfolgerbau eines früheren, frühchristlichen Baues, der im 5. Jahrhundert entstanden war, 1007 geweiht. Auftraggeber war der Mailänder Erzbischof. Die Weihe verknüpft sich mit der Hebung der Gebeine des heiligen Adeodatus, der hier 525 beigesetzt worden war. Nach der Verlegung der Pfarre nach Cantù und der Profanierung wurde 1801 das Südschiff der Kirche abgerissen, dann 1835 der Turm und 1869 verschwanden die letzten Austattungselemente.

Die dreischiffige frühromanische **Basilika San Vincenzo** mit breitem Mittelschiff und Sparrendach ist innen im 11. Jahrhundert von einem bedeutenden Künstler aus Mailand ausgemalt worden, der die herrschenden Tenden-

Brunate über Como ist stark frequentiertes Ausflugsziel

In Cantù südlich von Como findet sich ein weiteres romanisches Juwel, die Basilika San Vincenzo

zen seiner Zeit, ob byzantinische oder ottonische, aus direkter Anschauung kannte. Der Freskenzyklus erzählt die Heilsgeschichte. In der Apsiskalotte ist Christus in der Mandorla dargestellt, Erzengel und Propheten, letztere kleiner und in Proskynese, dem byzantinischen „Hofknicks", sind ihm in hierarchischer Position zugeordnet.

Das **Baptisterium der Kirche** ist früher entstanden (nach dem Bruchsteinmauerwerk zu urteilen vor 1000), seine Form ist recht ungewöhnlich, ein vierblättriges Kleeblatt, in der West-Ost-Achse verlängert und außen verschliffen.

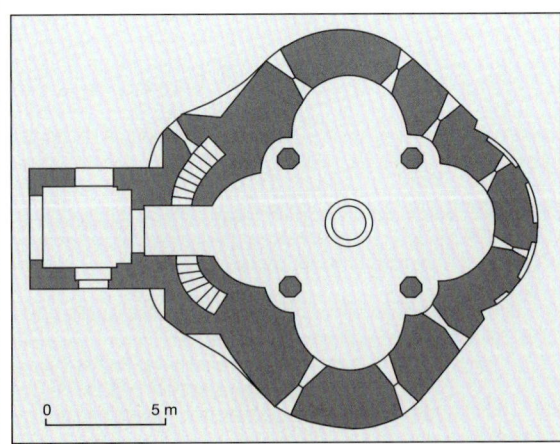

Dongo

Am Ausgang des Val Dongana in den oberen Comer See gelegen, wo der Torrente Albano ein großes Delta in den See geschoben hat. Rund um den alten Ortskern haben sich neue Wohngebiete angesiedelt, die Industrialisierung, die Pendler vom ganzen oberen Lario anzieht, beruht auf der seit dem 15. Jahrhundert bezeugten Eisenverarbeitung, die heute noch durch die AFLC (früher Falck)-Anlagen direkt am Beginn des Schwemmkegels dokumentiert wird. In den letzten Jahren hat der Ort steigende touristische Bedeutung gewonnen.

3400 Ew., 208 m ü.M

Geschichte

Dongo hat als einer der wenigen Orte am westlichen Lario, der auf einem größeren Stück flachen Landes liegt, und der noch dazu durch sein Hinterland mit dem Tessin direkt verbunden ist, seit römischer Zeit strategische Bedeutung gehabt. Sollte die Straße über den Passo San Jorio (→ Route 10) tatsächlich römischen Ursprungs sein, wäre in Dongo eine römische Befestigung anzunehmen, aus dem frühen Mittelalter ist auf jeden Fall ein Mauerring mit Tor(en) bezeugt. Die Ortskirche San Stefano ist eine der Urpfarreikirchen des ganzen Gebietes.

Nach den spätmittelalterlichen Streitigkeiten um Feudalrechte im Bereich des Comer Sees, die 1532 mit dem Sieg über den Medeghino (→ Musso, Route 10) endeten, organisierten die Sforza unter Francesco II die Region neu und schufen die „Tre Pievi superiori del lago di Como", nämlich Dongo, Gravedòna und Sorico, als zentrale Pfarrzentren, denen auch die Verwaltung ihrer Gebiete oblag. 1580 übernahm der Kardinal Tolomeo Gallio das Lehen dieser Drei Gemeinden. Die Metallverarbeitung, die seit dem Mittelalter den Ort prägte, führte im späten 19. Jahrhundert, als man die direkte Herstellung aufgab, zu Sekundärindustrien, die heute noch für das Arbeitsplätzeangebot des großen Ortes von Bedeutung sind.

Dongo ist ein bereits im Mittelalter von der Metallverarbeitung geprägter Ort

Besichtigung

Das Rathaus von Dongo ist im klassizistischen **Palazzo Manzi** untergebracht, einer der wenigen Bauten dieser Kunstphase am oberen Lario. Der 1824 fertiggestellte, strenge und zurück-

Blick auf Dongo und den oberen Comer See

haltend gegliederte Bau hat im Inneren einige Räume mit Original Empire-Ausstattung, so die „Sala d'Oro", den Goldenen Saal mit einem Fresko, den Parnaß darstellend und die Bibliothek. Die Räume, so auch die ehemalige Privatkapelle, sind während der Amtsstunden zu besichtigen.

In der dreischiffigen, basilikalen **Pfarrkirche San Stefano,** der größten Kirche des Sees, dominiert die barocke Umwandlung des 17. und 18. Jahrhunderts, obwohl der Bau auf das 14. Jahrhundert zurückgeht. Im Chor, der völlig restauriert wurde, bewundert man die nun hellen und leuchtenden Fresken des Carlo Scotti aus Caino, die Glorie des heiligen Stephanus darstellend. Dieser illusionistische, die Architekturen besonders betonende Freskenraum des 18. Jahrhunderts kann erst jetzt wieder als das Meisterwerk gesehen werden, das er ist. In den Kapellen beachte man zum Beispiel in der zweiten rechts die Darstellung von Szenen aus dem Marienleben von Giulio Quaglio aus Laino von 1743. Süddeutschen Vorbildern nachempfunden sind die in stuckierten Nischen in halber Höhe des Hauptschiffes stehenden Statuen der Patrone der benachbarten Pfarreien (um 1770).

San Stefano in Dongo ist eine riesige Barockkirche

Im Ortsteil *Martinico* liegt direkt am Bergfuß die alte Kirche **Santa Maria in Martinico** (zehn Minuten zu Fuß von der Uferstraße, gut beschildert). Dieser romanische Bau wurde stark restauriert, alle Barockisierungen wurden entfernt, der Turm wurde praktisch neu errichtet. Interessant die Außenskulpturen an den Portalen und das einfache aber vollendete Friesband aus Zackenfries und Rundbogenfries. Die einschiffige Halle wird von einer Apsis verlängert, deren Fresken (von Fiammenghino) abgenommen wurden, darunter sind ältere Fresken des 15. Jahrhunderts zum Vorschein gekommen.

Bauplastik der Kirche Santa Maria in Martinico am Ortsrand von Dongo

Südlich der Durchfahrtsstraße liegt die **Wallfahrtskirche Madonna delle Lacrime,** Unsere Liebe Frau von den Tränen. Hier hat 1535 eine Madonna eines Außenfreskos die lutherischen Häresien beweint, so daß man ihr gleich eine Kirche bauen mußte, die substantiell bis 1593 erweitert, im 17. Jahrhundert ausgeschmückt wurde, daneben entstand ein heute noch existierendes Franziskanerkloster. Die Chorfresken der Kirche sind von Domenico Caresana aus Cuveglio im Tessin. Zwei der Seitenkapellen enthalten Holzskulpturen des 17. Jahrhunderts, eine Kreuzigung und ein Letztes Abendmahl. Das abgelöste wundertätige Fresko der Gottesmutter befindet sich heute auf dem Hochaltar, es wurde häufig übermalt. Die Darstellung der Maria als Brustbild mit dem Emanuel auf dem Bauch ist selten.

In der umittelbaren **Umgebung** des Ortes liegt *Mossanzonico,* man erreicht es über die Straße nach Garzèno, biegt aber am Bergfuß nach rechts ab (Schild „Campiedi"). Neben älteren Häusern (**Casa del Cardinale** mit Außenfreso 16. Jh.) steht dort die **Kirche San Lorenzo** mit guten Arbeiten des 16.und 17. Jahrhunderts, so einer Marienkrönung des Anton Maria Maraglino (1664 bis 1741).

Rund um Dongo, Consiglio di Rumo und Gravedona gibt es viele **Crotti,** die meisten sind an den Durchgangsstraßen durch Schilder ausgewiesen.

Gravedòna

Bedeutendster Ort des oberen Lario am Rande des Schwemmkegels des Liro.

2700 Ew.,
201 m ü.M.

Infos im Palazzo
Gallio
Tel. 0344-85218

Geschichte

Auf der Anhöhe über der Straße nach Domaso, östlich von Gravedòna, stand in frühmittelalterlicher Zeit eine Burg, die wohl 1169 von
den Comaskern zerstört wurde. Gravedòna hatte sich mit der Isola
Comacina und dem fernen Mailand gegen Como verbündet, wie die
Inselstadt büßte sie mit der Zerstörung (→ Ossuccio-Isola Comacina*). Trotz des Verbotes Kaiser Friedrich Barbarossas, die zerstörten Orte wieder zu errichten (Mailand und Genossen mußten
bestraft, das kaisertreue Como belohnt werden), wurde in Gravedòna wieder eine Festung errichtet, diesmal etwas näher dem alten
Zentrum, dort wo heute der Palazzo Gallio steht. Dieser Palast hat
seinen Namen vom Kardinal Gallio, der unter der spanischen Oberherrschaft mit den „Tre Pievi" (→ Dongo*) belehnt wurde, die alten
Befestigungen abreißen und sich dieses Gebäude hinstellen ließ.
Die weitere Geschichte des Ortes unterscheidet sich nicht von jener
anderer Orte am nördlichen Comer See.

Der Ortskern
von Gravedòna ist
mittelalterlich

Besichtigung

Die alten Sträßchen und schmalen Gassen des Ortes haben
in manchen Winkeln einen fast mittelalterlichen Charakter. In
der Via del Sale steht ein **Haus des 13. Jahrhunderts** mit
dekorativer, schwarz-weißer Fassadeninkrustation. Viele
Häuser haben unterschiedliche Funktionen erlebt, Kirchen
und Kapellen wurden zu Wohnhäusern, Keller zu Boutiquen,
Lagerräume zu Wohnungen, wie es die Zeit verlangte.

Kommt man mit dem Schiff, sieht man schon von weitem
den östlich des Ortes über dem Wasser thronenden
Massivbau des **Palazzo Gallio,** heute Sitz der Gemeindeverwaltung. Der Palast der Spätrenaissance wurde, wie es die
Tradition will, ab 1586 oder 1587 von Pellegrino Tibaldi für
den Kardinal Tolomeo Gallio errichtet. Tibaldi ist auch der
Schöpfer des Collegio Borromeo in Pavia, des Campanile
des Doms in Monza und des Palastes des Erzbischofs in

Der Palazzo Gallio
wurde von
Pellegrino Tibaldi
errichtet

Palazzo Gallio in
Gravedòna

Mailand. Leider gibt es dafür kein Dokument und kürzlich wurde denn auch Giovanni Antonio Piotti als Architekt genannt, der vom Kardinal Gallio urkundlich 1586 für die Restaurierungsarbeiten an San Abbondio in Como herangezogen worden war. Der Palast hat einen quadratischen Grundriß mit vier ebenfalls quadratischen Ecktürmen, die beiden unteren Geschosse sind gegen den See hin von Loggien durchbrochen, das oberste Stockwerk durch eine vom Hauptdach überdeckte Terrasse. Im Inneren erstreckt sich der gewaltige Hauptsaal über zwei Stockwerke. Im Garten stehen alte Bäume, darunter ein riesiger Rhododendron.

Die Pfarrkirche **San Vincenzo** am Seeufer des südlichen Ortsrandes und über die Uferstraße vom Zentrum aus zu erreichen, entstand anstelle der frühchristlichen Vorgängerin. Seit etwa 1070 eine romanische Basilika. Nach 1600 und noch einmal 1726 wurde die Kirche vollständig verändert und bekam eine neue Fassade. Die Ausmalung ist in großen Teilen von Carlo Scotti aus Laino (1726). Die Hallenkrypta unter der Kirche war wohl der Chor einer Vorgängerkirche, der Boden geht vielleicht sogar auf ein vorchristliches Heiligtum zurück. Das bemerkenwerte Holzmobiliar der Sakristei stammt von Antonio Raffaele Falillela.

Neben der Kirche San Vincenzo steht die **Kirche Santa Maria del Tiglio.** Die romanische Kirche „Unsere Liebe Frau von der Linde" ist, obwohl man es ihr von außen nicht ansieht, ein Zentralbau, der auf ein frühchristliches (durch Ausgrabungen bewiesenes) Baptisterium zurückgeht. Ihre Westfassade wird durch einen vorgebauten Turm betont, der in Oberitalien nicht seinesgleichen hat und auf Vorbilder von

nördlich der Alpen zurückgeht. Auch das große höl-
zerne Kruzifix des 12. Jahrhunderts, das in der Ostapsis
mit ihren drei Konchen hängt,
weist auf rheinische Vorbilder.
Die Fassade wird im Stil der
Comasker Spätromanik durch
Streifen hellen und dunklen
Baumaterials betont. Der aus
der Fassade aufsteigende
Turm ist zunächst quadratisch,
in den Obergeschossen okto-
gonal und durch Bi- bzw.
Triforen, kantenübergreifende
Lisenen, Rundbogenfries und
Deutsches Band (Zickzack-
fries) betont. Das Innere ist
eine Durchdringung von
Langhaus und Zentralraum,

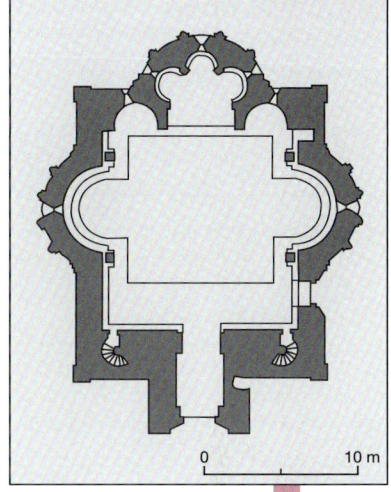

Eingangsachse und Betonung derselben durch eine Apsis
mit Trikonchen, und Zentralität durch Süd- und Nordapsis in
der exakten Ausmessungen der Ostapsis. Im unteren
Geschoß sind den Apsiden Vollsäulen vorgelegt, im oberen
Geschoß ruht eine niedrige Galerie auf kurzen Säulen mit
Würfelkapitellen. Das wichtigste Ausstattungsstück der
zuletzt 1955 restaurierten Kirche ist der bereits erwähnte,
künstlerisch bedeutende Kruzifixus über der Ostapsis.

*Grundriß von
Santa Maria del
Tiglio in
Gravedòna
(nach S. Chierici)*

Umgebung

Über dem Lirotal und hoch über dem Ort (und durch eine
Stichstraße zu erreichen, die vom Zentrum aus gesehen
150 m vor der Brücke über den Liro rechts abgeht) steht
neben dem Konventsgebäude die ehemalige **Kloster- und
Wallfahrtskirche Santa Maria delle Grazie.** Die nach 1467
errichtete spätgotische Saalkirche mit drei Apsiden hat eine
reizvolle Fassade mit ausgezeichneten Renaissance-Porta-
len (1514 bekundet). Der Eindruck des Innenraumes ist
großartig. Das Langhaus hat fünf Achsen, der sichtbare Holz-
dachstuhl ruht auf bemalten Schwibbögen. In der unteren
Wand- und Bogenzone und den durch die Bogenvor-
sprünge abgetrennten Kapellen befinden sich Freskenzyk-
len des frühen 16. Jahrhunderts, die in mehreren Sujets
deutliche Anleihen an Dürer'sche Holzschnitte machen.
Bemerkenswert die Fresken mit der Geschichte Johannes
des Täufers (1515 bis 1520) in der vierten Seitenkapelle
links. Der schmale Chor mit Rippengewölbe ist von zwei
Fresken flankiert, die (links) eine Kreuzigung (1519) und
(rechts) die Madonna zwischen dem heiligen Petrus und
Johannes dem Täufer (1509, Alvise de Donati zugeschrieben) zeigen.

*Von Gravedòna
erreicht man die
Wallfahrtskirche
S.Maria delle Grazie*

Lecco

50000 Ew.,
212 m ü.M.

APT Via N.Sauro 6,
Tel. 0341-
362360/369390

Industriestadt am Austritt der Adda aus dem Comer See im Südosten des Lago di Lecco genannten Seearmes.

Geschichte

Das bereits in der Antike als Gemeinwesen existierende Lecco wurde im 10. Jahrhundert Besitz der Erzbischöfe von Mailand. Im Streit zwischen diesen und den Torriani aus Como wurde Lecco, das sich auf die Seite Comos gestellt hatte, 1296 von den Visconti zerstört. Im 14. Jahrhundert ließ Azzone Visconti eine Steinbrücke über die Adda schlagen, die Lecco besser an die Lombardei anbinden sollte, dieser Ponte Visconti wird heute noch benutzt. Frühe Nutzung der Eisenvorkommen des Valsàssina, möglich dank der wasserreichen Torrenten um die Stadt, führte zu einer bereits in der zweiten Hälfte des 18. Jahrhunderts beginnenden Industrialisierung, die heute noch auf die Eisenverarbeitung gegründet ist.

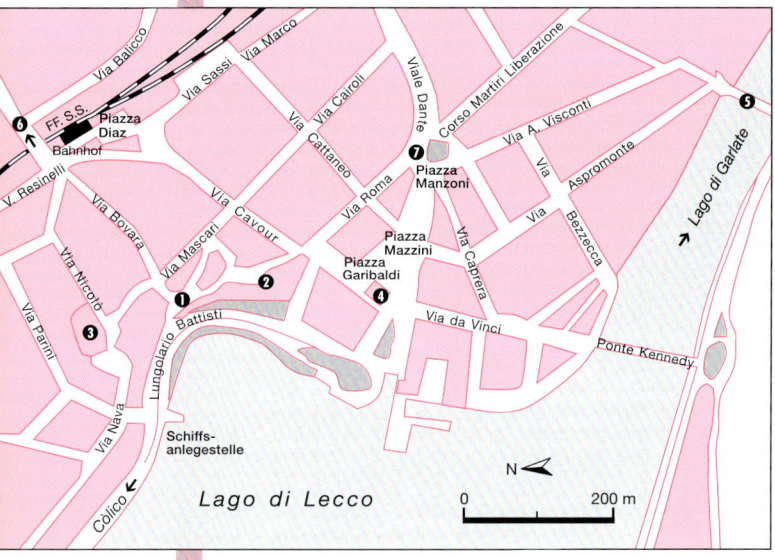

Besichtigung

Durch die starke Industrialisierung hat Lecco, aus welcher Richtung man auch kommt, ein wenig ansprechendes Äußeres. Im Zentrum zwischen der klassizistischen Piazza Garibaldi und der Piazza XX. Settembre hat jedoch überraschenderweise das alte Lecco überlebt. In einer Ecke der Piazza XX. Settembre (1) steht der mittelalterliche **Torre Viscontea** (2), der noch im 19. Jahrhundert als Gefängnis gedient hat und in dem heute das **Museo del Risorgimento,** also das Museum der italienischen Einigungsbewegung untergebracht ist. Auf der Piazza selbst findet der Wochen-

**Markt auf der
Piazza Garibaldi
in Lecco**

**Kirche San Nicolò
in Lecco von der
Uferpromenade
aus gesehen,
im Hintergrund
die Grigne**

markt statt, auf dem an einigen Ständen auch die charakteristischen Käse des Umlandes (Valsàssina, Talèggio) angeboten werden. An der nördlich gelegenen Piazza Cermenati liegt über einem häßlichen Parkplatz die romanische, aber 1830 vom Architekten Giuseppe Bovara völlig im klassizistischen Stil umgemodelte **Kirche San Nicolò** (3), die kürzlich neue Türen mit modernen Metallreliefs erhalten hat. An der Piazza Garibaldi steht das Innen sehr schlichte und sehr geschmackvolle **Teatro Sociale** (4) von 1843/44, ebenfalls von Bovara errichtet, der zu seiner Zeit im ganzen Lecchese als Architekt tonangebend war. Der **Ponte A.Visconti** (5) ist heute nicht mehr die einzige Brücke über die Adda, auch hat sich der alte Aspekt einer von Wehrtürmen unterbrochenen und durch eine zentrale Zugbrücke jederzeit zu sperrenden militärischen Anlage nicht erhalten. In den Städtischen Museen, den **Musei Civici** (6) im Palazzo Belgoioso, an der Straße nach Ballabio, werden im Archäologischen Museum vorgeschichtliche bis römische Funde gezeigt, daneben gibt es ein Naturwissenschaftliches Museum.

*Lecco liegt an
einem schmalen
Seitenarm des
Comer Sees*

Alessandro Manzoni und Lecco

Lecco hat für die literarisch interessierten Besucher ein **„Itinerario Manzoniano"** zusammengestellt, das man in der Touristeninformation erhält (in einer von der Piazza Garibaldi zum Lungolago führenden Straße). Karte und begleitender Text nennen die Orte, die der Tradition nach mit Standorten verbunden werden, die Alessandro Manzoni in seinem Roman „I Promessi Sposi", deutsch „Die Verlobten", dem italienischen Nationalepos schlechthin, beschreibt. **Alessandro Manzoni** (1785 bis 1873) gilt als der bedeutendste romantische Dichter Italiens. Seinen Ruhm fundierte er mit den „Inni Sacri" von 1812, vor allem aber mit der Ode auf den Tod Napoleons „Il Cinque Maggio" von 1821, die Goethe 1828 ins Deutsche übersetzte. Sein geschichtlicher, in der Zeit des Dreißigjährigen Krieges angesiedelter Roman „I Promessi Sposi", publiziert 1827, ist von den Romanen Sir Walter Scotts beeinflußt. Das Werk wurde ein sofortiger und durchschlagender Erfolg und ist es geblieben, seine Popularität reicht so weit und geht in Italien so tief, daß die italienische Walt Disney Company im Herbst 1989 eine Parodie des Werkes unter dem Titel „I Promessi Topi" herausbringen konnte, mit Minnie als Lucia und, ja wem wohl, als Renzo. Die Bedeutung des Werkes liegt auch darin, daß sich Manzoni in späteren Ausgaben des Werkes dafür entschied, die lombardischen Ausdrücke und grammatikalischen Regionalismen zu eliminieren und das Werk durchgehend im gesprochenen Toskanisch herauszugeben, was bei der Bedeutung und der Verbreitung der „Promessi Sposi" während der italienischen Befreiungsbewegung den Ausschlag für das Toskanische als Grundlage des Hochitalienischen gab. Die Geschichte der beiden Liebenden Lucia und Renzo, die trotz aller Widerwärtigkeiten eines in Kriegswirren befindlichen Landes zueinander kommen, spielt in und um Lecco und den Lago di Lecco. Die Orte berühmter Szenen des Romans, die natürlich jedem Italiener vertraut sind, hat man in Lecco und Umgebung mit tatsächlichen Orten in Verbindung zu bringen versucht, das **Haus der Lucia** mit einem alten Haus in **Acquate** und mit einem anderen im Vorort **Olate,** die Kirche der wichtigen Romanfigur Don Abbondio mit der dortigen Pfarrkirche, den wehrhaften Sitz einer anderen Figur, des Don Rodrigo, mit einem Landsitz am oberen Ortsrand von Olate. Wer will, kann mit Plan und Text das Lecco Manzonis besuchen; ob es nicht besser wäre, das imaginäre Lecco Manzonis im Roman zu lassen und lieber wieder einmal das Buch zu lesen, steht auf einem anderen Blatt. Das (7) **Manzoni-Denkmal** (1891) auf der gleichnamigen Piazza, mitten im Verkehr stehend und kaum erreichbar, stellt übrigens auf seinem Sockel Szenen aus den „Promessi Sposi" dar.

Lecco spielt in Manzonis „Die Verlobten" eine bedeutende Rolle

Umgebung

Von Aquate führt eine Seilbahn auf die Piani d'Erna, ein Plateau unter dem Zackenkamm des Resegone (M. Serrada, 1875 m), des wohl am weitesten in die oberitalienische Tiefebene hineinragenden Kalkgebirges der Südalpen. Auf den Piani d'Erna, dem „Balkon über der Stadt", wie sich die Almregion in der Werbung nennt, finden sich Restaurants, Bars,

Ansicht von Lecco mit dem Resegone

Ferienhäuser, Souvenirshops, Diskotheken und überhaupt alles, was man zur Erholung in der Bergnatur anscheinend unbedingt braucht. Da der Resegone ein wasserloses, verkarstetes, allseits steil abfallendes und nur von wirklich alpin gewandten Gehern zu bewältigendes Gebirge ist, bleibt man ab dem Almplateau für sich allein, es sei denn man käme im August, wenn sich sämtliche lombardischen Wanderer hier zu versammeln scheinen (zu dieser Zeit ist es so unerträglich heiß, daß von einem Besuch nur dringend abgeraten werden kann).

Südlich Lecco staut sich die Adda noch einmal zu zwei Seen auf, dem größeren *Lago di Garlate* und dem kleineren *Lago di Olginate*. Beide sind heute Bestandteil des *Parco Adda Nord*, der vielleicht etwas zu spät gegründet wurde, um die beiden Seen zu retten, die durch Abwässer und Industrieeinleitungen sehr gelitten haben. Der Lago di Garlate hat immerhin eine Uferlänge von 10 km und wird bis zu 34 m tief, der Lago di Olginate hat nur einen größten Durchmesser von 1 km und eine Tiefe von maximal 18 m. Am letzteren liegt, bereits in der Provinz Bergamo, der Industrieort *Calolziocorte*, der für seinen ausgezeichneten „Cedri" bekannt ist, einen Likör, der aus der Cedro-Frucht gewonnen wird. Der „Cedro" hat fast nur Schale und weiße Unterschale, genau jene, aus der man das Zitronat herstellt. Wer der Adda weiter nach Süden folgt, bleibt noch eine Weile im Moränengebiet, zuletzt spannt sich die zweistöckige (Bahn und Straße) Stahlkonstruktion der **Brücke von Paderno** darüber, die 1898 errichtet wurde.

Zu den Ausflügen in die Valsàssina und auf die Grigne → Route 13! Zur Brianza westlich der Adda → Route 14 !

Südlich von Lecco fließt die Adda durch mehrere Seen

Ossuccio und Isola Comacina

*900 Ew.,
270 m ü.M.*

Aus den Ortschaften Ospedaletto, Ossuccio, Isola und Spurano bestehende Gemeinde am Westufer des Comer Sees, im oberen Teil des Armes von Como; vor der Küste befindet sich die unbewohnte Isola Comacina, die einzige Insel des Lario.

Geschichte

Ossuccio, Gemeindename für mehrere alte Orte am See, und die Isola Comacina bilden eine historische Einheit. Der Hauptort des Gebietes war seit der Spätantike die Isola Comacina, ursprünglich Insel-Zufluchtsort vor den germanischen Stämmen, die Oberitalien im fünften und sechsten Jahrhundert durchquerten, gehalten zunächst noch von Ostrom, dann von den Langobarden, befestigt und verstädtert, zuletzt von durchgehender Besiedelung überzogen, mit wahrscheinlich insgesamt neun Kirchen, einem Hafen und einer bedeutenden Flotte, mit einem Uferbereich, der als zugehörig galt, dem nicht nur die heutige Gemeinde Ossuccio, sondern auch Sala, Campo, Colonno und Lezzeno am anderen Ufer des Sees zuzuzählen waren. Die Kommune war als enge Nachbarin automatisch Rivalin von Como und ging mit der anderen Rivalin Comos zusammen, mit Mailand. 1119 verlor der Inselort durch eine Niederlage gegen Como seine Flotte und mußte Teile seines Besitzes am festen Ufer abtreten, der Glanz der Stadt, die sich damals noch „Goldene Stadt" nannte, „Chrysopolis" (der griechische Name stammt noch aus der Zeit der byzantinischen Okkupation) war dahin. 1127 kam es noch einmal besser für die Inselstadt, gemeinsam mit den Mailändern konnte Como erobert und zerstört werden. Aber 1169 schlug die Stunde, Mailand war durch Friedrich Barbarossa erobert und damit aus dem Kriegsgeschehen ausgeschaltet worden. Como sah seine Stunde gekommen. Die Insel wurde erobert, die meisten Bewohner umgebracht, die Häuser und Kirchen dem Erdboden gleichgemacht. Nie wieder sollten Menschen auf dem Standort der Feindin Comos wohnen. Erst in unserem Jahrhundert wurden ein paar Häuschen errichtet, sie dienen Künstlern zum Wohnsitz.

Die Isola Comacina war im Mittelalter ein bedeutender Ort, Ossuccio ein kleiner Ortsteil

Besichtigung

In *Ospedaletto* steht der berühmteste Bau Ossuccios und der wahrscheinlich am häufigsten fotografierte und publizierte des Comer Sees, die **Kirche Sante Maria Maddalena.** Die romanische Saalkirche mit Apsis liegt direkt unter der Uferstraße (Parkplatz!), sie stammt aus der Mitte des 12. Jahrhunderts. Als Kirche eines ehemaligen Pilgerhospizes an der Via Regina steht sie neben dem mittelalterlichen **Arkadenhaus** des Hospizes. Dem romanischen Campanile wurde in der Gotik ein voluminöses Glockengeschoß aufgesetzt, eigentliche Sehenswürdigkeit des Ortes und der Kirche, wenn auch künstlerisch bedeutungslos. Das Backsteingeschoß des 14. Jahrhunderts weist über einem Flechtwerkband schlichte Dreipaßbiforien unter einem sehr flach skulptierten Wimperg auf. In den seitlichen Blendarkaden befinden sich interessanterweise Bildnismedaillons. In *Campo* liegt oberhalb der Uferstraße die **Kirche Sant'Eufemia,** eine romanische Saalkirche aus dem 12. Jahrhundert mit gotischem Chor (14. Jh.) und barockisiertem Innenraum. Die Kirche, die der gleichen Heiligen geweiht ist, wie die zerstörte

Der Glockenturm von Ossuccio ist das beliebteste Fotomotiv des Comer Sees

Besichtigung

Hauptkirche der Insel, wurde nach 1169 Pfarrkirche der Gegend. In *Spurano* liegt unterhalb der Uferstraße die **Kirche San Giacomo** aus der selben Zeit, sie weist an der nördlichen Außenseite barocke, im Inneren noch einige spätromanische und gotische Fresken auf. Etwa 2,5 km von Ospedaletto entfernt liegt am Berghang die **Wallfahrtskirche Madonna del Soccorso** aus dem 16. Jh. Die Kirche, die nach 1635 barock ausgebaut wurde, ist die Hauptkirche eines Sacro Monte (wie in Varallo, *Varese**, *Orta**, *Locarno+*, Ghiffa → Route 1) und wird über vierzehn barocke Wegkapellen erreicht, die von Tessiner Künstlern gestaltet wurden.

Im Ortsteil *Isola* liegt die **Villa Balbiano**, ein Tibaldi-Bau (?), die vor allem wegen ihres Gartens bemerkenswert ist, der im 20. Jh. nach dem Vorbild der Gartenanlage des 16. Jhs. wieder hergestellt wurde. Der schlichte Garten führt von der Straße in gerader Linie zum Haus, ist seitlich von Hecken, geschnittenen Bäumen und Statuen begrenzt und in der Fluchtlinie durch einen Wasserlauf und ein Becken betont.

Die *Isola Comacina* weist in der einzigen noch stehenden **Kirche**, die **San Giovanni** geweiht ist, Fundamentreste eines romanischen Vorgängers auf. Zu sehen sind auch Fundamentreste der romanischen Basilika Sant'Eufemia, der ehemaligen Hauptkirche des Inselstaates. Drei weitere Kirchen wurden bei Ausgrabungen freigelegt, ein turmartiges Haus konnte ebenfalls bestimmt werden.

Die Villa Balbiano stammt wohl wie der Palazzo Gallio in Gravedòna von Tibaldi

Campanile der Kirche Santa Maria Maddalena in Ossuccio

25000 Ew.,
307 m.ü.M.
APT Via C. Battisti 12
Tel. 0342-512500

Sondrio

Provinzhauptstadt (Sondrio) auf halber Strecke des unteren, flachen Talbereichs des Veltlin am Ausgang des Valmalenco; Handels- und Industriestadt, Weinkellereien der umgebenden Valtellina-Weinlagen.

Geschichte

Das, wie es heißt, wohl auf eine langobardische Gründung zurückgehende Sondrio, wurde um 1040 Lehen der Familie De Capitani, die mit dem Bau einer Burg über dem Ort begannen, auf deren Standort das heutige Castello di Masegra steht. Von den Auseinandersetzungen zwischen den Adelsgeschlechtern der Littani und Rusca wurde Sondrio mehrmals berührt, zweimal (1318 und 1326) wurde die Stadt von den Rusca belagert und zerstört, einmal (1329) belagert, ohne erobert zu werden. Mit der Eroberung durch die Visconti (1336) änderte sich die bisherige Sicht der Stadt, die immer nach Como geblickt hatte, nun wurde Mailand der Vorort, wenn auch die politische und kirchliche Verwaltung weiterhin bei Como blieb. Mit der Eroberung des Veltlin durch die Bündner (1512) mußte man sich wieder auf neue Herren und Sichten einstellen, diesmal auf das jenseits der Alpen gelegene Chur. Die anderswo opferreiche Besetzung des Veltlin durch spanische und österreichische Habsburger (1620/23 bis 1639) war für Sondrio ohne größere Auswirkungen, ganz im Gegenteil, die katholische Bevölkerung begrüßte (zunächst) die fremden Truppen als Befreier von den Reformierten aus Graubünden. Bis 1797 blieb der Ort mit dem ganzen Veltlin bei den siegreich zurückgekehrten Bündnern und teilte dann das Schicksal der Lombardei: Cisalpinische Republik unter Napoleon, Lombardo-venetisches Königreich unter den Österreichern, Monarchie, Republik. Wenig Bedeutung sollte der Bau der Stilfserjochstraße unter der österreichischen Verwaltung haben, brachte er doch kaum eine Veränderung des Handelsumsatzes für das Veltlin und Sondrio.

Sondrio ist
die Hauptstadt
des Veltlin

Besichtigung

Das **Schloß Masegra** (Castello De Capitani) über dem Ort, ein spätmittelalterlicher Bau (15./16. Jh.) mit dekorativem Portal von 1494, wurde von der Bündner Familie Salis, die nach der Okkupation des Veltlin die Vogtrechte über Sondrio ausübte, ausgebaut und erweitert: Das Schloß ist heute als Kaserne verwendet und nicht zu besichtigen.

Die Besichtigung der Stadt beginnt man am besten am Ufer des Torrente Mallero, wo in einem kleinen Park an der großzügig angelegten **Piazza Garibaldi** ein Denkmal für Kaiser Ferdinand I. steht. Der Souverain gab nach einer Flutkatastrophe des Torrente Mallero im Jahre 1834 großzügige Wiederaufbaugelder, für die ihm die Gemeinde auf diese Weise dankte. An der Piazza stehen einige klassizistische und frühgründerzeitliche Gebäude, so das **Teatro Pedretti,** ein Bau des Tessiner Architekten Luigi Canonica (1762 bis 1844) von 1820. Von hier aus erreicht man über den Corso Italia die Piazza Campello mit der Collegiata und dem Rathaus. Die **Collegiata SS. Gervasio e Protasio** ist eine barocke Wandpfeilerkirche der Mitte des 18. Jhs. mit einer Fassade von 1838, die im Inneren Gemälde ihres Architekten Giovanni

Besichtigung

Pietro Ligari (1686 bis 1752) birgt, eines Sohnes der Stadt, so die „Madonna im Rosenkranz mit Christus und Heiligen" von 1738. Gegenüber steht das Rathaus, der alte **Palazzo Pretorio,** errichtet im frühen 16. Jh. als Sitz der Bündner Verwaltung für das Veltlin. Im Erdgeschoß befindet sich ein Brunnenhof mit Lauben, im 1. Stock ist eine besonders prächtige, holzgetäfelte veltlinisch-bündnerische „Stüa", ein repräsentativer Wohnraum vom Ende des 16. Jhs. konserviert. Weitere Paläste finden sich in vielen anderen Gassen der Stadt, der **Palazzo Sestoli** an der Piazza Crispi 8, der **Palazzo Sasso de Lavizzari,** Via Quadrio 27, mit schöner Stüa des 17. Jhs., der **Palazzo Carbonara** in der Via Angelo Custode 5 mit schmiedeeiserner Wendeltreppe. Schon am Rand der Altstadt liegt der Neo-Renaissance-**Palazzo Quadrio** in einem Garten an der Via IV. Novembre, hier ist das **Museo Valtellinese di Storia a Arte** (seit 1951) untergebracht, in dem vielleicht am interessantesten die vielen hier aufbewahrten, geschnitzten und zum Teil intarsierten Möbelstücke des Veltlin sind.

Die Altstadt von Sondrio beherbergt viele Bauten aus Renaissance und Barock

Umgebung

Westlich und östlich der Stadt liegen am steilen Hang der Berge über dem Talboden des Veltlin die renommierten Lagen des Valtellina-Weines, allen voran Sassella im Westen und Grumello im Osten. Im winzigen Örtchen *Sassella* steht in Weingärten die kleine **Kirche Madonna della Sassella,** ein Bau des 15. Jhs. mit Portal des 17. Jhs. und zwei Arbeiten, die berühmten Künstlern zugeschrieben werden (die Zuordnung ist fraglich). Die Lünette des Portals besteht aus einem Marmorrelief der Geburt Christi der Brüder Rodari, im Inneren ist dasselbe Sujet 1534 als Hauptaltargemälde von Gaudenzio Ferrari gemalt worden.

Bis auf über 2000 m führt die Straße zum *Lago di Colina* (2076 m), die an der Staatsstraße 38 in westlicher Richtung etwa 1,5 km nach der Mallero-Brücke beginnt. Am Ende der 15 km langen Schotterstraße beginnt ein Zugangsweg zur **Alta Via Val Malenco** (dazu und zum Valmalenco → Route 15).

Die Ruinen der **Burg Grumello** (491 m) im gleichnamigen Weinbaugebiet rund um *Montagna in Valtellina* erreicht man über die Via Alpini, die im Osten des Altstadtbereiches als Via Zara beginnt. Die aussichtsreich in Weinbergen gelegene Ruine hat einen restaurierten Turm. Von hier aus kann man über Poggiridenti nach Tresivio und Ponte Valtellina (→ Route 15) weiterfahren, immer entlang des Hanges über dem Tal der Adda, auf guten Straßen, mit Abstechern in die zahlreichen Weindörfchen und Weiler am Berghang.

Grumello und Sassella sind die Namen der zwei bedeutendsten Lagen des Valtellina-Weines

Vom **Rifugio Mambretti** (2003 m), dessen Zugangsweg (drei Std. Anstiegszeit) man auf einem Sträßchen erreicht, das bei der Abzweigung der Straße nach Piateda, 2,5 km vom Stadtzentrum in östlicher Richtung, beginnt, ist Ausgangspunkt für zahlreiche Verbindungswege und Anstiege in den *Orobischen Alpen.* Der nächste Gipfel ist der vergletscherte Pizzo Redorta (3037 m).

Tremezzo-Cadenabbia

1400 Ew.,
225 m ü.M.

IAT Tremezzo,
Via Regina 3,
Tel. 0344-40393;
IAT Griànte-
Cadenabbia,
Via Brentano,
Tel. 0344-40393

Gemeinde am westlichen Ufer des Comer Armes des Lago di Como, von unmittelbar über dem langgestreckten Ort aufragenden Bergen vor Nord- und Westwind geschützt, nach Süden und Südosten ausgerichtet und mit einem entsprechend milden Klima ausgestattet, das von allen Lagen am Comer See dem mediterranen am nächsten kommt. Die Gärten und Parks der zahlreichen älteren und neuen Villen des beliebten Touristenortes weisen einen enormen Artenreichtum subtropischer Pflanzen auf, die hier häufig ohne Winterschutz überleben können. Die Zitronen und Orangen, die immer wieder in schwärmerischen Zeilen über den Ort zitiert werden, hat es hier, von ein paar Zierbäumchen und wenigen, sehr gut geschützten Anlagen einmal abgesehen, nie gegeben. Den Deutschen wurde der Ort durch die zahlreichen Urlaubsaufenthalte des ehemaligen Bundeskanzlers Adenauer bekannt.

Besichtigung

Die **Villa La Quiete** im Ortsteil *Bolvedro* von Tremezzo mit ihrem großen Park ist ein Bau des 18. Jahrhunderts in der typischen Form eines dreistöckigen Zentralflügels und zweier zweistöckiger Seitenflügel. Errichtet nach 1786 unter dem Grafen Serbelloni, der sich gegenüber in Bellagio zur gleichen Zeit eine weitere Villa errichten ließ, hat sie bis heute den größten Teil ihrer Einrichtung im Stil Louis Seize bewahrt, ist aber bedauerlicherweise nicht zu besichtigen.

Zwischen dem Ortskern von Tremezzo und Cadenabbia steht eine der schönsten Villenanlagen Oberitaliens mit einem der bedeutendsten Gärten der Halbinsel, die **Villa Carlotta.** Das von den Ausmaßen dezente Gebäude steht über einem fünffach gestuften Garten, der vom See her durch einen privaten Hafen erreicht wird, eine kunstvolle Treppenanlage verbindet Hafen, Park und Villa. Das Gebäude wurde nach 1700 errichtet, das älteste Dokument ist ein Stich von 1743, 1747 ist die Villa in den Händen des Mailänder Senatspräsidenten Marchese Giulio Clerici. 1801 kommt der Besitz durch Heirat an die Familie Sommavilla,

Die barocke Villa Carlotta bewahrt eine klassizistische Ausstattung

die der Front den typischen halbrunden Aufsatz mit der Uhr verleiht. In dieser Zeit wird die Villa im klassizistischen Stil umgebaut und mit zeitgenössischem Mobiliar ausgestattet, das sich zum guten Teil erhalten hat. In den nächsten Jahrzehnten sammeln die Besitzer Gemälde des Mailänder Salonmalers Francesco Hayez und des älteren Andrea Appiani, vor allem die damals modernen Bildhauer, nämlich Canova und Thorwaldsen, deren Werke heute noch dort zu besichtigen sind und zu den großen Touristenattraktionen des Sees gehören. 1843 geht der Bau als Hochzeitsgeschenk an die Prinzessin Charlotte von Preußen und durch die Ehe mit einem Nassau-Meiningen an diese Familie, die

*Gartenterassen
und Interieur der
Villa Carlotta*

bis 1915 im Besitz bleibt, bis die Villa 1915 beschlagnahmt wird, sie ist heute Eigentum des italienischen Staates.

Das Innere der Villa zentriert sich um den klassizistischen Großen Marmorsaal mit Wandbildern Bertel Thorwaldsens: „Einzug Alexander des Großen in Babylon" (1811/12), einer Marmorgruppe „Venus und Mars" von Luigi Acquisti, dem Canova'schen „Palmedes" und seiner „Büßenden Magdalena", sowie „Amor und Psyche" (Kopie des Canova'schen Werkes), als absolutem Höhepunkt aller touristischen Begeisterungsrufe.

Bedeutender als die Villa, die mehr Zeitdokument ist als kunsthistorisches Meisterwerk (und von den Meiningern, wie in deren Stammschloß im thüringischen Meiningen auch zu beobachten, aufwendig aber nicht unbedingt geschmackvoll ausgestattet wurde – es war die Zeit des Historismus und Eklektizismus) ist der Italienische Garten. Charakteristisch für einen Villengarten des späten 18. und

Der Garten der Villa Carlotta gehört zu den schönsten Oberitaliens

frühen 19. Jhs. baut er sich in fünf übereinander gelegten Terrassen zwischen See und Villa auf. Die Villa selbst darf von Bäumen flankiert werden, die Terrassen darunter sind von gestutzten und geschnittenen Sträuchern umrandet, die Ausblicke erlauben und Fluchten öffnen, Balustraden betonen und den Blick immer wieder zwischen Villa, See und jenseitiger Halbinsel Bellagio anziehen. Auf der untersten Terrasse steht der Kirschlorbeer, dann folgt auf der zweiten Terrasse die Kamelie, auf der dritten sind dann Pergolen mit Rosen und Orangen angelegt, sie stammen aus dem 19. Jahrhundert. Dann im vierten Gartenstockwerk ein ganz formaler, bunter Parterregarten, wie er in allerfrühestester Villen-Zeit,

Gründerzeitliches Gewächshaus im Park einer Villa in Griante

den toskanischen Villengärten des 14. Jahrhunderts, den einzigen Garten darstellte, den ein Landhaus besaß, schließlich im obersten Stockwerk die Villa selbst, ihr Park, die Spazierwege von der Villa zu den Aussichtspunkten. Der Garten ist ein geschlossenes Meisterwerk, das alle Elemente eines italienischen Villengartens in sich vereinigt: Achsialität, Öffnung von Horizontlinien von der Villa über den Garten in die Ferne, Terrassierung, Bindung der Terrassen an die Villa durch einen Treppenaufgang, Stutzung der Bäume, um die Architektur des Gartenraumes zu betonen, gemusterter Blumenschmuck, Belvedere-Bauten an Aussichtspunkten.

Varenna

Alte Stadt am Ostufer des mittleren Teiles des Comer Sees, wo er mit 4,5 km am breitesten ist. Varenna mag ein winziger alter Ort sein, seine Bedeutung als Fremdenverkehrsort und Verkehrsknotenpunkt geht über seine Einwohnerzahl weit hinaus. Im Gegensatz zu vielen anderen Orten des Sees ist hier auch in der Vorsaison etwas los (viele Engländer besuchen den Ort), die Superstrada am Ostufer hat hier eine Abfahrt, von Varenna gehen Direktfähren an das Westufer nach Menaggio und zur Landspitze von Bellagio. Das alte Stadtzentrum liegt an einem steilen Ufer, vom Wasser zur Hauptstraße, die ihn randlich berührt, muß man über steile Treppengassen steigen. Ein Gäßchen führt nach Süden zu den beiden interessanten Villen (→ u.), eine über dem Wasser in das Felsenufer verankerte Promenade führt zur Schiffsanlegestelle Olivedo di Perledo mit Cafés und Restaurants.

*800 Ew.,
220 m ü.M.*

*Pro Varenna,
Via Venini 6,
Tel. 0341-830367*

Geschichte

Das 769 erstmals erwähnte Städtchen war im Mittelalter stark befestigt und in gemeinsamer Feindschaft zu Como mit dem Inselstaat auf der Isola Comacina (→ Ossuccio-Isola Comacina*) verbunden. Als die Comasker 1169 die Insel eroberten und zerstörten, flüchteten Überlebende unter anderem nach Varenna, wo sie auch 1208 ein Kloster gründeten. Varenna seinerseits wurde 1228 von Como zerstört, man kann sich ja schließlich nicht alles bieten lassen. Die Mauern wurden geschleift und Varenna verlor seinen Charakter eines freien Ortes. Unter den Sforza wurden dann wieder Mauern errichtet und Befestigungen gebaut, die aber gegen die Machtübernahme der Habsburger in der Lombardei wenig halfen. In dieser Zeit kam die Stadt als Lehen an die Sfrondali, die 1590 den Papst Gregor XIV. aus ihrer Familie stellten. Heutzutage hat man handwerkliche Tätigkeiten (Bearbeitung des schwarzen Marmors der Gegend!), die das Überleben jahrhundertelang sicherten, durch den Tourismus abgelöst, wie ein einziger Promenadenspaziergang durch den Ort beweist.

*Varenna war
im Mittelalter
Rivalin Comos*

**Seeufer in
Varenna**

Besichtigung

An der von alten Häusern umgebenen Piazza San Giorgio im Zentrum des Ortes steht die **Pfarrkirche San Giorgio.** Das 1313 begonnene Gebäude mit Rundpfeilerarkaden und Rippengewölbe wurde im Barock völlig umgestaltet. An der Fassade zeigt ein Freskenrest überlebensgroß den heiligen Christophorus, im Inneren ist der spätgotische Altar des nördlichen Seitenschiffes mit einer Renaissance-Retabel der Taufe Christi zu bewundern, es soll von Sigismondo de Magistris 1553 ausgeführt worden sein. Gegenüber liegt die spätromanische **Taufkapelle San Giovanni Battista** mit spätgotischen Fresken.

Am südlichen Ortsausgang gegen Fiumelatte liegen zwei Villen dicht nebeneinander. Die **Villa Cipressi** liegt in Aussichtsposition über dem See, sie wurde aus mehreren Gebäuden unterschiedlichen Alters und Stiles zusammengebaut. 1981 von der Bevölkerung des Ortes gekauft, wurde sie später der Gemeinde geschenkt, die sie als Kulturzentrum in Verbindung mit der benachbarten Villa Monastero verwendet. Die **Villa Monastero** ist heute Sitz des **Hydrobiologischen Institutes.** Sie geht auf das 1208 von Flüchtlingen von der Isola Comacina gegründete Kloster der Cisterzienserinnen zurück (Name!), der Bau ist aber erst im 16. Jahrhundert entstanden und wurde nach der Profanierung 1567 umgebaut. Die neue Besitzerfamile Mornìco aus der Valsàssina schuf zweigeschoßige Lauben und einen heute üppig von Bäumen, Sträuchern und Blumenanlagen bestandenen Terrassengarten, der von Architekturelementen wie Tempelchen, Säulen, Balustraden und Statuen, zumeist klassizistischen Stils, gegliedert wird.

Villa und Schiffsanlegestelle in Varenna

Umgebung

Ein Ausflug führt nach Èsino Lario. Auf der Straße, die an der Abzweigung zum Fähranleger beginnt, fährt man zunächst bis zum rechts abzweigenden Sträßchen nach Vezio (350 m), dessen Burgruine mit hohem Turm vom Ort Varenna aus die Blicke bereits angezogen hat. Die Weiterfahrt führt über Perledo (600 m) in das enge Tal des Èsino, durch das man nach 11 km Èsino Lario erreicht. Der obere Ortsteil (900 m) und der untere (810 m) sind durch eine Straße und eine Fußgängerpromenade verbunden. Èsino ist heute ein sehr touristischer Ort, vor allem Zweithäuser von Familien aus der Poebene dominieren hier. Im Museo civico delle Grigne befinden sich einige Ausgrabungsfunde und vor allem zahlreiche paläontologische Funde, die zum Teil noch auf den großen italienischen Geologen Antonio Stoppani zurückgehen. Von Èsino Lario erreicht man auf Wanderwegen den Nordgipfel der Grigne, die Grigna Settentrionale (2409 m) mit dem Rifugio Brioschi auf der Gipfelkuppe dieses eindrucksvollen Karstgebirges (4 bis 5 Std.).

Die Schweizer Orte Ascona, Locarno und Lugano in Kurzbeschreibung

Ascona

Ascona liegt am Westufer des nördlichsten Teiles des Lago Maggiore auf dem Schwemmkegel des Maggiaflusses

Geschichte

Während der Grieben „Venedig und Oberitalienische Seen" von 1897 (6. Aufl.) für Locarno drei Seiten benötigt, genügen ihm für Ascona drei Zeilen, er bezeichnet es als „altes Städtchen mit Burgruine ". Tatsächlich hat der phänomenale Aufstieg Asconas, das bis zur Jahrhundertwende wirklich nur ein verschlafenes Nest war, erst zu diesem Zeitpunkt begonnen. In den Jahren vor dem Ersten Weltkrieg wurde Ascona von Querdenkern der Zeit „entdeckt" und förmlich adoptiert. Auf dem Hügel über der Stadt, der nicht zufällig „Monte Verità" (Berg der Wahrheit) heißt, entstanden die Villen von Philosophen und (reichen) Anarchisten, Malern und Schriftstellern, Spiritisten, Naturalisten und einfach Spinnern. Den Startschuß hatte der Kauf eines großen Geländes durch den deutschen Industriellen Henri Oedenkoven abgegeben, die „Wahrheitssuche" dieses Mannes und seiner Freundin, der Pianistin Ida Hofmann, zog andere suchende Geister zum Berg der Wahrheit. 1914 war die „Lebensreform", der sie sich verschrieben hatten, real gescheitert, vor 1920 scheiterte sie auch in den Köpfen der Beteiligten – der Kreis um Oedenkoven löste sich auf. Andere kamen und ließen sich nach dem Startschuß in Ascona nieder, Hermann Hesse und Klabund, Paul Klee und Mary Wigman, Stephan George und Hans Richter, Isidora Duncan und James Joyce – und der Ort wuchs und wuchs und wurde mondäner und mondäner. Wer heute den Monte Vertiä besucht, findet ein Hotel dieses Namens – sic transit . . .

Besichtigung

Asconas Charme liegt in seiner Lago, seiner pittoreskan Alt stadt mit ein paar reizvollen Bürgerhäusern (Casa Serodine!), der Parklandschaft um den Ort, dem hohen Noveau der Hotellerie, dem Bewußtsein der kulturhistorischen Bedeutung des Ortes. Ascona ist für Schlenderer, nicht für Kunstfetischisten. Man bummelt am Lungolago mit seinen vielen Cafés, macht einen Shoppingtrip in den alten Ortskern und ruht ein wenig aus in der **Kirche S.Maria della Misericordia,** während man die spätgotischen und renaissancesken Malereien auf sich wirken läßt, spaziert zum **Monte Verità** hinauf (Sentiero della Ruga ab Via Borgo, Schilder), genießt das milde Klima, freut sich an der üppigen Vegetation.

5000 Ew.,
197 m ü.M.,
Kanton Ticino
(Tessin) der Schweiz

Verkehrsbüro
Ascona,
6612 Ascona,
Piazza San Pietro,
Tel. 093-350093

Auf dem
„Monte Verità" über
Ascona etablierten
sich vor dem
Ersten Weltkrieg die
„Lebensreformer"

Blick auf
Ascona von der
Seepromenade

Locarno

17000 Ew.,
200 m ü.M.

Verkehrsbüro
Locarno,
6601 Locarno,
Largo Zorzi 1,
Tel. 093-310333

*Kanton Ticino (Tessin) der Schweiz; Locarno liegt am West-
ufer des nördlichsten Teiles des Lago Maggiore auf einem
Schwemmkegel des Maggiaflusses.*

Geschichte

Der bereits im Mittelalter städtische Ort gehörte bis in das 11. Jahrhundert den Erzbischöfen von Mailand, die Burg war Sitz des Mailänder Präfekten. In der Auseinandersetzung zwischen Kaisertreuen
und Lombardischem Städtebund (Guelfen und Ghibellinen) nahm
Lugano mit Como Stellung für den Kaiser und gegen das immer
mächtiger werdende Mailand, was 1156 zur Zerstörung durch die
Mailänder führte (Como mußte später ein ähnliches Schicksal erlei-
den). Mailand und die Visconti konnten sich nach langen Konflikten
um den Besitz der Stadt durchsetzen, nur um 1522 von den Eidgenossen vertrieben zu werden, die Locarno und das ganze Tessin
unterwarfen und bis 1797 zum Untertanenland machten. Nach der
napoleonischen Zeit wurde Locarno ein Teil des selbständigen Kan-
tons Ticino und fand seine endgültige Funktion (Bellinzona wurde
Kantonshauptstadt) im Tourismus, der Mitte des 19. Jahrhunderts
begann. Um die Jahrhundertwende hatte Locarno erst um die 4000
Ew. und wurde nur als Winterluftkurort aufgesucht, inzwischen reißt
der Strom der Besucher während des ganzen Jahres nicht mehr ab.

*Locarno war bis zur
Eroberung durch
die Eidgenossen
1522 Mailänder
Besitz*

**Castello Visconteo
in Locarno**

Locarno

Piazza San Antonio Abate in Locarno

Besichtigung

Ein Spaziergang von der Piazza Castello (Beginn der Schnellstraßenverbindung nach Ascona) führt zum etwas oberhalb liegenden **Castello Visconteo,** das vorbildlich restauriert und in prächtigem Park gelegen, Reste aus der Viscontizeit und der Zeit der Rusca, die 1439 die Visconti ablösten, in einen ansonsten neuen Bau integriert. Das Kastell wird vom **Museo Civico** mit interessanten Sammlungen zur Entwicklung von Stadt und Tessin eingenommen. Die nahe **Kirche San Francesco** (15. Jh., während der Renaissance vollständig umgebaut) mit benachbartem Kloster hat eine Fassade, in der man Steine der abgerissenen Teile des alten Kastells eingebaut hat. Über Altstadtstraßen erreicht man **San Antonio Abate** am reizvollen gleichnamigen Platz, auch diese mittelalterliche Kirche (14. Jh.) wurde barock umgebaut. Durch die Via San Antonio erreicht man die Via Cittadella, hier links die Kirche **S.Maria dell'Assunta** mit Großplastiken an der Fassade. Mehrere Gäßchen führen von hier hinunter zur **Piazza Grande,** dem sichelförmig langgezogenen und von Laubenhäusern umstandenen, eindrucksvollen Haupt- und Marktplatz von Locarno. Weiter zum See liegt der Stadtpark mit reichem subtropischem Baumbestand und mit Kursaal. Folgt man der Uferstraße nach links (Norden), gelangt man zum Hauptbahnhof und zur **Kirche San Vittore,** einem romanischen Bau, der, wie nicht anders zu erwarten, im 17. Jahrhundert barockisiert wurde.

Wohnzimmer und Prachtstück der Stadt ist die Piazza Grande

Über der Stadt thront die Wallfahrtskirche **Madonna del Sasso** mit herrlichem Ausblick über Stadt, See und Berge, erreichbar über den alten Kreuzweg (30 Min.), auf der Straße oder mit der Seilbahn (Station südlich Nähe Hauptbahnhof). Kloster und Wallfahrtskirche gehen auf die Vision eines Mönches zurück (1480), die schon 1487 zu einer Kapelle,

Blick auf die Wallfahrtskirche Madonna del Sasso, Locarno und den oberen Lago Maggiore

Arkadenhof des Klosters San Francesco in Locarno

Über Locarno thront die Wallfahrtskirche Madonna del Sasso

1502 zu einer Kirche führten. Der Sieg der Gegenreformation im Tessin (1555 verlassen 173 Reformierte die Stadt) wurde auf die Gottesmutter vom Felsen (del Sasso) zurückgeführt, was einen Kichenneubau mit sich brachte, der am 1. Mai 1616 geweiht wurde. Von der Ausstattung bemerkenswert die plastischen Figurengruppen des Kreuzweges, rechts vom Eingang in den Klosterhof eine spätgotische Figuren-gruppe (Holz bemalt) „Beweinung Christi". In der Kirche am zweiten Seitenaltar links eine lombardische „Beweinung Christi" (um 1500) als bemalte Holzschnitzerei vor Hinter-grundmalerei. Das gerühmte Bramantino-Bild „Flucht aus Ägypten" (um 1520) im rechten Seitenschiff ist stereotyp und überschätzt. Die gekrönte Madonnenstatue stammt aus der Zeit unmittelbar nach 1480. Bemerkenswert die vielen Votiv-gaben, auch aus neuester Zeit.

Lugano

Touristisches Zentrum, gelegen am Nordende des Luganer Sees in einer Bucht zwischen den Bergen Monte Brè im Osten und Monte San Salvatore im Süden, Autobahn- und Bahnverbindungen nach Como, Mailand und Bellinzona-Zürich.

30000 Ew., 274 m ü.M.

Verkehrsverein Lugano, 6901 Lugano, Riva Albertolli 5, Tel. 091-214664

Geschichte

Der Handelsort Lugano war im Mittelalter zumeist im Einflußbereich der Mailänder Herrschaft, so auch unter den Visconti. Mit dem Tode Gian Galeazzo Viscontis (1402) begann die Absplitterung der Mailänder Besitzungen im Norden, die nach der verlorenen Schlacht von 1478 gegen die Eidgenossen bis 1512 zum Verlust des ganzen Tessin führte. Zuletzt wurde Lugano 1512 Teil der Eidgenossenschaft, verwaltet über die sogenannten Welschen Vogteien. Durch seine Lage an wichtigen alpenüberquerenden Handelswegen (Mailand/Como-Basel) konnte Lugano in den folgenden Jahrhunderten gut leben und sich einige Bauten leisten, die von bürgerlichem Stolz zeugen. Dabei wurde die Stadt von einem Netz von Laubengängen durchzogen, die es gestatten, auch bei Regen jener wichtigsten Tätigkeit einer Handelsstadt nachzugehen, dem Handel. Seit der Mitte des 19. Jahrhunderts entstanden um den Ort, im 20. Jahrhundert weit die Hänge hinauf und die Landschaft um die alte Stadt völlig verstädternd, zahlreiche Villen und ganze Villenkolonien. Lugano ist Bankenzentrum für die Italienische Schweiz und fungiert als Zentrum der Bankgeschäfte mit ganz Italien, wie bei den Bestechungsgeldaffären 1992/93 deutlich genug wurde.

Lugano ist eine wichtige Handelsstadt, besonders auch für das nahe Italien

Blick auf Lugano

Blick von nahe Porlezza zum Monte San Salvatore bei Lugano

Besichtigung

Kommt man von einem der Parkplätze am Ostrand der Altstadt, die heute durchgehend Fußgängerzone ist, erreicht man am prächtigen, an den See grenzenden **Parco Civico** mit der **Villa Ciani** (18. Jh. mit einigen Vorgängerbauten) die Via Canova und durch sie (rechts die Kirche San Rocco mit regem Zuspruch von Betern) die Innenstadt mit dem **Palazzo Riva** an der Piazza Manzoni. Der Bau des 18. Jahrhunderts ist heute – wen wundert das – im Besitz einer Bank, aus der Erbauungszeit haben sich einige freskierte und stuckierte Räume erhalten. Wenig weiter liegt zwischen Lungolago und Piazza delle Riforma der **Palazzo Civico,** das Rathaus der Stadt. Dieser spätklassizistische (Fassade) und im übrigen frühgründerzeitliche Bau ist Kulisse für das rege Freizeitleben der Bevölkerung und zahlloser Touristen, die hier zwischen See und Altstadt viele Cafès und Restaurants mit Tischen unter freiem Himmel finden. Von

Luganos Altstadt kann man unter alten Laubengängen durchqueren

hier aus kann man die Laubengassen der Altstadt besonders gut erkunden, leider haben die meisten der alten Häuser im Erdgeschoß Veränderungen erlitten. Über die uferparallele Via Nassa mit vielen eleganten und entsprechend teuren Geschäften gelangt man zum Südrand der Altstadt und der **Kirche Santa Maria degli Angioli.** Die ehemalige Klosterkirche wird durch einen Lettner in zwei Teile getrennt, auf ihm befindet sich Bernardino Luinis riesiges, ungemein figurenreiches Fresko der Kreuzigung (1529) mit Szenen der Passion und Auferstehung im Hintergrund.

Kommt man vom über der Stadt gelegenen Bahnhof (der mit dem Stadtniveau durch einen Schrägaufzug verbunden ist) passiert man beim hinuntergehen eine Aussichterrasse über Stadt und See, auf der die **Kirche San Lorenzo** steht. Hinter dem imposanten Portal und der Fassade der Hochrenaissance verbirgt sich eine Pfeilerbasilika des 13. Jahrhunderts die im 15. Jahrhundert erstmals umgebaut wurde.

Luganos schönste und gleichzeitig bequemste **Ausflüge** erfordern öffentliche Verkehrsmittel: die Bahnen auf den Monte Brè (933 m), den Monte San Salvatore (912 m) und Monte Generoso (1701 m, der Gipfel markiert die italienische Grenze, der Weg von der Bergstation auf 1601 m hinauf zum Gipfel führt durch italienisches Gebiet) erreicht man alle zu Fuß, mit dem Stadtbus oder mit dem Schiff, dasselbe gilt für den beliebten Ausflug nach Campione (→ Campione *).

Der zwischen Porlezza und Menaggio gelegene Lago di Piano – Bindeglied zwischen Luganer und Comer See

Blick vom Monte Grona

Reiseinformationen

Anreise

Die Oberitalienischen Seen sind an das internationale Bahn- und Autobahnnetz angebunden. Von der Schweiz und dem Westen Deutschlands erreicht man die Bahnhöfe von Lugano, Chiasso und Como mit Eurocity bzw. Intercity ab Frankfurt oder Zürich, für den Lago Maggiore muß in Bellinzona umgestiegen werden. Vom östlichen Teil Deutschlands und von Österreich erreicht man Como, Varese und Stresa mit den Eurocitys über Brenner, Verona und Mailand, wo umgestiegen werden muß. Das Veltlin erreicht man von der Schweiz mit der Gebirgsbahn von St.Moritz nach Tirano, dort D-Zuganschluß nach Como und Mailand, von Deutschland und Österreich über Mailand und Como. An Autobahnen über die Alpen stehen die Gotthardstrecke, der San Bernardino und die Brennerautobahn zur Verfügung. In Österreich und der Schweiz ist der Erwerb einer Autobahn-Vignette Pflicht, der österreichische Teil der Brennerautobahn sowie die italienischen Autobahnen (mit kleinen Ausnahmen) sind gebührenpflichtig. In Malpensa liegt der neue Mailänder Großflughafen direkt vor der Tür der Seen, – die meisten Linienflüge, so auch jene von Lufthansa und AUA, steuern Malpensa an, während Linate fast nur noch von Chartermaschinen genutzt wird.

Diplomatische Vertretungen
Deutsches Generalkonsulat
20121 Milano/Mailand,
Via Solferino 40,
Tel. 02-6554434
Österreichisches Generalkonsulat
20145 Milano/Mailand,
Via Cremona 27,
Tel. 02-4812066/4812937
Schweizer Konsulat
20121 Milano/Mailand,
Via Palestro 2,
Tel. 02-76009284

Einreise, Zoll

Einreise für Bürger von EU-Staaten (Deutschland und Österreich) mit Personalausweis. Zollbegrenzungen bei mitgeführten Geräten gelten nur noch für Handelsmengen, die man als Tourist kaum mitzuführen pflegt. Für Bürger von Staaten, die nicht der EU angeschlossen sind (Schweiz) gilt nach wie vor, daß neben dem für den Urlaub nötigen Reisegepäck nur Waren bis zu einer bestimmten Höchstwertangabe (die sich ändern kann, derzeit liegt sie pro Person um die DM 900.-/ÖS 6300.-/SFr 850.-) mitgenommen werden dürfen. Kontrollen zwischen Schengen-Staaten (Deutschland, Österreich, Italien u.a.) finden üblicherweise nicht statt.

Feiertage

1. Januar „Capodanno" (am Abend vorher machen die Restaurants ihr großes Geschäft, ganz Italien läßt sich mit Festmenus zum „Cenone" verwöhnen. Silvester wird ansonsten wie an einem Wochentag gearbeitet)

6. Januar „Epifania" (abends wird an vielen Orten die „Béfena" – die Hexe verbrannt).

Ostern (am Ostersonntag gibt es ein großes Mittagessen zu Hause, vielleicht auch schon in der Nacht vom Karsamstag auf den Ostersonntag, nach der Mitternachtsmesse. Ostermontag geht man auf's Land und macht ein Picknick mit der ganzen Familie. Dieser Tag ist neben dem 15. August jener Tag, an dem man es unter allen Umständen vermeiden sollte, auf Italiens Straßen unterwegs zu sein).

25. April Tag der Befreiung „Anniversario della Liberazione"

„Lunedì dell'Angelo"

1. Mai „1 Maggio, Festa del Lavoro"

Christi Himmelfahrt „Ascensione"

15. August, Maria Himmelfahrt, „Assunzione" (die Woche des 15. August und auch den Tag selbst nennt man „Ferragosto", in dieser Zeit geht ganz Italien in Urlaub, spätestens am 1. September ist jedermann wieder bei der Arbeit. Besser haben es die Kinder, sie haben drei Monate Schulferien, die erst Mitte September enden)

1. November Allerheiligen „Ognissanti"

8. Dezember Maria Empfängnis „Immacolata Concezione"

25./26.12. Weihnachten „Natale" (der 24.12. ist ein Tag wie jeder andere, die Läden haben abends besonders lange offen, damit die Hausfrau sich noch für den 25. eindecken kann, am 26. sind am Vormittag wieder alle Lebensmittelläden geöffnet. Am 25. feiert man mit der Familie und Gästen, am 26. wird auswärts gegessen)

Weitere kirchliche Feiertage wie **Fronleichnam** und besonders beliebte **Namenstage** wie Giuseppe werden am darauffolgenden Sonntag begangen. Der Samstag ist üblicherweise ein Arbeitstag.

Feste und Veranstaltungen

Es ist nicht möglich, sämtliche Feste und Veranstaltungen aufzuführen, die in dem Gebiet zwischen den Seen während eines Jahres stattfinden, zumal die meisten ihren Termin von Jahr zu Jahr ändern. Für diese Informationen wende man sich an die staatlichen und regionalen Informationsbüros (→ Informationen), die Broschüren mit Ort und Tag der Veranstaltung herausgeben. Unter den herausragenden Festen, Veranstaltungen, Musikwochen sind die folgenden:

Januar: Bellagio „Pesa Veglia" traditionelle Winteraustreibung, wie sie auch an anderen Orten der Seen noch gefeiert wird, mit historischem Umzug und Feuerwerk

Castiglione Olona Fiera del Cardinale, Antiquitätenmarkt in den Straßen der Stadt, jeden ersten Sonntag im Monat bis Dezember

Februar: Schignano Val d'Intelvi Karneval, ähnlich auch an anderen Orten

März/April: Como Fiera di Pasqua traditioneller Markt im Freien an den alten Stadtmauern
Cànnero Kamelienschau
Pallanza Tulpenschau
Gravedòna Kamelienschau
Orta San Giulio Antiquitätenmarkt jeden 1.Samstag im Monat bis September

Mai: Luino Beginn des Musiksommers mit dem Städtischen Orchester
Tremezzo Spargelfest
Varese Festa di San Vittore, Fest des Stadtpatrons

Juni: Como Palio del Baradello, historischer Umzug
Isola Comacina Sagra di San Giovanni im Seeabschnitt Zoca de l'oli zwischen der Küste und der Isola Comacina
Lèzzeno Regatalonga, Wettbewerb für alle Ruderbootkategorien
Orta San Giulio Festival Cusiano di Musica Antica

Juli: Arona Orgelwoche
Cànnero Feste der Madonna vom Karmel
Pallanza Gitarrenmusikfestival

August: Pasturo Sagra delle Sagre, Ausstellung der Käse und anderer Produkte der Valsàssina
Stresa Internationales Musikfestival bis Ende September (1993 trat erstmals das Orchester der Scala auf, Dirigent Riccardo Muti)
Vacciago Fest der Madonna della Bocciola

September: An vielen Orten Weinfeste
Como Musikherbst Como bis Ende Oktober
Pallanza Ausstellung piemontesischer Weine

Oktober: An vielen Orten Kastanienfeste

Dezember: An vielen Orten große Krippen

Hund und Katze

Ein leidiges Thema. Unser Hund wird immer wieder begeistert von Wildfremden gestreichelt, wenn wir aber im Hotel ankommen, stellen wir fest, daß das Tier nicht willkommen ist. Die Fremdenverkehrsämter des Tessin und der an den Lago Maggiore angrenzenden Provinzen Piemont und Lombardei haben aus diesem Grund einen Prospekt herausgegeben, der jene Hotels nennt, in denen Haustiere willkommen sind. Es nennt sich „Hier sind Tiere willkommen" („In Vacanza con Loro") und ist über die Fremdenverkehrsämter erhältlich.

Vergessen Sie nicht, daß Ihr Haustier für die Grenzüberschreitung einen Paß braucht, in den vom Tierarzt die letzte Schutzimpfung gegen Tollwut eingetragen sein muß. Sie darf nicht kürzer als 30 Tage und nicht länger als ein Jahr zurückliegen.

Informationen

Allgemeine Informationen, Ortsprospekte, Veranstaltungslisten, Hotelverzeichnisse, Listen der Campingplätze, Wanderkarten und -beschreibungen und vieles mehr erhält man kostenlos von den italienischen Fremdenverkehrsbehörden und Informationsbüros in Italien und im Ausland.

ENIT (Italienische Fremden-Verkehrsorganisation):

Berliner Allee 26,
D 40212 **Düsseldorf,**
Tel. 021 132231/132232

Kaiserstraße 65,
D 60329 **Frankfurt/M.,**
Tel. 069 237430

Goethestraße 20,
D 80336 **München,**
Tel. 089 530360

Kärntnerring 4,
A 1010 **Wien,**
Tel. 01 50543740

Uraniastraße 32,
CH 8001 **Zürich,**
Tel. 01 213885

(Daten nach Angaben von ENIT Rom)

Regionale Informationsstellen, die normalerweise alle Informationen über die Region bereitstellen können:

Piemont:
Org.Tur.Piemonte,
10121 Torino,
Via Viotti 2, Tel. 011-5541111

Lombardei:
Org.Tur.Lombardia,
20124 Milano,
Via Fabio Filzi 22, Tel. 02-67651

Westufer des Lago Maggiore:
APT Lago Maggiore,
28049 Stresa,
Via Tomaso 70-72,
Tel. 0323-30150/30416

Ortasee:
APT Orta, Via Olina 9/11,
Tel. 0322-905614

Varesotto:
APT del Varesotto,
21100 Varese,
Viale Ippodromo 9,
Tel. 0332-284624

Westufer des Comer Sees und westliche Brianza:
APT del Comasco,
22100 Como,
Piazza Cavour 17,
Tel. 031-274064/262091

Ostufer des Comer Sees und östliche Brianza:
APT del Lecchese, Lecco,
Via N.Sauro 6,
Tel. 0341-362360/369390

Lokale Informationsstellen, die einen Teil der regionalen Informationen, sowie Informationen über den Ort bereitstellen können, sind jeweils unter dem Namen des Ortes aufgeführt. Dies gilt sowohl für die Orte, die ausschließlich in den Routen genannt sind, als auch für die ausführlichen Ortsbeschreibungen.

Museen, Sammlungen, Villen und Gärten

Die Öffnungszeiten von Museen, Sammlungen, Villen und nicht ständig zugänglichen Gärten sind jahreszeitlich sehr unterschiedlich und schwanken häufig von Monat zu Monat. Angaben über Öffnungszeiten wären deshalb schon vor Drucklegung dieses Buches veraltet. Viele Sehenswürdigkeiten bleiben immer wieder trotz offizieller Öffnung geschlossen, weil Personal fehlt. Zwar wurde Mitte 1993 vom zuständigen

Minister verkündet, daß dies in Zukunft nicht mehr sein werde, der Erfolg bleibt dennoch zweifelhaft. Die einzigen Tage des Jahres, an denen man hoffen kann, die meisten angegebenen Sehenswürdigkeiten geöffnet zu finden, sind die Sonntage im August. An Montagen sind alle öffentlichen und viele privaten Museen und andere Sehenswürdigkeiten geschlossen. Im Winterhalbjahr (Oktober bis April) ist der Großteil der Museen und anderen Sehenswürdigkeiten geschlossen. Eine ganze Reihe von Museen ist nur nach telefonischer, manchmal auch schriftlicher Voranmeldung (samt schriftlicher Bestätigung) zu besichtigen, die letzteren haben wir als hoffnungslose Fälle gar nicht angeführt. Mit den telefonischen Voranmeldungen ist das auch so eine Sache, denn welcher deutschsprachige Besucher der Region spricht schon so gut Italienisch, daß er sich am Telefon fließend verständlich machen kann? Am besten vertraut man sich einem hilfreichen Mitglied des örtlichen oder – noch besser – provinziellen Informationsbüros an (diese Büros haben wir im Routen- und Ortsteil immer wieder unter dem Namen des Ortes aufgeführt), damit er/sie ein Gespräch führt und den Termin fixiert. Die Informationsbüros geben auch aktuelle Information über die Öffnungszeiten.

Angera

Civico Museo Archeologico,
Via Marconi 2, Heimatmuseum,
im Palazzo Pretorio
Tel. 0331-931133

Rocca di Angera,
Tel. 0331-21021,
Burg der Borromäer,
Puppenmuseum

Arona

Museo Civico,
Piazza San Graziano,
Tel. 0322-24277

Arsago Seprio

Civico Museo Archeologico,
Viale Vanoni 20

Bellagio

Villa Serbelloni, Tel. 031-950204, nach telef. Voranmeldung, sonst nur Parkbesichtigung
Villa Melzi, im Ortsteil Loppio,
Tel. 031-950318, Park und Villa

Biandronno

Museo Palafittico, Isolino Virginia, in der Villa Ponti (Eintrittskarten im Städtischen Museum Varese, gültig auch für das Schloß Masnago), Museum der Pfahlbaukultur im Varesotto

Bisuschio

Villa Cicogna Mozzoni,
Piazza Cicogna 8,
Villa und Garten,
Tel. 0332-471134

Castiglione Intelvi

Casa del Capitano, mittelalterliches Bürgerhaus mit Fresken,
Tel. 031-830189

Castiglione Olona

Museo della Collegiata,
Museum des Kirchenschatzes,
Via Cardinale Branda 1,
Tel. 03311-858048

Cernobbio

Ville JL Pizzo
Via Regina
Tel. 031-511700

Cerro (Laveno)

Museo della Terraglia,
Keramikmuseum des Varesotto
im Palazzo Perabò,
Inf. IAT Laveno,
Tel. 0332-666100

Como

Civico Museo Archeologico,
archäologische, kunst- und kulturhistorische Sammlungen
im Palazzo Giovo,
Tel. 031-271343

Civica Pinacoteca,
Städtische Gemäldegalerie
im Palazzo Volpi, Via Diaz 84,
Tel. 031-269869

Museo Civico del Risorgimento
„Giuseppe Garibaldi",
Museum der italienischen
Befreiungsbewegung,
im Palazzo Giovo,
Tel. 031-271343

Museo della Seta,
Seidenmuseum,
Via Vallegio 3,
Tel. 031-303180,

*Tempio Sacrario degli
Sports Nautici,*
Wassersportmuseum,
Ortsteil Garzola, Tel. 031-305958

Tempio Voltiano,
Viale Marconi,
Tel. 031-574705,
Ausstellung zu Leben und Werk
Alessandro Voltas

Villa Olmo, Via Cantoni,
Tel. 031-252443

Castel Baradello,
Tel. 031-592805,
Do, Sa + So

Domodossola
Museo Civico di Storia Naturale,
naturkundliches Heimatmuseum,
Piazza Convenzione 10,
Tel. 0324-49225

Erba
Museo Civico Archeologico,
archäologisches und kunsthistorisches
Heimatmuseum,
Via Ugo Foscolo,
Tel. 031-615262

Èsino Lario
Museo Civico delle Grigne,
natur- und kulturhistorisches
Museum der Grigne,
Piazza Rocca,
Tel. 031-860111

Ganna
Museo della Badia, kunst- und
kulturhistorische Sammlungen,
Ganna San Gemolo, Tel. 0332-719795

Gravellona Toce
Antiquarium, Antikensammlung,
Corso Milano 63,
Tel. 0323-848386,
nach Voranmeldung

Lecco
Musei Civici,
städtische kunst- und kulturhistorische
Sammlungen,
Palazzo Belgioioso,
Via Matteotti 32,
Tel. 0341-481248

Museo Manzoniano,
Ausstellungen zu Leben und Werk
Alessandro Manzonis,
Via Guanella 1,
Tel. 0341-481247

Lenno
Villa del Balbianello,
Tel. 02-46936-93 oder
0344-56110,
nur Garten und Belvedere,
spezielles Boot von Ossuccio

Lesa
Museo Manzoniano,
Via alla Fontana 18,
Tel. 0322-76421,
nur nach Voranmeldung
im Juli und August

Luino
Museo Civico,
Heimatmuseum,
Via Dante 6,
Tel. 03311-532057

Macugnaga
Museo Casa Walser,
Walsermuseum in
altem Bauernhaus
mit Nebengebäuden,
Ortsteil Borca,
Tel. 0324-65056

Museo Storico,
Heimatmuseum mit
besonderer Berücksichtigung
der Kultur der Walser,
Ortsteil Staffa,
Tel. 0324-65009,
Juli, August sonst Voranmeldung

Goldmine Guia,
Ortsteil Borca,
Tel. 0324-65454

Mergozzo
Antiquarium,
archäologisches Museum,
Tel. 0323-80101,
nur nach Voranmeldung

Pianello del Lario
Museo della Barca Lariana,
Barkenmuseum über die
historische Entwicklung
der Boote auf dem Comer See,
Via Statale 139,
Tel. 0344-87335

Premana
Museo Etnografico,
Heimatmuseum zur Metallverarbeitung,
der Alltagskultur und bäuerlichen
Wirtschaft,
Via Roma 1,
Tel. 0341-890175 bzw.
0341-890515

Primaluna
*Museo Civico Storico ed
Etnografico,* Heimatmuseum,
Piazza IV Novembre,
Tel. 0341-980253

Santa Maria Maggiore
Museo dello Spazzacamino,
Heimatmuseum,
traditionelles Handwerk,
Piazza Risorgimento,
Tel. 0324-9091

Scaria Intelvi
Museo Diocesano di Arte Sacra,
Kirchenschatz und kunsthistorisch
bedeutsame Stücke der Intelvi-Meister,
Piazza Carloni 8,
Tel. 031-8440143

Museo della Valle,
Heimatmuseum des Intelvi,
Tel. 031-840400

Sesto Calende
Museo Civico Archeologico,
Heimatmuseum, Piazza Mazzini,
Tel. 0331-922489

Sandrio
Museo Valtellinese,
Via M. Quadrio 27
Tel. 0342-526270

Stresa
Museo Rosmini,
Corso Umberto 15,
im Palazzo Ducale,
Tel. 0323-30091,
Austellung zum Leben des
Philosophen Antonio Rosmini

Palazzo e Giardino Borromeo,
Isola Bella,
Tel. 0323-30556,
Palast und Garten

*Palazzo e Parco Botanico
Borromeo,* Isola Madre,
Tel. 0323-30556,
Palast und Garten, Puppentheater

Villa Pallavicino,
Strada Statale del Sempione,
Garten und Tiergehege,
Tel. 0323-31533/32407

Tremezzo
Museo di Villa Carlotta,
Via Regina 2,
Tel. 0344-40405,
Villa und Park

Vaciago (Ameno)
Casa Calderara,
Via Bardelli 9,
Haus und Gemäldesammlung
(Moderne),
Tel. 0332-99192

Varenna
Museo Ornitologico,

Ornithologisches Museum,
Via L. Scannagatta,
Tel. 0341-931163

Varese
Musei Civici,
Städtische Sammlungen
und Kunstgalerie,
Piazza della Motta 4,
in der Villa Mirabello,
Tel. 0332-281590

Museo Baroffio,
Museum zum Sacro Monte
und Heimatmuseum,
in Santa Maria del Monte,
Tel., 0332-229223

Verbania
Museo del Paesaggio,
im Palazzo Dugnani,
Pallanza, Via Ruga 44,
Tel. 0323-542418,
Heimatmuseum, große Sammlung der
Werke des Bildhauers Troubetzkoy

Vogogna
Castello Visconteo,
zwei Burgruinen,
Tel. 0163-22505,
nur nach Voranmeldung

Zuigno (Casalzuigno)
Villa della Porta-Bozzolo,
Garten und Villa mit
Nebengebäuden,
Tel. 0332-624136 bzw.
02-4693693 (F.A.I. in Mailand)

Schweiz (Auswahl)

Ascona
*Museo Comunale
d'Arte Moderna,*
Museum der modernen Kunst,
Via Borgo 43,
Tel. 093-356757

Musei Monte Verità,
historische Gebäude des
Monte Verità

Gandria
Museo Doganale Svizzero,
Zollmuseum,
Ortsteil Cantine di Gandria,
Tel. 091-239843

Indemini
Museo Etnografico,
in altem Patrizierhaus

Locarno
Museo Civico Archeologico,
archäologisches Museum
im Castello Viosconteo

Pinacoteca Comunale,
städtische Kunstgalerie
in der Casa Rusca

Lugano

Museo Cantonale d'Arte,
Kunstgalerie,Via Canova 10,
Tel. 091-227943

*Museo Cantonale
di Storia Naturale,*
naturhistorisches Museum,
Viale Cattaneo 4,
Tel. 091-237827

Museo Civico di Belle Arti,
in der Villa Ciani,

Notfall-Telefonnummern, Krankheit

Carabinieri, Tel. 112
Allg. Notruf Tel. 113
Pannenhilfe Tel. 116
Feuerwehr Tel. 115

Die Nummern der Krankenhäuser, Ärzte und Rettungsdienste sind von Ort zu Ort verschieden und veränderlich, sie sind normalerweise in der Gemeindeverwaltung angeschlagen und in Touristenorten auch in deutscher Sprache in der Information erhältlich. Ausländische Krankenscheine werden von Krankenhäusern, aber normalerweise nicht von Ärzten akzeptiert, eine Auslands-Krankenversicherung ist anzuraten, wenn man Ärger vermeiden will (daß die Abkommen zwischen Italien und seinen Nachbarländern anders lauten, als die Ärzte das sehen, ist eine ganz andere Sache).

Öffnungszeiten

Läden sind von etwa 9.00 bis 12.30 Uhr und von 15.30 bis 19.00 Uhr oder länger geöffnet, von Montag bis Samstag. Lebensmittelläden, Bäcker und Metzger sind an Montag-Vormittagen und Mittwoch-Nachmittagen geschlossen, dafür an Sonntag-Vormittagen geöffnet. Für stark touristisch frequentierte Orte und für den August gelten diese Zeiten nicht, dann ist geöffnet, wer sich ein Geschäft ausrechnet.

Museen sind üblicherweise Dienstag bis Sonntag geöffnet, die eigentlichen Zeiten schwanken von Jahr zu Jahr und Monat zu Monat (→ Museen), würden wir sie hier veröffentlichen, wäre das pure Makulatur. Auch die Informationsstellen der einzelnen Orte wissen nicht immer über die Öffnungszeiten Bescheid. Kirchen sind generell nur 9.30 bis 12.00 Uhr geöffnet (wenn sie überhaupt geöffnet sind), der Sonntag ist der einzige Tag, an dem man diese Öffnung mit einiger Sicherheit erwarten kann. Oftmals bekommt man in der Umgebung den Schlüssel, oder der Verwahrer des Schlüssels kommt mit, um die Kirche zu öffnen und zu schließen (Trinkgeld ist üblicherweise angebracht). Das muß aber nicht unbedingt der Fall sein, es gibt Kirchen, die scheint's, immer verschlossen sind. Solche Kunstkerker haben wir erst gar nicht angeführt.

Banken sind Montag bis Freitag zumeist 8.30 bis 13 Uhr, in größeren Zentren auch 14.45 bis 16 Uhr geöffnet.

Postämter sind Montag bis Freitag von 8.15 bis 13.30 Uhr geöffnet, am Samstag wird meistens für zwei Stunden geöffnet. Am Montag meist lange Schlangen am Auszahlungsschalter .

Restaurants, Trattorien, „Crotti"

In einem Reiseführer Restaurantempfehlungen zu geben, wie dies hier und da zu bemerken ist, halten wir für eine einseitige Sache. Kaum ist die Empfehlung gedruckt, ändert sich die Qualität des Restaurants. Dafür gibt es die jährlich erscheinenden Gourmet-Führer, den

Guida d'Italia des Espresso, für die meisten Restaurants bespricht, wobei er ins Detail geht, sowie den

Guide Michelin Italien, der zwar berühmt aber nirgendwo detailliert ist (seine Sterne sind immer noch die höchste Auszeichnung für ein Restaurant), außerdem den

Guida Veronelli, der auch auf deutsch herauskommt: „Luigi Veronelli: Restaurants in Italien", daneben gibt es Führer zu den Trattorien und Osterien und zu den Crotti (im Tessin *„Guida ai Crotti Ticinesi"*).

Hier nur die Adressen einiger Crotti im Comerseegebiet, sie stehen in keinem der Führer:

Brienno
Crotto dei Platani,
Tel. 031-814038

Consiglio di Rumo
Crottone Riella,
Tel. 0344-81475

Gravedòna
Crotto Remazzina,
Tel. 0344-85609

Lèzzeno
Crotto del Misto,
Tel. 031-914541

Moltrasio
Crotto Rosa,
Tel. 031-290420

Ossuccio
Crotto La Sorgente,
Tel. 0344-55270

Sport

Kein Sport, den man hier nicht ausüben könnte. Surfen? An den Engstellen des Comer und Luganer Sees und des Lago Maggiore. Golf? Zehn Plätze. Reiten? Dutzende Reitfarmen und Klubs. Drachenfliegen? Von der Bergstation oberhalb Laveno, zum Beispiel. Klettern? Sie müssen sich entscheiden, ob auf Granit oder Dolomit, Bergell oder Grigne. Boccia? Nicht nur in Cadenàbbia, ganz im Gegenteil. Auch darüber gibt es Informationen der Touristenbüros, die auf Anfrage gerne zugesendet werden. Nehmen wir nur einen Sport, der in Deutschland, Österreich und der Schweiz (bisher noch) beliebter ist, als in Italien, das Bergwandern. Selbst dafür gibt es eine Menge kostenlose Informationen der Fremdenverkehrsämter:

Faltblatt *Spazio Verde* in deutsch mit 14 Tourenbeschreibungen und Übersichtsskizze, den Bereich Verbano, Cusio, südwestlichen Lago Maggiore umfassend, hrsg. von der Comunità Montana Cusio Mottarone, zu erhalten in der APT Stresa und den andern Büros in Piemont.

„Lago Maggiore Trekking per tutti", innen auch deutscher Text, große farbige Broschüre mit 18 Routenbeschreibungen für das Westufer des Lago Maggiore, zu erhalten in der APT Stresa und den anderen Büros in Piemont.

Wegbeschreibungen des Club Alpino Italiano (Italienischer Alpenverein) für die *„Via dei Monti Lariani"* und den *„Sentiero delle 4 Valli"*, beide am Westufer des Lago di Como bzw. oberhalb Porlezza am Luganer See (vergl. Route 10), in deutscher Sprache, zu erhalten in der APT Como.

Farbbroschüren mit Wegbeschreibungen (nur in italienischer Sprache) für den *„Sentiero del Viandante"*, *„Le Grigne"*, die *„Alta Via delle Grigne"* und den *„Gruppo del Resegone"*, zu erhalten beim APT del Lecchese in Lecco.

Dazu gibt es mittlerweile einige gute Wanderkarten, besonders empfehlenswert sind die Karten 1:25 000 der Edizioni Multigraphic in Florenz. Das Doppelblatt 201/202 umfaßt das Larianische Dreieck, die Grigne und den Resegone, es ist im örtlichen Buchhandel zu erhalten. Die anderen Karten besorgt man sich besser in Deutschland über das GEO-Center in Stuttgart oder eine spezialisierte Buch- und Landkartenhandlung wie Land+Karte in Hamburg. Die offiziellen Italienischen Karten 1:25000 und 1:50000 sind leider nicht zu empfehlen, da sie das Wegenetz anscheinend der Vorkriegszeit darstellen, außerdem sind sie nach einer kürzlichen Preiserhöhung sündhaft teuer geworden. Die Schweizer Karten 1:50000 decken einen Teil des Gebietes ab, etwa der Zusammendruck 5007 Locarno-Lugano, der im Westen von Cannòbio bis nach Porlezza im Osten reicht, ansonsten überdecken die Blätter 285, 286, 296 einen Großteil des Lago Maggiore und 277, 286, 287, 297 den gesamten Comer See, die Blätter 267, 268, 269, 277, 278, 279 den Nordteil der Provinz Sondrio. Diese Karten sind über den Buchhandel, die erwähnten Spezialsortimenter und natürlich im Tessin (mit Ausnahme des Zusammendruckes nicht in Italien) zu erhalten.

Telefon

Der Telefonsektor ist in Italien nach der Privatisierung in rascher Veränderung begriffen, zahlreiche Anbieter konkurrieren um den Markt. Die Möglichkeit, den Anbieter von Telefonat zu Telefonat durch Vorwahl auszuwählen, gibt es noch nicht. Telefonautomaten sind sehr verbreitet und finden sich auch in kleinen Ortschaften. Das Telefonieren vom Automaten (Telecom Italia und verstärkt neue Anbieter) funktioniert am einfachsten mit den in Tabaksgeschäften erhältlichen Telefonkarten im Wert von Lit. 5000, 10000 bzw. 20000, für Lokalgespräche reichen auch Münzen (meist bis Lit. 500). Auch in Bars und Gaststätten gibt es öffentliche Telefone, sie sind außen mit einem Schild gekennzeichnet, das ein rotes Telefon zeigt. Ein Problem sind die Telefonbücher, die man nur in den großen Orten in den Büros der Telecom findet, anderswo kann man sie in einer Bar mit öffentlichem Telefon einsehen. Das Telefonieren ist nach 22 Uhr und an Sonntagen (nicht am Samstagnachmittag!) etwas billiger. Auslandsgespräche sind wie üblich sehr teuer, es lohnt sich, die Mailbox-Funktion vor der Abreise abzustellen. Bei Auslandsgesprächen ist die Null der Vorwahl mitzuwählen, dasselbe gilt für inneritalienische Gespräche: auch bei Ortsgesprächen muß die Vorwahl samt der Null gewählt werden! Italien ist flächendeckend durch Mobilfunknetze erschlossen, auch in vielen siedlungsarmen Tälern kann man per Handy telefonieren. Auch bei Handys (ital. Cellulare) ist der Markt im Umbruch.

Vorwählnummern:

Deutschland 0049, von dort nach Italien 0039
Österreich 0043, von dort nach Italien 040
Schweiz 0041, von dort nach Italien 0039

Unterkunft, Camping, Urlaub auf dem Bauernhof

Die Informationsämter (→ Information) geben jährlich neue Listen der Hotels, Pensionen, Privatunterkünfte und Campingplätze mit allen Detailangaben heraus. Man wende sich an die ENIT im Heimatstaat oder an die jeweilige Pro-

vinzbehörde. Campingplätze sind nach wie vor nicht sehr weit gestreut, abseits der Seenregion wird man sie vergeblich suchen. Wer spontan campen will, sollte wissen, daß dies auf öffentlichem Gelände verboten ist, daß dieses Verbot eingeklagt wurde, ist uns nicht bekannt (wir haben es schon einige Male übertreten, jedoch an einer Stelle niemals für mehr als eine Nacht, was generell geduldet wird).

Für den Urlaub auf dem Bauernhof gibt es ein jährlich erscheinendes Buch, das für ganz Italien sämtliche Betriebe nennt und ihre Spezialitäten vorstellt. Pensionen und Bauerngüter mit Verkauf vom Hof sind hierbei ebenso aufgeführt wie biologische Bauernhöfe, bei denen man sich mit Bio-Produkten eindecken kann. Der Führer „Turismo Verde – Agriturismo in Italia" ist im Buchhandel oder am Zeitschriftenstand zu erwerben.

Verkehrsmittel in der Region

Bei den gerade im Sommer überfüllten Straßen und dem riskanten Fahrstil der Italiener sollte man sein Auto lieber zu Hause lassen, kam man mit dem Auto hierher, sollte man dennoch nicht zögern, und ab dem nächsten Ort die Bahn, den Bus oder das Schiff nehmen. Insbesondere das Schiff ist für alle Seeuferorte die ideale Art der Fortbewegung. Leider sind die Fahrkarten in einigen Fällen, wie den Borromäischen Inseln, recht teuer, aber es gibt am Lago Maggiore Tageskarten, die freie Wahl der Schiffe ermöglichen. Nicht so am Comer See. Dort gibt es wohl Rückfahrkarten, aber zum Beispiel keine Möglichkeit, auszusteigen und mit dem nächsten Schiff weiterzufahren, dafür ist eine neue Karte notwendig (die beiden Seen werden von derselben Bürokratie verwaltet). Bei der Benützung der Busse, die relativ häufig fahren, ist die Fahrkarte vor dem Einsteigen zu kaufen, man bekommt sie bei den Verkaufsstellen an den zentralen Busabfahrten der größeren Orte und in ausgewiesenen Geschäften, vor allem in den Zeitungshandlungen und Bars der kleineren Orte. Wenn diese geschlossen sind, bekommt man auch keine Karten, Vorsicht also bei Fahrten in der Mittagszeit! Nehmen Sie ihre Karte gleich als Rückfahrkarte, auch wenn Sie dabei vielleicht etwas überzahlen, weil sie nicht an derselben Stelle ankommen. Alternativ könnte es Ihnen passieren, daß Sie an Ihrem Zielort keine Karte kaufen können und vom Busfahrer abgewiesen werden oder zumindest Aufgeld zahlen müssen.

Essentielle Literatur

Brucher, Günter:
Die sakrale Baukunst Italiens im
11. und 12. Jahrhundert,
Köln (DuMont) 1987

Chierici, Sandro:
La Lombardia; Italia Romanica;
Milano (Jaca) 1991(1978),
deutsch bei Verlag J.Echter,
Würzburg

Colombo, Silvano:
Guida ai Luoghi d'Arte
della Provincia di Varese,
Varese 1985

Cùnsolo, Felice:
Italien tafelt. Ein kulinarischer Führer;
München (Prestel) 1971

Faber, Gustav:
Der Traum vom Reich im Süden.
Die Ottonen und die Salier;
München (Orbis) 1988

Maurer, Doris u. Arnold E. (Hrsg.):
Literarischer Führer durch Italien;
Frankfurt/M. (Insel) 1988

Pescarmona, Daniele u.a.:
Alto Lario Occidentale;
Guide della Provincia
di Como 1,
Como 1992

Procacci, Giuliano:
Geschichte Italiens und
der Italiener;
München (C.H.Beck) 1983

Schomann, Heinz:
Kunstführer Italien I/
1 Lombardei;
Stuttgart (Reclam) 1981

Ders.:
Kunstführer Italien I/
2 Piemont,
Ligurien, Aosta-Tal;
Stuttgart (Reclam) 1982

Verwendete Fachausdrücke

Ädikula – Architektonischer Rahmen um Portale, Fenster oder Skulpturen

Ambo – Frühchristliches Lesepult, Vorläufer der Kanzel

Apsis – Meist halbrunder Raum an der Altarseite eines Kirchenschiffes

Arkade – Fortlaufende Bogenstellung,

Arkosolgrab – Von einem Bogen überwölbtes, in die Wand eingelassenes Grab

Baptisterium – Taufkirche, meist achteckiger Grundriß, immer einer Hauptkirche zugeordnet

Basilika – Kirche mit mehreren Langhaus-Schiffen, deren Höhen gestuft sind, das mittlere ist am höchsten

Bifore – Zweibogiges Fenster (Trifore = Dreibogiges Fenster)

Brekzie – Sedimentgestein, in welchem meist eckige Gesteinsbruchstücke zu einem neuen Gestein verkittet sind.

Campanile – Von der Kirche getrennt stehender Glockenturm

Deesis – Byzantinischer Ikonentypus, Christus als Weltenrichter mit Maria und Johannes dem Täufer

Deutsches Band – Fries aus übereck gestellten Steinen, auch Zickzackfries genannt

Fresko – Auf feuchten Putz aufgetragenes Gemälde, seit 13. Jahrhundert, Gegenteil: al secco (weniger haltbar)

Gaden – Obergeschoß der Wandgliederung der Basilika

Hallenkirche – Ein- bis mehrschiffige Kirche mit gleich hohen Schiffen

Inkrustation – Verkleidung der Wand mit Steinplatten

Konche – Kuppelschale der Apsis, also ohne tragendes Wandteil, auch für Apsis selbst verwendet. Die Dreikonchenanlage entspricht einem dreiblättrigen Kleeblatt

Krypta – Unterkirche unter dem Altarbereich einer Kirche

Laterne – Türmchen auf einer Kuppel

Lisene – Senkrechter, flacher, aus dem übrigen Bau herausgehobener Mauerstreifen ohne Basis und Kapitell (sonst: Pilaster)

Loggia – Von Pfeilern oder Säulen getragene Bogenhalle vor einem Gebäude

Lünette – Halbkreisförmiges Feld über Türen und Fenstern

Pantokrator – Byzantinischer Ikonentypus „Christus als Weltenherrscher"

Mandorla – Heiligenschein in Mandelform, meist für Christusfiguren verwendet

Paß – Zirkelschlag im Maßwerk, dem geometrischen Ornament zur Füllung des oberen Teiles von Fenstern in der Gotik

Pilaster – Flacher Wandpfeiler mit Basis und Kapitell (ohne diese: Lisene)

Rundbogenfries – Reihung von halbrunden Bögen

Schwibbogen – Ein zwei Wände verbindender freier Bogen

Triumphbogen – Wand oder Bogen zwischen Hauptschiff und Chor

Vierung – Quadratischer Raum in der Mitte der Kirche, im Bereich der Durchdringung von Langhaus und Querschiff

Wandpfeilerkirche – Kirchenanlage, deren Außenwände entlang der tragenden Strebepfeiler nochmals nach außen versetzt wurden, so daß im Inneren zwischen den Pfeilern kapellenartige Nischen entstanden

Wimperg – Dreieckiger, meist verzierter Giebel über Portalen oder Fenstern

Zentralbau – Gebäude mit auf ein Zentrum konzentriertem Grundriß (rund, achteckig, oval)

Zwerchgalerie – Auch Zwerggalerie, niedriger Laufgang hinter einer Säulenarkade, meist in der Apsis romanischer Kirchen

Stichwortverzeichnis

Namensregister

Fotografieren, damit Ihre schönsten Urlaubserinnerungen nicht verblassen!

Die Mehrheit der fotografierenden Weltenbummler bevorzugt für die Aufzeichnung ihrer Urlaubserinnerungen das farbige Papierbild, während für andere das Farbdia in der großflächigen Projektion das Nonplusultra bedeutet. Wofür Sie sich auch entscheiden, möglicherweise für beides und zwei Kameras: die Qualität Ihrer Bilder wird durch die Qualität des verwendeten Filmmaterials entscheidend bestimmt. Deshalb verwenden wir Filme, die auch von Profis gekauft werden.

Kodak beispielsweise, auf dem Filmsektor weltweit führend, bietet Filme für jede Kamera und jede Aufnahmesituation an. Die gebräuchlichsten Filme auf Reisen und auch sonst: Kodak Farbwelt Filme für Papierbilder in satten, natürlich wirkenden Farben und Ektachrome Elite oder Kodachrome Filme für brillante Farbdias. Es gibt diese Filme in verschiedenen Lichtempfindlichkeiten: Mit dem Kodak Farbwelt 200 Film werden Sie die meisten Tageslichtverhältnisse meistern, ebenso – falls Sie Dias bevorzugen – mit dem Ektachrome Elite 200 oder dem Kodachrome 200 Film. Ein überaus interessantes Material ist auch der Ektachrome Elite 100 Extra Color Film. Für Aufnahmen bei wenig Licht und für Aufnahmen mit lang brennweitigen Teleobjektiven stehen auch Filme mit ISO 400 und 800 zur Verfügung. So z.B. der Kodak Farbwelt 800 Film, das in dieser Empfindlichkeitsklasse schärfste Material für Papierbilder mit exzellenter Farbwiedergabe.

Eine grundsätzliche Anmerkung noch zum Filmkauf: decken Sie den Filmbedarf für Ihre Reise bei Ihrem Fotohändler. Er wird Ihnen einwandfreies Material zu vernünftigen Preisen anbieten. Im Ausland müssen Sie fast überall mehr dafür bezahlen und oft auch für Material, dessen Qualität z.B. durch Hitzeeinwirkung gelitten hat. Wichtig ist auch, daß Ihre belichteten Filme möglichst bald in ein Fotolabor gegeben werden, damit Sie die Farben auf Ihren Bildern so wiederfinden, wie Sie sie gesehen haben.

Wie beim Filmmaterial sollten Sie auch bei der Kamera-Ausrüstung Wert auf Qualität legen. Weit verbreitet sind die vollautomatischen Kompaktkameras. Sie sind ideal zum Festhalten von Urlaubserinnerungen und bieten größtenteils eine automatische Belichtungsmessung, automatische Scharfeinstellung, bei Bedarf selbsttätige Zuschaltung des eingebauten Blitzes sowie automatischen Filmtransport und -rückspulung. Beispielsweise ist die Leica mini II eine Kamera, die einerseits nicht viel größer als eine Zigarettenschachtel ist, die aber andererseits mit dem Elmar 1:3,5/35 mm ein für diese Kameraklasse hervorragendes Objektiv hat. Wer mehr will, für den ist die Leica mini zoom mit Vario-Objektiv von 35 bis 70 mm die richtige Wahl.

Letztlich hängt die Qualität der Aufnahmen vor allem von der Güte der Objektive ab. Dies gilt gerade auch für „große" Ausrüstungen. Hier haben die Objektive zu den Leica Kameras Weltruf. Vielseitig verwendbar sind die Vario-Objektive von 28-70 mm bzw. 35-70 mm sowie 70-210 mm. Die Spiegelreflexkamera Leica R7 bietet sowohl eine Programmautomatik für den unbeschwerten Schnappschuß als auch Automatik-Funktionen sowie schließlich die manuelle Einstellung zum Gestalten der Aufnahmen ganz nach den eigenen Vorstellungen.

Und nun viel Erfolg für ein farbiges Reiseerlebnis!

Notizen

Notizen

Goldstadt
Reiseführer

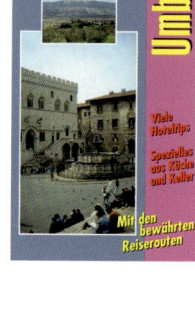

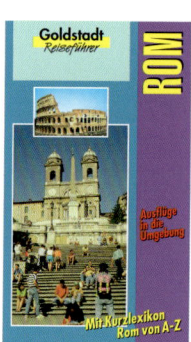

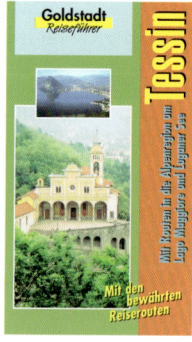

Goldstadt
Wanderführer und Karten

Spaziergänge und Wanderungen,
alpine Bergtouren. Fahrpläne, Sprachführer.
Übersichts- u. Routenskizzen. Farbfotos.

Wanderführer	**Wanderkarten**

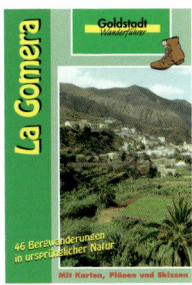

Algarve (460)
Azoren (461)
Elba (453)
La Gomera (452)
Ischia (454)
Ithaka (464)
Karpathos (463)
Korsika (455)
Lefkas (465)
Madeira (457)
Rhodos (459)
Samos (456)
Santo Antão (466)
Teneriffa (451)

Kapverdische
Inseln:
Santo Antão
(467)

Kanarische
Inseln:
La Gomera
(450)

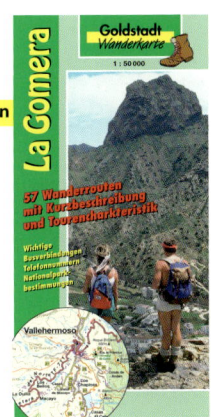

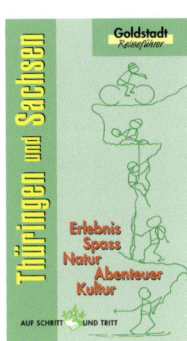

Ob Wandern oder Biken in Thüringen, Paddeln auf der
Saale, Skitouren im Erzgebirge oder Trekking in der
Sächsischen Schweiz: Dieser Führer bewegt sich
abseits ausgetretener Pfade durch die Natur- und
Kulturlandschaften im Süden Thüringens und
Sachsens. Erlebnisstationen und -möglichkeiten gibt es
reichlich, im Thüringer Wald, im Schiefergebirge, im
Erzgebirge und in der Sächsischen Schweiz.
Wir wollen aktive Menschen, Schulklassen und
Jugendgruppen oder Familien auf Entdeckungsreise
schicken und haben dafür Tips und Touren, günstige
Übernachtungsmöglichkeiten, kulturelle Spots und
Abstecher im Baukastensystem zusammengestellt.
Ein Führer der Naturfreunde-Jugend Deutschlands.

Goldstadt
Pflanzenführer

Tropisches Lateinamerika (270)

Ein Führer durch die faszinierende Pflanzenwelt des
tropischen Südamerikas. Verständlich wird die
Bedeutung des Regenwaldes im Öko-System, die
Folgen seiner Zerstörung erklärt und Fachbegriffe
erläutert. Auffällige und bemerkenswerte Pflanzen
werden beschrieben, heimisches Obst und Gemüse
vorgestellt und mit über 200 Farbfotos illustriert.

16 doppelseitige Farbtafeln,16 Grafiken,
2 Stammbäume von Pflanzen und Organismen,
11 historische Fotos, 285 farbige Pflanzenfotos,
191 Seiten.